शैक्षिक प्रबन्ध और विद्यालय प्रशासन

EDUCATIONAL MANAGEMENT AND SCHOOL ORGANISATION

शैक्षिक प्रबन्ध और विद्यालय प्रशासन

EDUCATIONAL MANAGEMENT AND SCHOOL ORGANISATION

लेखक

डॉ० एस. के. शर्मा

डी. आई. ई. टी. (डाईट)

एस. सी. ई. आर. टी.

नई दिल्ली

डिस्कवरी पब्लिशिंग हाउस

नई दिल्ली–110 002

प्रकाशकः

तिलक वासन

डिस्कवरी पब्लिशिंग हाउस प्राइवेट लिमिटेड

4383/4B, अन्सारी रोड, दरियागंज

नई दिल्ली - 110 002

दूरभाष–23279245, 43596064-65

फैक्स–91-11-23253475

E-mail : discoverypublishinghouse@gmail.com
sales@discoverypublishinggroup.com

web : www.discoverypublishinggroup.com

प्रथम संस्करणः 2006

पुनर्मुद्रणः 2016

ISBN: 978-93-5056-654-1

शैक्षिक प्रबन्ध और विधालय प्रशासन

Printed at:
Infinity Imaging Systems
Delhi

प्रस्तावना

सृष्टि की रचना के साथ ही मानव का उद्भव हुआ। जन्म-काल से ही मानव शिशु अपनी क्रिया-प्रतिक्रिया से शिक्षा के साथ जुड़ता गया। प्रारंभिक शिक्षा अपनी मां तथा परिवार के अन्य सदस्यों से ग्रहण करने के पश्चात् बालक विद्यालय में प्रवेश करता है। वर्तमान शिक्षा पद्धति के विपरीत प्राचीनकाल में गुरुकुल पद्धति की शिक्षा प्रणाली प्रचलित थी। छात्र अपने घर से दूर किसी ऋषि-मुनी के सान्निध्य में शिक्षा प्राप्त करने के पश्चात घर वापस लौटते थे। कालांतर में जनसंख्या में वृद्धि होने, शिक्षा का स्वरूप बदलने तथा ज्ञान का दायरा विस्तृत होने के कारण मानव का जीवन दुरूह हो गया। अतएव शिक्षा पद्धति को आसान बनाने के लिए मानव ने शिक्षा पद्धति को संस्थागत रूप देना चाहा। परिणामस्वरूप शिक्षा व्यवस्था की जिम्मेदारी विद्यालय को सौंपे जाने का निर्णय लिया गया। विद्यालय का जन्म होने के पश्चात् इसके प्रबन्धन जनित कार्यों को सुचारु रूप से चलाने के लिए विद्यालय प्रशासन का जन्म हुआ। निजी व्यक्ति अथवा समितियों द्वारा चालित विद्यालय प्रशासन में अनियमितता पाये जाने पर सरकार ने विद्यालय प्रशासन का कार्य अपने नियंत्रण में ले लिया। सरकार ने शिक्षा व्यवस्था के सफल संचालन के लिए एक पृथक् शिक्षा विभाग का गठन किया।

बदलते समय के परिप्रेक्ष्य में विद्यालय प्रबंधन के समक्ष छात्रों को अनुशासित रखने की भी समस्या आई। प्राचीनकाल में अनुशासनहीनता के लिए कोमल बच्चों को कठोर शारीरिक दंड झेलने पड़ते थे। इस संबंध में राजा सोलोमन की यह उक्ति आज भी प्रसिद्ध है—"Spare the rod and spoil the child". लेकिन आधुनिक शिक्षा प्रणाली में दंड तथा कठोर नियंत्रण का स्थान प्यार, स्वशासन एवं स्वतंत्रता ने ले लिया। अनुशासन की आधुनिक विचारधारा की गंगोत्री स्वतंत्रता है, कठोर नियंत्रण नहीं। अनुशासन की सार्थकता सृजनात्मक होने में है। अनुशासन को सही मायने में चरित्र एवं व्यक्तित्व का निर्माता कह सकते हैं। यही अनुशासन का मूल लक्ष्य होना चाहिए।

छात्रों के चरित्र निर्माण में विद्यालय के प्राचार्य एवं अन्य शिक्षकों की भी महती भूमिका रहती है। प्रधानाध्यापक पर ही विद्यालय के प्रबंधन, अनुशासन तथा उत्तम शैक्षिक परिवेश के निर्माण की जिम्मेवारी होती है। अतः प्रधानाध्यापक को विद्यालय के रीढ़ की हड्डी कहा जाता है।

इस पुस्तक में अत्यन्त ही सहज एवं सरल शब्दों में 'शैक्षिक प्रबन्ध एवं विद्यालय प्रशासन' से जुड़े विविध पहलुओं की जानकारी दी गयी है। शैक्षिक योजना, विद्यालय प्रबन्ध, अनुशासन, छात्रावास का महत्त्व, विद्यालय पुस्तकालय का मूल्यांकन, विद्यालय और समाज, नेतृत्व का महत्त्व, समाज शिक्षा पर्यवेक्षण कार्य जैसे प्रमुख पाठ्य-क्रमों द्वारा पुस्तक को रोचक एवं सहज पठनीय बनाने में कोई कसर नहीं छोड़ी गई है। अस्तु अपने समस्त मित्रों, सहयोगियों एवं इस पुस्तक के निर्माण में प्रत्यक्ष व अप्रत्यक्ष रूप से शामिल सभी विद्वतजनो को साधुवाद।

—लेखक

अनुक्रम

1

शैक्षिक योजना

शैक्षिक योजना का अभिप्राय

शैक्षिक योजना किसी सत्ता द्वारा प्रमुख शैक्षिक निर्णय की ऐसी क्रिया है जिसमें सम्पूर्ण शैक्षिक एवं आर्थिक प्रबन्ध के व्यापक सर्वेक्षण के आधार पर यह निर्णय लिया जाता है कि शिक्षा प्रत्येक स्तर पर कैसे; कौन-सी कितनी तथा किस रूप में दी जाय एवं उसका प्रसार किन लोगों के बीच में किया जाये। शैक्षिक नियोजन राज्य की एक सुसंगठित एवं सुव्यवस्थित प्रक्रिया है, जो कुछ निर्धारित उद्देश्यों को विशेष समय में पूरा करने के लक्ष्य से स्थानीय स्वायत्त शासन, राज्य सरकार या केन्द्रीय सरकार द्वारा नियन्त्रित होती है। शैक्षिक योजना का अर्थ कार्यों को ऐसा प्रबन्ध देने से है, जिसमें उपलब्ध साधनों एवं सामग्री का क्रमबद्ध उपयोग किया जा सके। हमारी पंचवर्षीय योजनाओं में शिक्षा का इसी प्रकार नियोजन कर उसे समस्त विकास का महत्त्वपूर्ण अंग बना लिया गया है।

शिक्षा का नियोजन वस्तुतः एक मुश्किल काम है; चूँकि इसका लक्ष्य शिक्षा के राष्ट्रीय नीति का विकास करना है; चूँकि संविधान के अनुसार शिक्षा राज्यों का विषय है। अलग-अलग स्तरों पर बहुत-से अधिकारी किसी विषय या परिस्थिति के विषय में निर्णय करते समय विविधता के फलस्वरूप, एक-सी नीति का विकास करना मुश्किल है। इस प्रकार शिक्षा-नीति का अर्थ सतर्कतापूर्वक किया जाना चाहिए। इसमें विद्यालय तथा छात्रों के गुणात्मक विकास राष्ट्रीय आय के स्रोत, प्राथमिकता की पद्धति, अन्य सहयोगी साधन, केन्द्रीयकरण और विकेन्द्रीकृत सम्पूर्ण पक्षों पर संतुलित ध्यान दिया जाय। डा. वी. आर. लूला और एस. के. मूर्त्ति ने अपनी "Essential of Education Administration" में इसी तथ्य को इस प्रकार लिखा है-"Education planning and its implementation is one of the major function any national government, because it is at the root of any social of national reconstruction."

शैक्षिक योजना बनाते वक्त ध्यान रखने योग्य जरूरी बातें–

1. प्राथमिकता-क्रम स्थापित करना–उपलब्ध भौतिक और मानवीय साधनों के आधार पर शिक्षा का प्रसार एवं सुधार संभव है। कोई भी देश, विशेषकर वे जो विकासशील शिक्षा-सम्बन्धी सामाजिक माँग को पूरी तरह पूरा नहीं कर सकते। इसलिए शैक्षिक नियोजन, शैक्षिक उद्देश्यों तथा उपलब्ध आर्थिक एवं मानवीय साधनों के आधार पर शिक्षा के अलग-अलग अंगों के विस्तार तथा गुणात्मक उन्नति के अनेक विकल्पों के मध्य तथा भिन्न-भिन्न लक्ष्यों की प्राप्ति की दिशा में, प्राथमिकता-क्रम स्थापित करना शैक्षिक नियोजन के लिए जरूरी हो जाता है।

2. शैक्षिक योजना–शैक्षिक योजना का उद्देश्य आधारित होना जरूरी है। इसलिए शैक्षिक नीति प्रक्रिया में राष्ट्र द्वारा निर्माण शैक्षिक उद्देश्यों को स्पष्टतया समझना पहला कदम है। इन उद्देश्यों से समाज का भावी रूप प्रतिबिम्बित होता है, जो एक ओर शिक्षा के आन्तरिक विकास से सम्बन्धित होते हैं; तो दूसरी ओर उनका स्वरूप शिक्षा के बाह्य लक्ष्य अर्थात् राष्ट्र के सामाजिक एवं आर्थिक विकास से होता है। इसके अन्य कुछ उद्देश्य अल्कालीन होते हैं तथा अन्य उद्देश्य स्थायी एवं दीर्घकालीन। ये सभी उद्देश्य पर निर्भर होते हैं और शैक्षिक नियोजन के तहत् इसको समायोजित किया जाता है।

3. आवश्यक सूचना का संकलन–शैक्षिक योजना के निर्माण के लिए शैक्षिक उद्देश्य के अतिरिक्त शिक्षा-सम्बन्धी अग्रलिखित जरूरी सूचना एवं आँकड़ों का संकलन करना आवश्यक है। इसके तहत् निम्नांकित तथ्य आते हैं–

आयु, श्रेणीवर्ग वर्तमान जनसंख्या तथा आगामी सालों में उनका अनुमानित वृद्धि, साक्षरतर स्थिति, पाठशाला-संख्या, शिक्षक तथा छात्र-संख्या-अनुपात, शैक्षिक सुविधाओं एवं साधनों की स्थिति, भिन्न-भिन्न शैक्षिक स्तरों पर अपव्यय एवं अवरोध, शिक्षा के उपलब्ध आर्थिक साधन, वर्तमान राष्ट्रीय आय तथा उसका अनुमानित श्रम, भावी वृद्धि, आर्थिक विकास-गति, मानवशक्ति की अवस्था स्थिति तथा उसकी भावी आवश्यकता इत्यादि सूचनाओं एवं आँकड़ों के आधार पर ही शैक्षिक उद्देश्य-आधारित नियोजन संभव होता है।

4. योजना–निर्माण एवं कार्यान्वितियों में कार्य-कक्षाओं का सहयोग–योजना के सफल सृजन एवं कार्यान्वयन के लिए यह आवश्यक है कि शिक्षा के भिन्न-भिन्न स्तरों पर कार्य करने वाले व्यक्तियों का सहयोग प्राप्त किया जाय। इसलिए योजना-निर्माण स्तर पर योजना-सम्बन्धी तकनीकी ज्ञान-सम्पन्न व्यक्तियों से उदाहरण–अर्थशास्त्री, शिक्षा-शास्त्री, समाजशास्त्री, राजनीतिशास्त्री आदि के अतिरिक्त शिक्षक, अभिभावक, प्रशासक, जननेता आदि शिक्षा से सम्बन्धित व्यक्तियों के सलाह का लाभ उठाना चाहिए।

5. योजना का सामयिक मूल्यांकन एवं लचीलापन—शैक्षिक योजना का लक्ष्य-दीर्घकालीन सामाजिक एवं सांस्कृतिक तथा आर्थिक उद्देश्यों की पूर्ति करना होता है। लेकिन योजना के सफल कार्यान्वयन के लिए यह अनिवार्य है कि इसकी प्रगति का मूल्यांकन समय-समय पर किया जाय, जिससे इसके सम्बन्ध में अनुभव की जाने वाली समस्याऐं ज्ञात हो सकें। और उनका निराकरण संभव हो सके। यह मूल्यांकन हर साल या दो वर्षों के अन्त में किया जा सकता है और इसके आधार पर योजनान्तर्गत आवश्यक बदलाव किये जा सकते हैं; उदाहरण—भिन्न-भिन्न शैक्षिक स्तरों पर अनावश्यक अपव्यय एवं अवरोध का उन्मूलन, प्रति विद्यार्थी व्यय में कमी करना, शैक्षिक विस्तार का उपलब्ध रोजगार-अवसरों से समायोजन, शैक्षिक सामग्री आदि की उपलब्धि तथा उनका श्रेष्ठतम उपयोग, प्रभावशाली शिक्षण की नई विधियाँ, पाठशाला-भवन, पर्यवेक्षण एवं निर्देशन सेवाओं में सुधार इत्यादि।

अतः शैक्षिक नियोजन के तहत् भिन्न-भिन्न स्तरीय उद्देश्यों एवं उपलब्ध साधनों, को निश्चित किया जाता है। संभव विकल्पों में से उचित एवं व्यावहारिक विकल्प का चयन होता है। विशेष लक्ष्यों को विशिष्ट कालावधि में सम्पन्न करने सम्बन्धी फैसला लिया जाता है।

शैक्षिक नियोजन : सिद्धान्त

शैक्षिक नियोजन बनाते समय अग्रलिखित सिद्धान्तों को ध्यान में रखना चाहिए—

1. शिक्षा-योजना का एक क्रमबद्ध रूप हो—हरेक प्रकार की शिक्षा के लिए एक ही प्रकार की योजना नहीं हो। पूर्व-प्राथमिक शिक्षा, प्राथमिक शिक्षा, माध्यमिक शिक्षा एवं उच्च शिक्षाओं के लिए अलग-अलग योजनाएँ हों तथा हरेक राज्य के लिए पृथक-पृथक योजनाएँ हों।

2. घास-मूल योजना का सिद्धान्त—शैक्षिक योजना स्थानीय स्तर पर बनानी चाहिए, परन्तु ऐसा होता नहीं है। शिक्षा आयोग के सदस्य समस्त देश के लिए सुसज्जित, सुन्दर, वातानुकूलित कमरे में बैठकर योजना का निर्धारण करते हैं। वे वृक्ष के नीचे बैठकर देहात में पढ़ने वाले छात्र-छात्राओं के लिए भी समान ढंग ही योजना बना डालते हैं। वहाँ के वातावरण से परिचित होते नहीं है और न उनकी समस्याओं के बारे में ही सोचते हैं। इस प्रकार, योजना बनाने का तरीका ही गलत है। इस प्रकार जिस स्थान की योजना हो, उसी स्थान पर इसका निर्माण होना चाहिए। तभी उस योजना से लाभ उठाया जा सकता है और योजना सफल समझी जा सकती है।

3. शिक्षा-योजना क्षेत्रीय जरूरतों के अनुकूल हो—योजना बनाते वक्त योजना-निर्माणकर्ता को यह बात ध्यान में रखनी चाहिए कि जिस जगह की शिक्षा-योजना

बना रहे हों उस जगह की स्थानीय जरूरतों को ध्यान में रखें। इसकी क्षेत्रीय आवश्यकताओं को ध्यान में रखें। इससे क्षेत्रीय आवश्यकताओं की पूर्ति हो सकेगी।

4. शिक्षा-योजना को विकास की कुंजी माना जाए—देश के सर्वांगीण विकास का मूल ही शिक्षा है। देश के किसी भी विभाग का विकास बिना शिक्षा के हो ही नहीं सकता। इस प्रकार शिक्षा-योजना का नाता देश की दूसरी योजनाओं से घनिष्ट रूप में रखा जाय, यानि शिक्षा-योजना बीच में हो एवं इसके इर्द-गिर्द अन्य सभी योजनाएँ हों।

5. अनिवार्य निःशुल्क शिक्षा का प्रबन्ध—देश भर में 14 साल तक के बालकों एवं बालिकाओं को निःशुल्क शिक्षा के प्रबन्ध का निर्णय हमारी सरकार ने लिया था। यह संविधान लागू होने के दस साल के भीतर पूरा हो जाना चाहिए था। परन्तु अब तक (1988 ई. तक) ऐसा नहीं हो सका। इस प्रकार शिक्षा-योजनाओं में इसको यथाशीघ्र स्थान दिया जाना चाहिए एवं लागू किया जाना चाहिए।

6. प्रशिक्षित महाविद्यालयों की शिक्षा में सुधार—आज प्रशिक्षण महाविद्यालयों की पढ़ाई असन्तोषजनक नहीं है। इस प्रकार शिक्षा-योजना के निर्माणकर्त्ताओं को इन सभी बातों पर अविलम्ब ध्यान देना चाहिए।

7. साधन के अनुकूल—कुछ योजनाएँ साधन के अभाव में कार्यान्वित नहीं हो पाती हैं। वे केवल कागज तक ही सीमित होकर रह जाती हैं। इस प्रकार योजना-निर्माणकर्त्ताओं को उपलब्ध साधन को देखकर ही योजना का सृजन करना चाहिए।

8. शिक्षकों के लिए प्रशिक्षण का प्रबन्ध—शिक्षा-योजना का प्रमुख उद्देश्य छात्रों को शिक्षा प्रदान करना है। अच्छी शिक्षा की आशा तभी की जा सकती है जबकि शिक्षक प्रशिक्षित हों। इस प्रकार शिक्षकों के लिए प्रशिक्षण का प्रबन्ध योजना में जरूर होना चाहिए। प्रशिक्षित शिक्षकों को समय-समय पर प्रशिक्षण के लिए रिफ्रेशर कोर्स में भेजना चाहिए।

9. शिक्षा संगठन तथा साधन में सुधार—आज की शिक्षा-प्रणाली दोषपूर्ण है। साथ ही, शिक्षा संगठन एवं प्रशासन का स्वरूप अव्यवस्थित एवं दुर्बल है। यही कारण है कि विद्यालयों एवं महाविद्यालयों में पढ़ाई की स्थिति संतोषप्रद नहीं है। अतः शिक्षा-योजना के निर्माणकर्ताओं को इन सारी बातों पर अविलम्ब ध्यान देना चाहिए।

10. बेरोजगारी का प्रश्न—योजना का एक प्रमुख लक्ष्य बेरोजगारी को दूर करना है। अतः बेरोजगारी पर ध्यान देते हुए योजना का निर्माण किया जाना चाहिए।

11. योजना की अवधि निश्चित हो—योजना एक लम्बी समय के लिए नहीं बनानी चाहिए। इसका एक निर्धारित समय हो, ताकि मूल्यांकन में आसानी हो एवं कमियों को दूर किया जा सके।

12. **सुयोग्य नागरिक का निर्माण**–शिक्षा-योजना ऐसी हो, जिससे सुयोग्य नागरिक की संरचना हो सके।

शैक्षिक योजना का महत्व

किसी भी प्रगतिशील देशों का विकास वहाँ की शिक्षा-प्रणाली होती है। शिक्षा के द्वारा ही काई भी राज्य विकास होता है। शैक्षिक योजना का शिक्षा के विकास की नजर से विशिष्ट महत्त्व है, जो निम्नलिखित है–

1. उपलब्ध सामाजिक, आर्थिक, राजनैतिक साधनों तथा सामग्री का शिक्षा-विकास हेतु प्रयोग कर सकना, जिससे उनका अपव्यय न हो।

2. शिक्षा के विकास में मानवीय साधनों तथा कर्मचारियों का उपयुक्त प्रयोग कर सकना, जिससे शिक्षा विकास की ओर उन्मुख हो सके।

3. शिक्षा-विकास के लिए मानव की सर्जनात्मक शक्ति, आलोचनात्मक गुण-ग्राहित और सांस्कृतिक तथा मनोवैज्ञानिक अभिरुचियों का उपयोग करके साहित्य, कला, विज्ञान एवं संस्कृति का विकास करना।

4. शिक्षा के प्रत्येक स्तर में विकास की दृष्टि से सन्तुलन बनाये रखना, जिससे सभी स्तरों पर शिक्षा अवसरों की समानता के आधार पर दी जा सके।

5. राष्ट्रीय जीवन के सम्पूर्ण क्षेत्रों के विकास के लिए, शैक्षिक नियोजन पर गम्भीर रूप से सोचना, जिससे लोगों का अधिकतम विकास किया जा सके।

6. शिक्षा में संख्यात्मक विकास के साथ ही गुणात्मक विकास करना, जिससे सही व्यक्ति को सही शिक्षा मिले।

7. आर्थिक, तकनीकी, व्यावसायिक, सांस्कृतिक एवं सामाजिक आदि क्षेत्रों में योग्य नेतृत्व प्रदान कर सकना, जिससे उपयुक्त सभी क्षेत्रों में विकास किया जा सके।

8. समाज की आकांक्षाओं, परम्पराओं तथा आदर्शों को संरक्षण मिलना, जिससे भारतीय विकास की कल्पना को साकार रूप दिया जा सके।

9. देश में व्याप्त समूची शिक्षा-प्रणाली को निश्चित स्वरूप देना, जिससे उनमें क्रमबद्धता एवं सुनिश्चितता लायी जा सके।

10. शिक्षा-प्रणाली में सुधार लाना, जिससे समूची शिक्षा-प्रक्रिया को मनोवैज्ञानिक रूप दिया जा सके।

शैक्षिक योजना के उद्देश्य

1. देश की राजनीतिक एवं सामाजिक प्रगति के लिए आवश्यकतानुसार शिक्षा का स्वरूप निश्चित करना।

2. शिक्षा-विकास करने के लिए एक निश्चित दिशा निर्धारित करना तथा साधनों को जुटाना।

3. देश के वैज्ञानिक, सांस्कृतिक, साहित्यिक प्रगति में शिक्षा की भूमिका तैयार करना तथा उस भूमिका को निभाने के लिए दिशा निश्चित करना।

4. देश की आर्थिक प्रगति होने तथा आत्मनिर्भर बनाने की नजर से शिक्षा का योगदान निर्धारित करना।

5. शैक्षिक गतिविधियों, क्रियाओं, योजनाओं तथा प्रयासों को ज्यादा प्रभावी और गतिशील बनाना।

6. शिक्षा-प्रणाली में उपयोगी एवं आवश्यक बदलाव लाकर निर्धारित शैक्षिक लक्ष्यों की प्राप्ति हेतु प्रयास करना।

7. वर्तमान शैक्षिक सुविधाओं एवं उपलब्ध सामग्री द्वारा देश की शैक्षिक आवश्यकताओं की पूर्ति की क्षमता का निर्धारण करना।

8. शिक्षा में 'अवसर की समानता' के सिद्धान्त के आधार पर हरेक को शिक्षा प्राप्त करने की सुविधा उपलब्ध करना।

9. शैक्षिक विकास के लिए देश के वित्तीय साधनों का सर्वेक्षण करना, मूल्यांकन करना तथा बजट के अनुसार वित्तीय साधनों को निश्चित करके शैक्षिक विकास के लिए योजना तैयार करना।

10. देश की शैक्षिक आवश्यकताओं के आधार पर शिक्षा का प्रचार एवं प्रसार के लिए एक निर्धारित योजना तैयार करना।

संस्थागत शैक्षिक नियोजन : अर्थ

प्रत्येक शिक्षा-संस्थान की अपनी एक पृथक-पृथक शिक्षा-योजना होती है, जिसे संस्थानीय योजना कहते हैं। इन योजनाओं का निर्माण विद्यालय की कठिनाइयों पर आधारित होता है। इसमें विद्यालय के सभी शिक्षक एक जगह बैठकर समस्या-सम्बन्धी योजनाओं का प्रारूप तैयार करते हैं। उसकी सफलता के लिए शिक्षक पूर्णरूपेण जिम्मेदार हैं। परन्तु ऐसा देखा जाता है कि शिक्षक इसके लिए शिक्षकों को स्थानीय योजना में पूरी दिलचस्पी लेनी चाहिए। शिक्षकों को चाहिए कि वे उपलब्ध साधनों को देखते हुए योजना का सृजन करें, जिससे शिक्षा का संख्यात्मक तथा गुणात्मक दोनों ही प्रकार का विकास सम्भव हो सके।

इस प्रकार संस्थागत योजना या नियोजन को आज विशेष अर्थ में प्रयुक्त किया जा रहा है, जो इस तरह है—

संस्थागत योजना से अर्थ है—"ऐसी योजनाएँ तैयार करना, जिनसे विद्यालयों में

सभी स्तरों पर सुधार किया जा सके।" इसमें अग्रलिखित योजनाएँ आ जाती हैं–

(i) समय को ध्यान में रखते हुए कुछ विशिष्ट क्षेत्रों के लिए अल्पावधि योजनाएँ; वह अल्पावधि योजना व्यापक योजनाओं का ही भाग होगा।

(ii) समस्त संस्थान के लिए व्यापक योजनाएँ।

(iii) कुछ चुने हुए बालकों तथा कन्याओं के लिए आदर्श संस्थागत योजनाएँ।

(iv) प्रमुखता की दृष्टि से तथा समस्यात्मक क्षेत्रों के लिए विशिष्ट योजनाएँ भी विस्तृत योजनाओं का ही भाग होगा।

अतः संस्थागत योजना एक ऐसा प्रयत्न है, जिससे विद्यालयी शिक्षा में गुणात्मक सुधार किया जा सके। संस्थागत योजना का सम्बन्ध सुधार की किसी एक दिशा में भी हो सकता है या बहुत-सी दिशाओं में भी।

बुश (Bush) के अनुसार, "शिक्षा-संस्था के द्वारा अपनी अनुभूत आवश्यकताओं तथा उपलब्ध साधनों के आधार पर तैयार किया गया विकास एवं सुधार का कार्यक्रम संस्थागत योजना कहलाती है। यह योजना दीर्घकालीन या अल्पकालीन हो सकती है।"

संस्थागत योजना के सम्बन्ध में भोपाल में 12 नवम्बर, 68 को एक सेमिनार आयोजित किया गया, जिसमें कहा गया– "It is a programme of development and improvement prepared by an education institution on the basts of its felt need and the resources available or likely to be available with a view to improving the school programme and school practices. It is based on the principal of optimum utilisation of the resources available in the school and the community. The plan may be for a longer duration or a schorter duration."

अर्थात् संस्थागत योजना का कार्यक्रम विद्यालय के विकास से सम्बन्धित है। इसका उद्देश्य है सभी संसाधनों का उपयोग विद्यालय के विकासात्मक एवं गुणात्मक कार्यों में किया जा सके।

संस्थागत योजना बनाते समय ध्यान देने योग्य बातें

इस बात की संस्थागत योजना बनाते समय जरूर ध्यान रखा जाय, जिससे विद्यालय की कुछ जरूरतों की पूर्ति हो। तथा विद्यालय की कुछ कठिनाइयों का समाधान हो। योजना बनाते समय विद्यालय में कई तरह की समस्याएँ उठ खड़ी होती हैं; जैसे–

(1) भौतिक सुविधाओं का विकास,

(2) पाठ्यक्रम-सम्बन्धी समस्याएँ एवं

(3) पाठ्येत्तर-सहगामी क्रियाशीलन।

सबसे पहली समस्या संस्था की पाठ्यक्रम सम्बन्धी है। हरेक शिक्षा संस्थान में पाठ्यक्रम की रूप-रेखा पहले ही तैयार कर ली जाती है। इससे शिक्षा का विकास होती है। दूसरी मुश्किलें बाह्य क्रियाशीलनों की है। मानसिक अध्ययन के साथ-साथ शारीरिक विकास होना आवश्यक है। इस प्रकार बाह्य, क्रियाशीलनों के लिए योजना बनानी पड़ती है। इसके तहत् व्यायाम, खेल-कूद, वाद-विवाद आदि आते हैं। संस्थागत योजना की तीसरी मुश्किलें भौतिक जरूरतों की पूर्ति है। इसके तहत् विद्यालय योजना की तीसरी समस्या भौतिक आवश्यकताओं की पूर्ति है। इसके अन्तर्गत विद्यालय-भवन एवं शिक्षण-उपादान आते हैं। विद्यालयों की यह सबसे प्रमुख समस्या है। इसकी योजना भी उपलब्ध राशियों के आधार पर तैयार की जाती है। इसमें राज्य सरकार एवं स्थानीय अभिभावकों एवं पदाधिकारियों की सहायता ली जा सकती है। छात्रों के शारीरिक विकास की समस्या भी इसी योजना के तहत् आती है।

यदि संस्थागत योजना वास्तविक रूप में संस्थागत योजना होती है, तो इसका सम्बन्ध सभी संस्था के साथ होना चाहिए और निश्चित समय में उसकी पूर्ति हो जानी चाहिए। भिन्न-भिन्न क्षेत्रों के विद्यालयों की भिन्न-भिन्न मुश्किलें होती है। उनकी झलक संस्थागत योजना में भी मिलनी चाहिए। संस्थागत योजना इतनी नमनीय होनी चाहिए कि उन समस्याओं का समाधान भी साथ-साथ कर लिया जाये।

इस प्रकार प्रभावपूर्ण ढंग से संस्थागत या विद्यालय-योजना बनाते समय निम्न बातों को भी ध्यान में रखना जरूरी है–

1. योजना का विस्तार वित्तीय साधनों तथा स्रोतों के अनुकूल हो।

2. विद्यालय-विकास से सम्बन्धित कोई योजना, उपलब्ध साधन, सामग्री तथा सुविधाओं के आधार पर तैयार किया जाय।

3. प्रशासन के रूप में प्रधानाचार्य को शिक्षकों, प्रबन्धकों, कर्मचारियों तथा अन्य सम्बन्धित व्यक्तियों से योजना तैयार करने तथा उसे क्रियान्वयन करने हेतु बौद्धिक, भावात्मक तथा मानसिक रूप से तैयार करना चाहिए।

4. योजना को छोटे-छोटे कार्यों में वर्गाकृत किया जाय तथा शिक्षकों एवं कर्मचारियों को उनकी योग्यताओं एवं रुचियों के समान कार्य करने को सौंपा जाय।

5. विद्यालय-सुधार अथवा विकास—योजनाओं तथा समाज-विकास की योजना में समुचित समन्वय बनाये रखना चाहिए।

6. जॉन डिवी के शब्दों में—"पाठशाला समाज का लघु रूप माना जाता है।" अतः इस दृष्टि से विद्यालय की योजनाओं में समाज की आवश्यकताओं, रीति-रिवाजों, मूल्यों विचारधाराओं तथा मान्यताओं इत्यादि को भी महत्त्व दियां जाना चाहिए।

7. विद्यालय की योजना में समाज के साधनों तथा योग्य, कुशल एवं निपुण

व्यक्तियों का भी उपयोग सरलता से किया जा सके।

8. विद्यालय को सामुदायिक केन्द्र के रूप में कार्य करने, सुधार-योजना के अन्तर्गत प्रौढ़ों को शिक्षित करने तथा भिन्न-भिन्न कार्यक्रमों के द्वारा उन्हें उपयोगी ज्ञान प्रसारित करने की भी जिम्मेवारी निभानी चाहिए।

9. विद्यालय-सुधार-योजना देश की भावी पीढ़ी में भावनात्मक चेतना, एकता तथा विश्वबन्धुत्व की भावना का विकास कर सके।

10. विकास-योजना द्वारा बालक को ऐसी शिक्षा मिले कि वह प्रौढ़ होकर एक कुशल एवं समाजोपयोगी नागरिक के रूप में विकसित हो सके तथा खुद की एवं समाज की भिन्न-भिन्न समस्याओं का हल करते हुए प्रगति की ओर उन्मुख हो सके।

11. विद्यालय को स्वयं ही विद्यालय की परिस्थितियों, योजनाओं, कार्यक्रमों, आवश्यकताओं, कमियों आदि का मूल्यांकन करके अपने स्तर और क्षमता के अनुकूल ही तैयार करनी चाहिए। प्रत्येक विद्यालय की सुधार-योजना का केन्द्र बिन्दु वही विद्यालय-विशेष हो जिसके लिए वह योजना बनी है।

12. समाज के विकास हेतु तैयार की गई योजनाओं पर विद्यालय-सुधार अथवा विकास-योजना निर्मित की जानी चाहिए।

13. विद्यालय—सुधार कार्यक्रम इस प्रकार क्रियान्वित किये जायें कि उससे विद्यालय अपने कार्यों, योजनाओं तथा प्रगति का मूल्यांकन खुद कर सकें तथा वे समाज के सामाजिक, आर्थिक एवं सांस्कृतिक विकास में इकाई के रूप में कार्य कर सके।

14. विद्यालय की कोई भी योजना हो उसे प्रबन्धकों प्रशासकों, शिक्षकों, समाज के उपयोगी नागरिकों, शिक्षार्थियों तथा विशेषज्ञों के सहयोग से तैयार व क्रियान्वित की जानी चाहिए।

15. विद्यालय में परिस्थितियों के अनुसार, सभी पहलुओं का बारीकी से मूल्यांकन करके, अल्पकालीन तथा दीर्घकालीन विकास-योजनाएँ तैयार करके क्रियान्वित की जाये।

16. विद्यालय-सुधार अथवा विकास—योजना से सम्बन्धित एक छोटी समिति बनाना चाहिए जिसका अध्यक्ष प्रधानाचार्य को बनाया जाय। समिति में योजना से सम्वन्धित योग्य शिक्षकों व व्यवस्था समिति के कर्मठ सदस्यों एवं विशेषज्ञों का होना आवश्यक है।

17. विद्यालय-सुधार अथवा विकास—धार्मिक एवं सामुदायिक, योजनाओं को जातिगत, आर्थिक स्तर तथा गुटबन्दी से दूर रखकर क्रियान्वित किया जाय, जिससे उसमें सभी को रुचि के अनुसार सहयोग मिल सके।

18. योजना से सम्बन्धित विशिष्ट कार्यों को करने के लिए उपयुक्त एवं योग्य सदस्यों का एक पृथक समूह बनाना चाहिए, जो उस कार्य-विशेष को कौशलपूर्वक एवं कम समय में पूरा कर सके।

19. विद्यालय-सुधार अथवा विकास-योजना से सम्बन्धित समय-समय पर सभाओं, गोष्ठियों, बैठकों तथा सम्मेलनों आदि का भी प्रबन्ध करना चाहिए, जिससे विचार-विमर्श द्वारा उपयोगी सुझाव प्राप्त हो सके।

20. विद्यालय-सुधार एवं विकास-योजना का मुख्य लक्ष्य शैक्षिक एवं पाठ्येत्तर क्रियाशीलनों को अधिक प्रभावी एवं उपयोगी बनाना है।

21. योजना से सम्बन्धित विचार-विमर्श करके वस्तुनिष्ठ एवं समन्वित करके आवश्कय निष्कर्ष निकालने का प्रयत्न किया जाना चाहिए।

22. विद्यालय-योजना विद्यालय के सभी पहलुओं, शिक्षण-सुविधाओं, पाठशाला-भवन, पुस्तकालयों, शैक्षिक कार्यक्रमों, प्रयोगशालाओं, खेल-कूद मैदान आदि से सम्बन्धित तैयार किया जाना चाहिए।

23. विद्यालय-सुधार-योजना विद्यालय-प्रशासन से सम्बन्धित, स्वास्थ्य सेवा, परीक्षा-प्रणाली तथा आर्थिक स्थिति में सुधार लाने से सम्बन्धित भी निर्मित की जाय।

24. विकास-योजना अथवा विद्यालय-सुधार ऐसी हो कि उसके जरिऐ विद्यालय, घर तथा समाज एक-दूसरे के नजदीक आ सकें।

संस्थागत योजना की आवश्यकता

1. शिक्षक की स्वतन्त्रता, सृजनात्मक तथा उत्साह की उत्साहित करने के लिए।

2. देश में शैक्षिक नियोजन को उचित दिशा प्रदान करने हेतु।

3. शिक्षण को प्रभावी बनाने हेतु।

4. शिक्षा-प्रणाली के सुधार के लिए वर्तमान या उपलब्ध साधनों का अधिकतम उपयोग करने के लिए।

शिक्षा आयोग के अनुसार, "प्रत्येक शिक्षा-संस्था अपने वर्तमान साधनों से ही वे कितने ही सीमित क्यों न हों—अधिक अच्छी योजना बनाकर और अधिक परिश्रम करके अपने शिक्षा-स्तर को सुधारने की दिशा में और बहुत कुछ कर सकती हैं।" इसलिए हमारी राय में इस आन्दोलन में भौतिक साधनों पर उतना बल नहीं देना चाहिए, जितना सम्बन्धित व्यक्तियों को इस बात के लिए उत्प्रेरित करने पर कि वे शिक्षा के उन्नयन के लिए मिल-जुल कर ज्यादा-से-ज्यादा प्रयास करें और इस प्रकार भौतिक साधनों की कमी को पूरा करें। ऐसे अनेक कार्यक्रम हैं जिनको शैक्षिक-संस्था

भौतिक साधनों की कमी के बावजूद मानव-प्रयास के जोर पर अपने हाथ में ले सकती है। इनमें ये कार्यक्रम सम्मिलित हैं—प्रगति और व्यर्थता को कम करना, विकासशील छात्रों की सहायता करना, शिक्षण-प्रणालियों को सुधारना, पाठ्यचर्या को अधिक समृद्ध बनाना, प्रतिभाशाली छात्रों पर विशेष ध्यान देना, विद्यालय का शिक्षण-कार्यक्रम चलाने के लिए समुन्नत तरीके खोजना, नई कार्य-पद्धतियों का परीक्षण करना, स्वाध्याय के जरिये शिक्षकों की वृत्तिक (Professional) क्षमता को बढ़ाना। इस तरह के कार्यक्रमों की योजना बनाने तथा उनको क्रियान्वित करने पर जोर देना चाहिए।

संस्थागत योजना का स्वरूप—संस्थागत योजना का स्वरूप कई तरह का हो सकता है।

(1) अवधि-अनुसार योज़ना, (2) प्रयासा पर आधारित योजना (3) कक्षानुसार योजना, (4) विषयानुसार योजना, (5) अध्यापक के अनुसार योजना, (6) छात्रानुसार योजना, एवं (7) वित्तानुसार योजना।

केवल परिवर्तन के लिए संस्थागत योजना नहीं होनी चाहिए। इस बात का ध्यान रखना चाहिए कि संस्थागत योजना से जो सुधार किया जाय उसका कुछ प्रयोजन होना चाहिए। राष्ट्रीय योजना की पृष्ठभूमि में ही शिक्षा की योजना बनानी चाहिए, ताकि सीमित साधन होते हुए भी राष्ट्र की धरोहर बालकों को अच्छी प्रकार से दी जा सके।

संस्थागत योजना की आवश्यकता—भारत की वर्तमान स्थिति को देखते हुए संस्थागत योजना की जरूरत निम्न बातों को लेकर है—

(1) संस्थागत योजना राष्ट्रीय शिक्षा-योजना को ध्यान में रखकर बनाई जाती है। अतः इससे देश के सामूहिक प्रयत्न का लाभ शिक्षा को भी प्राप्त हो सकेगा।

(2) शिक्षा-योजना को यदि प्रभावी होना है, तो उसको संस्थागत योजना से शुरू होना चाहिए; चूँकि शैक्षिक क्रिया की प्रथम और अन्तिम इकाई शिक्षण-संस्था ही है।

(3) विद्यालय के सामने अनेक प्रकार की समस्याएँ हैं। केवल समुचित योजना के द्वारा ही हम कोई मार्ग निकाल सकते हैं।

(4) हमारे पास राष्ट्रीय दृष्टि से साधनों की कमी है, जबकि सभी क्षेत्र में हमारी जरूरतें बढ़ती जा रही हैं। विद्यालय भी समाज की लघु रूप है। अतः उसके सीमित साधनों के रहते हुए भी उसके उत्तरोत्तर विकास के लिए योजना का होना अनिवार्य है।

उपर्युक्त बातों को ध्यान में रखते हुए कहा जा सकता है कि आज की स्थितियों में संस्थागत योजना की बहुत जरूरत है।

संस्थागत योजना के मुख्य उद्देश्य—संस्थागत योजना के मुख्य उद्देश्य अग्रलिखित हैं—

(1) एक क्रियाशील समूह के रूप में बराबर प्रयासों को आधार बनाकर भिन्न-भिन्न शैक्षिक संस्थाओं का एक साथ काम करना।

(2) संस्थागत समस्याओं की खोजबीन करना तथा वास्तविकता के धरातल पर उनका निराकरण करना।

(3) विद्यालय में व्यापक सुधार के लिए योजना बनाना।

(4) विद्यालय-सम्बन्धी विशेष दिशाओं में सुधार की योजना बनाना।

(5) बाहरी साधनों पर निर्भर न रहते हुए, उपलब्ध साधनों का प्रयोग इस ढंग से करना कि अपेक्षित सुधार उचित मात्रा में हो सके।

(6) विद्यालयों में शैक्षिक क्रियाओं को व्यावहारिक रूप देने के लिए संस्थागत योजना बनाना।

(7) दूसरों के अनुभवों से लाभ उठाना तथा अलग-अलग स्थलों के साधनों को संचित करना।

संस्थागत योजना की तैयारी के भिन्न-भिन्न पद

(1) योजना या प्रोजेक्ट का मूल्यांकन करना।

(2) साधनों के अनुकूल योजनाओं को क्रियान्वित करना।

(3) विद्यालयीय आवश्यकताओं तथा साधनों का सर्वेक्षण।

(4) सामुदायिक साधनों का सर्वेक्षण।

(5) सर्वेक्षण के बाद प्रायोगिक या विकासशील या दोनों प्रकार की योजना तथा प्रोजेक्ट तैयार करना।

संस्थागत योजना को कार्यान्वित करना

कोठारी शिक्षा आयोग ने राष्ट्रीय स्तर पर विद्यालय-सुधार के कार्य का अनुमोदन करते हुए सुझाव दिया था कि प्रत्येक शिक्षा-संस्था अपने सुधार और विकास के लिए अपनी स्वतन्त्र योजना बनाये।

इस सुझाव को सामने रखते हुए, केन्द्रीय शिक्षा मन्त्रालय की मदद से नवम्बर 1968 ई. में महाविद्यालय (भोपाल) ने संस्थागत योजना पर एक राष्ट्रीय संगोष्ठी की। इस संगोष्ठी में भारत भर के शिक्षाशास्त्री शामिल हुए। इन सबने संस्थागत योजना पर विचार-विमर्श किया। इस राष्ट्रीय संगोष्ठी का प्रतिवेदन राजकीय महाविद्यालय, भोपाल द्वारा प्रकाशित किया गया। और देश की समस्त शिक्षण-संस्थाओं को इस प्रतिवेदन को लागू करने को कहा गया। इस योजना को कार्यान्वित करने के लिए,

मध्य प्रदेश, राजस्थान, पंजाब, कर्नाटक आदि प्रांतों में कई संगोष्ठियाँ गठित की गई। पर अभी केवल दो ही कार्य हो पाये हैं—

(i) संस्थागत योजना को लागू करने के लिए प्रेरित करना

(ii) संस्थागत योजना की परिकल्पना को स्पष्ट करना।

आशा है कि इस पंचवर्षीय योजना में अनेक आदर्श संस्थागत योजनाएँ हमारे समक्ष आयेंगी।

2

प्रमुख शैक्षिक अभिकरण

शिक्षा प्रशासन

मुख्य रूप से शिक्षा से ही शैक्षिक प्रशासन का संबंध होता है। अतः संगठन शिक्षा के क्षेत्र में शिक्षा ढाँचे या तंत्र को खड़ा करता है। जिससे शिक्षक उद्देश्यों की अधिकाधिक प्राप्ति सम्भव होती है। शैक्षिक प्रशासन को आज केवल शिक्षा को ही प्रबन्धकर्ता नहीं समझा जाता। अपितु शिक्षा के सम्बन्ध में संगठन पर ध्यान देना, योजना बनाना, निर्देशन तथा पर्यवेक्षण आदि अनेक कार्यों से इसका गहरा सम्बन्ध है। शिक्षा के क्षेत्रों में अनेक व्यक्ति अपनी-अपनी भूमिका निभाते हैं। कक्षा भवन, क्रीड़ा-स्थल, पुस्तकालय, कार्यालय पाठ्येत्तर क्रियाओं का सफलतापूर्वक संयोजन करना और लगातार प्रगति के लिये प्रयास करना शैक्षिक प्रशासन का ही काम होता है।

शिक्षा प्रशासन : विभिन्न परिभाषाएँ

शिक्षा प्रशासन की मुख्य परिभाषायें अग्रलिखित हैं–

ब्रूक एडम्ब के शब्दों में–"शैक्षिक प्रशासन में अनेक को एकसूत्र में बाँधने की क्षमता होती है। शैक्षिक प्रशासन प्रायः परस्पर विरोधियों तथा सामाजिक शक्तियों को एक ही संगठन में इतनी चतुराई से जोड़ता है कि वे सब मिलकर एक इकाई के समान कार्य करते हैं।"

डॉ. एस. एन. मुखर्जी के शब्दों में, "शैक्षिक प्रशासन वस्तुओं के साथ-साथ मानवीय साधनों की प्रबन्ध से सम्बन्धित है अर्थात् व्यक्तियों के मिलजुलकर और अच्छा कार्य करने से सम्बन्धित है। वास्तव में, इसका सम्बन्ध मानवीय सजीवों से अपेक्षाकृत अधिक है तथा अमानवीय वस्तुओं से कम।"

शिक्षा प्रशासन की मुख्य विशेषताएँ

शिक्षा प्रशासन की मुख्य विशेषताएँ इस तरह हैं–

1. शिक्षक प्रशासन का स्वरूप सदैव गतिशील होता है।

2. शिक्षक प्रशासन की प्रकृति का लक्ष्य विद्यालय के कार्य शैली में सुधार तथा विकास लाना होता है।

3. शिक्षक प्रशासन की एक समन्वित प्रक्रिया है।

4. शिक्षक प्रशासन की प्रकृति कार्यशील तथा नियन्त्रित होती है।

5. शिक्षक प्रशासन का स्वरूप दोनों केन्द्रीयकरण रूपों में होता है।

6. व्यावहारिकता होती है।

7. शिक्षक प्रशासन की उपयोगिता पर आधारित होती है।

8. शिक्षक कार्यकर्ताओं का व्यावसायिक विकास कराना।

शिक्षा प्रशासन : क्षेत्र

शिक्षा प्रशासन का क्षेत्र इस प्रकार है–

1. शिक्षा उद्देश्यों की प्राप्ति करना–शिक्षा प्रशासन, शिक्षा नियोजकों द्वारा निश्चित लक्ष्यों एवं उद्देश्यों को प्राप्त करने के लिये प्रयत्नशील होता है। शैक्षिक लक्ष्यों को प्राप्त करने के लिये शिक्षा प्रशासन अनेक कार्यक्रम बनाता है। इन कार्यक्रमों को वह लागू करता है।

2. समाज के लक्ष्यों की पहचान करना–शैक्षिक प्रशासन की जरूरत इसलिये भी है कि वह शैक्षिक कार्य तथा नियोजन में समाज की जरूरत की पहचान है। सामाजिक प्रथाओं, दर्शन, आदर्शों, आशा तथा आकांक्षाओं को ध्यान में रखकर शैक्षिक कार्यक्रमों का सृजन करता है।

3. व्यक्ति तथा समाज की आवश्यकतानुसार शिक्षा को परिभाषित करना–शैक्षिक प्रशासन, शिक्षा के उद्देश्यों तथा लक्ष्यों को व्यक्ति तथा समाज की जरूरत तथा उनकी पारस्परिकता के रूप में परिभाषित करता है।

4. शिक्षा कार्यक्रम का नियोजन करना–समाज की आवश्यकता तथा शैक्षिक लक्ष्यों के सन्दर्भ में बालकों तथा अभिभावकों के लिये शैक्षिक कार्यक्रमों का नियोजन करने के लिये भी शिक्षा प्रशासन की जरूरत होती है।

5. साधनों का उपयोग–शैक्षिक लक्ष्य उस समय तक प्राप्त नहीं हो सकते जब तक कि उपलब्ध साधनों का उपयोग शैक्षिक कार्यक्रम के लिये नहीं किया जाता। शिक्षा प्रशासन, क्रियान्वयन, अभिकरण को सभी साधन उपलब्ध कराता है।

मूल्यांकन–प्रशासन, शिक्षा, निष्पत्ति के सन्दर्भ में अपने क्रिया कलापों तथा नतीजों का मूल्यांकन करता है, वह इस बात का पता लगाता है कि शिक्षा कार्यक्रम किस सीमा तक सफल हो रहे हैं, और भावी प्रगति के लिये उनमें क्या सुधार किये जाने की जरूरत है।

राज्य, केन्द्र एवं शिक्षा

स्वतंत्रता प्राप्ति (15 अगस्त, 1947) के बाद भारत में भारतीय संविधान (Indian Constitution) 26 जनवरी, 1950 को लागू किया गया था। यह भारत का विधान है, जिसमें भारत सरकार और राज्य सरकारों तथा भिन्न-भिन्न क्षेत्रों के संबंध में कानूनन प्रबन्धओं का प्रावधान किया गया है। भारत में स्वतंत्रता प्राप्ति से ही राजभाषा हिन्दी की अनिवार्यता के लिये सतत् प्रयत्न किये जाते रहे हैं, इसके नतीजें चाहे जो भी रहे हों, परन्तु वर्तमान में तो औद्योगिक, बैंकिग और राजनीतिक क्षेत्रों में अक्सर हिन्दी में भी प्राथमिकता के तौर पर कार्य संपादन का प्रबन्ध किया गया है। वर्तमान कम्प्यूटर युग में ही हिन्दी सॉफ्टवेयर प्रचलन में है। जो भी हो, परन्तु भारतीय संविधान में शैक्षिक कार्यों के लिये अलग-अलग धाराओं और उपधाराओं में प्रबन्ध किया गया है जो केन्द्र और राज्यों की शैक्षिक स्थिति को व्यक्त करती है। इस संबंध में प्रमुख प्रावधान इस प्रकार हैं–

(1) भारतीय संविधान के अनुसार ही प्रान्तीय भाषाओं के साथ-साथ, राष्ट्रीय एकता के लिये हिन्दी को राष्ट्र भाषा का दर्जा दिया गया है।

(2) भारतीय संविधान के तहत् विभिन्न राज्यों और संघ राष्ट्र भारत के लिये अखिल भारतीय सेवाओं का प्रबन्ध किया गया है।

(3) भारतीय संविधान के अनुच्छेद-28 (I) के अनुसार यह प्रावधान निहित है कि राज्य द्वारा पूर्णतः घोषित किसी भी शैक्षिक संस्था में धार्मिक शिक्षा नहीं दी जायेगी।

(4) भारतीय संविधान के अनुच्छेद-343 के अनुसार देवनागरी लिपि में हिन्दी ही भारत संघ की राजभाषा होगी।

(5) भारतीय संविधान के अनुच्छेद-45 में यह भी प्रावधान है कि राज्य संविधान के लागू होने की तिथि से दस वर्ष तक सभी बच्चों को तब तक निःशुल्क शिक्षा उपलब्ध करायेंगे जब तक कि वे चौदह साल तक की उम्र पूरी नहीं कर लेते हैं। इसके साथ ही अनिवार्य शिक्षा उपलब्ध कराये जाने के सतत् प्रयत्न किये जाते रहेंगे।

(6) भारतीय संविधान की अनुसूची-अर्थात् राज्य सूची के उपबन्ध 11 में यह प्रबन्ध की गई है कि "शिक्षा विश्वविद्यालयों सहित संघसूची के उपबन्ध 63, 64, 64 एवं 66 और समवर्ती सूची के उपबन्ध 25 के अतिरिक्त एक राजकीय विषय है।"

(7) भारतीय संविधान के उपबन्ध 65 में यह प्रावधान है कि सभी संघीय एजेन्सीज अभिकरण तथा संस्थायें जो कि व्यावसायिक, वृत्तिक, प्राविधिक प्रशिक्षण इत्यादि के अनुसंधान की उन्नति के लिये है।

(8) भारतीय संविधान के उपबन्ध-64 में भारत सरकार द्वारा पूर्णतः या अंशतः पोषित वैज्ञानिक एवं प्राविधिक शिक्षा संस्थाओं एवं संसद द्वारा राष्ट्रीय महत्त्व की घोषित संस्थाओं का वर्णन है।

(9) भारतीय संविधान के उपबन्ध-63 के अनुसार राष्ट्रीय महत्त्व की शैक्षिक संस्थाओं एवं अनुमोदित राष्ट्रीय संस्थाओं की देख-रेख एवं कार्यों के संबंध में जरूरी प्रावधान निश्चित किये गये हैं।

(10) संघ सूची के विषयों के संबंध में केन्द्र सरकार कानून बना सकती है। भारतीय संविधान में उपबन्ध 13, 62, 64, 65 एवं 66 शिक्षा से ही संबंधित है। इन्हें भारत सरकार स्वतंत्र रूप से अपने अधीन कर सकती है।

(11) भारतीय संविधान के अनुसार शिक्षा के संबंध में किसी के साथ अन्तर नहीं किया जायेगा। सभी को समान रूप से शिक्षा प्राप्त करने का अधिकार है।

(12) भारतीय संविधान में प्राथमिक स्तर पर शैक्षिक प्रबन्ध के संबंध में भी प्रावधान किये गये हैं। राज्य सरकारों द्वारा भारतीय संविधान के प्रावधान के तहत ही लोक सेवा आयोगों के माध्यम से उच्च शिक्षा के संबंध में प्राध्यापकों, व्याख्याताओं की भर्ती की जाती है।

(13) भारत के राज्य मुख्य रूप से अग्रलिखित उत्तरदायित्वों के प्रति सजग रहेंगे–

(अ) संस्कृत साहित्य का संरक्षण।

(ब) हिन्दी भाषा का विकास।

(स) हिन्दी भाषा का विकास।

(द) कलाओं का संरक्षण।

(य) व्यावसायिक एवं प्राविधिक प्रशिक्षण।

(14) भारतीय संवधान के उपबन्ध-66 में शिक्षा सुविधाओं में समन्वय (उच्च शिक्षा), अनुसंधान एवं वैज्ञानिक तथा तकनीकी शिक्षा के स्तरों को निश्चित किये जाने का व्यापक उल्लेख है।

(15) भारतीय संविधान में यह उल्लिखित है कि राज्य सरकार शिक्षा के विकास के लिये पूर्णतः उत्तरदायी है।

शैक्षिक प्रशासन के प्रमुख अभिकरण : सिद्धान्त

एजेन्सीज वे मध्यस्थ इकाइयां होती हैं जो शैक्षिक प्रशासन संबंधी कार्यों के सम्पादन में सहायक प्रमाणित होती हैं। शिक्षा विभाग भी सरकार द्वारा (शिक्षा मंत्रालय द्वारा) बनायी गयी शैक्षिक योजनाओं को क्रियान्वित करने में एक एजेन्सी की

ही भूमिका निभाता है। अभिकरण संबंधी कार्यों को सम्पादित करने वाली संस्थायें तीन तरह की हो सकती हैं–

(i) सरकारी संस्थाय–ये वे संस्थाएं होती हैं जो केन्द्र सरकार, राज्य सरकार या दोनों के संयुक्त प्रशासन के अधीन रहकर काम करती हैं। भारत में राजकीय महाविद्यालय, राजकीय प्राथमिक, माध्यमिक और उच्च माध्यमिक विद्यालय सरकारी संस्थायें हैं।

(ii) स्वैच्छिक संस्थायें–ये वे संस्थायें होती हैं, जो समाज हित में शिक्षा का प्रचार-प्रसार करती हैं और शैक्षिक कार्यों को गति देने में महत्त्वपूर्ण प्रामाणित होती हैं। इन संस्थाओं का मूल उद्देश्य मानव सेवा करना तथा परमार्थ ही होता है। सरकार द्वारा भी इन संस्थाओं को प्रोत्साहन देने के लिये प्रेरणात्मक योजनायें लागू की जाती हैं। ये संस्थायें रजिस्ट्रेशन अधिनियम, सोसायटीज अधिनियम, 1860 के अधीन पंजीकृत होती है।

(iii) स्वायत्तशासी संस्थायें–स्वायत्तशासी संस्थाओं से आशय ऐसी संस्थाओं से होता है जिनकी स्थापना सरकार द्वारा की जाती है और इनकी कार्यप्रणाली लोक समुदाय से संबंधित (जनतांत्रिक) होती है। भारत में NCERT, UGC, Universities और इसी तरह की अन्य शैक्षिक संस्थायें स्वायत्तशासी संस्थायें ही हैं।

शिक्षा प्रशासन एक वैज्ञानिक पद्धति भी है जिसके तहत् शिक्षा संबंधी प्रबंधकीय कार्यों का प्रबन्ध किया जाता है। ये प्रबंध करने वाली संस्थाएं सरकारी या गैर सरकारी हो सकती हैं। इन संस्थाओं द्वारा किए गए कार्य एजेन्सी संबंधी काम होते हैं। जो मध्यस्थता के रूप में सम्पन्न किए जाते हैं। भारत में शैक्षिक प्रबन्ध कब से शुरू हुई। इसके विषय में सही तथ्यात्मक और ठोस प्रामाणिक बिन्दु तो नहीं बताया जा सकता परन्तु जहां तक इस विषय में ऐतिहासिक जानकारी मिली है, उसके अनुसार भारत में शैक्षिक प्रशासन की शुरुआत 1775 ई. से मानी जाती है। भारत में 1835 ई. में भी लॉर्ड मैकाले द्वारा शिक्षा नीति का निश्चित किया गया था। इसी संबंध में 1854 ई. में सरचार्ल्स ने एक सहायता प्रबन्ध भी लागू की थी। इन्टर कमीशन ने 1882 ई. में शिक्षा प्रशासन में सुधार की सिफारिश की थी। विधानसभाओं तथा शिक्षा मंत्रालय का जन्म हुआ। भारत में 1921 में द्वैध शासन की स्थापना से 1929 में हस्टॉंग कमेटी ने शिक्षा सलाहकार परिषद से सिफारिश की जो 1935 में लागू हुई थी। सार्जेन्ट कमीशन ने 1944 में राष्ट्र विकास को शिक्षा का लक्ष्य मानते हुये प्रशासन संबंधी मामलों में उदारता बरतने की सिफारिश की थी। इस प्रकार शैक्षिक जगत में सुधार करने, पठन-पाठन को सुव्यवस्थित करने, शिक्षा का समन्वित प्रचार-प्रसार कर भारत में शैक्षिक दृष्टि से समन्वित विकास करने, शैक्षिक प्रबन्ध को सुचारु रूप से

चलाने, परस्पर जानने पहचानने की शक्ति का प्रचार करने, शैक्षिक प्रशासन में एक नयापन लाने और रचनात्मक एवं सृजनात्मक विकास के लिए शिक्षा जगत में भिन्न-भिन्न अभिकरणों की जरूरत महसूस की गई। शिक्षा संबंधी एजेन्सीज को हम अग्रलिखित प्रकार से सुस्पष्ट कर सकते हैं—

1. शैक्षिक प्रबन्ध के क्षेत्र में शिक्षा संबधी कार्यों को सुव्यवस्थित तरीके से संपादित करने के लिए जिन अभिकरणों या एजेन्सीज का प्रबन्ध किया गया है उनमें स्वैच्छिक और सरकारी दो प्रकार की ऐजन्सीज मुख्यतया काम करती हैं। स्वैच्छिक संस्थाओं में कुछ संस्थायें तो पूरी तरह स्वायत्त होती हैं और कुछ स्वायत्त संस्थायें होती हैं। सरकारी संस्थाओं या अभिकरणों में केन्द्र सरकार, राज्य सरकार और स्थानीय निकाय एजेन्सीज के रूप में क्रियाशील होती हैं। नगर परिषदों और ग्राम पंचायतों या पंचायतें स्थानीय निकाय के ही अंग होते हैं। इस तरह एक चैनल के रूप में कार्य संपादित किया जाता है। सरकारी स्तर पर आम तौर पर यह भी समझा जा सकता है सफलता निचले स्तर पर सबसे ज्यादा निर्भर करती है। परन्तु शैक्षिक प्रबंध तथा प्रशासन के कुशल होने पर निचले स्तर से भी सकारात्मक परिणामों की ही अपेक्षा की जाती है। परिणामतः शैक्षिक प्रबंध प्रक्रिया द्वारा भिन्न-भिन्न एजेन्सीज के माध्यम से शैक्षिक कार्यों को संपादित किया जाता है।

2. केन्द्र सरकार के स्तर पर भी शैक्षिक प्रबंध व प्रशासन संबंधी कार्य एक चैन द्वारा संपादित होता है। इन चैन की हर कड़ी शैक्षिक कार्य को संपादित करने वाली एजेन्सी होती है। भारत में केन्द्रीय स्तर पर शिक्षा संबंधी कार्यों की चैन इस तरह है:—

(i) राज्य शिक्षा मंत्री (ii) शिक्षा मंत्री

(iii) शिक्षा सचिव (iv) शिक्षा उप मंत्री

(v) निदेशक, स्तर पर शैक्षिक कार्यों का चैनल इस प्रकार होता है—

(vi) परामर्शदाता, उपपरामर्शदाता, कार्यक्रम संभाग

(अ) सांख्यिकी तथा सूचना

(ब) परियोजना

(स) प्रौढ़ शिक्षा

(vii) संयुक्त सचिव : कार्यों को संपादित करने की प्रबन्ध संयुक्त सचिव स्तर पर इस तरह की गई है—

(अ) उप सचिव (हिन्दी खण्ड) (ब) विशेषाधिकारी (संस्कृत)

(स) निदेशक (प्रशासन) (द) उप सचिव (पुस्तक सुधार)

(य) उप शिक्षा परामर्शदाता उप सचिव (युवा सेवा)

(viii) संयुक्त सचिव : शैक्षिक कार्यों को गति संयुक्त सचिव स्तर पर देने की बाबत भारत में निम्नांकित प्रक्रिया क्रियाशील है–

(अ) उप सचिव (विद्यालय संभाग)(ब) उप सचिव (यूनेस्को संभाग)

(स) सहायक शिक्षा परामर्शदाता (प्रकाशन एकक)

(द) कार्यक्रम प्रबन्धक (य) शिक्षा उपपरामर्शदाता

(ix) निदेशक (आन्तरिक वित्त)

(x) संयुक्त शिक्षा परामर्शदाता : इस स्तर पर भी निम्नलिखित तीन चैनलों में होकर कार्य संपादित होता है–

(अ) उपपरामर्शदाता (सचिव क्षेत्र)

(ब).उपपरामर्शदाता (उच्च शिक्षा)

(स) उप सचिव (विदेश छात्रवृत्ति)

(xi) शिक्षा परामर्शदाता (तकनीकी)

(अ) उप परामर्शदाता (तकनीकी शिक्षा विभाग)

शैक्षिक कार्य का संपादन उपयुक्त चैनल द्वारा भारत में केन्द्र स्तर पर होता है। केन्द्रीय शिक्षा नीति का संचालन भारत में केन्द्रीय शिक्षा सलाहकार परिषद द्वारा किया जाता है। भारत में शिक्षा को प्रोत्साहन देने के उद्देश्य से ही केन्द्र सरकार द्वारा विश्वविद्यालय अनुदान आयोग तथा राष्ट्रीय शिक्षण अनुसंधान एवं प्रशिक्षण परिषद की स्थापना की गई है। विभिन्न राज्यों में भारत की स्थिति, प्रकृति और राज्यों के वातावरण के मुताबिक शैक्षिक गतिविधियां विभिन्न प्रकार से संचालित हैं। राज्यों में शिक्षा विभाग का प्रबन्ध एक तटस्थ मध्यस्थता का कार्य करता है। समय-समय पर केन्द्र सरकार के अतिरिक्त राज्य सरकारें भी अपनी-अपनी शिक्षा अपने द्वार(राजस्थान सरकार की योजना) जैसी अनेक योजनायें क्रियान्वित करती हैं। इस तरह सरकारी स्तर पर भी शैक्षिक प्रबन्ध है।

3. केन्द्रीय सरकार की भाँति राज्य स्तर पर भी शैक्षिक कार्यों को क्रियान्वित करने के लिए मध्यस्थता की श्रेणी में एक चैनल काम करती है। इस चैनल में शिक्षा मंत्री, उप शिक्षामंत्री, शिक्षा सचिव, संयुक्त शिक्षा सचिव, शिक्षा संचालक, अतिरिक्त शिक्षा संचालक, सह शिक्षा संचालक, शिक्षा उप संचालक, क्षेत्रीय शिक्षा संचालक, जिला विद्यालय निरीक्षक, विद्यालय उप निरीक्षक और प्रति उप निरीक्षक इत्यादि एक चैन शृंखलाबद्ध ढंग से शिक्षा संबंधी कामों को पूरा करने में सक्रिय भूमिका निभाती है। संयुक्त शिक्षा सचिव के अधीन अतिरिक्त शिक्षा सचिव, शिक्षा उप सचिव एवं शिक्षा सह सचिव की एक चैनल और भी होती है। अतः छात्राओं की शिक्षा के प्रचार-प्रसार एवं छात्रा शिक्षा विकास के लिए क्षेत्रीय निरीक्षका का भी प्रबन्ध रहता

है। इस प्रकार राज्य स्तर पर भी शिक्षा संचालन के लिए अलग-अलग एजेन्सीज कार्य करती हैं।

शैक्षिक प्रशासन का प्रबन्ध स्थानीय स्तर पर भी होता है। इसके तहत् सरकार की योजनाओं को शिक्षा जगत में लागू करने की अलग-अलग कार्य योजनाएं शामिल होती हैं, जिनमें मुख्य रूप से अग्रलिखित कार्य संपादित किये जाते हैं–

(i) शिक्षा प्रशासन के प्रबंधकीय कार्यों को सुदृढ़ बनाए रखने के लिए एक अच्छे प्रबंधन कार्यों का संपादन करना।

(ii) विद्यालय की मान्यता संबंधी औपचारिकताओं का पालन कराना तथा उस विद्यालय को मान्यता देने या नहीं देने के संबंध में महत्वपूर्ण कार्य संपादित करना।

(iii) विद्यालयों में लागू की जाने वाली पाठ्य पुस्तकों का चयन करना और विद्यालयों का निरीक्षण करना भी स्थानीय स्तर पर क्रियान्वित एजेन्सीज ही निभाती है। शैक्षिक प्रशासन में स्थानीय स्तर पर जिला परिषद एक उच्च स्थानीय संस्था होती है जबकि जिला परियोजना अधिकारी (प्रौढ़ शिक्षा) जिला शिक्षा अधिकारी से निचले स्तर की सीढ़ी होती है। इसी तरह नगरपालिका क्षेत्र में नगरपालिका शिक्षा अध्यक्ष और मान्यता प्राप्त विद्यालयों के लिए सह उपनिरीक्षक काम करते हैं। स्थानीय स्तर पर शिक्षा प्रशासन के ढांचे को अग्रलिखित प्रकार से एक ढांचे के रूप में समझा जा सकता है–

(iv) विद्यालयों को अनुदान देने के संबंध में जरूरी कार्यवाही पूर्ण कराना तथा अनुदान (Grant) संबंधी काम करना।

(v) प्रधानाध्यापक विद्यालयों में यद्यपि प्रबंधक के रूप में तथा नियंत्रक के रूप में कार्य करते हैं। परन्तु विद्यालयों में लागू किए जाने वाले पाठ्यक्रम का निर्धारण भी स्थानीय स्तर पर ही संपादित किया जाता है।

भारतीय शिक्षा प्रशासन की समस्यायें

विभिन्न अभिकरणों के माध्यम से भारत में हालाँकि शिक्षा के प्रचार-प्रसार और शैक्षिक कार्यों को सुनियोजित तरीके से किए जाने की सर्वश्रेष्ठ कोशिश की जाती है फिर भी भारत में शिक्षा प्रशासन की अग्रलिखित मुश्किलें दृष्टिगोचर होती हैं:

1. जो योजनाएं भारत में बनायी जाती हैं उनका जब समय में प्रारम्भ नहीं हो पाता है तो ये अलग-अलग कार्यक्रम समय पर शुरू नहीं हो पाते हैं तो समय का तो अपव्यय होता ही है साथ ही बहुत सी योजनाएं बीच में रोक दी जाती हैं। ऐसी अवस्था में पूर्व में किया गया खर्च अपव्यय की श्रेणी में ही आता है जो भारत जैसे कम विकसित व गरीब देश के लिए विकट समस्या है।

2. शिक्षा मंत्रालय भारत में और राज्यों में राज्य सरकारों के शिक्षा मंत्रालयों द्वारा भिन्न-भिन्न योजनाएं और कार्यक्रम चलाए जाते हैं। ये कार्यक्रम चिकित्सा, अभियांत्रिकी और सामाजिक विकास से संबंधित होते हैं। यथा वर्तमान में भारत में पल्स पोलियो अभियान विगत सालों से चल रहा है। ऐसे कार्यक्रमों में शिक्षा जगत से जुड़े कर्मचारियों एवं अधिकारियों का भी दायित्व निश्चित किया जाता है। एक स्तर पर तो ये योजनाएं व कार्यक्रम राष्ट्र के विकास के लिए महत्वपूर्ण साबित होते हैं परन्तु शैक्षिक विकास के लिए बनाई गई योजनाएं इनसे प्रभावित हुए बिना नहीं रह पाती हैं। ऐसी अवस्था में न तो इन योजनाओं का सही तरीके से क्रियान्वयन हो पाता है और न ही ये योजनाएं व कार्यक्रम समय पर पूर्ण हो पाते हैं। इस प्रकार भारत में योजनाओं और कार्यक्रमों का क्रियान्वयन एवं संचालन की एक कठिन समस्या है।

3. भारत में शैक्षिक प्रशासन में संलग्न व्यक्तियों में सक्रियता की कमी पायी जाती है। प्रशासनिक स्तर पर कार्य साधारण गति से संचालित होते हैं। और सामान्य गति से चलते रहते हैं। प्रशासकों में उदासीनता पायी जाती है। ऐसी परिस्थिति में स्वाभाविक ही है कि शैक्षिक कार्य प्रभावित होते रहते हैं।

4. शैक्षिक जगत में भारत में परस्पर सामंजस्य की समस्या भी एक महत्वपूर्ण कठिन समस्या है अर्थात् मंत्रालय स्तर पर मंत्री तथा प्रशासनिक स्तर पर शिक्षा सचिवों के बीच आपसी सामंजस्य नहीं बैठ पाता है ऐसी अवस्था में आपसी खींचतान के कारण शिक्षा जगत से संबंधित योजनाएं प्रभावित होती हैं। इस तरह परस्पर सामञ्जस्य के अभाव का होना भी भारत में शिक्षा प्रशासन की एक समस्या है।

5. शिक्षा प्रचार-प्रसार के लिए भारत में संचार एवं तकनीकी साधनों का नहीं होना भी एक समस्या है।

6. आलोचनात्मक पहलुओं की विद्यमानता भारत में सबसे ज्यादा है। ऐसी स्थिति में शैक्षिक प्रशासनिक स्तर पर किए गए कार्यों की निन्दा तो बहुत की जाती है, परन्तु प्रशासन में रही कमियों को दूर करने के सुझावत्मक मत कोई भी नहीं देता है। ऐसी स्थिति में अच्छे कार्य भी साधारण कमी के कारण ही बीच में रोक दिए जाते हैं और भारत का जन सामान्य जहां होता है वहीं का वहीं रह जाता है। ऐसे कार्यों से शून्य भर आलोचकों को तो लाभ/सन्तुष्टि मिलती है परन्तु पूरे समाज को सीधे ही नुकसान होता है। इस तरह भारत में आलोचनात्मक पहलुओं और मतों का बाहुल्य भी एक कठिन समस्या है।

शैक्षिक प्रशासन की समस्याओं के सुझाव

शैक्षिक प्रशासन की समस्याओं के समाधान में अग्रलिखित प्रकार से सुझाव बताये जा सकते हैं–

(I) माध्यमिक शिक्षा आयोग के अनुसार शैक्षिक प्रशासन की समस्याओं को हल करने की बाबत अग्रलिखित सुझाव सुझाए हैं–

1. शैक्षिक समस्या समाधान के लिए माध्यमिक शिक्षा आयोग ने बताया गया है कि केन्द्रीय शिक्षा सलाहाकार परिषद भारत की शिक्षा संबंधी समस्याओं का अध्ययन करें और विश्लेषणात्मक अध्ययन के आधार पर समय-समय पर (Time to time) अपनी सिफारिशें प्रस्तुत करें और अपनी सिफारिशों को लागू करने के प्रयास करें।

2. शैक्षिक प्रशासन का विद्यालय प्रशासन में महत्त्वपूर्ण योगदान होता है। विद्यालय में ऐसे निरीक्षकों की नियुक्ति की जानी चाहिए जो शैक्षिक समस्याओं के प्रति सक्रिय हों। **कार्य किये नहीं जाते अपितु कार्य कराए जाते हैं।** इस प्रकार दूसरों से कार्य कराने की क्षमता वाले निरीक्षकों की नियुक्ति की जानी चाहिए।

3. माध्यमिक शिक्षा आयोग ने इस संबंध में यह सुझाव दिया है कि शिक्षा निदेशक के सभापतित्व में माध्यमिक शिक्षा परिषद का सृजन किया जाए तथा साधारण नीतियों को लागू किया जाए।

4. माध्यमिक शिक्षा आयोग ने इस संबंध में यह भी सिफारिश की है कि मंत्री, शिक्षा मंत्री की अध्यक्षता में एक परिषद का गठन किया जाए ताकि शिक्षा संबंधी योजनाओं का क्रियान्वयन हो सके।

कोठारी कमीशन ने भी माध्यमिक शिक्षा आयोग के अतिरिक्त शैक्षिक समस्याओं के समाधान के लिए अधोलिखित सुझाव दिए हैं–

1. इसी तरह भारत में राज्य स्तर पर शिक्षा परिषदों का गठन किया जाना चाहिए जो भिन्न-भिन्न शैक्षिक कार्यों का मूल्यांकन कर सके।

2. कोठारी कमीशन की इस संबंध में सिफारिश है कि शिक्षा मंत्रालय में शिक्षा विभागों से 50 प्रतिशत व्यक्तियों की नियुक्ति क्रमोन्नत (Promotion) के आधार पर की जाए, जिससे देश की शिक्षा समस्याओं की पूर्ण जानकारी प्राप्त हो सके।

3. राष्ट्रीय स्तर पर भारतीय शिक्षा सेवा का गठन किया जाना चाहिए।

4. प्रत्येक राज्य में राज्य शिक्षा सेवा का गठन किया जाना चाहिए।

5. शिक्षा अधिनियम पारित किया जाना चाहिए।

6. अराजपत्रित अधिकारियों व कर्मचारियों के लिए सेवाकालीन पाठ्यक्रमों की शुरुआत की जानी चाहिए।

शैक्षिक प्रशासन और उनके सिद्धान्त

सिद्धान्त और नियम उसे कहते हैं जिनके अनुसार शैक्षिक प्रशासन कार्य करता है। शैक्षिक प्रशासन में संपादित किए जाने वाले कार्य किस तरह संपादित किए जाते

हैं। यह सब प्रबन्ध तथा इसके सिद्धान्तों पर ही निर्भर करती है। इसके अग्रलिखित सिद्धान्त बताये जा सकते हैं—

पहला सिद्धान्त शैक्षिक प्रशासन का तो यह है कि इसके तहत् सम्पादित किए जाने वाले कार्यों के संबंध में सर्वप्रथम एक योजना बनानी चाहिए कि हम कौन से कार्य प्राथमिकता के आधार पर करेंगे। इस तरह नियोजन के अभाव में शैक्षिक कार्यों को गति नहीं दी जा सकती है।

प्रभावशाली बनाने के लिए भी शैक्षिक नियोजन को निम्न सुझाए जा सकते हैं—

1. विश्वविद्यालयों, व्यावसायिक संस्थानों, ट्रेनिंग कॉलेजों आदि के लिए मूल्यांकन में योगदान होना चाहिए।

2. शैक्षिक विकास की योजनाएं निर्धारित बजट के अनुसार ही संधारित करनी चाहिए।

3. समन्वित विकास एवं शिक्षा के प्रचार-प्रसार के लिए प्रभावशाली पद्धति (Method) का निर्माण करना चाहिए और इस पद्धति के आधार पर कार्य करना चाहिए।

4. ऐसे कार्यक्रम शिक्षा विकास के लिए बनाए जाने चाहिए जिनके क्रियान्वयन में कोई बाधा उत्पन्न नहीं हो तथा शुरू किए गए कार्यों को बीच में ही नहीं रोका जाए तथा अपव्यय की स्थिति उत्पन्न नहीं हो।

5. एशियाई शिक्षा नियोजन संस्थान को समूचे भारत वर्ष में शिक्षा नियोजन के आधार पर कार्य करना चाहिये।

6. विश्वविद्यालय अनुदान आयोग को अग्रिम अध्ययन (Advance Studies) के लिए केन्द्र खोलने चाहिए जिसमें शिक्षा नियोजन एक महत्वपूर्ण विषय होना चाहिए।

7. स्थानीय निकाय, स्कूल शिक्षा और राज्य की साझेदारी होनी चाहिए।

अतः शैक्षिक नियोजन संबंधी कार्यों में सुधार के लिए एक विशेष प्रबन्ध किया जाना चाहिए। यह प्रबन्ध की जानी चाहिए। यह प्रबन्ध ही शैक्षिक प्रशासन का एक प्रमुख सिद्धान्त होता है।

II. निजी संस्थाओं के लिए शैक्षिक प्रशासन के सिद्धान्तों में निम्नांकित सैद्धान्तिक प्रबन्ध अपनाई जानी चाहिए—

1. स्थापित शैक्षिक संस्थाओं की राज्य सरकार निजी क्षेत्र में प्रचुर मदद करे।

2. शिक्षा के प्रसार के लिए राज्य सरकार द्वारा सभी प्रकार की सुविधाएं मुहैया कराई जानी चाहिए।

III. शैक्षिक प्रशासन स्थानीय स्तर पर निम्नांकित प्रकार से संचालित किया जाना चाहिए—

1. नियुक्तियां तथा तबादले एक नीति द्वारा किये जाने चाहिये।

2. भारतीय संविधान में शिक्षा प्रशासन के संबंध में लोच होनी चाहिए।

3. सर्वश्रेष्ठ शिक्षा प्रशासन को महत्व देना चाहिये।

4. सभी विद्यालयों को शिक्षा सभाओं व प्रक्रियाओं से अवगत कराया जाना चाहिए।

5. स्थानीय शैक्षिक प्रशासन के समय स्थानीय समस्याओं को ध्यान में रखते हुए कार्य करना चाहिए।

6. स्थानीय स्तर पर जिला स्कूल बोर्डस् की स्थापना होनी चाहिए।

IV. शैक्षिक प्रशासन का यह भी सिद्धान्त है कि इसके तहत् शिक्षा मंत्रालय द्वारा निर्धारित कार्यक्रमानुसार शैक्षिक कार्य संपादित किए जाने चाहिए।

V. शैक्षिक प्रक्रिया को शिक्षा अधिनियम के अन्तर्गत आसान और विकासोन्मुखी बनाने के लिए जरूरी प्रावधान किए जाने चाहिए।

शिक्षा के केन्द्रीय अभिकरण की भूमिका

1. राष्ट्रीय शैक्षिक अनुसन्धान एवं प्रशिक्षण परिषद् (N.C.E.R.T.)
2. मानव संसाधन विकास मन्त्रालय (MHRD)
3. राष्ट्रीय शिक्षक शिक्षा परिषद् (N.C.T.C.)
4. केन्द्रीय माध्यमिक शिक्षा परिषद् (C.B.S.E)
5. राष्ट्रीय शैक्षिक नियोजन एवं प्रशासनिक संस्थान (NIEPA)

Role or Central Agencies of Education :

MHRD, NCTE, NCERT, CBSE, CABE, (Central Advisory Board of Education), NIEPT

6. केन्द्रीय सलाहकार समिति (C.A.B.E.)

मानव संसाधन विकास मंत्रालय

प्रधानमंत्री स्व. राजीव गांधी ने भारत में भिन्न-भिन्न मंत्रालयों का विकास कर भारतीय विकास के क्षेत्र में एक नया आयाम स्थापित किया। केन्द्रीय स्तर पर 1986 में मानव संसाधन विकास मंत्रालय की स्थापना की थी। शिक्षा मंत्रालय वर्तमान में इसी का एक केन्द्रीय अंग है। इसकी केन्द्रीय स्तर पर निगरानी (Watching) मानव संसाधन विकास मंत्री द्वारा की जाती है। यह मंत्री केबिनेट स्तर का मंत्री होता है। मानव संसाधन विकास मंत्री के अधीन शैक्षिक कार्यों के क्रियान्वयन के लिये एक

राज्य मंत्री और एक उपमंत्री का प्रबन्ध भी किया गया है। प्रत्येक 5 वर्ष बाद भारत में आम चुनाव होते हैं। अहुमत प्राप्त पार्टी का नेता अपने मंत्रिमंडल में उक्त पद के लिये (किसी को भी जो उसके अनुसार योग्य हो) पात्र समझ सकता है। इस तरह प्रत्येक पाँच वर्ष बाद मानव संसाधन विकास मंत्री के पद पर बदलाव की संभावनाएं रहती हैं। यदि मध्यावधि चुनाव होते हैं तो 5 वर्ष से पूर्व भी उक्त बदलाव हो सकता है। मानव संसाधन विकास मंत्री द्वारा शैक्षिक कार्यों की देख-रेख की जाती है। अतः केन्द्रीय स्तर पर शिक्षा मंत्रालय के अधीन संपादित कार्यों की विवेचना की जानी भी जरूरी है। केन्द्रीय स्तर पर शिक्षा मंत्रालय के अधीन मुख्यतः अग्रलिखित शैक्षिक संस्थायें अलग-अलग रूप से भिन्न-भिन्न प्रकृति के कार्य संपादित करते हैं–

(1) प्रशासकीय एवं वैज्ञानिक अनुसंधान विभाग (2) साहित्य ललित कलायें तथा मनोरंजन विभाग (3) विद्यालय शिक्षा (4) राष्ट्रीय शैक्षिक अनुसंधान एवं प्रशिक्षण-परिषद् तथा योजना समन्वय (5) उच्च शिक्षा विभाग (6) यूनेस्को विभाग (7) छात्रवृत्ति एवं भाषा विज्ञान विभाग आदि।

भारत में शिक्षा मंत्रालय के अधीन ही शैक्षिक कार्यों के संपादन के लिये केन्द्रीय स्तर पर ही परामर्शदात्री (Advisory) परिषदो का भी प्रबन्ध किया गया है। ये परिषदें (Bodies) शैक्षिक कार्यों में सहायता का काम करती हैं। इन संस्थाओं में अग्रलिखित संस्थायें शामिल हैं।

(1) शारीरिक शिक्षा एवं मनोरंजन सलाहकार परिषद् (2) अखिल भारतीय खेलकूद परिषद् (3) अखिल भारतीय प्राथमिक शिक्षा परिषद् (4) केन्द्रीय शिक्षा सलाहकार परिषद् (5) अखिल भारतीय महिला शिक्षा परिषद् (6) राष्ट्रीय पुस्तकालय परिषद् (7) जीव विज्ञान केन्द्रीय सलाहकार परिषद् (8) ग्रामीण राष्ट्रीय उच्च शिक्षा परिषद् (9) केन्द्रीय विज्ञान संस्कृत परिषद् (10) हिन्दी शिक्षा समिति।

राष्ट्रीय शिक्षक शिक्षा परिषद्

दुनिया के अन्य राष्ट्रों की तुलना में भारत में शैक्षिक स्तर बहुत ही पिछड़ा हुआ है। भारत के विद्यालयों में प्रायः उचित शैक्षिक वातावरण नहीं होता है, योग्य अध्यापक नहीं होते हैं, छात्र-छात्राओं के लिये बैठने के लिये उचित प्रबन्ध नहीं होता है, आधुनिकता से ये बहुत दूर होते हैं, अध्यापक व छात्रों के बीच में मूल समन्वय नहीं होता है और अध्यापक व छात्र शिक्षा के उद्देश्यों से दूर होते हैं। इन्हीं सब मुश्किलों और जरूरतों को देखते हुये भारत में संसद ने एक अधिनियम पारित किया, जिसके तहत् 1995 में राष्ट्रीय शिक्षक शिक्षा परिषद् की स्थापना अग्रलिखित जरूरतों और उद्देश्यों की पूर्ति के लिये की गई थी–

(1) अच्छी शिक्षा के लिये अच्छे अध्यापकों की नियुक्ति के संबंध में विशिष्ट प्रबन्ध करना।

(2) अध्यापन से पूर्व और बाद में आवश्यकतानुसार प्रशिक्षण का उचित प्रबन्ध करना इत्यादि।

(3) भारतीय विद्यालयों में पर्याप्त सुविधायें उपलब्ध कराने तथा शैक्षिक गतिविधियों का समुचित विकास करना।

(4) भारतीय विद्यालयों में प्रशिक्षित अध्यापकों की नियुक्ति के लिये प्रशिक्षण संस्थाओं की नियमबद्धता का प्रबन्ध करना अर्थात् प्रशिक्षित अध्यापकों की अधिकता व कमी की समस्या को दूर करने के लिये आवश्यक प्रावधानों का प्रबन्ध करना।

(5) शिक्षा का व्यापक प्रचार-प्रसार करने के लिये अखिल भारतीय स्तर पर शैक्षिक संस्थाओं एवं योजनाओं की स्थापना करना।

राष्ट्रीय शिक्षक शिक्षा परिषद् की संरचना

संसद ने शिक्षा परिषद् की स्थापना के समय इसके ढाँचे के संबंध में भी प्रबन्ध की है अर्थात् इसकी व्यवस्था किस प्रकार की जाए और यह संस्था किस स्वरूप में कार्य करेगी। इन्हीं सब तथ्यों के आधार पर इसका गठन अग्रलिखित स्वरूप में किया गया है–

(1) राज्य के शिक्षा विभाग का एक-एक प्रतिनिधि .... सदस्य (21)

(2) विश्वविद्यालय अनुदान आयोग का प्रतिनिधि .... सदस्य (1)

(3) भारत सरकार का शिक्षामंत्री .... अध्यक्ष (1)

(4) केन्द्रीय शिक्षा सलाहकार बोर्ड का प्रतिनिधि .... सदस्य (1)

(5) अखिल भारतीय तकनीकी परिषद् का प्रतिनिधि .... सदस्य (1)

(6) पूर्व प्राथमिक शिक्षा, प्राथमिक अध्यापक प्रशिक्षण, सैकेण्डरी अध्यापक प्रशिक्षण, तकनीकी शिक्षा प्रशिक्षण, व्यावसायिक अध्यापक प्रशिक्षण के क्षेत्र में सरकार द्वारा नियुक्त विशेषज्ञ .... सदस्य (12)

(7) योजना आयोग का प्रतिनिधि .... सदस्य (1)

(8) N.C.E.R.T. का प्रतिनिधि .... सदस्य (1)

(9) परिषद के अध्यक्ष की ओर मनोनीत एक व्यक्ति जो सदस्य सचिव होगा सदस्य (1)

(10) केन्द्रीय शिक्षा सचिव .... सदस्य (1)

अतः राष्ट्रीय शिक्षक शिक्षा परिषद् में कुल (41) व्यक्तियों की एक टीम होती है जो शैक्षिक विकास और शैक्षिक योजनाओं के क्रियान्वयन के संबंध में समय-समय पर आवश्यक नीतियों एवं नियमों का सृजन करती है।

राष्ट्रीय शिक्षक शिक्षा परिषद् : प्रमुख कार्य

1995 में भारतीय संसद द्वारा भिन्न-भिन्न जरूरतों की पूर्ति तथा लक्ष्यों की प्राप्ति के मददेनजर अग्रलिखित कार्यों का संपादन के लिये राष्ट्रीय शिक्षक शिक्षा परिषद् का गठन किया गया था—

(1) अध्यापक शिक्षा के संस्थानों को प्रामाणित या अप्रमाणित करना।

(2) भिन्न-भिन्न शैक्षिक संस्थाओं के (अध्यापक) स्तर का मूल्यांकन करना।

(3) अध्यापक शिक्षा प्रशिक्षण के संबंध में सरकार को सलाह देना।

(4) शैक्षिक स्तर और पाठ्यक्रमों के संबंध में सरकार को सलाह देना।

(5) राज्य सरकारों की ओर से प्रस्तावित शैक्षिक समस्याओं एवं शैक्षिक प्रबन्ध के संबंध में सलाह देना।

(6) केन्द्र तथा राज्य सरकार की अलग-अलग योजनाओं का निरीक्षण करना।

(7) पत्राचार शिक्षा के महत्त्व को स्पष्ट करना इत्यादि।

(8) N.C.E.R.T. के सहयोग के लिये सिफारिश करना।

(9) अध्यापक शिक्षा के तरीकों तथा पाठ्यक्रमों के संबंध में निर्देश देना।

(10) सेवाकालीन शिक्षा के लिये अवसर देना

राष्ट्रीय शैक्षिक अनुसंधान एवं प्रशिक्षण परिषद् N.C.E.R.T.

प्रशिक्षण परिषद् का गठन एवं राष्ट्रीय शैक्षिक अनुसंधान 1961 में अग्रलिखित संस्थाओं को सम्मिलित करने हेतु शिक्षा को प्रभावशाली बनाने, शैक्षिक जगत में एक सम्मिलित आयाम स्थापित करने के लिये और समाज को एक नई दिशा देने के लिये किया गया था—

(1) पाठ्यपुस्तक अनुसंधान/ब्यूरो।

(2) केन्द्रीय शिक्षा तथा व्यावसायिक निर्देशन ब्यूरो

(3) राष्ट्रीय आधारभूत शिक्षा संस्थान।

(4) राष्ट्रीय दृश्य-श्रव्य शिक्षा संस्थान।

(5) राष्ट्रीय मूल शिक्षा केन्द्र इत्यादि।

राष्ट्रीय शैक्षिक अनुसंधान एवं प्रशिक्षण परिषद् के कार्य

यह संस्था N.C.E.R.T. के गठन के बाद मुख्य रूप से भारत में अग्रलिखित कार्य संपादित कर रही है—

(1) पाठ्यक्रम के विकास में 10+2 प्रतिमान के लिये पाठ्यपुस्तक, महत्त्वपूर्ण भूमिका निभाना।

(2) शैक्षिक गतिविधियों द्वारा शिक्षा के माध्यम से सामाजिक विकास करना।

(3) केन्द्र शासित प्रदेशों के बीच विभिन्न राज्यों तथा पाठ्यक्रम पाठ्यपुस्तक, शिक्षक प्रशिक्षण और परीक्षाओं के विषयों में समन्वय स्थापित करना।

(4) शोध प्रक्रिया पाठ्यक्रम की समीक्षा व मूल्यांकन करना।

(5) दस वर्षीय स्कूल पाठ्यक्रम के लिये 1974 में स्थापित पाठ्यपुस्तकें तैयार करना और शिक्षा-प्रशिक्षण का मूल्यांकन करना।

(6) उच्च शिक्षा के क्षेत्र में अनुसंधान संबंधी कार्य करना।

(7) 1986 में स्थापित राष्ट्रीय शिक्षा नीति संबंध में शिक्षा की गुणवत्ता में सुधार लाने के लिये महत्त्वपूर्ण कोशिश करना।

(8) शैक्षिक प्रौद्योगिकी और शैक्षिक अनुसंधान के संबंध में आवश्यक प्रशिक्षण कार्यक्रम आयोजित करना और भिन्न-भिन्न बहुआयामी योजनायें तत्पर करना।

(9) प्रारम्भिक बाल शिक्षा और माध्यमिक स्कूल शिक्षा के क्षेत्र में शैक्षिक कार्यों का मूल्यांकन व नई नीतियाँ तय करना।

(10) राज्य स्तरीय शैक्षिक मुश्किलों का समाधान करना।

(11) शिक्षा नीति को सर्वोच्च बनाये रखने के लिए सतत प्रयोगशील रहना।

(12) आदर्श पाठ्यक्रमों का चयन करना एवं जरूरी प्रलेख तैयार करना।

(13) शैक्षिक मार्गदर्शिकायें व अन्य महत्त्वपूर्ण उपकरण तैयार करना।

(14) विभिन्न विचारों से शैक्षिक गतिविधियों के संबंध में सम्पर्क बनाये रखना।

(15) शैक्षिक अनुसंधान एवं नवाचार में मदद करना।

प्रशिक्षण परिषद् राष्ट्रीय शैक्षिक अनुसंधान एवं छः संगठन एककों के माध्यम से कार्य संपादित करती है। इसी संबंध में निम्नांकित विभाग भी महत्वपूर्ण भूमिका निभाते हैं–

(1) विज्ञान एवं गणित शिक्षा विभाग (2) सामाजिक विज्ञान और मानविकी शिक्षा विभाग (3) शैक्षिक व्यवसायीकरण विभाग (4) शैक्षिक मनोविज्ञान, परामर्श और संदर्शन विभाग (5) मापन, सर्वेक्षण और आधार-सामग्री प्रक्रियन विभाग (6) अध्यापक शिक्षा, विशेष शिक्षा तथा विस्तार सेवा विभाग (7) विद्यालय पूर्व प्रारम्भिक शिक्षा विभाग (8) पुस्तकालय, प्रलेखन और सूचना विभाग (9) प्रकाशन विभाग (10) नीति, अनुसंधान, नियोजन और कार्यक्रम विभाग (11) कार्यशाला विभाग इत्यादि।

उपर्युक्त विभागों के अतिरिक्त निदेशक का कार्यालय मुख्यतः अग्रलिखित अनुभागों के कार्यों को नियंत्रित करने का कार्य भी संपादित करता है–

(अ) विस्तार परियोजना (ब) आदर्श विद्यालय प्रकोष्ठ

(स) अन्तर्राष्ट्रीय सम्बन्ध एकक(स) पत्रिका प्रकोष्ठ

शैक्षिक जगत में (N.C.E.R.T.) एक महत्त्वपूर्ण संस्थान है जो भिन्न-भिन्न स्वरूप के कार्यों के संपादन व क्रियान्वयन में क्रियाशील है।

शिक्षा परिषद एवं बोर्ड

बहुत सी शिक्षा-परिषदें तथा शिक्षा मंत्रालय द्वारा गठित बोर्ड आज भी कार्य कर रहे हैं। ये निकाय भारत सरकार को अपने शैक्षिक दायित्वों तथा कार्यों को पूरा करने में मदद प्रदान करते हैं। इनमें से मुख्य का वर्णन संक्षेप में किया जा रहा है–

सबसे प्राचीन संस्था शिक्षा के केन्द्रीय परामर्शदाता मण्डल (Central Advisory Board of Education)–शिक्षा सम्बन्धी मामलों में प्रान्तीय सरकारों को सलाह देने के लिए इसकी स्थापना 1921 में की गई थी। 1923 में इसको "Reternchment Committee की सिफारिश के फलस्वरूप इसको 1925 में दुबारा स्थापित किया गया और वह अब तक कार्य कर रहा है।

समस्त क्रियाओं की यह मण्डल मन्त्रालय महत्त्वपूर्ण धुरी है, जिसके चारों ओर सभी कार्यक्रम फैला हुआ है। परामर्शदाता मण्डल के महत्व पर प्रकाश डालते हुए नई शिक्षा नीति में स्पष्ट कहा गया है-

"The Central Advisory Board of Education will paly a pivotal role in reviewing education development, determining the changes required to improve the system and monitoring implementation. It will function through appropriate committees and other machanism created to ensure contact with, Coordeinating among the various areas of Human Resource Development. The department of education at the center and in the States will be strenghtened through the involvement of professionals."

—***National Policy on Education,1986***

निम्नलिखित प्रकार से परामर्शदाता मण्डल का संगठन किया गया है–

1. संसद के पाँच सदस्य, जिसमें 2 राज्यसभा तथा 3 लोकसभा के सदस्य।
2. भारती विश्वविद्यालय के प्रतिनिधियों में अन्तर्विश्वविद्यालय द्वारा चुने हुए 2 सदस्य।
3. केन्द्रीय शिक्षा मन्त्री (चैयरमैन)
4. भारत सरकार का शिक्षा-परामर्शदाता।
5. भारत सरकार द्वारा मनोनीत 15 सदस्य, जिसमें 4 स्त्रियाँ होती हैं।
6. मण्डल का सचिव, जिसको केन्द्रीय सरकार द्वारा नियुक्त किया जाता है,
7. अखिल भारतीय प्राविधिक शिक्षा-परिषद् के 2 सदस्य, जिनको स्वयं परिषद् मनोनीत करती है।

8. प्रत्येक राज्य सरकार का एक प्रतिनिधि, जो शिक्षा मंत्री होता है।

साधारणतः केन्द्रीय शिक्षा मन्त्रालय का शिक्षा सचिव ही इसके सचिव का कार्य करता है।

एक अन्य महत्वपूर्ण इस परामर्शदाता मण्डल से संस्था सम्बन्धित है, जो कि **शिक्षा के केन्द्रीय ब्यूरो** (Central Bureau of Education) के नाम से प्रसिद्ध है। यह ब्यूरों अपना कार्य को सचिवों द्वारा संचालित करता है। इनमें से एक सचिव बाहरी देशों से सम्बन्धित है और दूसरा आन्तरिक सूचनाओं से। यह भारत में शिक्षा की प्रगति के विषय में आधुनिक सूचनाओं को इकट्ठा करता है तथा बहुत सी शैक्षिक रिपोर्ट प्रकाशित करता है।

आखिल भारतीय प्रारम्भिक शिक्षा परिषद्

1957 में इन परिषद् की स्थापना वैज्ञानिक तथा शिक्षा अनुसन्धान मन्त्रालय द्वारा हुई थी। इसका उद्देश्य 6 से 14 साल तक की उम्र के सभी बालकों को निःशुल्क और जरूरी शिक्षा देने के लिए भिन्न-भिन्न प्रकार के कदम उठाना है। केन्द्रीय सरकार प्रारम्भिक शिक्षा के क्षेत्र में अपने दायित्वों को निर्वाह इसी परिषद् के माध्यम से करती है तथा इस क्षेत्र में राज्य सरकारों एवं स्थानीय निकायों का नेतृत्व व पथ-प्रदर्शन करती है। इस परिषद् का संगठन अग्रलिखित संस्थाओं के द्वारा भेजे गए प्रतिनिधियों से होता है–

1. शिक्षा मन्त्रालय के प्रतिनिधि।
2. पिछड़े वर्गों एवं लड़कियों की शिक्षा से सम्बन्धित शिक्षा मर्मज्ञ।
3. राज्य सरकारों के प्रतिनिधि।
4. केन्द्रीय शिक्षा परामर्शदाता मण्डल।
5. अखिल भारतीय माध्यमिक शिक्षा परिषद्।
6. प्रशिक्षण महाविद्यालयों से सम्बन्धित शिक्षा मर्मज्ञ।

केन्द्रीय माध्यमिक शिक्षा बोर्ड : एक परिचय–केन्द्रीय माध्यमिक शिक्षा बोर्ड की स्थापना उन छात्रों व छात्राओं की शैक्षिक जरूरतों को देखने के लिए हुई थी जिन्हें अपने अभिभावकों के स्थानान्तरण के वजह से एक राज्य से दूसरे राज्य में जाना पड़ता है। यह शिक्षा के स्तर को विशिष्ट रूप से माध्यमिक शिक्षा के स्तर को ऊँचा उठाने, पाठ्यक्रम, पाठ्यपुस्तकों, निक्षण-विधि और मूल्यांकन के सुधार में महत्त्वपूर्ण योगदान दे रहा है।

इसके अन्तर्गत सितम्बर 1971 में 78 उच्च माध्यमिक विद्यालय थे जिनमें से अधिकांश इससे सम्बद्ध केन्द्रीय विद्यालय थे। यह बोर्ड माध्यमिक शिक्षा परीक्षण और

उच्च माध्यमिक तकनीकी परीक्षण कराता है। यह संघीय राज्य क्षेत्रों में विद्यालयों की माध्यमिक अथवा उच्च माध्यमिक परीक्षाएँ भी कराता है।

इन परीक्षाओं को कराने के अतिरिक्त परिषद् की दूसरी महत्वपूर्ण क्रियाएँ परीक्षा सुधार तथा सम्बद्ध विद्यालयों के अध्यापकों के लिए अभिविन्यास पाठ्यक्रम है।

माध्यमिक शिक्षा का संचालन और प्रशासन

'माध्यमिक शिक्षा आयोग' द्वारा प्रस्तावित माध्यमिक शिक्षा के पुनर्संगठन, प्रसार और प्रगति की कुछ जिम्मेवारी केन्द्रीय सरकार के जरिये अपने ऊपर लिया जाए और निम्नलिखित कार्यों के लिए अनुदान दे–

1. प्राविधिक विषयों में शिक्षकों के प्रशिक्षण के लिए प्रशिक्षण संस्थाओं की स्थापना।

2. ग्रामीण क्षेत्रों में अलग-अलग पाठ्यक्रम की प्रबन्ध करने वाले माध्यमिक विद्यालय।

3. छात्रों और शिक्षकों के लिए उत्तम पुस्तकों का प्रकाशन।

4. मुख्य समस्याओं में माध्यमिक शिक्षा संबंधी अनुसंधान करने के लिए केन्द्रों की स्थापना।

5. श्रव्य-दृष्य सामग्री और शैक्षिक फिल्मों का सृजन।

6. सेमिनारों, अभिनव पाठ्यक्रमों और शिक्षकों तथा प्रधानाध्यापकों के सम्मेलनों की आयोजना।

आयोग का यह कहना एकदम उपयुक्त है कि 'माध्यमिक शिक्षा' का कुछ उत्तरदायित्व केन्द्रीय सरकार अपने ऊपर ले। **प्रत्येक नागरिक को संविधान ने 14 साल की उम्र तक 'निःशुल्क एवं अनिवार्य शिक्षा' का मौलिक अधिकार दिया** है। इससे स्पष्ट है कि केन्द्रीय सरकार माध्यमिक शिक्षा के कुल जिम्मेवारी को राज्य सरकारों पर नहीं डाल सकती। उसे अपने ऊपर भी कुछ उत्तरदायित्व लेना होगा।

नीपा (N.I.E.P.A) -'नीपा' का पूरा नाम नेशनल इन्स्टीट्यूट ऑफ एजुकेशनल प्लानिंग एण्ड एडमिनिस्ट्रेशन (राष्ट्रीय शैक्षिक नियोजन एवं प्रशासन संस्थान) है। **राष्ट्रीय शैक्षिक अनुसंधान व प्रशिक्षण परिषद** इस संस्थान का कार्य **(N.C.E.R.T)** को मदद करना है। संस्थान शैक्षिक नियोजन का काम करती है। संस्थान **'राष्ट्रीय शिक्षा'** की जरूरत वर्तमान स्थिति को मद्देनजर रखकर कार्यक्रमों के नियोजन सम्बन्धी प्रशिक्षण की समयानुसार प्रबंध करती है।

सन् 1962 में नई दिल्ली स्थित इस संस्थान (नीपा) का आरम्भ हुआ। इसके मुख्य कार्यक्षेत्र हैं--शैक्षिक योजनाकारों और प्रशासकों का प्रशिक्षण, अनुसंधान कार्य

(Research Work) , शैक्षिक योजना और प्रशासन के क्षेत्र में नई खोजों (New Inventions) का प्रसार, केन्द्र एवं प्रशासन के क्षेत्र में सलाह सम्बन्धी सेवाएँ उपलब्ध कराना है। इस संस्थान का गठन कई अकादमिक इकाइयों के रूप में किया गया है, जो इस तरह है–

1. शैक्षिक वित्त इकाई (Educational Finance Unit)

2. स्कूल और औपचारिकेतर शिक्षा इकाई (School and Non-formal Education Unit)

3. शैक्षिक प्रशासन एकक (Educational Administration Unit)

4. शैक्षिक योजना एकक (Educational Planning Unit),

5. शिक्षा नीति एकक (Educational Policy Unit)

6. उपराष्ट्रीय प्रणाली (Sub-national System) तथा अन्तरोष्ट्रीय इकाई (International Unit)

7. उच्चतर शिक्षा इकाई (Higher Education Unit)

राजस्थान शिक्षा विभाग : पृष्ठभूमि

1949 में राजस्थान की स्थापना रियासतों के विलीनीकरण के परिणामस्वरूप वर्ष हुई। उस समय प्रत्येक रियासत का शिक्षा क्षेत्र में कार्य-प्रणाली एवं प्रबन्ध पृथक-पृथक था। इसीलिए राज्य सरकार ने शिक्षा क्षेत्र पर विशिष्ट ध्यान देकर शिक्षा प्रबन्ध के एक संघीय एवं सुसंचालन के लिए वर्ष 1950 में प्राथमिक एवं माध्यमिक शिक्षा निदेशालय की स्थापना की। राज्य की वर्ष 1959 से पंचायत राज्य प्रबन्ध लागू होने के बाद प्राथमिक विद्यालयों की ग्रामीण क्षेत्र के प्रबन्धन प्रबन्ध का जिम्मेवारी ग्रामीण विकास एवं पंचायती राज्य विभाग के अधीन जिला परिषदों एवं पंचायत समितियों को सौंप दिया गया। शिक्षा में गुणवत्ता लाने के लिए वर्ष 1997 में प्राथमिक एवं माध्यमिक शिक्षा निदेशालय, बीकानेर का बँटवारा कर बीकानेर में ही अलग-अलग प्रारम्भिक शिक्षा निदेशालय एवं माध्यमिक शिक्षा निदेशालय की स्थापना की गई। भारतीय संविधान के 73वें संविधान संशोधन के अनुसार पंचायती राज्य संस्थाओं को मजबूत करने एवं प्रारम्भिक शिक्षा के संचालन में जन भागीदारी की वृद्धि की दृष्टि से प्रारम्भिक शिक्षा का विषय एवं इससे सम्बन्धित निदेशालयों/अधिकारणों यथा-प्रारम्भिक शिक्षा निदेशालय, साक्षरता एवं सतत् शिक्षा निदेशालय एवं शुरुआती शिक्षा के सार्वजनीकरण के लिए राज्य में चल रही परियोजनाओं, जैसे–जिला प्राथमिक शिक्षा कार्यक्रम (D.P.E.P), शिक्षा की परियोजना, जनशाला कार्यक्रम, सर्व शिक्षा अभियान (S.S.A) आदि राज्यस्तरीय प्रशसनिक नियंत्रण शिक्षा विभाग के स्तर पर पंचायती

राज्य विभाग को हस्तान्तरिक किया गया। राज्य में राजीव गाँधी प्रारम्भिक शिक्षा एवं साक्षरता मिशन स्थापित कर भिन्न-भिन्न स्तरों पर पंचायती राज्य संस्थाओं की सक्रिय मदद प्राप्त करने की दृष्टि से मिशन के तहत् जिला, ब्लाक एवं ग्राम स्तरीय शिक्षा समितियों की स्थापना, सम्बन्धित पंचायत राज्य प्रतिनिधियों की अध्यक्षता में की गई है।

शिक्षा के राज्य अभिकरण की भूमिका

1. शिक्षक शिक्षा महाविद्यालय (C.T.E.)
2. जिला शिक्षा एवं प्रशिक्षण संस्थान (D.I.E.T)
3. राजस्थान माध्यमिक शिक्षा परिषद् (R.B.S.E.)
4. राज्य शैक्षिक अनुसन्धान एवं प्रशिक्षण संस्थान (S.I.E.R.T.)
5. उच्च अध्ययन शिक्षा संस्थान (I.A.S.E.)

Role of State Agencies of Education

RBSE, SIERT, IASE, CTE, DIET

राजस्थान माध्यमिक शिक्षा बोर्ड (Rakastjam Board of Secondary Education)—1957 में राजस्थान माध्यमिक शिक्षा बोर्ड की स्थापना की गई, इसका मुख्यालय अजमेर में है। बोर्ड के गठन के तहत् एक अध्यक्ष एवं शिक्षा क्षेत्र के भिन्न-भिन्न अभिकरणों के शिक्षाविदों को बार्ड सदस्य के रूप में तीन-तीन साल के लिए राज्य सरकार द्वारा नियुक्त किया जाता है। बोर्ड की प्रशासनिक प्रबन्ध हेतु प्रशासनिक सेवा क्षेत्र के अधिकारी को सचिव के रूप में सरकार नियुक्त करती है। वोर्ड के शैक्षिक क्रियाकलापों हेतु माध्यमिक व उच्च माध्यमिक शिक्षा बोर्ड के अध्यक्ष एवं सदस्यों द्वारा किया जाता है। बोर्ड के शैक्षिक कार्यो के साथ-साथ बोर्ड के परीक्षा केन्द्रों के चुनाव के लिए निरीक्षण, विद्यालयों को माध्यमिक व उच्च माध्यमिक स्तर पर क्रमोन्न करने हेतु निरीक्षण, विद्यालयों में नये संकाय व विषयों को लागू करने के लिए निरीक्षण कार्य भी शिक्षाविदों व राज्य के शिक्षा विभाग के अधिकारियों के जरिये करवाए जाते हैं।

माध्यमिक शिक्षा बोर्ड के मुख्य कार्य

स्कूलों की मान्यता सम्बन्धी कार्य—माध्यमिक तथा उच्च माध्यमिक शिक्षा विद्यालयों को अपने नियमों तथा शर्तों के आधार पर मान्यता देती है। साथ ही उनके अवलोकन व निरीक्षण सम्बन्धी कार्य भी सम्पन्न कराए जाते हैं।

शैक्षिक कार्य—नवीं से बारहवीं कक्षा तथा शिक्षा के लिए पाठ्यक्रम का निर्माण करने, माध्यमिक तथा उच्चतर माध्यमिक स्तर के विद्यालयों की मान्यता देने,

परीक्षाओं का संचालन करने, प्रमाण-पत्र इत्यादि देने के समस्त काम माध्यमिक शिक्षा परिषद् के जरिये सम्पन्न होते हैं।

परीक्षा संचालन सम्बन्धी कार्य—माध्यमिक शिक्षा परिषद् द्वारा 10वीं व 12वीं कक्षा की परीक्षाओं का संचालन करती है। जैसे—परीक्षा केन्द्र बनाना, परीक्षकों की नियुक्ति, प्रश्न-पत्र तैयार करना इत्यादि।

राजस्थान राज्य शैक्षिक, अनुसंधान तथा प्रशिक्षण संस्थान

विद्यालयी शिक्षा के गुणात्मक समुन्नयन के लिये राजस्थान राज्य में राज्य सरकार द्वारा महेरोत्रा समिति की अनुशंसा के आधार पर पूर्व में कार्यरत भिन्न-भिन्न अभिकरणों को समन्वित कर दिनांक 11 नवम्बर, 1978 को उदयपुर में राजस्थान राज्य शैक्षिक अनुसंधान एवं प्रशिक्षण संस्थान की स्थापना की गई। यह संस्थान प्राथमिक एवं माध्यमिक शिक्षा निदेशालय बीकानेर के शैक्षिक सलाहाकार के रूप में भी काम करता है। विद्यालयी क्षेत्र में अपनी नीतियों और कार्यक्रमों के निश्चित तथा क्रियान्वयन में शिक्षा मंत्रालय तथा विभाग को संस्थान विशेषज्ञ सेवाएँ उपलब्ध करता है। इसका वित्तीय व्यवस्था राजस्थान सरकार के जरिये किया जाता है। जनवरी 2002 से यह संस्थान प्रारम्भिक शिक्षा निदेशालय के प्रशासनिक नियंत्रण में काम कर रहा है।

उच्च अध्ययन शिक्षा संस्थान (आई.ए.एस.ई.)

माध्यमिक शिक्षक-प्रशिक्षण (सेवारत एवं पूर्वसेवा-In-service and Pre-service) की सतत् प्रबन्ध के लिए केंन्द्र सरकार ने मानव संसाधन विकास मंत्रालय के अनुदान पर हरेक राज्य में उच्चतर विषय-ज्ञान एवं शिक्षा शास्त्र के अभिज्ञान में अभिविन्यास करने एवं शिक्षा के क्षेत्र में अनुसंधान के स्तर को प्रोन्नत करने एवं व्यावहारिक बनाने की दृष्टि से स्नातकोत्तर 'शिक्षक शिक्षा महाविद्यालय' को शिक्षा का 'उच्च अध्ययन संस्थान' बनाया है।

राजस्थान में संचालित उच्च अध्ययन शिक्षा संस्थान

1. विद्या भवन उच्च अध्ययन शिक्षा संस्थान, उदयपुर
2. गाँधी विद्या मन्दिर उच्च अध्ययन शिक्षा संस्थान, सरदारशहर (चूरू)
2. राजकीय उच्च अध्ययन संस्थान, बीकानेर
3. राजकीय उच्च अध्ययन शिक्षा संस्थान, अजमेर

अध्यापक शिक्षा महाविद्यालय

अध्यापक शिक्षा महाविद्यालय/कॉलेज अग्रलिखित विशेष कार्यों के लिए स्थापित किए गए हैं।

2. माध्यमिक अध्यापकों की भागीदारी हेतु सेना-पूर्व अध्यापक शिक्षा

1. माध्यमिक अध्यापकों के लिए विषय अभिविन्यस्त और अल्पावधिक (3-4 सप्ताह के) विषय-विशेष (3-10 दिन के) सेवाकालीन अध्यापक शिक्षा कार्यक्रम इस ध्येय से आयोजित करना, कि प्रत्येक अध्यापक को न्यूनतम पाँच साल एक बार विषय अभिविन्यास प्रशिक्षण पाठ्यक्रम, कम समय विषय विशेष वाले पाठ्यक्रमों के अतिरिक्त, जरूर पूरा करना होगा।

3. माध्यमिक विद्यालयों, विद्यालय संकुलों और अलग-अलग अध्यापकों को विस्तार और समाधान सहायता/सेवाएँ प्रदान करना।

उच्च अध्ययन शिक्षा संस्थान

इसके अलावा शिक्षा संस्थान उच्च अध्ययन अग्रलिखित कार्य करता है–

1. **प्रारम्भिक और माध्यमिक अध्यापक**–शिक्षक और शिक्षा में अनुसंधानकर्ताओं को तैयार करने के ध्येय से शिक्षा में एम.एड., एम.फिल और पी. एच. डी. कार्यक्रम चलाना। कुछ संस्थान माध्यमिक विद्यालय अध्यापकों के लिए 4 वर्षीय पाठ्यक्रम भी प्रारंभ कर सकते हैं।

2. प्रारम्भिक अध्यापकों के लिए शिक्षक तैयार करने के ध्येय से प्रारम्भिक अध्यापक शिक्षा सम्बन्धी कार्यक्रम चलाना।

3. (I). प्रारम्भिक और माध्यमिक अध्यापक-शिक्षकों (II). माध्यमिक विद्यालयों के प्रधानाचार्यो (III). माध्यमिक विद्यालयों के पर्यवेक्षण से संबद्ध व्यक्तियों आदि के लिए सेवाकालीन पाठ्यक्रम चलाना।

4. अध्यापक शिक्षा में प्रायोगिक/पायलट कार्यक्रम चलाना शिक्षा में उच्चस्तरीय, मूलभूत और अनुपयुक्त और प्रयोग के कार्यक्रम चलाना, जिनका स्वरूप विशेष रूप से अन्तर-शास्त्रीय हो, उदाहरण–शिक्षा का समाज विज्ञान शिक्षा और आर्थिक विकास शैक्षिक मनोविज्ञान आदि।

जिला शिक्षा एवं प्रशिक्षण संस्थान (डाइट)

भारत में राष्ट्रीय शिक्षा नीति, 1986 के उचित तरीके से क्रियान्वयन और शैक्षिक दुनिया में राज्यों की शिक्षा में समानता लाने के लिये प्राथमिक शिक्षक प्रशिक्षण विद्यालयों को जिला प्रशिषण संस्थान में बदलाव करते हुए उक्त संस्थान (D.I.E.T) की स्थापना निम्नलिखित लक्ष्यों की पूर्ति के लिये की गई:–

(1) शैक्षिक नवाचारों का प्रयोग करना तथा उनकी उपयोगिता को सत्यापित करना।

(2) सेवारत अध्यापकों को जिला स्तर पर जरूरत के अनुसार योजनावार आवश्यक प्रशिक्षण प्रदान करना।

(3) नियुक्ति से पूर्व शिक्षकों को प्रशिक्षित करना।

(4) जिला स्तर पर शैक्षिक समस्याओं की मदद करना।

(5) जिला स्तर पर जिला शिक्षाधिकारियों की मदद करना।

(6) सामुदायिक शैक्षिक कार्यक्रमों का आयोजन करना।

(7) प्राथमिक व उच्च प्राथमिक विद्यालयों के लिये मूल्यांकन केन्द्रों के रूप में कार्य करना तथा उन्हें वांछित मार्गदर्शन प्रदान करना।

(8) जिला शिक्षा मण्डलों को आवश्यक परामर्श देना आदि।

(9) संस्था प्रधानों के लिये प्रबंधन एवं प्रशिक्षण की प्रबन्ध करना।

(10) अनौपचारिक व प्रौढ़ शिक्षा केन्द्रों पर सतत् शिक्षा की प्रबन्ध करना।

डाइट (D.I.E.T) की इकाइयाँ

जिला स्तर पर शैक्षिक कार्यों के सम्पादन के लिये कुल अग्रलिखित 8 इकाइयाँ कार्यरत हैं–

(1) शैक्षिक प्रौद्योगिकी

(2) कार्यानुभव इकाई

(3) सेवा पूर्व शिक्षक प्रशिक्षण

(4) सेवारत प्रशिक्षण एवं विस्तार सेवा

(5) आयोजना, प्रबंध तथा प्रशासन के क्षेत्र में प्रशिक्षण कार्यक्रम

(6) पाठ्यक्रम एवं मूल्यांकन

(7) प्रशासनिक विभाग

(8) अन्य आवश्यकतानुसार

इस प्रकार शैक्षिक कार्यों के सम्पादन, शैक्षिक सुधार एवं शैक्षिक योजनाओं को ला करने के लिये अलग-अलग संस्थान क्रियाशील है।

3

विद्यालय प्रबन्ध

जीव के रूप में मानव के प्रादुर्भाव के समय से ही उसका शिक्षा से जुड़ाव रहा है। प्रारंभिक शिक्षा बच्चा घर पर ही अपनी माँ से पाता है। माँ बच्चे की पहली गुरु होती है। समय बीतने के साथ बालक अपने क्रियाकलापों तथा अनुभव के आधार पर काफी कुछ सीखता है। प्राचीनकाल में अनौपचारिक शिक्षा बालक को घर पर ही प्रदान की जाती थी। कालांतर में ज्ञान की वृद्धि एवं जनसंख्या में बढ़ोतरी होने से मानव का जीवन दुरूह हो गया। शिक्षा के बदलते स्वरूप को आसान बनाने के लिए मानव ने शिक्षा को सांस्थानिक रूप देना आवश्यक मसझा। फलस्वरूप समय की मांग को देखते हुए शिक्षा व्यवस्था की जिम्मेदारी विद्यालय को सौंपे जाने का निर्णय लिया गया। नामक शैक्षिक संस्था का जन्म हुआ।

तत्पश्चात विद्यालय में शैक्षिक कार्यों को सुचारू रूप से चलाने के लिए प्रशासन की जरूरत महसूस की गयी। समय गुजरने के साथ-साथ राज्य ने शिक्षा की महत्ता को समझा तथा शैक्षिक संस्थाओं का नियंत्रण अपने हाथों में ले लिया। इस संबंध में सरकार ने कई कानून भी समय-समय पर पारित किये। विद्यालय विषयक कार्यों के सफल संचालन के लिए यह अनिवार्य भी था। वर्तमान में 6 वर्ष से लेकर 14 वर्ष तक के छात्रों के लिए भरत में निःशुल्क शिक्षा का प्रावधान है।

प्रबन्ध एक ऐसी विशिष्ट क्रिया है जो मानव समूहों द्वारा निर्मित संस्थाओं को चलाने के लिए जरूरी है। वाणिज्य एवं उद्योग के क्षेत्र में इस क्रिया का नाम प्रबन्ध है एवं अन्य क्षेत्रों में यह ज्यादातर प्रशासन के नाम से जानी जाती है। हालाँकि, प्रशासन एवं प्रबन्ध दोनों में अन्तर भी है। प्रशासन के विषय में हम यह कह सकते हैं कि व्यापार उद्यम की वह प्रवस्था है जिसका सम्बन्ध सभी नीतियों के निर्धारण एवं उद्देश्यों को निश्चित करने से है, साधारणतया प्रशासन है। जबकि प्रबन्ध वह निष्पादन कृत्यशीलता है जिसका सम्बन्ध प्रशासकों द्वारा निर्धारित प्रशासकीय नीतियों को कार्यान्वित करने से है। इस तरह कुछ संगठनों में विशेष रूप से व्यापार संगठन

में प्रशासन, संगठन का निर्णय लेने वाला क्षेत्र है। संगठनात्मक कार्य का यह स्तर मुख्य रूप से विस्तृत उद्देश्यों को निर्धारित करने से सम्बन्धित है जो कि संगठन द्वारा प्राप्त किये जाते हैं। जहाँ पर संगठन का यह अंग पृथक है वहाँ पर प्रबन्ध के तहत वे सभी कार्य एवं व्यक्ति आ जाते हैं जो उन उद्देश्यों को निर्धारित करने से सम्बन्धित हैं जो कि संगठन द्वारा प्राप्त किये जाते हैं। इस तरह एक ऐसे संगठन में जहाँ ये दो कार्य अलग-अलग हैं, प्रशासन उन बलों की ओर संकेत करता है जो नीतियों का निर्धारण करते हैं और उद्देश्यों को तय करते हैं तथा प्रबन्ध वह शक्ति है जो उन उद्देश्यों की प्राप्ति में संगठन का नेतृत्व करता है एवं दिग्दर्शन करता है। उद्योग में साधारणतया पाया जाता है कि प्रशासन का सम्बन्ध नीति निर्धारण से है जबकि प्रबन्ध का सम्बन्ध नीतियों के क्रियान्वयन से है।

प्रबन्ध मूल रूप से सामाजिक प्रक्रिया मानी जाती है। इसको संगठन के कार्यों की प्रभावशाली एवं मितव्ययी योजना बनाने एवं उसको लागू करने के लिए जिम्मेदार ठहराया जाता है। इसके तहत कई उपकार्य यथा–नियोजन, निर्णयन, योजना एवं निर्णयों का कार्यान्वयन, कर्मचारियों का निर्देशन, उनको एकीकृत एवं प्रेरित करना, कार्यकर्त्ताओं का निरीक्षण करना, विरोधों का सामना करना आदि आ सकते हैं।

विद्यालय के साथ भी कुछ ऐसी ही स्थिति है। सुव्यवस्थित विद्यालय ही इच्छित उद्देश्य को पा सकता है। समुचित व्यवस्था के अभाव में अराजकता एवं भ्रांति विद्यालय में फेल सकती है।

विद्यालय में अध्यापकों के कार्य को हम सामान्य रूप से तीन वर्गों में विभक्त कर सकते हैं। वे हैं–

1. अनुशासन,
2. शिक्षण,
3. विद्यालय-प्रबन्ध।

उपरोक्त में से किसी एक का भी अभाव विद्यालय के समुचित एवं सुव्यवस्थित संचालन को हानि पहुंचा सकता है। स्पष्ट है कि इनमें से हर का अपना अलग महत्त्व है। इन पर समुचित ध्यान देने से समय और श्रम दोनों की बचत होती है, साथ ही आंतरिक कलह एवं विरोधों को भी खत्म कर ये विद्यालय-संचालन को अवरोधरहित बनाते हैं। इस तरह विद्यालय को सही ढंग से संचालित करने के लिए विद्यालय-प्रबन्ध का स्थान सर्वोपरि है। इसके ठीक रहने पर दूसरी सारी बातें स्वतः ही सही मार्ग पर आ जाती हैं।

वर्त्तमान में 'विद्यालय-प्रबन्ध' या 'शैक्षिक प्रशासन' बहुत ही विस्तृत अर्थ में प्रयोग किये जाते हैं। समाजवाद, प्रजातन्त्र, वैज्ञानिक उपलब्धियों और अंतर्राष्ट्रीय

नव-जागरण के इस काल में विद्यालय-प्रबन्ध का क्षेत्र भी अत्यधिक विस्तृत हो गया है। अपेक्षित शिक्षा का दान और गणतांत्रिक नागरिकता का विकास आज विद्यालय-प्रबन्ध का ही मूल उत्तरदायित्व है।

सही मायने में विद्यालयों के द्वारा अपेक्षित शैक्षाणिक आदर्शों की प्राप्ति के लिए एक निश्चित व्यवस्था की आवश्यकता है। इसके अभाव में उत्तम शैक्षणिक फल की प्राप्ति सर्वथा असंभव है। सच तो यह है कि उचित व्यवस्था के आधार पर ही विद्यालय के जीवन में नियमित कार्यप्रणाली संभव हो पाती है। समुचित व्यवस्था विद्यालय को आकर्षक, उपयोगी तथा स्वर्गिक बनाती है।

इसलिए विद्यालय-प्रबन्ध का उद्देश्य है, उपयुक्त व्यक्ति को उपयुक्त स्थान पर उपयुक्त समय में, उपयुक्त ढंग से रखना। (It aims at Placing the right person at right place, at the right moment and in the right manner.) इस प्रकार विद्यालय-प्रबन्ध के अंतर्गत वे समस्त बातें आ जाती हैं जिनका संबंध विद्यालय की आंतरिक अथवा बाह्य व्यवस्था से होता है। शिक्षक-समुदाय, समय-तालिका, परीक्षा, पाठ्यक्रम आदि सभी विद्यालय-प्रबन्ध के अंतर्गत ही आ जाते हैं।

विद्यालय प्रबन्ध

विद्यालय-प्रबन्ध का आशय विद्यालय की व्यवस्था के साथ-साथ मानव-संबंध से भी है। सच तो यह है कि यह सप्राण-जीवंत मानव से संबंधित है, न कि जड़ पदार्थों से।

प्रसिद्ध शिक्षाशास्त्री डॉ. मुखर्जी ने कहा भी है—'Educational Administration is concerned with the management of things as well as with human relationship, the better working together of people. In fact, it is more concerned with human beings and less with inanimate things.'

संक्षिप्त रूप में हम कह सकते हैं कि सुन्दर प्रबन्ध एवं उपयुक्त व्यवस्था पर ही विद्यालय की सफलता एवं सार्थकता निर्भर करती है। यहाँ यह भी याद रखने योग्य है कि चाहे अध्यापन कितना ही उच्चकोटि का हो; छात्रों की संख्या कितनी ही अधिक हो, लेकिन अगर विद्यालय अव्यवस्थित है तो भविष्य निश्चित रूप से अंधकारमय है। कहा भी है—

According to M. P. Singh—"However good its teaching, however large the number of its pupils, however qualified its staff, the school is sure to fail eventually in its objects, if it lacks in good and efficient organisation."

स्वतन्त्रता-प्राप्ति के उपरांत हमने गणतन्त्र तथा समाजवाद को अपना सामाजिक-राजनीतिक गंतव्य के रूप में अपना लिया है। ऐसी अवस्था में विद्यालय-प्रबन्ध

को भी उसी के अनुरूप परिवर्तित करने की आवश्यकता है। वर्तमान संदर्भ में अंग्रेजों के शासनकाल का कठोर निरंकुश संगठन नहीं चल सकता, इसलिए जरूरत है संगठन में लचीलापन की। अब तो वह अतीत बन कर रह गया है।

वर्तमान समय में समाज की आवश्यकताएं परिवर्तित हो चुकी हैं। वहीं विद्यालय-प्रबन्ध इस परिस्थिति में उपादेय तथा समीचीन होगा जो इन बदलाव आधुनिक सामाजिक समस्याओं की पूर्ति कर सके। इसलिए आज विद्यालय-प्रबन्ध के आधार सहयोग एवं गणतंत्रात्मक क्रियाशीलन होंगे। यह सहयोग प्रशासक- प्रधानाध्यापक, प्रधानाध्यापक-अध्यापक, अध्यापक-छात्र, छात्र-छात्र तथा विद्यालय-परिवार एवं समाज के मध्य होगा।

विद्यालय का कार्य भावी समाज का निर्माण करना है। स्पष्ट है कि गणतन्त्रात्मक समाजवाद की नींव भी वहीं दी जा सकती है। इसलिए विद्यालयों में गणतन्त्रात्मक व्यवस्था को अपनाना परम आवश्यक हो गया है। ऊपर जैसा बताया गया है, व्यापक सहयोग के आधार पर ही विद्यालय संगठन की नींव रखी जानी चाहिए। आंतरिक व्यवस्था और सह-शैक्षणिक क्रियाशीलन में छात्र, अध्यापक एवं सामाजिक सहयोग को उचित स्थान देना आज के गणतन्त्रात्मक विद्यालय-प्रबन्ध के लिए जरूरी है।

विद्यालय प्रबन्ध से जुड़े तत्व

विद्यालय प्रबन्ध के प्रमुख घट्क अग्रलिखित हैं–

1. मकान–भवन विद्यालय-प्रबन्ध की प्रथम आवश्यकता है। इसके अभाव में विद्यालय-प्रबन्ध की व्यवस्था नहीं की जा सकती। विद्यालय-भवन का स्थान, उसकी बनावट, कक्षा का क्षेत्रफल, प्रकाश-व्यवस्था, वायु, आवागमन की व्यवस्था, उपस्कर, क्रीड़ास्थल तथा जल निकास आदि पर विशेष रूप से ध्यान देने की जरूरत है। शिक्षक को उक्त व्यवस्था का समुचित ज्ञान होना चाहिए।

2. प्राचार्य एवं शिक्षक–प्रधानाध्यापक किसी विद्यालय-व्यवस्था की आत्मा होता है। उसके अलावा समुचित संख्या में अध्यापकों का रहना तथा उनके कार्यों की सम्यक व्यवस्था भी बहुत आवश्यक है।

3. छात्रों का वर्गीकरण–छात्र जो कि विद्यालय की मूल उपज है का वर्गीकरण एक अत्यन्त ही महत्त्वपूर्ण कार्य है। इस क्रिया के तहत किस वर्ग में कितने और कौन-कौन से बच्चे रखे जाएं आता है। इसमें बहुत अधिक योग्यता व सफल संचालन की आवश्यकता होती है।

4. विषय एवं समय का बंटवारा–समय तथा विषयों के विभाजन के अभाव में विद्यालय में अव्यवस्था आ जाएगी। अराजकता से बचाने तथा व्यवस्थित कार्य-संचालन

के लिए समय-तालिका का होना आवश्यक ही नहीं अनिवार्य भी है। इस व्यवस्था से हर शिक्षक को अपने वर्ग, समय और विषय का निश्चित ज्ञान रहता है और छात्र भी विषय, उसके लिए निर्धारित समय तथा शिक्षक से परिचित रहते हैं।

5. परीक्षा एवं सफलता—विद्यालय-प्रबन्ध में परीक्षा का बहुत ही महत्त्वपूर्ण स्थान है। छात्रों की उपलब्धियों के मूल्यांकन का यह एक प्रचलित तरीका है। इसलिए इसका संचालन और प्रबन्ध बड़ा ही महत्त्व रखता है। इसके साथ परीक्षार्थियों की उत्तीर्णता को घोषित करने का कार्य बहुत महत्त्वपूर्ण है। प्रधानाध्यापक और शिक्षकों का इस कार्य में सक्षम होना आवश्यक है।

6. शैक्षणिक तथा सह-शैक्षणिक क्रियाशीलन—शैक्षणिक विषयों के शिक्षण के लिए एक तय योजना एवं समय-तालिका की आवश्यकता होती है। इसके साथ ही सह-शैक्षणिक क्रियाशीलनों का आयोजन चरित्र-निर्माण और सृजनात्मक अनुशासन के लिए परम आवश्यक है। इन क्रियाशीलनों में शिक्षक का साथ रहना भी आवश्यक है।

7. दाखिला एवं अनिवार्य पत्र—छात्रों का नामांकन सुव्यवस्थित ढंग से होना बहुत ही जरूरी है। इस संबंध के सभी कागज-पत्र ठीक और स्पष्ट हों। अन्य कागज-पत्र—जैसे आय-व्यय बही, उपस्थिति-पुस्तिका आदि को व्यवस्थित ढंग से रखना आवश्यक होता है। कार्यालय के अन्य कागज-पत्रों की सुव्यवस्था भी ब्याज देने योग्य है।

8. स्वास्थ्य तथा शारीरिक शिक्षा—वर्त्तमान समय में बालकों के लिए स्वास्थ्य तथा शारीरिक शिक्षा की व्यवस्था बहुत जरूरी है। स्वास्थ्य-जांच का प्रबन्ध आधुनिक विद्यालय का एक आवश्यक भाग होना चाहिए।

9. दिशा निर्देशन—वर्तमान युग में मार्गदर्शन या दिशा निर्देश को महत्त्वपूर्ण स्थान प्राप्त है। विद्यालयों में योग्य और प्रशिक्षित मनोविज्ञान-वेत्ता शिक्षक के द्वारा यह कार्य प्रभावकारी ढंग से हो सकता है। विषय के चुनाव, वर्ग व्यवस्था आदि में इससे बहुत अधिक सहायता मिलती है।

10. होस्टल की देखभाल—छात्रावास एक ऐसा स्थान होता है जहाँ छात्र अध्ययन-अध्यापन के लिए रहते हैं। छात्रावासों की भोजन-व्यवस्था तथा आवास-व्यवस्था की देखरेख प्रधानाध्यापक तथा छात्रावास अधीक्षक द्वारा सुचारु रूप से होना जरूरी है। उचित देखभाल के अभाव में अव्यवस्था फैल सकती है। जिससे छात्रों का चरित्र निर्माण शिक्षा ग्रहण करने आदि में प्रभाव पड़ सकता है।

11. मेधावी और गरीब छात्रों की सहायता—बड़ी संख्या में छात्र बड़े ही कुशाग्र-बुद्धि एवं मेधावी होते हैं, लेकिन निर्धनता के कारण शिक्षा प्राप्त करने में समर्थ नहीं होते हैं। ऐसे छात्रों की मदद करना भी विद्यालय संगठन का मूल्य तत्त्व है।

12. अनुशासन की व्यवस्था—छात्रों के विभिन्न क्रियाशीलनों का संचालन कर तथा उसमें सक्रिय भाग लेकर शिक्षक अच्छे ढंग से अनुशासन को बनाए रख सकते हैं। विद्यालय-व्यवस्था में छात्रों का सक्रिय सहयोग लेकर भी अनुशासन को सफलता से बनाये रखा जा सकता है।

13. स्कूल एवं समाज का आपसी संबंध—आधुनिक युग में यह बहुत ही मूल तत्त्व बन गया है। विद्यालय के सांस्कृतिक आयोजनों में समाज के लोगों को निमंत्रित कर एवं समाज-सेवा के कार्यक्रमों को अपनाकर विद्यालय तथा समाज के संबंध को अत्यधिक मजबूत बनाया जा सकता है।

स्कूल प्रशासन की जरूरत

सुव्यवस्थित ढंग से विद्यालय के संचालन के लिए विद्यालय-प्रबन्ध बहुत ही जरूरी है। क्रमबद्ध प्रगति के लिए यह एक बहुत ही प्रभावोत्पादक साधन है। सिर्फ आतंरिक व्यवस्था, समय-सारिणी का निर्माण, अध्यापन की योजना, भवन के प्रकार, विद्यालय संबंधी कागज-पत्रों का सुव्यवस्थित संपादन और पाठ्यक्रम को ही विद्यालय का मूलरूप नहीं मान लेना चाहिए। बल्कि अपने कर्तव्य तथा कार्य-सहयोगियों के प्रति भावना आदि में विद्यालय-प्रबन्ध का मूल निहित है। हमें अपने कार्यों के उद्देश्य और अपने छात्रों के प्रति हित-भावना को ही प्रधानता देनी है। वास्तव में विद्यालय संगठन का मुख्य उद्देश्य बच्चों का समुचित विकास है और वह सभी तरह से इसमें सहायक होता है, न कि बाधक। यही कारण है कि विद्यालय को एक सहयोगी समाज के रूप में संचालित तथा व्यवस्थित करना अधिक उपयोगी होगा। संगठन की श्रेष्ठता का प्रमाण तो इसमें है कि हर छात्र को अन्य छात्रों के साथ-साथ विकसित होने की स्वतन्त्रता प्राप्त हो तथा हर छात्र अपने विद्यालय-समाज को अपनी उपलब्धियों से संपन्न तथा समृद्ध करने के प्रति कृतसंकल्प हो। हाँ, यह सत्य है कि सभी छात्रों की देन में भिन्नता हो सकती है। लेकिन कुछ समय के पश्चात् छात्र निश्चित रूप से यह अनुभव करने लगेंगे कि वे सभी एक ही सहयोगी समाज (विद्यालय-समाज) के सदस्य हैं। अतः हमारे विद्यालयों का प्रबन्ध इस प्रकार होना चाहिए कि वे अग्रलिखित दो उद्देश्यों की पूर्ति कर सकें—

1. परस्पर सहयोग की भावना का विकास एवं दूसरों के साथ मिलकर कार्य करने की क्षमता का विकास।

2. ऐसे समाज की पृष्ठभूमि तैयार करना जिसमें बच्चों को अपनी प्रवृत्ति तथा रुझान के अनुसार विकसित होने की स्वतन्त्रता प्राप्त हो।

इस तरह के विकास का तात्पर्य मात्र मानसिक विकास से ही नहीं है, बल्कि बच्चों के व्यक्तित्व का सम्पूर्ण विकास भी है। इसमें तो मानसिक विकास के

साथ-साथ शारीरिक, सामाजिक, नैतिक, सांस्कृतिक और बौद्धिक विकास भी सम्मिलित है। इसलिए विद्यालय-प्रबन्ध की सार्थकता एवं प्रभावकारिता इसी बात पर निर्भर करती है कि वह बच्चों के व्यक्तित्व को समस्त दिशाओं में विकसित होने का अच्छा मौका एवं सुविधा प्रदान करे। इनमें से किसी भी दिशा में उदासीनता का अर्थ है विद्यालय की असफलता।

अब यह स्पष्ट है कि विद्यालय-प्रबन्ध बहुत है। विद्यालय के कार्यों तथा उद्देश्यों की स्पष्टता इन्हीं पर निर्भर करती है। यहाँ हम सुव्यवस्था के आवश्यक तत्त्वों का उल्लेख करते हैं जिनके अभाव में कोई भी संस्था अपने उद्देश्यों को प्राप्त नहीं कर सकती। वे हैं–

1. छात्र के सर्वोत्तम विकास के लिए शैक्षिक सुविधाओं का उपयोग करने की शिक्षकों को छूट।

2. एक उपयुक्त पृष्ठभूमि का निर्माण जिसमें सामान्य कार्य संचालित हो सके।

3. नए प्रयोगों को संपादित करने के लिए एक प्रारंभिक बिंदु उपलब्ध कराना।

इस तरह हम देखते हैं कि विद्यालय-प्रबन्ध बहुत ही जरूरी है। इसके अभाव में समस्त विद्यालय-जीवन अराजकता और भाग-दौड़ का गढ़ बन जाएगा। विद्यालय के सारे पवित्र उद्देश्य इसी अराजकता की धारा में डूब जाएंगे। इतना ही नहीं; तब विद्यालय तथा देहाती मच्छर-हट्टे में कोई भिन्नता न रह जाएगा। तो यह कहा जा सकता है कि विद्यालय के कार्यों के व्यवस्थित संचालन, शिक्षा के उद्देश्यों की प्राप्ति बच्चों के व्यक्तित्व के समग्र विकास और गणतन्त्रात्मक नागरिकता के निर्माण के लिए विद्यालय प्रबन्ध बहुत आवश्यक है। हाँ, इतना जरूर ध्यान रखना होगा कि विद्यालय प्रबन्ध एक साधन है, साध्य नहीं; सेवक है, स्वामी नहीं। जिस स्थान पर यह साध्य तथा स्वामी के रूप में स्थापित होगा, वहाँ शिक्षा की आत्म नष्ट हो जाएगी।

विद्यालय-प्रबन्ध के उद्देश्य

विद्यालय प्रबन्ध के प्रमुख उद्देश्य अग्रलिखित हैं–

1. समाज की ही तरह स्कूल का प्रबन्ध–विद्यालय का समाज से बहुत ही गहरा संबंध है। आधुनिक विचारधारा के अनुरूप तो विद्यालय एक सामुदायिक केंद्र है। हमें यह पता है कि शिक्षा जीवन से अलग की वस्तु नहीं है। सच्ची शिक्षा तो जीवन-निष्ठ है। यह धारणा सर्वथा गलत है कि विद्यालयों की शिक्षा मात्र शिक्षकों का कार्य है। सही मायने में शिक्षा-प्रक्रिया तो सम्पूर्ण समाज का उत्तरदायित्व है। हाँ, इतना अवश्यक है कि शिक्षक समाज को विद्यालय की ओर आकृष्ट करने के उपायों को खोज निकाले। विद्यालय एवं समाज के संबंध को सुदृढ़ बनाने के लिए अग्रलिखित उपाय किये जा सकते हैं–

(क) विद्यालय की प्रबन्ध समिति में स्थानीय समाज के वयस्कों को स्थान देकर उनका सहयोग इस क्षेत्र में प्राप्त किया जा सकता है।

(ख) विद्यालय को वयस्कों के लिए एक सामाजिक केंद्र के रूप में संध्याकाल में परिवर्तित कर दिया जाए। इससे उन्हें अनुभव होगा कि विद्यालय मात्र छोटे बच्चों और किशोरों का ही नहीं, उनका भी है। इस प्रयत्न से अभिभावकों का संपर्क विद्यालय से बढ़ेगा।

(ग) विद्यालय में आयोजित सामाजिक-सांस्कृतिक कार्यक्रमों में विद्यार्थियों के माता-पिता को आमंत्रित किया जाना चाहिए। इसके अतिरिक्त अभिभावक-शिक्षक संघ के गठन को भी प्रोत्साहित किया जाना चाहिए।

(घ) विद्यालय के क्रियाशीलनों में विद्यार्थियों के माता-पिता का सहयोग प्राप्त किया जाना चाहिए। उन्हें विद्यालय के कार्यकाल में आमंत्रित करना चाहिए। उन्हें न मात्र विद्यालय के विभिन्न कार्य दिखाए जाने चाहिए, बल्कि विभिन्न क्रियाशीलनों में सक्रिय भाग लेने के लिए भी प्रोत्साहन मिलना चाहिए।

उन सभी बातों को कहने का आशय यह है कि विद्यालय के प्रबन्धक एवं शिक्षक ऐसे सभी संभव प्रयत्न करें जिससे विद्यालय और समाज के बीच विचारों का निरंतर आदान-प्रदान होता रहे।

2. आदर्श विद्यालय जीवन का निर्माण—सर्वप्रथम विद्यालय को एक सहकारी समाज का रूप प्रदान करना है। इसमें विद्यालय के प्रधानाध्यापक और शिक्षक, शिक्षक तथा शिक्षक, शिक्षक तथा छात्र, छात्र तथा छात्र और विद्यालय परिवार तथा समाज के बीच सहयोग की व्यवस्था का स्थान महत्त्वपूर्ण होता है। विद्यालय-प्रबन्ध तो विद्यालय-समाज के सद्भावनापूर्ण और सुचारु संचालन का एक साधान मात्र है। सामुदायिक जीवन पर आधारित विद्यालय बच्चों के लिए उत्तम प्रशिक्षण-केंद्र होता है। अगर छात्र विद्यालय-समाज में सहयोगी सदस्य के रूप में नहीं रह सकता, तब वह विस्तृत समाज में ऐसा कैसे कर सकता है? इसलिए विद्यालय-प्रबन्ध का प्रथम उद्देश्य है विद्यालय सहयोगी जीवन की व्यवस्था करना।

3. आदर्श व संतुलित विद्यालय-पाठ्यक्रम का निर्माण—आदर्श व संतुलित पाठ्यक्रम से विद्यालय-प्रबन्ध के सबसे प्रमुख उद्देश्य की पूर्ति होती है। सुन्दर परम्पराओं का पालन तथा सामाजिक आदर्शों का निर्माण दो प्रमुख उद्देश्य हमारे सामने आते हैं। इनके अतिरिक्त यह सोचनीय स्थिति है कि हमारे ग्राम-गीत, धर्म, संगीत तथा कला को विद्यालयों में कोई स्थान प्राप्त नहीं है। यहाँ यह भी ध्यान देने योग्य तथ्य है कि विद्यालय न केवल समाज का दर्पण है, बल्कि यह उसका समीक्षक तथा आलोचक भी है। अतः वह समय आ गया है कि पाठ्यक्रम को भारतीय संस्कृति

के अनुरूप ढाला जाए। समस्त भावी पाठ्यक्रम-योजना के निर्माण में शिक्षक का सहयोग अत्यावश्यक है। पाठ्यक्रम-विकास-कार्यक्रम में मूल रूप से निम्नांकित बातें अवश्यक सम्मिलित करना चाहिए—

(अ) छात्र-अध्यापक-संबंध की प्रकृति।

(ब) कक्षागत वातावरण।

4. सहशैक्षणिक क्रियाशीलन का प्रबन्ध—विद्यालय प्रबन्ध के प्रमुख कार्यों में से एक है छात्रों को जीवन जीने के लिए अवश्यक विधाओं का प्रशिक्षण देना। माध्यमिक शिक्षा आयोग ने अपनी रिपोर्ट में कहा भी है "The art of living is a much more com-prehensive concept than the organisation of knowledge." इसके तहत आदतों एवं सामाजिक व्यवहारों के प्रशिक्षण से लेकर धैर्य, स्वच्छ मनोदशा, ईमानदारी, बंधुत्व भावना, सहयोगिता और अनुशासन जैसे गुणों के विकास-कार्य भी शामिल किया गया है। इन सभी मानवीय उत्तम गुणों का बच्चों में विकास विद्यालय में समाविष्ट विभिन्न सहशैक्षणिक क्रियाशीलनों द्वारा किया जा सकता है। इसलिए विद्यालयों में सहशैक्षणिक क्रियाशीलनों को निश्चित तथा वास्तविक स्थान मिलना बहुत आवश्यक है। इन क्रियाशीलनों में सामूहिक खेल, स्काउटिंग, व्यायाम, एन.सी.सी., ए.सी.सी., सांस्कृतिक कार्यक्रम, समाज-सेवा आदि का स्थान बहुत ऊँचा है।

5. सबको बराबरी का मौका देना—देश के संविधान में हर नागरिक को समानता का अधिकार है। यह समानता का अधिकार अवसर एवं अस्तित्व दोनों ही क्षेत्रों में प्रदान की गई है। रंग, जाति, धर्म आदि के आधार पर भेद-भाव किये बिना सभी छात्रों को विद्यालय में समान स्थान प्राप्त कराना विद्यालय-प्रबन्ध का पहला उद्देश्य है। इतना ही नहीं, सबको शिक्षा प्राप्त करने का समान अवसर प्रदान करना भी इसका उतना ही महत्त्वपूर्ण उद्देश्य है।

6. छात्र को आत्मानुशासन की शिक्षा देना—मानव-शिशु को भावी जीवन की शिक्षा प्रदान करने का उद्‌भव केन्द्र विद्यालय है। सही मायने में जैसा समाज की जरूरतों के अनुकूल नागरिक का निर्माण विद्यालयों में ही होता है। सामाजिक जीवन का व्यावहारिक ज्ञान विद्यालयों में प्रारंभिक रूप से प्रदान किया जाता है। और, आज तो हम जानते हैं कि हमारा देश विशाल गणतंत्र है। अतः हमारे समाज को भी गणतांत्रिक पद्धति पर संगठित होना है, तथा यह तभी सफल हो सकता है जब समाज का हर नागरिक गणतांत्रिक पद्धतियों में न केवल विश्वास रखता हो, बल्कि व्यावहारिक रूप से जीवन में उन्हें उतार चुका हो। गणतंत्र शासन की सारी सफलता व्यवहार कुशल एवं उपयोगी नागरिकता पर निर्भर करती है। अतः आज विद्यालयों में प्रबन्ध का सर्वोपरि उद्देश्य हो जाता है कि छात्रों को व्यावहारिक रूप से स्वशासन की शिक्षा

दी जाए। विद्यालयों में छात्र-संसद, छात्र-मंत्रिमण्डल तथा सहयोग-भंडार आदि की स्थापना कर इस उद्देश्य को प्राप्त करने का प्रयास किया गया है। वर्तमान समय में विद्यालय-प्रबन्ध के उद्देश्यों में इनका स्थान सर्वोपरि है।

स्कूल प्रशासन की नियमावली

विद्यालय के सकुशल प्रबन्धन एवं संचालन के लिए कुछ अहम् सिद्धांतों का पालन करना परम आवश्यक है। सिद्धांत के अभाव में प्रबन्ध और संचालन में संतुलन एवं समंजन नहीं आने पाएगा। सिद्धांत ही प्रबन्ध का पथ प्रसस्त करता है और उद्देश्य प्राप्ति में मददगार होते हैं। इसलिए हमारे गणतंत्र में विद्यालय संगठन के सुचारु तथा सुनिश्चित कार्यान्वयन के लिए अग्रलिखित सिद्धांतों पर ध्यान देना परम आवश्यक है–

1. विद्यार्थियों के व्यक्तित्व का पूर्ण विकास–यह प्रशासन तथा प्रबन्ध का मूल सिद्धांत है। सही मायने में विद्यालय का प्रबन्ध तभी सार्थक होगा जब वहाँ के छात्रों का शारीरिक, बौद्धिक एवं चारित्रिक विकास समग्र रूप से होगा। सुव्यवस्थित प्रबन्ध में बच्चों की आंतरिक शक्तियों को विकास का पूर्ण अवसर प्रदान किया जाता है। वहाँ उनकी शारीरिक शक्ति के विकास के लिए भी विभिन्न क्रियाशीलन के प्रबन्ध किए जाते हैं। इतना ही नहीं, सुंदर चारित्रिक गठन के भी उत्प्रेरक आदर्श तथा वातावरण प्रस्तुत किए जाते हैं। कुशल प्रबन्ध छात्रों की सामाजिक क्षमता की अभिवृद्धि पर भी ध्यान देता है।

2. मानवोचित व्यवहार–हमें यह निश्चित रूप से ध्यान रखना होगा कि विद्यालय के दो जरूरी अंग–अध्यापक और छात्र परस्पर भावनामुक्त हों। उनके साथ यंत्रवत् व्यवहार न होकर मानवीय व्यवहार होनी चाहिए। छात्रों के पास अकूत शक्ति होती है, उनकी भी रुचि-अरुचि होती है एवं उनके भी अभाव-दुख होते हैं। इसलिए विद्यालय-प्रबन्ध में इनका ध्यान रखना श्रेयस्कर है। छात्रों और अध्यापकों को समुचित स्वतन्त्रता प्रदान की जाए तथा उनकी रुचि-अरुचि एवं शक्ति सीमा का ध्यान रखा जाए। अध्यापकों की आवश्यकताओं एवं अभावों का ध्यान रखना भी प्रबन्ध की सप्राणता के लिए अत्यंत जरूरी है। उक्त मानवीय आधारों पर ही प्रभावकारी एवं सफल विद्यालय-प्रबन्ध का विकास हो सकता है।

3. मदद एवं सद्भाव का आधार–सहयोग एवं सद्भावना गणतंत्र का मौलिक तत्व है। इसलिए आज विद्यालय-प्रबन्ध का आधार सहयोग एवं सद्भावना पर ही रखा जाना चाहिए। यह सहयोग प्रधानाध्यापक-अध्यापक, अध्यापक-छात्र, छात्र-छात्र तथा अध्यापक-अभिभावक के बीच के हों। सहयोग तथा सद्भावना के

आधार पर ही प्रजातांत्रिक विद्यालय-प्रबन्ध का भवन खड़ा हो सकता है। सद्भावना एवं सहयोग से न केवल प्रबन्ध सुंदर एवं प्रभावकारी होता है, बल्कि उसमें उच्च कोटि का अनुशासन भी विकसित होता है। छात्रों पर जहाँ एक ओर सुंदर प्रभाव पड़ता है, वहीं उनमें गणतांत्रिक पद्धति पर आस्था भी बढ़ती है।

4. सम्मिलित जवाबदेही—1947 में भारत को स्वतंत्रता मिली लेकिन 1950 के बाद से भारत स्वतंत्र और सार्वभौम गणतंत्र के रूप में अपना अस्तित्व रखता है। इसलिए इसके विद्यालयों की नींव भी गणतांत्रिक सिद्धांतों एवं व्यवहारों पर आधारित होनी चाहिए। सही मायने में गणतन्त्र की बुनियाद विद्यालयों में ही डाली जाती है। गणतंत्र में सामूहिक उत्तरदायित्व को बहुत महत्त्वपूर्ण स्थान प्राप्त है। इसलिए विद्यालयों में गणतांत्रिक भावना को व्यावहारिक रूप प्रदान करने के लिए समाज का सक्रिय सहयोग प्राप्त करना जरूरी है। यहाँ सामूहिक दायित्व का तात्पर्य है—'अध्यापक, अभिभावक तथा शासन तीनों द्वारा सामूहिक रूप से विद्यालय के प्रबन्ध तथा संचालन का उत्तरदायित्व अपने ऊपर लेना। अब तो विद्यार्थियों को भी सामूहिक उत्तरदायित्व का एक अंग समझना चाहिए।

5. भौतिक अवयवों का प्रभावोत्पादक प्रयोग—विद्यालय-प्रबन्ध के प्रमुख भौतिक तत्त्व अग्रलिखित हैं—

(क) पुस्तकालय।

(ख) उपस्कर।

(ग) भवन।

(घ) खेल का मैदान।

(च) सहायक उपकरण।

(छ) कोष आदि।

विद्यालय-प्रबन्ध उनके उचित प्रयोग की अपेक्षा करती है। विद्यालय की समय-तालिका का निर्माण इस तरह हो कि उक्त सभी भौतिक साधनों का उपयोग समुचित ढंग से हो सके। इनका फायदा उठाना छात्रों के लिए बहुत ही उपादेय है। प्रबन्ध समिति इनकी उपलब्धि और व्यवस्था पर पूर्ण ध्यान दे एवं प्रधानाध्यापक एवं अध्यापकगण भी इनके समुचित उपयोग पर पूर्ण ध्यान दें। तभी संगठन में जीवन और सार्थकता का समावेश हो सकेगा।

6. चरित्र निर्माण तथा स्वास्थ्य वृद्धि—विद्यालय में छात्रों की स्वास्थ्य-वृद्धि पर पूर्ण रूप से ध्यान देन आवश्यक है। स्वस्थ नागरिक ही राष्ट्र तथा विश्व के सच्चे प्रहरी और नेता हो सकते हैं। साथ ही, चरित्र-निर्माण का कार्य भी उतना ही महत्त्वपूर्ण है। इसके अभाव में मनुष्य शरीर से बलवान होते हुए भी पशु के समान होते हैं।

अच्छा प्रबन्ध अच्छे आचरण की भूमिका तैयार करता है। इसलिए विद्यालय में शारीरिक स्वास्थ्य के लिए जहाँ खेल-कूद, व्यायाम आदि की व्यवस्था हो, वहीं चरित्र-निर्माण के लिए भी सुंदर तथा प्रभावकारी आयोजन किए जाएँ। इसके लिए महापुरुषों की जयंतियों, उनकी जीवनचर्या पर विचार-गोष्ठी तथा आदर्श त्यागमय कार्यों के लिए पुरस्कार-योजना की व्यवस्था विद्यालय की जाए। विद्यालय में अनैतिक अवयवों के प्रवेश को रोकने का उपाय करना भी आवश्यक है। सतर्कता एवं सप्रबन्ध इस दिशा में पर्याप्त मददगार हो सकते हैं।

7. योग्यता तथा क्षमता के अनुरूप कार्य-विभाजन—हर शिक्षक अलग-अलग योग्यता एवं रुझान का धारक होता है। शैक्षिक योग्यता की दृष्टि से भी हर की क्षमता तथा योग्यता पृथक् होती है। कोई शिक्षक विज्ञान का स्नातक है तो कोई कला का। विज्ञान और कला में भी पृथक विषयों में उन्हें विशिष्टता प्राप्त होती है। शारीरिक क्षमता की दृष्टि से भी वृद्ध शिक्षक उतना परिश्रम नहीं कर सकते जितना युवक शिक्षक कर सकते हैं। इसलिए आदर्श और सफल विद्यालय-प्रबन्ध के लिए शिक्षकों में उनकी शैक्षणिक तथा शारीरिक योग्यता और क्षमता के अनुरूप कार्य-वितरण होना जरूरी ही नहीं, अनिवार्य है। इससे शिक्षक भी अपने कार्य में रुचि लेते हैं, कार्य-प्रगति भी सुंदर होती है एवं कार्य करने वाले की आंतरिक संतुष्टि भी होती है।

8. निजशासन का मौका—विद्यालयों को सुव्यवस्थित तथा जीवंत रूप प्रदान करने के लिए उनके आंतरिक प्रबन्ध में स्वशासन को स्थान देना आवश्यक है। विद्यालय में छात्र-संसद, छात्र-मत्रिमंडल, छात्र-सहयोगी भंडार आदि के संगठन गणतांत्रिक आधार पर किए जाएँ। इससे छात्रों एवं अध्यापकों को गणतांत्रिक पद्धतियों का व्यावहारिक ज्ञान प्राप्त होता है, आपसी सहयोग की भावना बलवती होती है तथा छात्रों में नेतृत्व के गुणों का विकास होता है। उसमें उत्तरदायित्व के गुणों का भी समावेश होता है।

9. रचनात्मक और आशावादी नैतिक स्तर—सामान्य रूप से वर्तमान समय में देखा जाता है कि विद्यालय के प्रबन्धकों और शिक्षकों में आशावादी दृष्टिकोण का अभाव है। लगभग सभी में निराशावादी तथा उत्साहहीन भावना का समावेश हो गया है। इसके कारण विद्यालय-प्रबन्ध एवं उत्साह लेशमात्र भी देखने को नहीं मिलता। इसलिए विद्यालय-प्रबन्ध की सफलता और सुदृढ़ता के लिए विद्यालय-प्रबन्धकों एवं शिक्षकों में आशावादी एवं रचनात्मक नैतिक स्तर का समावेश होना जरूरी है।

10. दोषमुक्त विद्यालय पाठ्यक्रम—यह विद्यालय प्रबन्ध का बहुत महत्त्वपूर्ण अंग है। इसके ढीला-ढाला तथा दोषपूर्ण होने से बड़ा ही घातक परिणाम होता है। शिक्षाक्रम अगर बोझिल, अनुपयुक्त, अमानवीय है तो विद्यालय का प्रबन्ध सुंदर हो

ही नहीं सकता। वर्तमान में प्रबन्ध की अशांति तथा अव्यवस्था पाठ्यक्रम के दोषपूर्ण होने के महत्वपूर्ण कारण भी है। इसलिए विद्यालय-शिक्षाक्रम का प्रगतिशील एवं दोषमुक्त होना जरूरी है।

11. संपूर्ण स्कूल के हितार्थ निर्णय—विद्यालय-प्रबन्ध की सफलता इस बात पर बहुत अंशों में आश्रित करती है कि वहाँ संपूर्ण विद्यालय के हित की दृष्टि से किसी बात पर निर्णय लिया जाता है। व्यक्तिगत स्वार्थ या किसी एक दिशा को ध्यान में रखकर विद्यालय के कार्यों के निर्धारण के कारण बड़ी-बड़ी हानियाँ होती हैं। अगर किसी प्रिय छात्र ने कोई अनुशासनहीनता का कार्य किया है एवं उसके विद्यालय में बने रहने से सभी छात्रों पर बुरा प्रभाव पड़नेवाला है तो अपने संबंधों का ख्याल किए बिना ही उस छात्र को विद्यालय से हटा देना आवश्यक होगा। इससे विद्यालय-प्रबन्ध सुदृढ़ और प्रभावोत्पाकद होगा।

12. शैक्षिक तथा कार्यानुकूल माहौल—वर्तमान समय में विद्यालय-प्रबन्ध की सबसे बड़ी कमजोरी उसमें शैक्षणिक और कार्यानुकूल वातावरण की कमी है। छात्र और शिक्षक इस वातावरण के अभाव में निम्नस्तरीय राजनीति में संलग्न रहते हैं। इस समस्या के समाधान के लिए विद्यालय की प्रबन्ध समिति में शिक्षा-प्रेमी और विद्वान व्यक्तियों का रहना जरूरी है। इतना ही नहीं, योग्य, अध्ययनशील, संवेदनशील और सच्चरित्र शिक्षकों का होना भी उतना ही जरूरी है। इसके अलावा संपन्न तथा सुव्यवस्थित पुस्तकालय भी इस दिशा में उपयोगी होते है।

13. समाज—आज अभिभावक और समाज दोनों ही विद्यालयों के जीवन से बहुत दूर हो गये है। वे विद्यालय-प्रबन्ध से सर्वथा अनभिज्ञ तथा उदासीन हैं। परिणामस्वरूप वे आज छात्रों की अनुशासनहीनता के प्रति भी उतने ही उदासीन हैं। इसलिए छात्रों में अनुशासन बनाए रखने के लिए, विद्यालय-प्रबन्ध को शक्तिशाली बनाने के लिए एवं विद्यालय-जीवन को गणतंत्रात्मक स्वरूप प्रदान करने के लिए अभिभावक एवं समाज का सहयोग लेना जरूरी है। इस तरह विद्यालयों का सही अर्थ में समाजीकरण भी संभव हो सकेगा।

14. विचार संप्रेषण का आधार—यह गणतंत्र में सबसे सुंदर और आधुनिकतम पद्धति है। इसमें प्रधानाध्यापक, अध्यापक तथा छात्र मिलकर अपने कार्यों का लेखा-जोखा करते हैं। वे पारस्परिक विचार द्वारा अपनी त्रुटियों और खामियों को दूर करने के उपाय ढूँढ़ते हैं। इस पद्धति में सभी एक-दूसरे को निकट से समझने का पूर्ण मौका प्राप्त करते हैं और उनके बीच का भ्रम भी दूर होता है। इससे आपसी अविश्वास की भी जड़ कट जाती है। इससे गणतांत्रिक जीवन की नींव ठोस तथा दृढ़ होती है।

15. सुव्यवस्था तथा स्पष्टता—जैसे भाषा की अस्पष्टता और वाक्य-विचार में शब्दों की अव्यवस्था उनकी अर्थप्रेषणीयता को नष्ट कर देती है, उसी तरह विद्यालय-प्रबन्ध में स्पष्टता और सुव्यवस्था का अभाव विद्यालय को अराजकता के गर्त में डाल देता है। इसलिए स्पष्टता और सुव्यवस्था लाने के लिए प्रबन्ध के सभी अंग-पाठ्यक्रम, अध्यापन, परीक्षा एवं अनुशासन आदि—का आपस में निश्चित और स्पष्ट संबंध रहना बहुत जरूरी है। इसके लिए सभी अंगों का पारस्परिक सामंजस्य रहना भी आवश्यक है।

16. अनुकूलता, लोच एवं स्थिरता—विद्यालय-प्रबन्ध सुग्राह्य और जीवंत बनाने के लिए उसमें लोच, अनुकूलता एवं स्थिरता तीनों ही तत्त्वों का समावेश होना बहुत जरूरी है। सर्वप्रथम हमें यह देखना है कि विद्यालय की व्यवस्था एवं संगठन कठोर तथा अपरिर्वनशील तो नहीं है। अगर ऐसा हुआ तो विद्यालय-प्रबन्ध के समस्त उद्देश्य ही धूल में मिल जाएंगे। समाज की मान्यताएं, परिस्थितियाँ तथा आवश्यकताएं परिवर्तित होती रहती हैं और इसीलिए विद्यालय-प्रबन्ध को भी गतिशील तथा लोचदार होना चाहिए जिससे उसमें आवश्यकतानुसार बदलाव किए जा सकें। इससे नए तथा उपयोगी प्रयोग किए जाने की गुंजाइश बनी रहती है। इतना ही क्यों—परंपरागत तथा निष्प्राण रूढ़ियों से विद्यालय-प्रबन्ध को बचाने के लिए भी उसका लोचदार होना आवश्यक है। यहाँ यह भी स्पष्ट समझ लेना चाहिए कि लोचदार व्यवस्था को स्थिर तथा अनुकूल भी होना जरूरी है। यद्यपि ये बातें विरोधी लगती हैं तथापि ध्यानपूर्वक देखा जाए तो स्पष्ट हो जाता है कि आवश्यकता के अनुकूल परिवर्तनशीलता ही प्रबन्ध को स्थिरता प्रदान करती है। इसके अभाव में प्रबन्ध मृत हो जा सकता है। हाँ, परिवर्तन प्रगतिशील और आगे बढ़ने वाले हैं।

17. प्रबन्ध एवं संगठन साधन मात्र साधन—विद्यालय-प्रबन्ध शिक्षा के उद्देश्य की प्राप्ति में मात्र एक सहायक साधन मात्र है। इन्हें उद्देश्य मान लेना बड़ी भूल होगी। वस्तुतः शिक्षा के उद्देश्यों की प्राप्ति में यह मददगार है। प्रबन्ध को ही उद्देश्य मान लेना सैनिक प्रशासन स्वीकार कर लेने जैसा है। ऐसी अवस्था में नियम और बाह्य रंग-ढ़ंग ही महत्त्वपूर्ण हो जाते हैं। आंतरिक रूप से विकास की क्रिया मर जाती है। इतना ही क्यों—सारा अध्यापन कार्य ही नीरस तथा प्राणहीन हो जाता है। विद्यालय के अध्यापक तथा छात्र मात्र मशीनी पुर्जे बनकर रह जाते हैं। इसलिए हमें विद्यालय-प्रबन्ध को ही सब कुछ मानकर नहीं चलना चाहिए। उसे शिक्षा के उद्देश्यों की प्राप्ति का सहायक साधन मात्र समझना चाहिए।

18. सभी बातों पर जोर देना—जो कुशल प्रबन्धक होते हैं, वे प्रबंधन रूपी मशीन के छोटे-छोटे पुर्जे को भी उतना ही महत्त्व देते हैं जितना बड़े पुर्जे को। वे इस

तथ्य को भली भाँति जानते हैं कि बड़े पुर्जे का बड़प्पन छोटे पुर्जे के ठीक से कार्य करने पर ही है। यह बात विद्यालय-प्रबन्ध पर भी पूर्णरूप से सत्य उतरती है। सुंदर और उत्तम व्यवस्था के लिए प्रबन्धक को छोटी-छोटी बात का महत्त्व समझना जरूरी है। कभी-कभी तो ऐसा होता है कि छोटे-मोटे कारण ही उपेक्षित होकर सर्वनाश के कारण बन जाते हैं। उदाहरण के लिए एक संप्रदाय विशेष के विद्यार्थी ने किसी अन्य संप्रदाय के विद्यार्थी को धोखे से धक्का लगा दिया और उस विद्यार्थी का सिर फट गया। प्रधानाध्यापक और शिक्षक ने इसे छोटी बात समझकर छोड़ दिया। लेकिन यह धारना संप्रदायिक दंगा का रूप ले सकती है। अगर इस बात पर शुरू में ही ध्यान दिया जाए और अभिभावकों को बुलाकर उन्हें सही परिस्थित समझा दी जाए तो निश्चय ही दंगा की नौबत नहीं आ सकती। इसलिए संगठनगत समस्त विषयों पर ध्यान रखना और उन्हें महत्त्वपूर्ण मानना बहुत जरूरी है।

विद्यालयीय प्रबंध के इन सिद्धान्तों का अवलोकन करने से यह स्पष्ट हो जाता है कि विद्यालयों में इनका पूर्ण रूप से पालन नहीं हो रहा है। यही कारण है कि विद्यालयों में शैक्षिक वातावरण धीरे-धीरे समाप्त हो रहा है, साथ ही अनुशासनहीनता एवं उच्शृंखला भी शैक्षिक परिसर में घर कर गयी है। वर्तमान परिप्रेक्ष्य में जरूरत इस बात की है कि उपर्युक्त सिद्धान्तों का ईमानदारी से पालन किया जाये।

4

विद्यालय-प्रबन्ध की समस्याएँ

हर प्रकार के प्रबंधन को कुछ समस्याओं का सामना करना पड़ता है। विद्यालय प्रबंधन भी इससे अछूता नहीं है। वर्तमान में विद्यालय के बढ़ते कार्य क्षेत्र के कारण विद्यालय-प्रबन्ध की समस्याएं भी बढ़ती जा रही हैं। अब इसके समक्ष भी अनेक समस्याएं अपने विकराल रूप में उपस्थित है। जैसे—विद्यालय-भवन की अभाव एक बहुत बड़ी समस्या है। विद्यार्थियों की बढ़ती संख्या के कारण भवन का अभाव तथा शिक्षक का अभाव बहुत खटकता है। इसके अलावा छात्रों की बढ़ती संख्या स्वयं में एक बहुत बड़ी समस्या है। धन की कमी एक दूसरी बड़ी समस्या है। पर्याप्त भूमि और क्रियाशीलनों की सामग्रियों का अभाव भी समस्या बनकर ही खड़ी है। वर्त्तमान में विद्यालय-प्रबंध समितियों का गब्न भी मनमाने ढ़ंग से किया गया है। इसमें अयोग्य एवं स्वार्थी व्यक्तियों को शामिल किया गया है जो एक सिरदर्द बना हुआ है। योग्य एवं प्रशिक्षित शिक्षकों की भी कमी है जो स्वयं में एक समस्या है। विद्यार्थियों का मनौवैज्ञानिक आधार पर वर्गीकरण न होना तथा अनेक ऐच्छिक विषयों का प्रवेश दोनों ही बड़ी समस्याएँ हैं। आजकल विद्यालयों में अनुशासनहीनता की समस्या भी बलवती होती जा रही है। ये सभी समस्याएँ विद्यालय-प्रबंध रूपी ताल के जल में सरन पैदा कर रहे हैं जिसकी बू आदर्श शिक्षाशास्त्रियों को परेशान कर रही है।

आज कल नवीन वैज्ञानिक उपलब्धियों, टूटती मान्यताओं और स्खलित विश्वासों का हर तरफ शोर है। इससे प्राचीन और थोथे आदर्शों के प्रति लोगों की आस्था धिरे-धिरे खत्म होती जा रही है। विद्यालय-प्रबन्ध में भी इसका प्रभाव स्पष्ट दीख रहा है। परीक्षा और मूल्यांकन की सर्वथा नवीन पद्धतियां उभर कर सामने आई है। समाज-संपर्क में भी काफी अभिवृद्धि हुई है। छात्रों के मनोवैज्ञानिक मार्गदर्शन कार्य ने भी काफी जोर पकड़ लिया है। इस तरह थोड़े में विद्यालय-प्रबन्ध की वर्त्तमान समस्याएं दृष्टिगोचर हो जाती है।

वर्त्तमान परिदृश्य में विद्यालय-प्रबन्ध की समस्याओं में केवल वृद्धि ही नहीं हुई है, बल्कि इसमें काफी जटिल भी आ गई हैं। इसलिए यहाँ विद्यालय-प्रबन्ध की बढ़ती हुई जटिलताओं कि विवेचना करना जरूरी हो जाता है।

विद्यालय-प्रबन्ध की समस्याओं की जटिलता के कारण

अग्रलिखित कारण विद्यालय-प्रबन्ध की समस्याओं को जटिल बनाने के लिए जिम्मेदार हैं–

1. पाठ्यक्रम का विस्तार–वर्त्तमान समय में विद्यालय-पाठ्यक्रम बहुत विस्तृत हो गया है। उसमें कई नवीन विषयों एवं सहशैक्षणिक क्रियाशीलनों को स्थान मिला है। ये भी विद्यालय-प्रबन्ध की समस्या को जटिल बनाते हैं। साथ ही पाठ्यक्रम अब पहले जैसा सरल नहीं रहा। उसमें कई ऐच्छिक विषयों एवं विषय-समूहों का प्रवेश हो चुका है। इसलिए वह अपने-आप काफी जटिल हो गया है।

2. विद्यार्थियों की संख्या में बहुत अधि इजाफा–बढ़ती जनसंख्या के कारण आज विद्यालयों में विद्यार्थियों की संख्या बहुत अधिक बढ़ गई है। इससे भवनों की कमी हो गई है। इसके साथ ही साथ एक वर्ग में बहुत अधिक छात्रों की संख्या के कारण वर्गों का आकार भी बड़ा हो गया है। अधिक संख्या के कारण खेल का मैदान छोटा पड़ने लगा है। पुस्तकालय इतने अधिक छात्रों की जरूरतों को पूरी नहीं कर पाते हैं। वहाँ बच्चों की संख्या अधिक होने से पुस्तकों की संख्या कम पड़ती जा रही है। शिक्षकों की संख्या अपर्याप्त हो गई है। इससे अनुशासनहीनता में वृद्धि हो रही है। बच्चों पर व्यक्तिगत ध्यान देना कठिन हो गया है। समाज के विभिन्न स्तर के परिवार के बच्चे एक साथ एक वर्ग में आ गए हैं। इन सबसे एक साथ प्रशासनिक, शैक्षिक, मनोवैज्ञानिक एवं आर्थिक समस्या अपनी पूर्ण जटिलता के साथ उपस्थित हो गई है।

3. धन की कमी–वर्तमान समय में विद्यालय का स्वरूप और कार्य-विस्तार में बड़ी तेजी आई है लेकिन अर्थव्यवस्था पूर्ववत् है। इसलिए अर्थाभाव की समस्या भी बड़ी जटिल है।

4. सहशैक्षणिक क्रियाशीलनों बल देना–वर्तमान समय में नई शैक्षिक-विचारधारा में सैद्धांतिक विषयों के समान ही सहशैक्षणिक क्रियाशीलनों को भी महत्व दिया जा रहा है। इनका आयोजन भी शिक्षा में बहुत अधिक महत्त्व रखता है। इससे भी आज संगठनात्मक समस्या में बहुत अधिक बढ़ोतरी हुई है।

5. वैज्ञानिक उपकरणों की कमी–विद्यालयों का नवीन पाठ्यक्रम तो सामान्य रूप से लागू हो गया है, लेकिन उनमें सुसज्जित प्रयोगशालाओं का पूरी तरह अभाव

है। जिन विद्यालयों में नाममात्र की प्रयोगशालाएं हैं, वहाँ भी जरूरी उपकरण तथा साधन की कमी है। अधिकांश विद्यालयों में विज्ञान का शिक्षण मौखिक तथा अवास्तविक होता है। इससे समस्या सिर्फ जटिलता ही नहीं प्राप्त की है, बल्कि एक भयावह रूप धारण कर ली है।

6. तकनीकी विषयों का पाठ्यक्रम में स्थान—माध्यमिक विद्यालयों के पाठ्यक्रम में नाना प्रकार के तकनीकी विषयों को स्थान दिया गया है। इसमें इंजीनियरिंग, कृषि, विज्ञान आदि विषय आते हैं, इनके लिए कक्ष, प्रयोगशाला, उपकरण, उपस्कर आदि की विशेष व्यवस्था की जरूरत है। कुछ सरकारी तथा संपन्न विद्यालय तो इसका प्रबन्ध किसी हद तक कर लेते हैं, लेकिन अधिकांश विद्यालय इनकी पूर्ति एवं व्यवस्था करने में सर्वथा असमर्थ हैं। इसलिए इससे विद्यालय प्रबन्ध की समस्या अत्यधिक जटिल होती जाती है।

7. विद्यालय के सामाजिक कार्यों में वृद्धि—वर्तमान समय में विद्यालयों का समाज के प्रति उत्तरदायित्व बहुत अधिक गया है। योग्य तथा उपयोगी नागरिकों का निर्माण इनका प्रधान लक्ष्य है। इतना ही नहीं, विद्यालय समाज के सांस्कृतिक-शैक्षणिक केन्द्र भी होते हैं। विद्यालय समाज को सही नेतृत्व प्रदान करते हैं। सामाजिक सेवा और समाज-संपर्क विद्यालय के मूल कार्य हैं। इस तरह समाज तथा विद्यालय के मध्य समन्वय की समस्या भी बहुत महत्त्वपूर्ण और जटिल है।

8. नवीन शिक्षण-प्रणालियों का समावेश—वर्तमान समय में कई शिक्षाशास्त्रियों ने नई शिक्षण-प्रणालियों को जन्म दिया है। प्रोजेक्ट विधि, ह्युरिस्टिक विधि, प्रयोगशाला विधि आदि का प्रादुर्भाव एवं समावेश आज विद्यालयों की संगठनात्मक समस्या को जटिल बनाते हैं। भारत में ही बुनियादी शिक्षा-प्रणाली, मौंटेसरी-प्रणाली, किंडर गार्टेन-प्रणाली, गुरुकुल-प्रणाली एवं अन्य प्रणालियां विद्यालयों में प्रयुक्त होती रही हैं। इसके अलावा विदेशों के शिक्षाशास्त्री भी यहाँ आकर अपनी प्रणालियों का समावेश करते हैं। अब तो राजनीतिक दर्शनों के अनुसार भी नवीन शिक्षण-प्रणाली का जन्म हो रहा है। साम्यवादी शिक्षा-पद्धति तथा शिक्षण-प्रणाली साम्यवाद के पोषण को ध्यान में रखकर चलाई जाती है और उसी प्रकार जिस देश में जैसी राजनीतिक व्यवस्था होती है, वहाँ की शिक्षण-प्रणाली पर उसका स्पष्ट प्रभाव भी रहता है। इसलिए नवीन शिक्षण-प्रणालियों के प्रवेश से भी समस्या की जटिलता होती जा रही है।

9. शिक्षा के उद्देश्यों का प्रसार—वर्त्तमान समय में शिक्षा बहुउद्देशीय है। शिक्षा के उद्देश्यों में व्यक्ति के मानसिक, शारीरिक, व्यावसायिक, नैतिक और आध्यात्मिक सभी तरह के विकास आते हैं। पूर्ण नागरिकता के विकास का भी उद्देश्य आज बहुत प्रधान है। जीवन-यापन का उद्देश्य भी बहुत प्रमुख है। इन विभिन्न उद्देश्यों

में सभी की प्राप्ति करें अथवा प्रमुख रूप से किसकी प्राप्ति पर जोर दिया जाए–यह बड़ी जटिल समस्या है।

10. नई मनोवैज्ञानिक उपलब्धियों के प्रयोग–वर्तमान समय में मनोविज्ञान अत्यंत तीव्र गति से विकसित हो रहा है। इसकी नित नई उपलब्धियां सामने आ रही हैं। नई बुद्धि परीक्षाओं, मूल्यांकन पद्धतियों, रुझानों परीक्षाओं के प्रयोग हो रहे हैं। इसतरह इन उपलब्धियों के प्रयोग की समस्या भी विद्यालयों के सम्मुख उपस्थित है।

विद्यालय-प्रबन्ध को प्रभावोत्पादक बनाने के उपाय

विद्यालय संगठन को सुव्यवस्थित और प्रभावकारी बनाने के लिए अग्रलिखित बातों पर ध्यान देना चाहिए–

1. अभिभावक और समाज सहयोग–अभिभावक-शिक्षक संघ, समाज सेवा, सांस्कृतिक कार्यक्रम आदि के सक्रिय संचालन द्वारा यह सहयोग मजबूत बनाया जाए।

2. निरीक्षण–विद्यालय कार्यों का निरीक्षण दो स्तर पर होते हैं–प्रधानाध्यापक द्वारा प्रतिदिन अथवा साप्ताहिक रूप से तथा निरीक्षी पदाधिकारियों द्वारा। निरीक्षण के उपरांत सुंदर सुझाव तथा सम्मति दिए जाएँ। शिक्षकों की कठिनाइयाँ भी सुनी जाएँ और उन्हें दूर करने का प्रयत्न किया जाए।

3. समय-तालिका–विद्यालय के समुचित तथा सुंदर संचालन के लिए समय-तालिका का बड़ा महत्त्व है। समय-तालिका विषयों को उनके महत्त्व एवं कठिनता के अनुसार स्थान दिया जाना चाहिए। शिक्षक तथा वर्ग की भी उपयुक्त व्यवस्था इसमें हो। समय, शिक्षक या वर्ग की टकराहट न हो।

4. खेल का मैदान–विद्यालय में खेल का सुंदर व बड़ा मैदान हो। इसके साथ एक तरफ व्यायाम के लिए घिरा हुआ स्थान भी हो। फुटबॉल, बॉली-बॉल, बेडमिंटन; क्रिकेट, हॉकी, देशी खेल आदि की व्यवस्था हो। शिक्षक सभी खेल और व्यायाम में छात्रों के साथ सक्रिय रूप से सहयोग करें। एक खेल योग्य प्रशिक्षक हो तो यह और उत्तम होगा।

5. छात्रावास–छात्रावास में छात्रों को एक आदर्श शैक्षिक वातावरण प्रदान किया जाता है। वहाँ एक आदर्श व्यक्तित्व वाले प्रभावशाली व्यक्ति का होना बहुत ही जरूरी है, जो छात्रों को आपने आदर्श गुण छात्रों को प्रदान कर सकें। इसलिए छात्रावास एक प्रभावशाली व्यक्तित्व वाले शिक्षक के अधिकार में रखा जाए। छात्रावास में भोजन, अध्ययन और व्यक्तित्व का विकास करने वाले अन्य क्रियाशीलनों का अच्छा प्रबन्ध हो।

6. पुस्तकालय एवं संग्रहालय–विद्यालय में विद्यार्थियों की संख्या के आधार पर एवं उनके स्तरों के आधार पर सम्पन्न पुस्तकालय हों। इसकी व्यवस्था आधुनिक

ढंग पर हो एवं स्वतंत्र पुस्तकाध्यक्ष की नियुक्ति भी आवश्यक रूप से हो। छात्रों, शिक्षकों एवं समाज के सहयोग से एक संग्रहालय की व्यवस्था भी विद्यालय में होनी चाहिए।

7. छात्रों का वर्गीकरण—सभी छात्र की योग्यता एक समान नहीं होती है। कोई मंद बुद्धि होता है तो कोई मेधावी होता है। विभिन्न कक्षाओं में छात्रों का योग्यता के अनुसार वर्गीकरण होना जरूरी है। इसके लिए आधुनिक मनोवैज्ञानिक मापन परीक्षाओं का प्रयोग किया जाए। इसी आधार पर उसका शिक्षण, परीक्षण स्तर का निर्धारण होना चाहिए।

8. अनुशासन—वर्तमान सन्दर्भ में विद्यालय में स्व-अनुशासन तथा रचनात्मक अनुशासन को प्रश्रय दिया जाए। झूठा तथा कठोर अनुशासन को कोई स्थान न दिया जाए। दंड सुधारात्मक हो, नकारात्मक नहीं। अच्छे अनुशासन के लिए प्रशंसा और पुरस्कार भी दिए जाएँ। इस तरह के अनुशासनात्मक कार्य विद्यालय-प्रबन्ध के कार्य को प्रभावोत्पादक बना सकते हैं।

9. कार्यों का समायोजन—प्रधानाध्यापक, शिक्षक तथा छात्रों को अपने कार्यों तथा कर्त्तव्यों का स्पष्ट ज्ञान होना चाहिए। इससे सभी के कार्यों का समायोजन रहेगा।

10. प्रधानाध्यापक या प्राचार्य—प्रधानाध्यापक में एक आदर्श शिक्षक के सभी गुण तो हो ही साथ ही साथ उसमें एक कुशल प्रबन्धक एवं नेतृत्व के गुण भी अवश्य ही होनी चाहिए। शिक्षक, छात्र और समाज के मध्य सुंदर संबंध स्थापित करने में वे सक्षम हों।

11. आध्यापक—योग्य तथा उत्साही शिक्षक की नियुक्ति की जाए। उनके व्यक्तित्व और आचरण पर पूर्ण ध्यान देकर उन्हें नियुक्त किया जाए। नियुक्त शिक्षक सामाजिक, सहानुभूतिपूर्ण और प्रगतिशील भी हों।

12. शिक्षण संबंधी स्थूल सुविधाएं—विद्यालयों में शिक्षण संबंधी स्थूल सुविधाएं भी उपलब्ध कराई जायें। इन सुविधाओं में भवन, उपस्कर, वर्ग का आकार, वर्ग की संख्या, खेल का मैदान एवं शिक्षण सामग्री आते हैं।

13. सहशैक्षणिक क्रियाशीलन—वर्तमान समय में यह बहुत ही महत्त्वपूर्ण हो गया है। सहशैक्षिणिक कार्य में स्काउटिंग, एन.सी.सी., संसद् तथा सरकार, सहयोगी भंडार, गर्ल गाइड, समाज-सेवा आदि प्रमुख हैं। ये विद्यालय सामुदायिक जीवन के लिए बहुत आवश्यक हैं। इनके द्वारा वस्तुतः छात्रों को जीवन का व्यावहारिक प्रशिक्षण प्राप्त होता है एवं विद्यालय-प्रबन्ध स्वतः ही सुंदर तथा प्रभावकारी हो जाता है।

उपरोक्त सुझाव ऐसे हैं जिनको ध्यान में रखकर विद्यालय-प्रबन्ध का कार्य सम्पादित करने से बहुत हद तक इसकी समस्याओं का समाधान हो जायेगा। इस स्थिति में विद्यालय अपने निर्धारित शैक्षिक व सामजिक आदर्शो को प्राप्त करने मे निश्चित रूप से सफल होगा। इससे छात्रों के भावी जीवन निर्माण में आने वाली कई सारी कठिनाइयाँ स्वतः ही समाप्त हो जायेंगी।

5

राज्यों में शिक्षा-विभाग का प्रशासकीय ढाँचा

शिक्षा से बालक के उत्तम गुणों का समावेश होता है। शिक्षा से ही देश का भविष्य कैसा हो, यह निर्धारित होता है। सरकार ने शिक्षा व्यवस्था के संचालन के लिए एक पृथक् शिक्षा विभाग का गठन किया है। ऐसा शिक्षा को समरूपता और व्यापकता प्रदान करने के लिए किया गया है। राज्यों में शिक्षा-विभाग का वर्त्तमान प्रशासकीय ढ़ाँचा शीर्ष में तो एक सूत्र से जुड़ा है लेकिन जितना ही नीचे के स्तार पर आता गया है उतनी ही शाखाएँ और प्रशाखाएँ निकलती गई है। इसकी तुलना नदियों के जल अन्तःग्रहण क्षेत्र से कि जा सकती है। जिसमें कई शाखाएँ तथा प्रशाखाएँ होती है। यह ठीक मकड़ी के जाल के समान है। शिक्षा विभाग का प्रशासकीय ढ़ाँचा का शीर्ष इसके केन्द्र के समान है। राज्यों में शिक्षा का समस्त शक्ति-जल राज्य के शिक्षामंत्री के हाथों में है और उनके नीचे आकर विभिन्न शाखाओं द्वारा शिक्षा के विभिन्न क्षेत्रों का कार्य-संपादन होता है। यों सवैधानिक दृष्टि से तो गवर्नर ही प्रधान हैं, किन्तु क्रियात्मक संचालन मंत्रिमंडल के ही हाथ में रहता है। जहाँ यह भी स्मरणीय है कि मंत्रिमंडल का प्रधान मुख्यमंत्री होता है और वह सभी विभागों के कार्यों को देखने का अधिकारी है। इतना ही नहीं, वह मंत्रियों के बीच विभागों का वितरण करता है तथा आवश्यकता पड़ने पर पुनर्वितरण भी कर सकता है। अतः मुख्यमंत्री ही कार्यकारिणी का प्रधान है। राज्यों में एक शिक्षामंत्री और एक राज्य शिक्षामंत्री होते हैं। कभी-कभी ऐसा भी होता है कि एक उपमंत्री तथा एक अथवा एक से अधिक संसदीय सचिव भी होते हैं। आगे एक प्रशासकीय सोपान प्रस्तुत कर रहे हैं जिससे राज्यों में शिक्षा-विभाग का वर्त्तमान प्रशासकीय ढाँचा स्पष्ट हो जाता है।

प्रस्तुत चार्ट का गौर से निरिक्षण करने पर यह स्पष्ट हो जाता है कि राज्यों में शिक्षा का प्रशासनिक ढाँचा कैसा है? राज्यों में शिक्षा-प्रशासन का प्रधान राज्यपाल होता है, लेकिन वह मात्र सवैधानिक प्रधान ही है। व्यावहारिक प्रधान तो मुख्यमंत्री होता है। मुख्यमंत्री सामान्य रूप से दैनिक प्रशासन में दखल नहीं देता। वह मौका

चार्ट-1

राज्यपाल

शिक्षा मंत्री

राज्य शिक्षा मंत्री, उपमंत्री तथा संसदीय सचिव

शिक्षा-आयुक्त-सह शिक्षा सचिव

शिक्षा निदेशक	अपर शिक्षा सचिव, उपशिक्षा सचिव
अपर शिक्षा निदेशक	अवर शिक्षा सचिव
क्षेत्रीय शिक्षोपनिदेशक *(प्रत्येक प्रमंडल में एक)*	1. शिक्षोपनिदेशक *(योजना)*
क्षेत्रीय युनियादी शिक्षा *अधीक्षक* / जिला शिक्षा पदाधिकारी	2. शिक्षोपनिदेशक *(सामान्य)*
अनुमंडलीय शिक्षा *पदधिकारी* / जिला शिक्षा अधीक्षक	3. शिक्षोपनिदेशक *(प्रशासन)*
क्षेत्र शिक्षा पदाधिकारी / *उपशिक्षा अधीक्षक*	4. शिक्षोपनिदेशक *(प्राथमिक तथा बेसिक)*
प्रखंड शिक्षा प्रसार पदाधिकारी	
	5. शिक्षोपनिदेशक *(माध्यामिक)*
	6. शिक्षोपनिदेशक *(एन. सी. सी.)*
	7. सचिव, माध्यमिक *शिक्षा पर्षद।*
	8. पुस्तकाल्य अधीक्षक
	9. शिक्षोपनिदेशका (बालिका)
	(क) विद्यालय-निरीक्षक
	(ख) जिला विद्यालय-निरीक्षिका
	(ग) उपविद्यालय-निरीक्षिका
	10. सहायक निदेशक (संस्कृत शिक्षा)

विशेष पर या परिस्थित विशेष पर ही अपने अधिकार का उपयोग करता है। इस तरह यह स्पष्ट है कि शिक्षामंत्री ही राज्य के शिक्षा-प्रशासन का क्रियात्मक और कार्यपालक प्रधान होता है। वह राज्य के शिक्षा-विभाग का प्रधान होता है। शिक्षामंत्री के अन्दर राज्यमंत्री, उपमंत्री एवं संसदीय सचिव होते हैं। ये सभी राज्य की विधानसभा या विधानपरिषद् के सदस्य होते हैं। इसके नीचे सरकारी पदाधिकारियों का स्थान आता है। इन अधिकारियों में सबसे प्रधान शिक्षा-विभाग का सचिव होता है। यह उच्च पदाधिकारी अब तक वरिष्ठ आई. ए. एस. के मध्य से ही लिया जाता है। मंत्री अपने विभाग का नीति-निर्धारण करता है। इस कार्य में राज्यमंत्री, उपमंत्री, संसदीय सचिव एवं सचिव उनकी मदद करते तथा परामर्श देते हैं। मंत्री इनकी मदद या परामर्श नहीं भी ले सकता है। किसी भी विभागीय विषय पर सामान्य रूप से मंत्री का निर्णय ही अंतिम होता है। उप-शिक्षा सचिव और अवर सचिव शिक्षा सचिव की सहायता करते हैं। यह शिक्षा-विभाग के उस भाग का स्वरूप हुआ जो नीति निर्धारण के कार्य से विशेष संबंध रखता है। वास्तव में यह भाग शिक्षा विभाग की सरकार है।

सचिवालय के साथ-साथ शिक्षा निदेशालय भी कार्य करता है, इस निदेशालय का प्रधान ही वस्तुतः विभागीय प्रधान होता है। इसे शिक्षा निदेशक के नाम से पुकारा जाता है। इनके अधीन राज्यभर के सभी शिक्षा-पदाधिकारी हैं। इनके नीचे शिक्षा के विभिन्न उपविभागों के लिए कई शिक्षोपनिदेशक हैं। यह दिए गए 'सोपान' से स्पष्ट हो जाता है।

शिक्षा निदेशक के अधीन ही क्षेत्रीय शिक्षोपनिदेशक भी होते हैं। चूँकि राज्य में कई प्रमंडल होते हैं, इसलिए हर प्रमंडल के लिए एक क्षेत्रीय शिक्षोपनिदेशक होता है। वैसे पदाधिकारी हर जिला में एक होते हैं। ये राज्य शिक्षा सेवा के वर्ग-प्रथम के सदस्य होते हैं। क्षेत्रीय शिक्षोपनिदेशक तथा जिला शिक्षा पदाधिकारी सामान्यतः माध्यमिक एवं उच्चतर माध्यमिक विद्यालयों का ही निरीक्षण एवं नियंत्रण करते हैं। क्षेत्रीय शिक्षोपनिदेशक एवं जिला शिक्षा पदाधिकारी अपने-अपने अधीनस्थ पदाधिकारियों के कार्यालयों का भी निरीक्षण करते हैं। जिला शिक्षा पदाधिकारी के अधीन जिला शिक्षा अधीक्षक होते हैं। ये वर्ग-दो के अधिकारी होते हैं और प्राथमिक शिक्षा एवं विद्यालयों के नियंत्रक होते हैं। वैसे अपने कार्य क्षेत्र में ये जिला परिषद् से संबंधित हैं। इनकी मदद के लिए शिक्षा उपाधीक्षक होते हैं। अनुमंडलीय स्तर पर जिला शिक्षा पदाधिकारी के अधीन अनुमंडलीय शिक्षा पदाधिकारी होते हैं। इनका कार्य भी सामान्य रूप से माध्यमिक तथा उच्चतर माध्यमिक विद्यालयों का नियंत्रण-निरीक्षण आदि है। वैसे प्राथमिक एवं मिडल स्कूलों के कार्यों की देखभाल का पूर्ण अधिकार इन्हें है। जिला शिक्षा पदाधिकारी के अधीन क्षेत्रीय शिक्षा पदाधिकारी भी होते हैं। इनका नियंत्रण

मिडल स्कूलों तथा प्राथमिक विद्यालयों पर होता है। इनके अधीन प्रखंड शिक्षा प्रसार पदाधिकारी होते हैं। इनका नियंत्रण प्राथमिक विद्यालयों पर होता है। इन्हें पहले अवर विद्यालय निरीक्षक (Sub Inspector of Schools) कहा जाता था। राज्यों में यही सामान्यतः शिक्षा-प्रशासन है। शारीरिक शिक्षा के लिए भी जिला शिक्षा-पदाधिकारी के अधीन जिला स्तर पर एक उपाधीक्षक, शारीरिक शिक्षा होते हैं।

महिला शिक्षा को अधिक महत्व दिया गया है। महिला शिक्षा के लिए राज्य स्तर पर दो पदाधिकारी हैं—(1) शिक्षोपनिदेशिका (बालिका शिक्षा) तथा (2) विद्यालय निरीक्षिका। इनके नीचे जिला स्तर पर जिला विद्यालय निरीक्षिका सभी अनुमंडलों में उपनिरिक्षिका होती है जो मिडिल तथा प्राथमिक बालिका विद्यालयों की देखभाल करती है।

सहशैक्षिणिक कार्यों जैसे—एन. सी. सी. तथा ए. सी. सी. के प्रशिक्षण एवं प्रशासन के लिए भी एक शिक्षोपनिदेशक हैं। राज्य में पुस्तकालयों के पोषण, संरक्षण एवं सुसंचालन के लिए एक पुस्तकालय अधीक्षक होते हैं। तथा इंटर कॉलेज दस जमा दो विद्यालयों को स्वीकृति प्रदान करने, अनुदान देने तथा परीक्षा संचालन के लिए राज्य में एक काउंसिल है। इसके अध्यक्ष निदेशक होते हैं तथा एक वर्ग-1 के अधिकारी इसके सचिव होते हैं। सामान्य रूप से सचिव ही इसके कार्यपालक अधिकारी होते हैं।

कुछ प्रमुख शिक्षा संस्थान

उपरोक्त वर्णित उपविभागों के अलावा कई शिक्षा संस्थान हैं जो विभिन्न क्षेत्रों में विशेष कार्य कर रहे हैं। ये संस्थान हैं—

1. अनुग्रह नारायण समाज अध्ययन शोध संस्थान—इसमें समाज अध्ययन पर शोध एवं अध्ययन होता है। इसके प्रधान निदेशक होते हैं। यह पटना में स्थित है।

2. पाली शोध संस्थान—यहाँ पाली ग्रंथों, भाषा एवं साहित्य पर शोध कार्य किया जाता है। निदेशक इसके प्रधान हैं। यह नालंदा में है।

3. जैन शोध संस्थान—यहाँ प्राकृत तथा जैनोलौजी शोध-कार्य होता है। निदेशक यहाँ के प्रधान हैं। यह वैशाली में है।

4. मिथिला संस्कृत शोध संस्थान—यहाँ संस्कृत साहित्य और भाषा पर शोध। संस्कृत की उच्चतम शिक्षा। निदेशक यहाँ के प्रधान है। यह दरभंगा में है।

5. राज्य शिक्षा संस्थान—विशेषकर प्राथमिक शिक्षा में शोध एवं मार्गदर्शन कार्य। इसके निदेशक प्रधान होते हैं।

6. पाठ्य-पुस्तक शोध संस्थान—पाठ्य-पुस्तकों के स्वरूप, उसके तथ्य एवं विषय पर शोध। निदेशक इसके प्रधान होते हैं।

7. अंगरेजी संस्थान—अंगरेजी शिक्षण का प्रशिक्षण तथा शोध कार्य। निदेशक इसके प्रधान होते हैं।

8. मनोविज्ञान तथा मार्गदर्शन संस्थान—बच्चों का मनोवैज्ञानिक परीक्षण, मनोवैज्ञानिक तथा अभिरुचि परीक्षण के कार्य। निदेशक प्रधान होते हैं।

9. विद्यालय परीक्षा समिति—माध्यमिक, तथा प्रशिक्षण विद्यालयों की परीक्षा लेना। इसके प्रधान अध्यक्ष होते हैं, सचिव कार्यपालक अधिकारी है।

10. राष्ट्रभाषा परिषद्—राष्ट्रभाषा हिन्दी के प्राचीन एवं नवीन ग्रंथों का प्रकाशन तथा शोध कार्य। इसके प्रधान निदेशक होते हैं।

12. विज्ञान संस्थान—इसमें वैज्ञानिक शिक्षण एवं विषयों पर शोध-कार्य होता है। इसके प्रधान निदेशक होते हैं।

राज्य में विश्वविद्यालयों का प्रशासन पृथक् रूप से होता है। राज्य के सभी विश्वविद्यालयों का प्रधान एक ही कुलाधिपति (Chancellor) होते हैं। इनके नीचे सभी विश्वविद्यालयों के अलग-अलग कुलपति (Vice-Chanerllor) होते हैं। ये कुलपति विश्वविद्यालयों का संचालन 'सीनेट' (Senate) तथा सिंडिकेट (Syndicate) की सहायता से सुगमता पूर्वक करते हैं।

6

प्रधानाध्यापक और विद्यालय प्रबन्ध

प्रधानाध्यापक किसी विद्यालय की रीढ़ की हड्डी होता है। इनके ऊपर ही विद्यालय में उत्तम शैक्षिक परिवेश निर्माण की महती जिम्मेदारी होती है। वह अपनी योग्यता व कुशल नेतृत्व से विद्यालय प्रबन्ध को महत्तम ऊचाई प्रदान कर सकता है जहाँ विद्यालय के सारे कार्य सुचारू रूप से संपादित हो सकेंगे। विद्यालय प्रबंध में प्रधानाध्यापक के महत्त्व को अग्रलिखित बिन्दुओं के तहत स्पष्ट किया जा सकता है–

1. प्रधानाध्यापक : समाज और विद्यालय का संयोजक–वर्तमान समय में विद्यालय की सफलता सर्वाधिक सामाजिक और व्यावहारिक होने में है। जो विद्यालय जितना ही सामाजिक क्रिया-कलापों का केन्द्र और सत्कार्यों का प्रेरणा स्रोत है, वह उतना ही उत्तम और व्यावहारिक है। इस स्वरूप को पकड़ने के लिए विद्यालय को समाज के समीप आना पड़ेगा, निकट का संबंध जोड़ना–प्रधानाध्यापक इस संबंध को स्थापित करता है और सशक्त भी बनाता है। इसके लिए वह विद्यालय में शिक्षक-अभिभावक संघ, सांस्कृतिक आयोजन समाज-सेवा आदि के कार्यक्रमों को कार्यान्वित करता है। इन सभी कार्यक्रमों में वह समाज के लोगों को निमंत्रित करता है तथा उनके सक्रिय सहयोग का भी स्वागत करता है। वस्तुतः विद्यालय को समाज का छोटा-मोटा स्वरूप ही प्रदान करता है। डॉ. बनर्जी के विचार में–"The Headmaster has duties that are related to the State Department of Education, the Board of Secondary Education, the school secretary, the local community; the staff and finally the children attending the school." अतः प्रधानाध्यापक समाज एवं विद्यालयों की संयोजक कड़ी है।

2. प्रधानाध्यापक : नवीन उपलब्धियों एवं प्रणालियों का प्रयोक्ता–वर्तमान समय में शिक्षा के क्षेत्र में कई नवीन उपलब्धियों तथा प्रणालियों का प्रादुर्भाव हो रहा है। कई मनोवैज्ञानिक परीक्षाएं एवं तथ्य उभरकर सामने आ रहे हैं। अगर प्रधानाध्यापक योग्य, कल्पनाशील एवं प्रगतिशील है तब तो उन सभी का प्रयोग सही अर्थों में हो

जाता है। लेकिन, अगर इसके विपरीत व्यक्तित्व के प्रधानाध्यापक मिले तो विद्यालय की कोई प्रगति नहीं होगी–नवीन उपलब्धियों एवं प्रणालियों के प्रयोग की बात तो दूर रही। इस दृष्टिकोण से प्रधानाध्यापक का महत्त्व सर्वाधिक है।

3. प्रधानाध्यापक : विद्यालय-स्तर का सृजनकर्ता–प्रधानाध्यापक के व्यक्तित्व और उसकी कर्मठता पर ही विद्यालय की उन्नयन व अवनयन निर्भर करती है। अगर प्रधानाध्यापक नेतृत्व के गुणों से संपन्न हो, कल्पनाशील हो, सच्चरित्र हो तथा शिक्षण-कला में निपुण और अपने विषय में योग्य हो, तो विद्यालय का स्तर निश्चय ही उच्च और आकर्षक होता है। ऐसे प्रधानाध्यापक से शिक्षक तथा छात्र दोनों ही प्रेरणा ग्रहण करते हैं। वे अपने-अपने कर्त्तव्यपालन में पूर्ण सतर्क और सजग रहते हैं। जैसा प्रधानाध्यापक होगा, वैसा ही विद्यालय बनेगा। वस्तुतः प्रधानाध्यापक ही विद्यालय के स्तर का निर्माता होता है। श्री 'रेन' के विचार में–"He is the seat and his school is the wax; and few men have higher duties and responsibilities then the Headmaster." इस तरह यह स्पष्ट है कि आदर्श व कर्मठ प्रधानाध्यापक विद्यालय का स्तर उच्च कर देता है जबकि आलसी प्रधानाध्यापक विद्यालय के स्तर को गिरा देता है।

4. प्रधानाध्यापक : विद्यालय का शक्ति पूंज–सही मायने में प्रधानाध्यापक या प्राचार्य विद्यालय का शक्ति पूंज होता है। वह केंद्रीय स्थान में रहकर विद्यालय के कार्य-कलापों पर नियंत्रण रखता है। वह विद्यालय के विभिन्न अंगों को एक सूत्र में बांधता तथा संगठित करता है। अपने व्यक्तित्व एवं सप्रमाण नेतृत्व के द्वारा वह विद्यालय के शिक्षक समुदाय को कार्यरत रखता है तथा छात्रों को नियंत्रित एवं अनुशासित रखता है। सत्य तो यह है कि प्रधानाध्यापक अपने छात्रों एवं शिक्षकों से ही अपने संबंध को स्निग्ध नहीं रखता, बल्कि वह तो प्रबंधकों, प्रशासकों तथा सामाजिक तत्त्वों से भी विद्यालय को समन्वित एवं संबंधित करता है। रायबर्न के अनुसार में प्रधानाध्यापक का स्थान विद्यालय में वही है, जो जहाज पर कप्तान का होता है। वस्तुतः प्रधानाध्यापक का वही मुख्य स्थान विद्यालय में है, जैसा घड़ी में बालकमानी का अथवा मशीन में फ्लाइ-चक्के का अथवा जहाज में इंजिन का। पी. सी. रेन ने कहा है इस तरह यह स्पष्ट ही है कि प्रधानाध्यापक विद्यालय का शक्ति-स्रोत एवं नियंत्रक है।

प्रधानाध्यापक की विशेषता

एक आदर्श प्रधानाध्यापक की प्रमुख विशेषताएं अग्रलिखित हैं–

1. नेतृत्व की योग्यता–प्रधानाध्यापक विद्यालय के सभी कार्यक्रमों का संचालक एवं नियंत्रक होता है। इसलिए उसमें नेतृत्व की इतनी योग्यता हो कि वह

शिक्षकों तथा छात्रों को शिक्षा के वास्तविक उद्देश्य की पूर्ति में संग्लन एवं प्रयत्नशील कर सके। इसके अतिरिक्त वह स्थानीय समाज को भी संकट की घड़ी में सही नेतृत्व प्रदान कर सके।

2. पूर्ण शैक्षणिक योग्यता—प्रधानाध्यापक में पूर्ण शैक्षणिक योग्यता होनी चाहिए। उसे अपने विषय का पूर्णज्ञाता तथा पंडित होना चाहिए। अपने विषय पर उसे पूर्ण अधिकार होना चाहिए।

3. गणतंत्रात्मक भावना—वर्तमान का युग गणतंत्र का है एवं हमारा देश भी गणतांत्रिक शासन के तहत हैं विद्यालयों का एक प्रधान उद्देश्य है गणतांत्रिक नागरिकों का निर्माण। ऐसी दशा में गणतांत्रिक भावना से पूर्ण प्रधानाध्यापक का होना आवश्यक है। तानाशाह प्रधानाध्यापक वर्तमान युग में पूर्ण असफल हो जाएगा। इसलिए विद्यालय में छात्र-संसद, छात्र-सरकार, सहयोग-भंडार, अध्यापक-मंडल आदि का गठन गणतांत्रिक निर्वाचन-पद्धति पर होना चाहिए। उनके निर्णय को पूर्ण महत्त्व प्रदान किया जाए तथा उनके कार्यों में सामान्यतः हस्तक्षेप न किया जाए। इससे छात्रों में गणतंत्रात्मक नागरिकता का समुचित विकास होगा। गणतंत्रात्मक भावनावाला प्रधानाध्यापक उक्त कार्य-प्रणाली को प्रोत्साहन प्रदान करेगा।

4. सहयोगी भावना—प्रधानाध्यापक को सहयोगी भावना से परिपूर्ण होना चाहिए। छात्रों तथा शिक्षकों को विद्यालय के अन्तः प्रबन्ध एवं अन्य कार्यों में साथ लेकर चलने और उनका सहयोग प्राप्त करने से कार्य में सुगमता एवं सफलता दोनों ही प्राप्त होती हैं। बाधाएं भी मार्ग में उपस्थित नहीं होतीं। आपसी सलाह और सहयोग योजना से कार्य में विशेष रूप से सफलता प्राप्त होती है।

5. सहानुभूति—प्रधानाध्यापक छात्रों एवं शिक्षकों के साथ सहानुभूतिपूर्ण व्यवहार करे। इससे आपसी संबंध सुंदर, मधुर और सुदृढ़ होते हैं। अपने अधीनस्थ कर्मचारियों और शिक्षकों को सहयोगी समझकर व्यवहार करना चाहिए। मित्रतापूर्ण व्यवहार तथा सुझाव से आपसी संबंध भी मधुर रहता है तथा कार्य भी अधिक गति से होता है। एक सौ कड़ी सजा से बढ़कर असर करने वाला एक सहानुभूतिपूर्ण व्यवहार होता है। अतः प्रधानाध्यपक में सहानुभूमि का युग होना चाहिए।

6. ईमानदारी—प्रधानाध्यापक को पूर्ण ईमानदार होना चाहिए। उसे विद्यालय की धनराशि तथा अन्य सामग्रियों का पूर्ण ईमानदारी से सदुपयोग करना चाहिए। ऐसा करने से विद्यालय-प्रवन्ध में तो दृढ़ता आती ही है, सहयोगी भी ईमानदार और आज्ञाकारी होते हैं।

7. आत्मविश्वास—प्रधानाध्यापक में आत्मविश्वास के गुण का होना बहुत जरूरी है। उसे अपने निर्णय, अध्ययन और कार्य-प्रणाली पर पूर्ण विश्वास हो। वह

इस गुण के दम पर ही अपने आदेश पर दृढ़ रहता है। आत्मविश्वास के दम पर ही वह विद्यालय-प्रबन्ध को सुदृढ़ तथा सक्षम बना पाता है।

8. सच्चरित्रता—प्रधानाध्यापक में चारित्रिक दृढ़ता और उच्चता का होना जरूरी है। उसके चरित्र का स्पष्ट तथा निश्चित प्रभाव छात्रों पर पड़ता है। छात्र प्रधानाध्यापक और अन्य अध्यापक के चरित्र से प्रेरणा ग्रहण करते हैं एवं अपने जीवन में भी उनका अनुकरण करते हैं। इसलिए शिक्षक ही सच्चरित्र छात्र का सृजन कर सकता है। समाज में भी ऐसा प्रधानाध्यापक पूर्ण आदर पाता है। उस पर अभिभावकों, शिक्षकों, प्रशासकों तथा छात्रों का पूर्ण विश्वास होता है।

9. वक्तृत्वकला में निपुणता—छात्रों के बीच आए दिन उत्तेजना आती ही रही है। सामाजिक, राजनीतिक तथा अन्य कारणवश छात्रों की भीड़ अथवा जुलूस उत्तेजित एवं उच्छृंखल हो जाती है। विद्यालय में भी कभी-कभी किसी शिक्षक अथवा छात्र के अवांछनीय कार्य एवं आचरण से भी छात्रों में उत्तेजना फैल जाती है।

वक्तृत्वकला में निपुण प्रधानाध्यापक अपने प्रभावशाली भाषण द्वारा उत्तेजना को शांत करने में सफल होता है। वह छात्रों एवं समाज के बीच इस गुण के द्वारा प्रभाव उत्पन्न करता है।

10. व्यावसायिक प्रशिक्षण—प्रधानाध्यापक को पूर्ण व्यावसायिक प्रशिक्षण प्राप्त हो। शिक्षण-कला में वह पारंगत हो तथा शिक्षण-कला की समस्त आधुनिक उपलब्धियों कभी उसे ज्ञान हो। शिक्षण-कार्य में वह अन्य शिक्षकों का नेतृत्व कर सके तथा छात्रों के समक्ष विषय को प्रभावकारी ढंग से उपस्थित कर सके।

11. अध्ययनशीलता—प्रधानाध्यापक में अध्ययनशीलता का गुण होना बहुत जरूरी है। वह नित नई खोज में लगा हो। इससे नवीनतम सूचनाओं एवं ज्ञान की उपलब्धि उसे होती हो। शिक्षा-क्षेत्र के नवीनतम प्रयोगों की भी जानकारी उसे रहती है। शैक्षणिक पत्र-पत्रिकाओं तथा नवीन शैक्षणिक साहित्य का अध्ययन करना भी उसके लिए आवश्यक है।

12. मनोविज्ञान और शिक्षा-मनोविज्ञान का ज्ञान—प्रधानाध्यापक के लिए शिक्षा-मनोविज्ञान एवं मनोविज्ञान का ज्ञान एवं अध्ययन आवश्यक है। वह शिक्षा मनोविज्ञान के अध्ययन के द्वारा छात्रों की रुचि एवं उपलब्धि को जानने में सफल हो सकेगा। इतना ही नहीं मनोविज्ञान की विभिन्न शाखाओं का अध्ययन भी प्रधानाध्यापक के लिए लाभदायक होगा।

13. सामाजिक—वर्तमान में विद्यालय समाज के बहुत ही निकट आ गया है। सही मायने में विद्यालय एक सामाजिक संस्था ही तो है। विद्यालय तो समाज की आवश्यकता-पूर्ति के लिए ही कार्यरत हैं। अतः प्रधानाध्यापक में सामाजिकता के

गुणों का होना आवश्यक है। शिक्षक-अभिभावक संघ, समाज-सेवा तथा विद्यालीय क्रियाशीलन में समाज के लोगों को निमंत्रण जैसे कार्यों द्वारा विद्यालय और समाज के संबंध को दृढ़ बनाया जा सकता है। प्रधानाध्यापक में इन गुणों का समावेश होना जरूरी है।

14. संगठनात्मकता कुशलता—प्रधानाध्यापक में संगठनात्मक कुशलता का होना बहुत ही जरूरी है। इसी गुण के दम पर वह छात्रों का वर्गीकरण, समय-तालिका का निर्माण, शिक्षकों के कार्य का वितरण एवं योजनाओं का निर्माण-कार्यान्वयन कर पाता है। विद्यालय की उन्नति या अवनति का पता इसी गुण के दम पर वह लगा पाता है।

उपरोक्त सारे गुण एक आदर्श प्रधानाध्यापक के लिए जरूरी है। इन गुणों से युक्त प्रधानाध्यापक विद्यालय के सभी निर्धारित लक्ष्यों को प्राप्त करने के लिए उसे इच्छित दिशा में ले जा सकता है। वह अपने छात्रों का आदर्श भी बन सकता है, जो उसके प्रभाव को और अधिक बढ़ाने में मनोवैज्ञानिक कारण बन सकते हैं।

प्रधानाध्यापक के कर्त्तव्य

इस बात की चर्चा पहले भी की जा चुकी है कि प्रधानाध्यापक किसी भी विद्यालय का शक्ति-पूंज एवं कार्य नियंत्रक होता है। वह विद्यालय प्रशासन का का सर्वोच्च अधिकारी भी होता है। वह विद्यालय का संगठन, संचालन तथा उन्नयन का विधाता होता है। सही मायने में यह है कि प्रधानाध्यापक ही विद्यालय का प्राण है। ऐसी अवस्था में प्रधानाध्यापक के कर्त्तव्य तथा उत्तरदायित्व भी अनंत हैं। वर्त्तमान युग में तो ये पहले से भी बढ़ गए हैं। प्राचीन काल में तो शिक्षा समाज से दूर वनों में स्थित आश्रमों एवं गुरुकुलों में दी जाती थी। अतः शिक्षक के सामाजिक कर्त्तव्य तथा उत्तरदायित्व सामान्य थे। वर्त्तमान में विद्यालय न केवल समाज में स्थित है, बल्कि समाज का एक महत्त्वपूर्ण अंग भी है। अतः आज के प्रधानाध्यापक पर अनेक सामाजिक कर्त्तव्य एवं उत्तरदायित्व स्वतः ही आ पड़े हैं। प्रधानाध्यापक समस्त शैक्षणिक तथा सहशैक्षणिक क्रियाशीलनों का नियामक होता है। यही कारण है कि केवल उसके कर्त्तव्यों और उत्तरदायित्वों की संख्या में ही केवल वृद्धि नहीं हुई है, बल्कि उनके समक्ष पर्याप्त मात्रा में जटिलताएं भी व्याप्त हो गई है। अग्रलिखित बिन्दुओं के तहत प्रधानाध्यापके की जिम्मेदारियों को व्यक्त किया जा सकता है—

1. प्रशासन संबंधी कर्त्तव्य—जैसा की पूर्व में बताया गया है कि प्रधानाध्यापक विद्यालय प्रशासन का प्रधान अधिकारी होता है इस नाते उसके कई प्रशासनीक जिम्मेदारियाँ होती है जिसे उसे निभाना होता है। प्रधानाध्यापक के प्रमुख प्रशासनीक

जिम्मेदारियों को अग्रलिखित बिन्दुओं के तहत प्रकट किया जा सकता है—

(क) **सहशैक्षणिक क्रियाशीलन संबंधी कर्त्तव्य**—विद्यालय के अंदर तथा बाहर कई प्रकार के क्रियाशीलन होते हैं। इसमें महापुरुषों की जयंतियां, सांस्कृतिक उत्सव एवं समारोह, क्रीड़ा, छात्र-संसद, सहयोग समिति, बालचर-संगठन आदि का प्रमुख स्थान है। इनका संगठन एवं संचालन प्रधानाध्यापक ही करता है।

(ख) **विद्यालय-भवन संबंधी कर्त्तव्य**—विद्यालय-भवन का निर्माण तथा देखभाल भी प्रधानाध्यापक का ही कार्य है। भवन को सुसज्जित तथा आकर्षक बनाने का कार्य भी प्रधानाध्यापक का ही है।

(ग) **विद्यालय-बजट संबंधी कर्त्तव्य**—प्रधानाध्यापक अपने विद्यालय के वार्षिक आय-व्यय का लेखा तैयार करता है तथा उसके अनुसार ही कार्य करता है।

(घ) **कार्यालय संबंधी कर्त्तव्य**—विद्यालय का कार्यालय वस्तुतः विद्यालय प्रशासन की कुंजी है। इसकी देखभाल तथा समुचित संचालन पर विद्यालय की दक्षता निर्भर करती है। यहाँ आमद-खर्च, उपस्थिति, समय-तालिका, खरीद-बिक्री आदि कार्यों का लेखा-जोखा और अनुपालन होता है। इन पर नजर तथा नियंत्रण रखना प्रधानाध्यापक का कार्य है।

(ङ) **निरीक्षण संबंधी कर्त्तव्य**—प्रधानाध्यापक अपने अधीनस्थ शिक्षकों के अध्यापन-कार्य का निरीक्षण भी करता है। वह उन्हें उचित परामर्श भी प्रदान करता है। निरीक्षण में वह छात्रों की कार्य-पुस्किाएं भी देखता है तथा शिक्षक की पाठ-टीका की भी जांच करता है। वह वर्ग में अध्यापन-प्रगति का भी ध्यान रखता है। इसके साथ ही वह विद्यालय के अन्य कार्यों का भी निरीक्षण करता है।

(च) **अध्यापन व्यवस्था संबंधी कर्त्तव्य**—प्रधानाध्यापक विद्यालय में समुचित अध्यापन की व्यवस्था करता है। इसके लिए अलग-अलग विषयों एवं वर्गों के लिए शिक्षक को चुनता है। साथ ही शिक्षकों के कार्य एवं समय भी निर्धारित करता है।

(छ) **परीक्षा संबंधी कर्त्तव्य**—विद्यालय में छात्रों की प्रगति के मूल्यांकन के लिए प्रधानाध्यापक परीक्षाओं का प्रबन्ध करता है। साप्ताहिक, मासिक, अर्द्धवार्षिक तथा वार्षिक परीक्षाओं का प्रबन्ध कर छात्रों की प्रगति की जांच करता है। इसके लिए प्रश्न चुनवाना, प्रश्न-पत्र छपवाना तथा छात्रों के बैठने का प्रबन्ध आदि भी वही कराता है। इसके साथ ही परीक्षा में उत्तीर्ण करने का काम भी उसी का है। वही छात्रों को वर्गोन्नति भी प्रदान करता है।

2. कार्य योजना-संबंधी कर्त्तव्य—प्रधानाध्यापक विद्यालय का प्रधान कार्यपालक होता है इस नाते उसे विद्यालय के लिए सभी तरह की कार्य योजना तैयार करनी होती है। वह दैनिक कार्य विभाजन से लेकर वार्षिक कार्य योजना तक तैयार करता है।

इसके प्रमुख कार्य योजना-संबंधी जिम्मेदारी को अग्रलिखित बिन्दुओं के तहत व्यक्त किया जा सकता है–

(क) मासिक योजना–विद्यालय कार्यों की मासिक योजना भी प्रधानाध्यापक तैयार करता है। इसके तहत वह हर मास के विशेष कार्य को स्थान देता है। मास विशेष के उपयुक्त बागवानी का कार्य, उत्सव या सामाजिक कार्य को इसमें स्थान दिया जाता है।

(ख) वार्षिक योजना–प्रधानाध्यापक अलग-अलग वर्गों के लिए हर विषय के लिए वार्षिक कार्य-योजना तैयार करवाता है। इनके अनुसार विषय का अध्यापन कार्य सुनियोजित ढंग से होता है। मासिक कार्य योजना भी वह प्रस्तुत करवाता है। ये योजनाएं न सिर्फ विषय-अध्यापन संबंधी हैं, बल्कि विद्यालय के सभी कार्यों एवं क्रियाशीलनों के लिए भी होती हैं। इसके तहत पाठ योजना के अलावा परीक्षाओं, भवन-निर्माण, उत्सव-समारोह, सामाजिक कार्य आदि की योजनाएं भी आती हैं।

3. अनुशासन संबंधी कर्त्तव्य–विद्यालय को समाज का प्रारूप के रूप में देख सकते हैं यह एक छोटा समाज होता है। इसलिए सामाजिक अनुशासन का प्रशिक्षण इस संस्था को प्राप्त होना ही चाहिए। कुशल प्रधानाध्यापक छात्रों को स्व-अनुशासन के मार्ग पर आरूढ़ करने के लिए उन्हें छात्र-संसद, छात्र-सरकार और अन्य कार्यों की जिम्मेदारी प्रदान करता है। वह तानाशाही तथा निर्दयता का सहारा नहीं लेता।

4. अध्यापन संबंधी कर्त्तव्य–प्रधानाध्यापक को सामान्य रूप से प्रशासन के कार्य ही बहुत होते हैं, फिर भी अध्यापन-कार्य उसका मूल कर्त्तव्य है। उसे सभी वर्गों में रोज दिन तो नहीं लेकिन सप्ताह में एक-दो घंटियां निश्चित रूप से लेनी चाहिए। उसे शिक्षणकला में निष्णात और अपने विषय के ज्ञान में पारंगत होना चाहिए। इससे उसका प्रभाव छात्रों पर स्थाई रूप से होगा। उसे छोटे वर्गों में भी अध्यापन कार्य मनोयोग से करना चाहिए।

5. पाठ्यक्रम संबंधी कर्त्तव्य–पाठ्यक्रम का निर्माण तो शिक्षा-विभाग के द्वारा होता है, लेकिन उसे प्रभावकारी ढंग से काम में लाना प्रधानाध्यापक का मूल कर्त्तव्य है। कल्पनाशील तथा कुशल प्रधानाध्यापक पाठ्यक्रम को आकर्षक तथा सुगम बना देता है।

6. सहायक शिक्षकों के प्रति कर्त्तव्य–विद्यालय का शक्ति-पूंज निश्चित रूप से प्रधानाध्यापक होता है लेकि उस शक्ति पूंज में निरंतर शक्ति उसके सहायक शिक्षकों से आती रहती है। उसके सहयोगी शिक्षक ही उसके शक्ति को व्यवहार रूप प्रदान करते हैं। बिना इनके सहयोग एवं सद्भावना से अकेले प्रधानाध्यापक कुछ नहीं कर सकता। इसलिए सहायक अध्यापकों का सहयोग एवं सद्भावना प्राप्त करना

प्रधानाध्यापक का परम कर्त्तव्य है। इसके लिए उसे सभी कार्यों में अपने सहयोगियों की सलाह होनी चाहिए तथा महत्त्वपूर्ण अवसरों पर उनकी सम्मिति बैठक भी करनी चाहिए। उनकी कठिनाइयों को दूर करने के लिए सदा तत्पर रहना चाहिए। इससे सहयोग एवं सद्भावना की वृद्धि होती है तथा विद्यालय का कार्य शांतिपूर्ण ढंग से संपन्न होता है।

7. पाठ्य-पुस्तक-चयन संबंधी कर्त्तव्य—यों तो पाठ्य-पुस्तकों का निर्धारण शिक्षा-विभाग द्वारा किया जाता है। इसके अलावा पाठ्य-पुस्तकों का प्रकाशन भी सरकार की ओर से होता है। इसलिए पाठ्य-पुस्तक-चयन का कार्य प्रधानाध्यापक के हाथ में कम है। तब भी अभी बहुत सी पाठ्य-पुस्तकें सरकार के क्षेत्र से अलग हैं। उनके चयन का कार्य प्रधानाध्यापक करता है। सुंदर, उपयोगी, सुलिखित तथा समुद्रित पुस्तकों का चयन होना चाहिए। स्वार्थ को मार्ग का बाधक नहीं होने देना चाहिए। सभी अध्यापकों की राय भी लेनी चाहिए।

8. विद्यालय का वातावरण सृजन संबंधी कर्त्तव्य—विद्यालय की प्रगति विद्यालय के अन्तः एवं बाह्य वातावरण पर आश्रित होता है। प्रधानाध्यापक का ही कर्त्तव्य है कि इसे सुंदर तथा आकर्षक बनाए। सुंदर एवं शैक्षणिक भौतिक वातावरण का सृजन करना प्रधानाध्यापक का ही परम कर्त्तव्य है। सफाई, बागवानी, शिक्षण-उपादान, सुंदर उपस्कर, भवन आदि भौतिक वातावरण को सुंदर बनाते है। सद्भावना, अध्ययनशीलता, वाचनालय, संपन्न पुस्तकालय शैक्षणिक वातावरण के निर्धारक होते हैं। प्रधानाध्यापक का परम कर्त्तव्य है कि वह उनकी सुंदर व्यवस्था करे।

9. शारीरिक एवं नैतिक विकास संबंधी कर्त्तव्य—प्रधानाध्यापक का कर्त्तव्य है कि वह छात्रों की शारीरिक एवं नैतिक विकास भी करे। मात्र बौद्धिक विकास से उसके कर्त्तव्यों की इतिश्री नहीं हो जाती। इसके लिए व्यायाम, खेल-कूद, महापुरुषों की जयंतियों, नैतिक विषयों पर भाषण आदि का आयोजन जरूरी है।

10. समाज से संबंधी कर्त्तव्य—विद्यालय समाज का एक प्रमुख अंग है। इसलिए विद्यालय का समाज से गहरा संबंध रहना जरूरी है। यह संबंध प्रधानाध्यापक ही सुंदर ढंग से बनाए रख सकता है। प्रधानाध्यापक को चाहिए कि वह समाज-सेवा सांस्कृतिक कार्यक्रम आदि का आयोजन कराए। श्रमदान के द्वारा भी वह समाज के निकट आ सकता है। विकट परिस्थितियों में समाज का रचनात्मक नेतृत्व करना भी प्रधानाध्यापक का मूल कर्त्तव्य है। समाज में अभिभावक भी हैं। इनके बच्चे विद्यालय में पढ़ते हैं। इसलिए प्रधानाध्यापक को चाहिए कि अपने विद्यालय में शिक्षक-अभिभावक संघ स्थापित कर अभिभावकों को उसमें निमंत्रित करे तथा विद्यालय में आयोजित समारोहों में भी उन्हें भाग लेने को आमंत्रित करे। इससे अभिभावकों के साथ भी प्रधानाध्यापक तथा विद्यालय का संबंध दृढ़ तथा मधुर होगा।

11. गणतांत्रिक प्रशिक्षण संबंधी कर्त्तव्य—प्रधानाध्यापक का मूल कर्त्तव्य है कि वह भावी नागरिक को गणतांत्रिक पद्धतियों एवं कार्यों का व्यावहारिक प्रशिक्षण प्रदान करें। इसके लिए वह अपने विद्यालय में छात्र-संसद का निर्वाचन, छात्र-सरकार का गठन, विद्यालय सहयोगी भंडार का संचालन आदि कार्यक्रम को सक्रिय बनाए। इससे छात्रों को गणतांत्रिक नागरिकता का समुचित एवं व्यावहारिक प्रशिक्षण प्राप्त होता है।

प्रधानाध्यापक के दायित्व

प्रधानाध्यापक के दायित्व को दो वर्गों में विभदत्त किया जा सकता हैं—

1. आंतरिक—इसका संबंध विद्यालय के छात्र, अध्यापक, कार्यालय, बजट, भवन आदि से होता है।

2. बाह्य—इसका संबंध केंद्रीय सरकार, राज्य, सरकार, शिक्षा परिषद्, परीक्षा समिति, प्रबंध समिति, समाज आदि से होता है।

आगे इन उत्तरदायित्वों पर प्रकाश निक्षेप किया जा रहा है—

1. आंतरिक उत्तरदायित्व

प्रधानाध्यापक के आंतरिक उत्तरदायित्व का अध्ययन अग्रलिखित बिन्दुओं के तहत किया जा सकता है—

(क) अध्यापन संबंधी उत्तरदायित्व—योग्य अध्यापकों के चुनाव तथा उसकी योग्यता के अनुसार कार्य-वितरण प्रधानाध्यापक की है। इतना ही नहीं, उनको समय पर वेतन दिलवाने एवं शैक्षणिक तथा स्वाध्याय प्रदान करने की जिम्मेवारी भी उसी की है। अध्यापकों की सेवा-सुरक्षा तथा कार्य-व्यवस्था का दायित्व प्रधानाध्यापक का है। अपने कुछ दायित्व को अपने सहयोगियों में वितरित कर देने से भी कार्य में पूरी सुविधा होती है।

(ख) कार्यालय संबंधी उत्तरदायित्व—किसी भी संस्था में कार्यालय का स्थान भी बहुत महत्त्वपूर्ण होता है। विद्यालयं कार्यालय का पूर्ण उत्तरदायित्व प्रधानाध्यापक पर है। आय-व्यय का हिसाब, उपस्थिति-अनुपस्थिति का लेखा-जोखा कार्यालय के जिम्मे रहता है। इसमें किसी प्रकार की गड़बड़ी का दायित्व प्रधानाध्यापक पर आता है। इसलिए प्रधानाध्यापक को कार्यालय के कार्यों में पूर्ण सतर्क रहना चाहिए। सुविधा के लिए उप-प्रधानाध्यापक को कार्यालय का प्रभारी बनाना अच्छा होता है। इससे गड़बड़ी की गुंजाइश कम रहती है।

(ग) छात्र संबंधी उत्तरदायित्व—विद्यालय में सबसे पहले छात्रों की देखभाल करने की जिम्मेवारी सामने आती है। यह प्रधानाध्यापक की ही जिम्मेवारी है कि वह

छात्रों की शारीरिक सुरक्षा; बौद्धिक उन्नति, सामाजिक विकास आदि का ध्यान रखे। माता-पिता अपने नन्हे बच्चों को प्रधानाध्यापक की जिम्मेवारी पर ही विद्यालय भेज देते हैं। छात्रों की विद्यालय में समय एवं विकास की जिम्मेवारी भी प्रधानाध्यापक पर ही है।

(घ) बजट संबंधी उत्तरदायित्व—विद्यालय के आय-व्यय का वार्षिक बजट बनाने का दायित्व प्रधानाध्यापक का है। वह अपने विद्यालय की जरूरतों, कमियों तथा भविष्य के विकास-कार्यों का पूर्ण ज्ञाता होता है। इसलिए उसे अपने सहयोगियों के सहयोग से वार्षिक बजट का निर्माण करना चाहिए। बजट तैयार करते समय उसे विद्यालय के सभी विभागों के विकास को ध्यान में रखना चाहिए। बजट एकांगी न हो—इसका खयाल रखना परमावश्यक है।

(च) भवन संबंधी उत्तरदायित्व—विद्यालय का भवन-निर्माण, भवन की देखभाल और भवन की सफाई का दायित्वा प्रधानाध्यापक पर होत। है। उसकी सुरक्षा तथा सजावट का दायित्व भी प्रधानाध्यापक का ही होता है। जो प्रधानाध्यापक जितनी गहराई से इसका जायजा लेता है, वह अपने विद्यालय को उतना ही आकर्षक बनाता है।

2. बाह्य उत्तरदायित्व

प्रधानाध्यापक के बाह्य उत्तरदायित्व का अध्ययन अग्रलिखित बिन्दुओं के तहत किया जा सकता है—

(क) शिक्षा परिषद् संबंधी उत्तरदायित्व—शिक्षा परिषद् के द्वारा विद्यालयों को स्वीकृति एवं अनुदान प्राप्त होता है। इसलिए शिक्षा परिषद् के अधिकारों की जानकारी का दायित्व प्रधानाध्यापक पर है। परिषद् शिक्षकों की अपील का सर्वोच्च विभागीय अदालत है। इसका फैसला शिक्षकों और प्रबंध समितियों को मान्य होता है। इसलिए प्रधानाध्यापक का यह भी दायित्व है कि शिक्षक के खिलाफ लगाए गए आरोप की सुनवाई के नियम की पूरी जानकारी रखे। परिषद् के इस अधिकार की जानकारी भी उसके लिए जरूरी है।

(ख) केंद्रीय एवं राज्य सरकार संबंधी उत्तरदायित्व—प्रधानाध्यापक को केंद्रीय और राज्य सरकारों के आदेशों, विज्ञप्तियों का पालन करना होता है। शिक्षा संबंधी नीतियों के निर्धारण तथा बदलाव संबंधी परिपत्र और आदेश भी आए दिन आते ही रहते हैं। इसलिए प्रधानाध्यापक का यह दायित्व है कि नीचे दी गई बातों की पूर्ण जानकारी रखे—

(1) पाठ्यक्रम की,

(2) विभिन्न वर्ग की पाठ्य-पुस्तकों की,

(3) विद्यालय भवन के निर्माण तथा मरम्मत संबंधी नियमों की,

(4) छात्रावास-भवन निर्माण तथा मरम्मत संबंधी नियमों की,

(5) आलेख-पत्रों को तैयार करने एवं देखभाल संबंधी नियमों की,

(6) विद्यालय के लिए मान्यता प्राप्त करने संबंधी नियमों की, और

(7) विद्यालय शुल्क, छात्रवृति, अनुदान और आय-व्यय-लेखन संबंधी नियमों की।

संक्षेप में कहा जाए तो प्रधानाध्यापक को शिक्षा संहिता का पूर्ण ज्ञान होना चाहिए। इससे उसको विद्यालय संबंधी सभी नियमों का ज्ञान तो होता ही है, साथ ही अपने कर्त्तव्य और उत्तरदायित्व की भी जानकारी होती है। इससे लाभ यह होता है कि सामान्य रूप से उसके द्वारा अनियमितता नहीं बरती जाती है।

(ग) परीक्षा समिति संबंधी उत्तरदायित्व—राज्य में विद्यालयों की अंतिम परीक्षा के लिए एक परीक्षा समिति गठित है। इसकी परीक्षाओं में शामिल होने के कतिपय नियम हैं। प्रधानाध्यापक का एक मुख्य दायित्व है इसके नियमों का पूर्ण ज्ञाता होना। ऐसा नहीं होने से अनेक जटिलताएं पैदा हो सकती हैं तथा प्रधानाध्यापक अयोग्य गिना जाने लगता है।

(घ) समाज संबंधी उत्तरदायित्व—आज विद्यालय एवं समाज में गहरा अन्तःसम्बन्ध है। कहना तो यह होगा कि विद्यालय समाज का एक अविच्छिन्न अंग है। विद्यालय समाज का ही कार्य करता है। वह समाज के लिए योग्य, सुशिक्षित एवं उपयोगी नागरिक तैयार करके देता है। ऐसी अवस्था में प्रधानाध्यापक का यह महत्त्वपूर्ण उत्तरदायित्व हो जाता है कि विद्यालय एवं समाज के संबंध को मधुर और सुदृढ़ करे। सही मायने में सुंदर नागरिक तैयार करने, समाज को रचनात्मक नेतृत्व प्रदान करने और विद्यालय को समाज का उपयोगी अंग बनाने का दायित्व प्रधानाध्यापक पर ही है।

उपर्युक्त कर्त्तव्यों एवं दायित्वों पर दृष्टि डालने से यह स्पष्ट हो जाता है कि विद्यालय के प्रधानाध्यापक का स्थान सर्वोपरी है। वह एक ऐसा मानव अभियंता है जो भावी समाज की आधारशिला रखता है। इसलिए उसके कर्त्तव्य एवं दायित्व महान् तथा अनंत हैं।

(च) प्रबंध समिति संबंधी उत्तरदायित्व—सामान्य रूप से सभी गैर-सरकारी विद्यालयों का संचालन प्रबंध समितियों द्वारा होता है। प्रबंध समितियों के गठन, अधिकार और कर्त्तव्य पूर्व निर्धारित होते हैं। इस लिए प्रधानाध्यापक को प्रबंध समितियों के गठन, संचालन एवं कार्यप्रणाली के नियमों का पूर्ण रूप से ज्ञान होना चाहिए। यह उसके प्रधान दायित्वों में से एक है। ऐसा नहीं होने पर प्रबंध समितियों द्वारा कई अनियमितताएं हो सकती हैं।

प्रधानाध्यापक एवं शिक्षकों का अन्तःसंबंध

1950 से ही भारत एक गणतंत्र के रूप में अपना अस्तित्व रखता है। इसकी दृढ़ता और प्रगति इसके नागरिकों में गणतंत्रात्मक भावना के विकास में निहीत है। ऐसी भावना विद्यालयों के द्वारा ही भावी पीढ़ी में भरी जा सकती है। इसलिए विद्यालयों का स्तर उच्च तथा प्रभावकारी होना जरूरी है। विद्यालय के शिक्षकों का जहाँ एक ओर योग्य और चरित्रवान होना जरूरी है, वहीं उन्हें सहयोग की भावना से भी पूर्ण होना जरूरी है। इसके बिना विद्यालय का नैतिक, प्रशासनिक एवं शैक्षणिक स्तर का उन्नयन हो ही नहीं सकता। वस्तुतः विद्यालय के सर्वांगीण स्तरोन्नयन के लिए प्रधानाध्यापक तथा सहकर्मी अध्यापकों के बीच भाईचारे एवं सहयोग का होना परम आवश्यक है।

एक आदर्श प्रधानाध्यापक वही है जो अपने सहकर्मियों का पर्याप्त सहयोग लेता है और इस तरह अपने प्रति उनके हृदय में सद्भावना को जन्म देता है। सहयोग प्राप्त करने के लिए प्रधानाध्यापक को खुले मस्तिष्क और निर्भीक हृदय का होना चाहिए। उसका गणतंत्र में विश्वास करने वाला होना जरूरी है। शिक्षक-समुदाय को अपने परिवार का मान्य अंग समझना चाहिए। इससे उसे उनका पूर्ण सहयोग प्राप्त होगा तथा विद्यालय का सर्वांगीण स्तरोन्नयन होगा।

एक आदर्श प्रधानाअध्यापक अग्रलिखित तरीके से अपने सहयोगी शिक्षकों का भरपूर सहयोग प्राप्त कर सकता है—

1. शिक्षक गोष्ठियां—प्रधानाध्यापक अपने विद्यालय में सभी महत्त्वपूर्ण कार्यों को शुरू करने के पूर्व शिक्षक गोष्ठियों का आयोजन करे एवं उनकी परामर्श के अनुसार कार्य को संपन्न करे। इससे अपेक्षित सहयोग आसानी से प्राप्त हो जाता है। इन गोष्ठियों में विचार-विमर्श का विषय—पाठ्यक्रम, अध्यापन-कार्य, समय-तालिका, शिक्षण प्रणाली, आय-व्यय, अनुशासन, नियम-पालन, विद्यालय-साज सज्जा आदि होना चाहिए।

2. शिक्षक की नियुक्ति में सर्तकता—नये शिक्षकों की नियुक्ति का प्रश्न बड़ा पेंचिदा है। सिफारिश तथा स्वार्थ-साधन के संबल पर ही आज ज्यादातर नियुक्तियां हो रही है। यही कारण है कि योग्य और सक्षम शिक्षकों का विद्यालयों में अभाव होता जा रहा है। ऐसे अयोग्य तथा विकृत रुचिवाले शिक्षकों से सहयोग की आशा करना बेकार है। इसलिए प्रधानाध्यापक योग्य तथा सहयोग देने वाले शिक्षकों की नियुक्ति में सर्तकता तथा विवेकशीलता से काम ले। सरकारी विद्यालयों में नियुक्ति सरकार द्वारा होती है।

3. अध्यापकों पर विश्वास—सामान्य रूप से प्रधानाध्यापक अपने को अतिशय योग्य और ईमानदार समझता है तथा अन्य अध्यापकों को अयोग्य और

बेईमान। यह बड़ी ही दुखद स्थिति है। इसके कारण वह अध्यापकों के कार्यों में अनावश्यक रूप से दखल भी देता है। इससे अध्यापकों के आत्मसम्मान को ठेस पहुँचती है और फलस्वरूप उनका सहयोग प्रधानाध्यापक को प्राप्त नहीं होता। होना तो यह चाहिए कि प्रधानाध्यापक अपने सहकर्मियों पर पूरा विश्वास करे तथा उनके कार्यों में अनावश्यवक हस्तक्षेप न करे। इस प्रकार उनका सहयोग प्राप्त करने में उसे पूरी सहूलियत होगी और विद्यालय का वातावरण भी सुंदर और विश्वासपूर्ण होगा।

4. असंतोष के कारणों का निराकरण—प्रधानाअध्यापक की अकल्पनाशील नीति अध्यापकों में व्याप्त असंतोष का प्रमुख कारण होता है। इसके अलावा अध्यापक-अध्यापक अथवा अध्यापक-प्रधानाध्यापक के बीच आपसी मतभेद के होने से भी अध्यापकों में असंतोष की वृद्धि होती है। ऐसा भी होता है कि अध्यापक के अच्छे कार्यों का सेहरा तो प्रधानाध्यापक अपने सिर पर धारण करता है, लेकिन किंचित त्रुटि के लिए भी उनकी भर्त्सना करता है। इसलिए प्रधानाध्यापक आपसी झगड़ों तथा वैमनस्य को पनपने न दे तथा अपने सहकर्मियों की शिकायतों को सहानुभूतिपूर्वक सुने और उनका निराकरण पूर्ण सहृदयता से करे। इससे पारस्परिक सहयोग की वृद्धि निश्चित रूप से होगी।

5. दबंदी और अन्याय का बहिष्कार—सहकर्मियों का पर्याप्त सहयोग पाने के लिए प्रधानाध्यापक विद्यालय में किसी प्रकार की दलबंदी को पनपने न दे और न स्वयं ही किसी दल का सदस्य बने। वह सभी सहकर्मियों को समान समझे तथा सभी को अच्छे कार्यों की ओर प्रोत्साहित करे। वह इस बात का बराबर ध्यान रखे कि किसी के साथ पक्षपात न हो और न अन्याय ही। अध्यापकों की योग्यता और रुचि को ध्यान में रखकर ही उन्हें अध्यापन-कार्य दिए जाएं। इससे सभी में संतोष और विश्वास पैदा होगा। इस तरह सहकर्मियों का सहयोग स्वाभाविक रूप से प्राप्त हो जाएगा और विद्यालय का स्तर भी उन्नत हो जाएगा।

6. सहानुभूतिपूर्ण व्यवहार—प्रधानाध्यापक का अपने सहकर्मियों के प्रति सहानुभूतिपूर्ण होना बहुत ही जरूरी है। वह उनका मित्र, हितैषी तथा मार्ग दर्शक बनकर रहे। अपने सहकर्मियों के दुख में दुखी और आवश्यकता पड़ने पर सहायक बननेवाला प्रधानाध्यापक उनका सहयोग निश्चय ही प्राप्त करने में सफल होता है। सफल प्रधानाध्यापक अपने सहकर्मियों के अच्छे कार्यों की प्रशंसा एवं आवश्यकता पड़ने पर उनकी सहायता करता है। वह उनकी त्रुटियों को एकांत में दर्शाता है तथा उनके साथ मधुर व्यवहार रखता है। उनकी कठिनाइयों को दूर करने में भी वह उनका साथ देता है। ऐसा करके वह अपने सहकर्मियों का सहयोग प्राप्त करने में अनायास ही सफल हो जाता है।

7. सहकर्मियों के प्रति आत्मीयता—विद्यालय की सुव्यवस्था एवं स्तरोन्नयन के लिए यह आवश्यक है कि प्रधानाध्यापक अपने सहकर्मियों के सुख-दुख में सहयोगी बन जाए। आत्मीयता के आने पर उसमें उदारता एवं सहिष्णुता का स्वतः ही उद्रेक हो जाएगा। इस तरह अपने सहकर्मियों को भ्रातृवत् मानकर वैसा व्यवहार करने से उनका सहयोग उसे अनायास ही प्राप्त हो जाएगा। सहायोग प्राप्त करने के लिए प्रधानाध्यापक द्वारा आदेशात्मक नीति का अनुसरण कभी न किया जाए। सहयोग तो विचारों के स्वतंत्र आदान-प्रदान से स्वतः ही उत्पन्न होता है।

8. सहयोगी जलपान की व्यवस्था—विद्यालय में सामान्यतः शिक्षकों को 6 घंटे रह जाना पड़ता है। इस प्रकार जलपान की आवश्यकता का अनुभव करना स्वाभाविक है। इस दिशा में प्रधानाध्यापक शिक्षकों के लिए सहयोगी जलपान की व्यवस्था करे तो बड़ा ही सुंदर हो। इसमें प्रधानाध्यापक सहित सभी शिक्षक चंदा तथा हलके जलपान की व्यवस्था हो। यह जलपान सामूहिक हो तथा प्रधानाध्यापक निश्चित रूप से उसमें भाग ले। इससे आपसी संबंध बहुत धनिष्ट होता है। और सहयोग भी प्राप्त होता है।

9. पुस्तकालय में उपयोगी पुस्तकों का संग्रह—नवीनतम तथा उत्तम शैक्षणिक और ज्ञानवर्द्धक पुस्तकें छात्रों व शिक्षकों के लिए उपयोगी होती हैं। इस तरह के पुस्तक को भंडार पुस्तकालय में हाना जरूरी होता है। इसकी प्राप्ति एक कुशल तथा कल्पनाशील प्रधानाध्यापक का काम है। पुस्तकालय में पत्रिकाएं तथा समाचारपत्र की व्यवस्था भी की जाए। ऐसी पुस्तकों के रहने से शिक्षक अपने ज्ञान का वर्द्धन करते हैं। तथा शिक्षण प्रणाली की अद्यतन प्रगति से भी अवगत होते हैं। इससे आपसी विचार-गोष्ठियों में वे सुंदर, उपयोगी तथा पुष्ट विचार देने में समर्थ होते हैं। इस प्रकार उनका मूल्यवान सहयोग प्राप्त होता है।

10. प्रधानाध्यापक द्वारा अध्यापकों का नेतृत्व—प्रधानाध्यापक को अध्यापकों का सिर्फ नेता होना चाहिए न की शासक होना चाहिए। उसे मात्र अपने शिक्षकों का नेतृत्व करना चाहिए। वह उस पर शासक बनकर धौंस न जमाए। शासक की भूमिका अदा करने वाला प्रधानाध्यापक अध्यापकों एवं छात्रों की आँख का काँटा होते है। उन्हें अध्यापकों का सच्चा सहयोग तो कदापि नहीं प्राप्त हो सकता। इतना ही नहीं, कभी-कभी तो ऐसे प्रधानाध्यापक, अध्यापक तथा अन्य अधीनस्थ कर्मचारियों द्वारा विकट परिस्थिति में डाल दिए जाते हैं। इसके विपरीत, जो प्रधानाध्यापक शिक्षकों के साथ बराबरी का व्यवहार करता है तथा विद्यालय के कार्यों में सही नेतृत्व करता है, वह उनका सहयोग तो पाता ही है, विद्यालय को उन्नति के मार्ग पर भी आरूढ़ करने में सफल होता है।

11. निरीक्षण कार्य—विद्यालय के अन्तः निरीक्षण का कार्य क्रमशः सभी शिक्षकों को सौंपना चाहिए। इससे सभी शिक्षकों को सम्मान प्राप्त होगा और वे अपना पूर्ण सहयोग विद्यालय परिवार को देंगे।

12. पर्यटन का अवसर—समय-समय पर प्रधानाध्यापक को चाहिए की वह पर्यटन की भी व्यवस्था करे। आसपास के सौंदर्य एवं मनोरंजन के स्थलों की यात्रा का प्रबंध करे। इस अवसर पर प्रधानाध्यापक तथा शिक्षकों के बीच एक साथ रह कर एक दूसरे की मदद करने की भावना का विकास होता है। कभी-कभी 'पिकनिक' का प्रबंध भी अच्छा अवसर प्रदान करता है। इन कार्यक्रमों से अपनापन तथा सहयोग की प्राप्ति निश्चित रूप से होती है।

उपरोक्त बताये गये उपायों के माध्यम से एक प्रधानाध्यापक अपने सहयोगी शिक्षकों से वांछित सहयोग प्राप्त कर सकता है।

7

विद्यालय प्रबंध में शिक्षक की भूमिका

प्राचार्य किसी विद्यालय का प्रशासनिक प्रधान अवश्य होता है। वह अपने साथी अध्यपकों से सलाह करके नीतियों का निर्माण करता है। लेकिन इन नीतियों को क्रियान्वित करने की असली जिम्मेदारी शिक्षक पर ही रहती है। उसके बिना विद्यालय का कोई भी कार्य सुचारू रूप से संचालित नहीं हो सकता। विद्यालय के हर कार्यक्रम को सुचारू रूप से चलाने के लिए उसका सहयोग अपेक्षित है। प्रधानाध्यापक, प्रबंध-समिति एवं विभाग तो मात्र नीति निर्धारण करते है एवं योजना का निर्माण करते हैं, लेकिन शिक्षक ही उन्हें कार्यान्वित करता है। इसलिए विद्यालय में शिक्षक का महत्त्व बहुत बड़ा है।

एक विद्यालय जो सभी भौतिक सुविधाओं से पूर्ण हो जैसे—विद्यालय का भवन आकर्षक हो, पुस्तकालय संपन्न हो, शिक्षण-उपादान भरपूर हों आदि इसके अलावा प्रधानाध्यापक पूर्ण योग्य तथा छात्रों की संख्या भी पर्याप्त हो, लेकिन शिक्षक का अभाव हो तो उस विद्यालय की उपयोगिता नहीं के बराबर होती है। सही मायने में विद्यालय की सार्थकता तथा गतिशीलता शिक्षक के ऊपर आश्रित होती है। इतना ही नहीं, शिक्षक तो विद्यालय की सभी क्रियाओं की धुरी है। किसी ने ठिक ही कहा है The pivot upon which an educational system works is the personality of the teacher. इस तरह शिक्षक का महत्त्व स्पष्ट हो जाता है। सही मायने में शिक्षक के बिना विद्यालय और शिक्षण कार्य निष्प्राण तथा निरर्थक है।

मुदालियर कमीशन ने भी अपने प्रतिवेदन में शिक्षक के महत्त्व को स्पष्ट शब्दों में स्वीकार किया है—"We are howener convinced that the most important factor in the contemplated educational reconstruction is the teacher-his personal qualities, his educational qualifications, his porfessional training and place that he occupies in the school as well as in the community. The reputation of school and its infiuence on the life of the community invariably depend on the kind of teachers working in it."

किसी ने शिक्षक के विषय में ठीक ही कहा है–शिक्षक तो मोमबती के समान है जो स्वयं जलकर विद्यार्थियों को ज्ञान का प्रकाश प्रदान करता है। इसलिए विद्यालय में शिक्षक का बहुत ज्यादा महत्त्व है।

शिक्षक का चुनाव तथा नियुक्ति

भारत के सभी राज्यों में शिक्षक की नियुक्ति के लिए एक-सा नियम नहीं है। पृथक राज्यों की नियुक्ति-पद्धति में अलग-अलग है। सामान्यतः विद्यालयों में प्रशिक्षित शिक्षकों की नियुक्ति होनी चाहिए, लेकिन अभी भी विद्यालयों में अप्रशिक्षित शिक्षकों की भरमार है। अतः विद्यालयों में प्रशिक्षित शिक्षकों की ही नियुक्ति हो तथा योग्य एवं प्रशिक्षित शिक्षकों को इस ओर आकृष्ट करने के लिए उन्हें अधिक वेतन और अन्य सुविधाएं प्रदान करना चाहिए। अगर ऐसा नहीं हुआ तो हमारे गणतंत्र का नवीन शैक्षणिक ढांचा निरर्थक हो जाएगा।

जहाँ शिक्षकों के चुनाव का प्रश्न है, उसमें भी कई तरह के तरीके लगाए जाते हैं। *गैरसरकारी विद्यालयों के शिक्षकों का चुनाव प्रबंध समितियों द्वारा होता है, राजकीय विद्यालयों के शिक्षकों का चुनाव राज्य चुनाव समिति करती है तथा राज्य शिक्षा-सेवा के राजपत्रित पदों पर चुनाव राज्य-लोक-सेवा आयोग करता है।* स्पष्ट है कि गैरसरकारी विद्यालयों में शिक्षकों का चुनाव अनेक स्थानीय तथा व्यक्तिगत बातों को ध्यान में रखकर किया जाता है। फलस्वरूप चुनाव निष्पक्ष और उच्च कोटि का नहीं होता। इस स्थान पर प्रधानाध्यापक का कार्य बहुत ही महत्त्वपूर्ण हो जाता है। वह समस्त विद्यालय के हितों को ध्यान में रखकर प्रबंध समिति को निष्पक्ष एवं विशेषज्ञ का सुझाव दे तथा उपयुक्त शिक्षक के चुनाव में प्रबंध समिति को सहायता प्रदान करे।

गैरसरकारी विद्यालयों के लिए शिक्षकों की नियुक्ति एवं चुनाव के लिए मुदालियर कमीशन ने बहुत ही सुंदर सुझाव प्रदान किया है। वह इस प्रकार है–"We recommend that in all privately managed institutions there should be smalls election committees entrusted with the responsibilty of recruiting the staff with the headmaster as an ex-officio member of It is also desirable that a nominee of the department of education should be on the managing commettee. We also recommend that in school maintained by local bodies or municipalities a similar policy should be adopted."—*Mudaliar Commission Report.*

शिक्षकों को शुरू में एक वर्ष के लिए परीक्ष्यमान रूप में नियुक्त किया जाए। इस अवधि में प्रधानाध्यापक तथा प्रबंधक समिति को उनके गुण-दोषों का पूर्ण ज्ञान हो जाएगा। अन्ततः उनकी उपयोगिता एवं आचरण को ध्यान में रखकर नियुक्ति को

पुष्टि दी जाए। इस प्रकार विद्यालय को अच्छे शिक्षक ही प्राप्त होंगे तथा अनुपयुक्त शिक्षक से पिंड छूट जाएगा। इस एक वर्ष की अवधि में उक्त शिक्षकों का प्रत्यक्ष मूल्यांकन भी हो जाएगा।

आदर्श शिक्षक के गुण

एक आदर्श शिक्षक में अग्रलिखित गुण होते हैं—

1. **सामाजिकता**—विद्यालय की गणना एक सामाजिक संस्था के रूप में होती है। ऐसा माना जाता है कि विद्यालय समाज का एक अभिन्न अंग है। क्योंकि यहाँ भावी समाज के भाग्य विधाता नागरिक तैयार किए जाते हैं। शिक्षक भी समाज का एक उपयोगी सदस्य तथा मान्य मार्गदर्शक है। इसलिए शिक्षक में समाजिकता के सभी गुण भरपूर होने चाहिए। वह मिलनसार, गणतंत्रवादी, सहयोगी तथा उपकारी हो। उसमें समाज से सुंदर संपर्क स्थापित करने की क्षमता हो। वह सामाजिक कार्यों में उत्साहपूर्वक भाग ले सके और समाज की सेवा करने को हमेशा तत्पर रहे। जरूरत पड़ने पर समाज का नेतृत्व भी कर सके। ऐसा शिक्षक सफल, लोकप्रिय, उपयोगी और प्रभावशाली है।

2. **धैर्य एवं सहनशीलता**—धैर्य एवं सहनशीलता आदर्श शिक्षक में कूट-कूटकर भरा होना चाहिए। क्योंकि विद्यालय में ऐसे कई मौके आते रहते हैं जब छात्र अथवा अन्य साथी के कार्यों से क्रोध उत्पन्न होता है। कभी-कभी तो अपने क्रोधावेश में शिक्षक निरपराध छात्रों को बड़ी बेरहमी से पीटते हैं और उनका अनिष्ट कर डालते हैं। लेकिन शिक्षक का यह व्यवहार बहुत ही गलत है। सच्चा शिक्षक तो प्रतिकूल परिस्थितियों में भी धैर्य से काम लेता है। वह सहनशील होता है एवं समझा-बुझा कर छात्रों एवं साथियों को सही मार्ग पर ले जाता है। ऐसा शिक्षक न केवल सम्मान का पात्र होता है, बल्कि उसका प्रभाव स्थायी पड़ता है। वह सभी का मित्र और हितैषी के रूप में पूजा जाता है।

3. **व्यावसायिक दक्षता**—आदर्श एवं उत्तम शिक्षक में व्यावसायिक दक्षता का होना तो बहुत ही आवश्यक है। क्योंकि इसके बिना वह अपने विषम को प्रभावकारी ढंग से छात्रों तक नहीं पहुँचा सकता। उसमें प्रेषणीयता का अभाव रहता है। इसलिए उसका प्रशिक्षित होना जरूरी है। प्रशिक्षण से शिक्षण में व्यावसायिक दक्षता आत्मविश्वास और विभिन्न विधियों को व्यवहार में लाने की क्षमता का प्रार्दुभाव होता है। शिक्षण के क्षेत्र में विभिन्न प्रकार का ज्ञान भी उसे सहज रूप में प्राप्त हो जाता है।

4. **अध्ययनशीलता**—एक आदर्श शिक्षक को निश्चित रूप से अध्ययनशील होना चाहिए क्योंकि जो शिक्षक अपने प्रिय विषय या अन्य विषयों का गहन और

सतत् अध्ययन करता है, उसका ज्ञान उतना ही गहरा होता है। ज्ञान सम्पन्न होकर वह अपने विषय का बहुत ही सुंदर ढंग से पढ़ा सकता है तथा अपने छात्रों को अपने उपलब्ध ज्ञान से लाभान्वित कर सकता है। इतना ही नहीं, उसमें आत्मविश्वास तथा अंतर्दृष्टि भी प्राप्त होती है। उसके इस गुण का असर अन्य शिक्षकों पर भी पड़ता है। अध्ययनशील शिक्षक ज्ञान अर्जन के क्षेत्र में सदैव ही प्रयासरत रहता है।

5. असांप्रदायिकता और जातिनिरपेक्षता—आज सांप्रदायिकता ने तुल पकड़ा है। नियुक्तियों, पदोन्नतियों, वेतन-वर्द्धन और परीक्षोत्तीर्णता के मामलों में भी धर्म तथा जातीयता ने अपना डेरा जमा लिया है। जातीयता तो और भी भयानक होती है। इसलिए शिक्षक को धर्म या जातीयता से ऊपर उठकर कार्य करना होगा। शिक्षक ही आपसी कटुता तथा वैमनस्य को त्यागकर पारस्परिक सद्भावना के लिए प्रयत्न कर सकता है। इसलिए शिक्षक को हृदय एवं व्यवहार दोनों से असांप्रदायिक तथा जातिनिरपेक्ष होना चाहिए। उसका द्वार सबके लिए समानभाव से खुला रहना चाहिए। वह सभी छात्रों का है और सभी उसके हैं। इसका उसे ज्ञान होना चाहिए।

6. मौलिकता—शिक्षक में मौलिकता का गुण होना बहुत जरूरी है। लकीर का फकीर बनने वाला शिक्षक कभी भी प्रभावकारी नहीं हो सकता। उसमें तो अपनी बातों को मौलिक ढंग से रखने और मौलिक विचार देने की क्षमता होनी चाहिए। ऐसा शिक्षक सदैव नवीनता तथा आकर्षण का केंद्र बना रहता है।

7. विनोदप्रियता—विनोदप्रिय शिक्षक का छात्रों और सहयोगियों के मध्य सदा स्वागत होता है। वह अपने विनोदी स्वभाव के कारण अपने अध्यापन को रोचक बना लेता है और छात्र स्वतः ही उत्प्रेरित हो जाते हैं।

8. प्रभावशाली व्यक्तित्व—शिक्षक का बाहरी और आंतरिक व्यक्तित्व से आकर्षक एवं प्रभावशाली हो। उसकी शारीरिक बनावट सुडौल हो, स्वास्थ्य सुंदर हो, गति और व्यवहार में सजीवता एवं सलीका हो तथा वह रुचि से स्वच्छता का धारक हो। आंतरिक रूप से भी निडर और साहसी हो। वह हंसमुख तथा सदा प्रसन्नचित हो। ऐसे गुणों से विभूषित व्यक्तित्व ही प्रभावशाली होता है। ऐसे व्यक्तित्व का विद्यार्थियों पर बड़ा असर डालता है तथा ऐसे व्यक्तित्व वाला शिक्षक अनुशासन को बनाये रखता है।

9. अध्यापन-कार्य में रुचि—सफल एवं आदर्श शिक्षक वही हो सकता जो अध्यापन कार्य में पूर्ण रुचि रखता है। ऐसा न हो कि बेरोजगारी के दिनों में शिक्षण-कार्य को अपना लिया, लेकिन कोई अन्य नौकरी प्राप्त होते ही शिक्षण-कार्य को त्याग दिया। सच्चा शिक्षक तो अपने कार्य मे न केवल रुचि लेता है, बल्कि वह उस कार्य में दृढ़ निश्चय और संकल्प के साथ उतरता है। इससे यह निश्चित रूप से अपने कार्य में सफल होता।

10. सहानुभूति और सहयोग की भावना—वर्त्तमान युग परस्पर सहयोग तथा सहानुभूति का है। इसके बिना गणतंत्र को सफल नहीं बनाया जा सकता। छात्रों के साथ शिक्षक सहानुभूति तथा सहयोग का व्यवहार करे। क्योंकि छात्रों को डांटना और शारीरिक सजा देना कभी भी लाभदायक नहीं होता। सच तो यह है कि उनके साथ सहानुभूति और प्रेम का व्यवहार होना चाहिए। इससे छात्रों के मन में शिक्षक के प्रति आदर का भाव जगता है तथा वे सभी कार्यों में सहयोग एवं उत्साह का परिचय देते हैं। वे शिक्षक के पास आते हैं। शिक्षक के प्रति उनका आदरभाव भी बढ़ता है। शिक्षक को स्नेही और सहानुभूतिपूर्ण होने के साथ सहयोगी-भावना से ओत-प्रोत भी होना चाहिए। इससे छात्र और शिक्षक में पारस्परिक विश्वास बढ़ता है।

11. बाल-मनोविज्ञान और शिक्षा-मनोविज्ञान का ज्ञान—वर्त्तमान शिक्षा बालकेंद्रित है। इसलिए शिक्षक के लिए शिक्षा-मनोविज्ञान और बाल-मनोविज्ञान की जानकारी आवश्यक है। इससे शिक्षकों को छात्रों की मानसिक अवस्था एवं अभिरुचि की जानकारी हो जाता है और इस ज्ञान के आधार पर शिक्षण विधि एवं विषय-विधान का निर्धारण वह सफलता पूर्वक कर सकेगा। इससे छात्रों की वैयक्तिक भिन्नता का पता चलेगा और उसके अनुसार बालकों की शिक्षा-दिशा निर्धारण करने में शिक्षक सफल होगा। इससे शिक्षा सही मार्ग पर प्रभावकारी ढंग से प्रगति कर सकेगी।

12. पेशा के प्रति आस्था और रुचि—ज्यादातर यह देखा जाता है कि लोग शिक्षक का पेशा तो अपना लेते हैं, लेकिन उन्हें इस पेशा के प्रति न तो आस्था रहती है और न ही रुचि। ऐसी अवस्था में उनमें हीनता की भावना का समावेश हो जाता है और फलस्वरूप शिक्षण कार्य में उन्हें सफलता भी नहीं मिलती। इसलिए शिक्षण-कार्य में शिक्षकों की आस्था तथा रुचि का होना बहुत जरूरी है। इससे उनमें उत्साह, आत्मगौरव और प्रसन्नता का प्रार्दुभाव तो होगा ही, अपने कार्य में पूर्ण सफलता तथा दक्षता भी होगी।

13. उत्साह—सच्चा शिक्षक पूर्ण उत्साह के साथ अपना कार्य करता है। अपने पेशे, अपने कर्त्तव्य तथा अपने जीवन-मार्ग के प्रति जिस शिक्षक के हृदय में उत्साह है, वही सफल और प्रभावोत्पाकद हो सकता है। उत्साहहीन शिक्षक का अपना कार्य तो अपूर्ण रहता ही है, साथ ही साथ वह छात्रों को भी आलसी और भाग्यवादी बना देता है। उसके प्रभाव में आकर छात्र भी अक्रिय हो जाते हैं। जो सबसे बड़ी समस्या है।

14. चरित्र-दृढ़ता—चरित्र की दृढ़ता का गुण एक आदर्श शिक्षक के लिए बहुत जरूरी है। इसके बिना वह न केवल समाज में हास्यास्पद होता है, बल्कि छात्रों के बीच भी प्रभावहीन ही रह जाता है। चरित्र को दृढ़ बनाने वाले तत्त्व कुव्यसनों से दूर रहना, आत्मविश्वास रखना एवं अपने निश्चय पर अटल रहना, है। सच तो यह

है कि शिक्षक के आचरण पर सदैव ही छात्रों की नजर रहती है। वे सर्वदा अपने शिक्षक की नकल करते हैं। इसलिए दृढ़ चरित्र वाला शिक्षक छात्र के लिए प्रेरणास्रोत होता है। इसतरह उसका चरित्र आकर्षक होना जरूरी है।

15. कल्पनाशीलता—कल्पना में ऐसी शक्ति होती है जो मानव को महत्तम स्थिति को पहुंचाता है। कल्पना के बल पर ही एडिसन, जेम्सवॉट, न्यूटन, वास्कोडिगामा, कोलम्बस आदि वैज्ञानिक और अन्वेषक संसार के समक्ष नयी वस्तुएं, नये सिद्धान्त और नये क्षेत्र उपलब्ध कराये। अतः जो शिक्षक जितना ही कल्पनाशील होता है, वह अपने कार्य में उतना ही सफल और प्रगतिशील होता है। वह भावी कार्यक्रम तथा परिणामों का पहले ही अनुमान कर लेने में समर्थ होता है। अपने अध्यापन-कार्य के उद्देश्यों की पूर्ति का मार्ग वह पहले ही देख लेने में सफल होता है। इस तरह का शिक्षक जीवंत होता है एवं भावी जीवन का नियामक होता है।

16. नेतृत्व—शिक्षक में नेतृत्व का गुण होना जरूरी है। अपने इसी गुण के कारण वह छात्रों को सही दिशा में ले जाने में सफल होता है। वह इसी गुण के कारण समाज को भी अपेक्षित दिशा प्रदान करता है। इससे अनुशासन स्थापित करने में बहुत मदद मिलती है।

17. निष्पक्षता—शिक्षक में निष्पक्षता के गुण को होना बहुत जरूरी है। उसे सभी छात्रों को समान दृष्टि से देखना चाहिए। सभी के साथ समान रूप से व्यवहार करना चाहिए। बहुधा ऐसा देखा जाता है कि धनी धर के अथवा अपनी जाति के छात्रों को कई शिक्षक अधिक मानने लगते हैं तथा उनका पक्षपात करने लगते हैं। ऐसा करना शिक्षक के लिए अत्यधिक घातक और अशोभनीय है। कभी-कभी शिक्षक मेधावी छात्र को बहुत ज्यादा मानता है तथा मन्दबुद्धि छात्रों की उपेक्षा करता है। यह भी का व्यवहारिक है। आदर्श शिक्षक तो मंदबुद्धि छात्रों को अधिक सहानुभूति प्रदान करता है। अतः शिक्षक का निष्पक्ष होना अत्यावश्यक है।

18. सुरुचि—शिक्षक का सुरुचिपूर्ण होना बहुत ही आवश्यक है। उसकी सुरुचि रहन-सहन, वेश-भूषा एवं कार्य संपादन सभी में परिलक्षित हो। वह सदा ही स्वच्छ एवं सुंदर सिले वस्त्र को पहने तथा ढीले-ढाले एवं गंदे रूप में कभी भी विद्यालय में न जाए। सुंदर वेशभूषा का प्रभाव छात्रों पर भी अच्छा पड़ता है तथा उनमें भी सुरुचि का विकास होता है। कार्यों में भी सलीका और सुरुचि शिक्षक को छात्रों के बीच लोकप्रियता प्रदान करता है।

19. समय पर नियंत्रण—शिक्षक अध्यापन-कार्य करते हुए अपने समय पर आवश्यक रूप से नियंत्रण रखे। यदि वे समय पर नियंत्रण नहीं रखेंगे तो निर्धारित समय के भीतर अपना पठ समाप्त नहीं कर पायेंगे। कभी-कभी ऐसादेखा भी गया है

कि शिक्षक 40 मिनट की घंटी में घंटों बोलते चले जाते हैं। वे कभी-कभी निर्धारित समय में अपने पाठ का अर्धांश ही समाप्त कर पाते हैं। यह स्थिति बहुत ही दुःखद और अहितकार है। सफल शिक्षक ऐसा कभी नहीं करेगा। वह निश्चित समय के अन्दर ही अपने विषय का अध्यापक कर लेगा। ऐसा करने के लिए वह पूर्व योजना बनाता है तथा पाठ टीकाओं का सृजन करता है। अपने इन प्रयासों से वह समय की पाबन्दी रखने में सफल होता है।

20. स्वर माधुर्य–शिक्षक को स्वर माधुर्य निश्चित रूप से होना चाहिए क्योंकि शिक्षक का कंठ-स्वर मधुर तथा स्पष्ट है तो उसका अध्यापन अथवा भाषण आकर्षक एवं ग्राह्य होता है। कुछ लोगों में स्वर-माधुर्य प्राकृतिक रूप से होता है, लेकिन अगर ऐसा न भी हो तो शिक्षक को स्पष्ट एवं धीरे-धीरे कंठ-स्वर को नियंत्रित करके बोलना चाहिए। इससे भी स्वर में स्पष्टता और मधुरता आती है। शिक्षक को चाहिए कि वह वर्ग को ध्यान में रखकर अपना कंठ-स्वर नियंत्रित कर ले जिससे न तो उसका स्वर आवश्यकता से अधिक ऊँचा हो और न दूर बैठे छात्र सुनने में कठिनाई का अनुभव नहीं करें।

श्री मोफाट ने एक आदर्श शिक्षक में निम्न गुण बतलाये हैं–

1. Thoughtfulness.
2. Relibility.
3. Ability Leadersship.
4. Integrity.
5. Tact.
6. Sense of humour.
7. Objectivity.
8. Fluency.
9. Ability to do creditable school work.
10. Gregariousness.
11. Open-mindedness
12. Originality.
13. Discernment.
14. Tidiness.
15. Enthusiasm.
16. Adaptability.
17. Co-operativeness.
18. Health.
19. Efficiency.
20. Resourcefulness.

शिक्षकों के बीच कार्य-वितरण के सिद्धांत

शिक्षकों के बीच कार्यों का वितरण विद्यालय के कार्यों को सुचारु रूप से तथा सफलतापूर्वक से चलाने के लिए अत्यंत आवश्यक है। विद्यालय में कई वर्ग होते हैं तथा शिक्षक भी कई होते हैं। इन शिक्षकों में भी भिन्न-भिन्न व्यक्ति भिन्न-भिन्न योग्यता, रुचि तथा क्षमता का होता है। अतः सुगमता तथा उपयुक्तता को ध्यान में रखकर शिक्षकों के बीच कार्यों का वितरण होना अनिवार्य है। इस वितरण का आधार कक्षा, विषय तथा शिक्षक तीनों होता है।

शिक्षकों के बीच कार्य-वितरण के कतिपय सर्वमान्य सिद्धांत हैं। इन सिद्धांतों पर अमल करने से प्रधानाध्यापक को अपने प्रशासनिक तथा शैक्षणिक कार्यों में पूर्ण सफलता मिलती है तथा भ्रांति भी नहीं रहने पाती है। ये सिद्धांत निम्नांकित हैं—

1. शिक्षकों की रुचि—कार्य-वितरण में शिक्षकों की व्यक्तिगत रुचि का ध्यान रखा भी जाना जरूरी है। जिस विषय में जिस शिक्षक की विशेष रुचि हो यथासंभव उसे वही विषय अध्यापन के लिए दिया जाए। इसके साथ ही शैक्षणिक क्रियाशीलनों का कार्य भी विशेष रुचि को ध्यान में रखकर ही वितरित किया जाए। साहित्य-गोष्ठियों का कार्य साहित्यिक रुचि रखने वाले को, खेलकूद का कार्य खिलाड़ी को, समाज-सेवा का कार्य समाज-सेवा में रुचि रखने वाले को तथा सांस्कृतिक कार्यक्रम का कार्य संगीतज्ञ अथवा कलात्मक रुचिवाले शिक्षक को सौंपना ज्यादा उपयोगी होता है।

2. कार्य-वितरण न्याय पर आधारित—कभी-कभी ऐसा देखा जाता है कि अधिक उत्साही तथा परिश्रमी शिक्षक को तो कार्य अधिक प्रदान कर दिया जाता है तथा अन्य शिक्षकों को कार्य की कमी रहती है। परिणाम यह होता है कि एक-दो परिश्रमी शिक्षक तो अत्यधिक व्यस्त रहते हैं तथा श्रांत भी हो जाते हैं, और अधिकांश शिक्षक हाथ-पर-हाथ धरे बैठे रहते हैं और गप्पें लड़ाते रहते हैं। प्रधानाध्यापक को चाहिए कि वह इस प्रकार की स्थिति न उत्पन्न होने दे। वह कार्य-वितरण न्याय के आधार पर करे तथा सभी शिक्षक को सम्यक कार्य प्रदान करे।

3. शिक्षकों पर विश्वास—प्रधानाध्यापक जिस शिक्षक का जो कार्य प्रदान करे, उस पर पूर्ण भरोसा भी रखे। उस कार्य के संपादन क्रम में अनावश्यक रूप से दखल न दे। इससे शिक्षक को अपना कार्य संपादन करने में सुविधा होती है तथा वह स्वतन्त्रता का अनुभव करता है।

4. अल्पतम विषय-परिवर्तन—शिक्षकों के विषयों में कम-से-कम परिवर्तन किए जाएं। जो शिक्षक जिस विषय का विशेषज्ञ है; जिसे वह वर्षों से पढ़ाता आ रहा है अथवा जिसमें उसे रुचि है, उस विषय का अध्यापनकार्य सामान्यतः उसी शिक्षक के जिम्मे रखा जाए। इससे कार्य का उत्तम ढंग से संपादन होता है तथा कार्य-कुशलता बनी रहती है।

5. सहयोग-भावना—कार्य-वितरण में प्रधानाध्यापक की सहयोग-भावना अपनाना चाहिए। इससे उसकी बड़ी समस्याएं स्वतः ही हल हो जाती हैं। अतः कार्य-वितरण करते समय सभी अध्यापकों की गोष्ठी बुलाकर उनकी राय ली जाए। साथ ही उन्हें अपने विचार को प्रगट करने की पूर्ण स्वतंत्रता भी दे दी जाए। इससे कार्य-वितरण सहयोगी आधार पर होगा और सभी शिक्षक उसे स्वनिर्मित समझकर पूर्ण सहयोग देने का प्रयत्न करेंगे। इस प्रकार सहयोग से कार्य-वितरण में न केवल सुगमता ही होती है, बल्कि उसके कार्यान्वयन में आशातीत सफलता भी मिलती है।

6. शिक्षकों की व्यक्तिगत सुविधा—कार्य-वितरण में इस बात का खास ध्यान रखना चाहिए। ऐसा भी देखा जाता है कि कई शिक्षक किसी कार्य को करने में असुविधा का अनुभव करते हैं। इसमें उनके मन, उनके स्वभाव, उनकी वैयक्तिक कमजोरियों तथा उनकी आयु का हाथ होता है। अतः यदि कोई शिक्षक किसी कार्य-विशेष का भार लेने में अपनी असमर्थता प्रगट करे तो प्रधानाध्यापक उसे वह कार्य न दे। इससे विद्यालय के कार्य में व्यवधान उत्पन्न नहीं होगा।

7. सहानुभूति—कार्य-वितरण में प्रधानाध्यापक पूर्ण सहानुभूति से काम ले। किसी भी शिक्षक को तंग करने अथवा मुश्किल में डालने के लिए कोई काम न दिया जाए। इसके विपरीत शिक्षक की कठिनाइयों तथा सीमाओं पर सहानुभूतिपूर्वक विचार कर ही कार्य-वितरित किया जाए। इससे कार्य तो सुंदर होता ही है शिक्षक की सहानुभूति भी प्रधानाध्यापक को सहज ही प्राप्त हो जाती है।

8. शिक्षकों की योग्यता व क्षमता— कार्य-वितरण में शिक्षक की योग्यता ध्यान परम आवश्यक है। जो शिक्षक जिस विषय में विशेष रूप से योग्य हो उसे वही विषय अध्यापन के लिए दिया जाए। आजकल उच्चतर माध्यमिक वर्गों में तो अलग-अलग विषयों के शिक्षण के लिए अलग-अलग विशेषज्ञ शिक्षक रखने की व्यवस्था भी कर दी गई है। हाँ, निम्नवर्गों में तथा माध्यमिक विद्यालयों में यह व्यवस्था नहीं है। अतः प्रधानाध्यापक का दायित्व इस क्षेत्र में अधिक हो जाता है। वस्तुतः नीचे के वर्गों में योग्यतम शिक्षकों तथा स्वयं प्रधानाध्यापक को भी अध्यापन-कार्य करना चाहिए। इन वर्गों में अध्यापन करने वाले शिक्षक का सहानुभूतिपूर्ण होना भी आवश्यक है। साथ ही इस कार्य के प्रति उसकी हार्दिक रुचि भी आवश्यक है। इसके अतिरिक्त प्रधानाध्यापक को यह भी ध्यान रखना चाहिए कि अल्प कागजी योग्यता रखनेवाला शिक्षक भी अपने स्वाध्याय, मनस्विता एवं बौद्धिक-तीव्रता के कारण बहुत से एम.ए. से भी अधिक योग्य और सक्षम होता है। अतः ऐसे शिक्षक को उच्च वर्गों में भी शिक्षण का कार्य देना चाहिए। संक्षेप में यह कहा जा सकता है कि प्रधानाध्यापक शिक्षकों के बीच कार्य-वितरण, उनकी योग्यता, अभिरुचि तथा उत्साह के आधार पर करें।

9. विशिष्ट विभाग के प्रभारी शिक्षकों को कम अध्यापन-कार्य प्रदान करना—विद्यालय में कई विशिष्ट एवं महत्त्वपूर्ण कार्य-विभाग होते हैं। इनमें एन.सी.सी., पुस्तकालय, छात्रावास आदि प्रमुख हैं। इन विभागों के प्रभारी शिक्षक को विद्यालय के अंदर तथा बाहर अपेक्षाकृत अधिक कार्य करना पड़ता है। अतः कार्य-वितरण के समय प्रधानाध्यापक इस तथ्य को ध्यान में अवश्य रखे तथा अध्यापन कार्य में उन्हें अन्य शिक्षकों से कम घंटियां प्रदान करे। इससे वे अपने विशेष विभाग के कार्य को सम्यक रूप से संभाल सकेंगे तथा कार्याधिक्य के कारण अधिक श्रांत भी न होंगे।

10. दैनिक अल्प अवकाश की व्यवस्था—शिक्षकों के बीच कार्य-वितरण करते समय यह भी ध्यान में रखा जाए कि उन्हें प्रतिदिन आंतरिक अवकाश मिले। इस व्यवस्था के दो लाभ हैं—एक तो लगातार कार्य करने से जो ऊब और थकान होती है, उससे वे बचते हैं तथा छात्रों के लेखन कार्यों को शुद्ध करने एवं पाठ तैयार करने का अवसर मिलता है। अतः प्रधानाध्यापक सभी शिक्षकों को आंतरिक अवकाश प्रतिदिन दो अथवा एक घंटी अवश्य दे।

कार्य वितरण प्रणालियाँ

शिक्षकों के मध्य कार्य वितरण मूल रूप से दो प्रणालियाँ से की जाती हैं—

1. कक्षाध्यापक प्रणाली
2. विषयाध्यापक प्रणाली

1. कक्षाध्यापक प्रणाली—इस प्रणाली के अनुसार एक कक्षा के सभी विषय एक ही अध्यापक को पढ़ाने के लिए दिये जाते है। यह प्रणली निम्न कक्षाओं के लिए उपयुक्त है। कारण, इनमें व्यक्तिगत संपर्क, विषयों में पारस्परिक संबंध और समन्वय का अधिक महत्त्व रहता है। एक अध्यापक पूरी कक्षा के लिए उत्तरदायी होकर छात्रों की देखभाल भी ठीक तरह से कर सकता है, क्योंकि इन कक्षाओं के बालकों की देखभाल जरूरी मानी जाती है। नौवीं कक्षा से 11 वीं विशिष्ट कक्षा तक के छात्रों को विशेष विषय चुनने का अधिकार होता है। अतः इस स्तर पर विशेषज्ञों की आवश्यकता पड़ सकती है।

कुछ शिक्षाशास्त्रियों का विचार है कि दोनों प्रणालियों का समन्वय करना ही श्रेयस्कर होगा। कक्षाध्यापक नीचे के वर्गों में दो या दो से अधिक विषय अवश्य पढ़ाएं। कक्षाध्यापक छात्रों से निकट संबंध भी स्थापित करें। विषय अध्यापक भी अपने विषय के अतिरिक्त अन्य रुचि के विषयों को पढ़ाएं। जो भी हो, अलग-अलग प्रणाली के अपने-अपने गुण-दोष हैं।

कक्षाध्यापक प्रणाली के गुण

कक्षा प्रणाली के प्रमुख गुण अग्रलिखित हैं–

(क) दृष्टिकोण का प्रसार–इस प्रणाली में सभी विषयों को एक ही अध्यापक पढ़ाता है। इससे उसका एवं उसके छात्रों का दृष्टिकोण विस्तृत होता है। विषयों के प्रति दुर्भावना एवं संकुचित दृष्टिकोण भी नष्ट हो जाते है। यह इस प्रणाली का प्रमख गुण है।

(ख) अध्यापकों के मध्य कार्य-वितरण में सुविधा–इस प्रणाली में अधिक योग्य तथा प्रभावशाली व्यक्तित्व वाले शिक्षक को उच्च वर्गों में स्थान दिया जा सकता है एवं कम योग्यता वाले अध्यापकों को नीचे के वर्गों का अध्यापक बनाया जा सकता है। इससे शिक्षण का स्तर तो उच्च होता ही है, कार्य-विभाजन में बड़ी सुविधा भी होती है।

(ग) प्रयोग या योजना विशेष के कार्यान्वयन में सुविधा–इस प्रणाली में शिक्षक कोई भी प्रयोग या योजना को सुगमता पूर्वक क्रियान्वित कर सकता है। ये प्रयोग शिक्षण-विधि, सामाजिक कार्य या अनुशासन संबंधी हो सकते हैं।

(घ) अनुशासन स्थापित करने में सुगमता–इस प्रणाली में एक ही अध्यापक के नियंत्रण में सम्पूर्ण कक्षा पूर्ण सत्र अवधि तक रहता है इसलिए अध्यापक का अपनापन, प्रभाव तथा दायित्व सभी अनुशासन-स्थापन में सहायक होते हैं। अनुशासनहीनता का एक भी कार्य अध्यापक को लज्जित करने वाला होता है, अतः वह अनुशासन की भावना जगाने में सतत प्रयत्नशील रहता है।

(ङ) विषय समन्वय–यह प्रणाली विषय समन्वय में मददगार होता है क्योंकि विभिन्न विषयों को पढ़ाने के कारण वह विषयों में सह संबंध पर जोर दे सकता है। इससे विषयों के मध्य कृत्रिम अंतर की दीवार समाप्त होती है।

(च) छात्र-अध्यापक संपर्क–इस प्रणाली में शिक्षक और छात्र का एक-दूसरे के बहुत करीब होते हैं। शिक्षक छात्रों के सदैव ही संपर्क में रहता है। यह क्रम पूरे सत्र तक चलता रहता है। इसलिए वह उनके विषय में सभी प्रकार की जानकारी रखने में समर्थ होता है और अपने व्यक्तित्व की छाप उन पर प्रभावकारी ढंग से डाल सकता है।

(छ) आदर्श समय-सारिणी के निर्माण में सुविधा–इस प्रणाली में शिक्षक आदर्श मनोवैज्ञानिक सारणी बनाकर उसे सफलतापूर्वक चला सकता है। क्योंकि वह अच्छी तरह निर्णय कर सकता है कि किस विषय को कितने समय तक पढ़ाना है।

(ज) गृह कार्य देने में सुविधा–इस प्रणाली में शिक्षक को सभी विषयों की उन्नति का ज्ञान रहता है। उसे छात्रों के कार्य-भार की भी जानकारी होती है। इसलिए

उसे विभिन्न विषयों में गृह-कार्य प्रदान करने में पूर्ण सुविधा होती है। वह सभी विषयों में सम्यक रूप से गृह-कार्य दे सकता है। अगर किसी विषय विशेष में अधिक कार्य करना है तो दूसरे विषयों में कार्य की मात्रा कम कर देता है।

(झ) वर्ग में एकता एवं सहयोग की भावना का विकास—इस पद्धिति में कक्षा का वर्ग-शिक्षक हमेशा एक ही व्यक्ति होता है। वह वर्ग को एकता तथा सहयोग की प्रेरणा प्रदान कर सकता है। इसलिए वह संपूर्ण कक्षा को प्रोत्साहित कर उसमें एक-सी भावना तथा सहयोग का दृष्टिकोण जागृत कर सकता है।

(ञ) छात्रों की कमजोरियों को गहराई से पता करने में सुविधा—इस प्रणाली में शिक्षक हर छात्र के गुण-अवगुण तथा योग्यता-अयोग्यता से परिचित हो जाता है, क्योंकि वह लम्बे समय तक एक ही विद्यार्थियों के सम्पर्क में रहता है। इससे उनकी कमजोरियों को दूर करने की व्यवस्था सुगमतापूर्वक की जा सकती है।

कक्षाध्यापक प्रणाली के दोष

उपरोक्त गुणों को देखने से यह नहीं समझ लेना चाहिए कि कक्षाध्यापक प्रणाली दोष रहित है। इस प्रणाली में भी कई दोष हैं जो अग्रलिखित हैं—

(क) ज्ञान-विस्तार में अवरोधक—इस प्रणाली में अध्यापक लम्बे समय तक एक ही कक्षा में अध्यापन कार्य करता रहता है। इस स्थिति में उसका अध्यापन क्षेत्र सीमित होता है। उसे अपने अध्यापन विषय का आवश्यक ज्ञान प्राप्त जल्दी ही प्राप्त हो जाता है। फलस्वरूप वह स्वाध्याय से विमुख हो जाता है और इस प्रकार उसके ज्ञान-विस्तार में स्पष्ट रूप से बाधा पड़ती है। इसका दूसरा भी हानिकारक परिणाम होता है कि अध्यापक निष्क्रिय एवं आलसी हो जाता है।

(ख) संपूर्ण कक्षा के अहित का डर—इस प्रणाली में संपूर्ण कक्षा के अहित का डर स्पष्ट रहता है। अगर कक्षाध्यापक योग्य एवं कुशल हुआ, तब तो कोई बात नहीं। और, यदि किसी कक्षा का अध्यापक अयोग्य एवं निम्न चरित्र का हुआ, तब तो फिर उस कक्षा के बच्चों का भविष्य ही अन्धकारमय होगा। ऐसे अध्यापक से संपूर्ण कक्षा को हानि होती है।

(ग) ज्ञान की क्रमबद्धता की कमी—इस प्रणाली में शिक्षक अध्यापक अपनी कक्षा के अतिरिक्त अन्य कक्षाओं के छात्रों या विषय से संबंध नहीं रखता, जिससे वह ज्ञान को क्रमबद्ध करके अध्ययन करने में असमर्थ होता है। वह क्रमानुसार विभिन्न कक्षा के छात्रों एवं विषयों के स्तर से भी अनभिज्ञ होता है।

(घ) नीरसता—इस प्रणाली में एक ही अध्यापक पूर्ण सत्र तक अलग-अलग विषयों को पढ़ाते हैं जिससे बच्चों को पढ़ने में आनंद नहीं आता। वे कक्षा अध्ययन से ऊब जाते हैं।

(ङ) **शिक्षक के लिए असुविधाजनक**—यह प्रणाली शिक्षकों के लिए अत्यधिक असुविधाजनक है। यह संभव नहीं कि हर शिक्षक विद्यालय में पढ़ाए जाने वाले सभी विषयों का पूर्ण ज्ञाता हो। इसलिए कक्षाध्यापक प्रणाली में उसे स्पष्ट ही असुविधा हो सकती है। जिन विषयों में उसकी रुचि या योग्यता नहीं है, उन्हें पढ़ाना असुविधाजनक तो है ही, भार-स्वरूप भी है। इससे शिक्षण-स्तर का भी ह्रास होता है।

(च) **गुट निर्माण तथा अस्वस्थ प्रतियोगिता**—इस प्रणाली में अध्यापक अपने कक्षा को एक अलग गुट समझने लगता है वह उसे उसी तरह प्रयुक्त भी करने लगता है। वह अपने वर्ग को अपनी संपत्ति मानता है और अन्य वर्गों से अस्वस्थ प्रतियोगिता करता है। कभी-कभी तो विद्यालय की आंतरिक खेल-प्रतियोगिता में अपने वर्ग को विजयी बनाने के लिए वह निम्न कोटि पर उतर जाते हैं और छात्रों में मार-पीट की स्थिति भी आ जाती है। यह स्थिति बहुत ही हानिकारक है।

(छ) **केवल एक सत्र का छात्र-संपर्क**—इस प्रणाली में यद्यपि शिक्षक संपूर्ण सत्र जो लगभग 1 वर्ष का होता है पूर्ण रूप से वर्ग-विशेष के निकट संपर्क में रहता है, तथापि एक वर्ष के उपरांत उन छात्रों से फिर कभी संबंध नहीं हो पाता। अन्य वर्गों के छात्रों से संपर्क स्थापित होने की बात तो सोची भी नहीं जा सकती। इसलिए प्रतिवर्ष नए छात्रों से नए सिरे से संपर्क स्थापित करना पड़ता है तथा वर्ष बीतते ही उनसे हमेशा के लिए संपर्क टूट जाता है।

(ज) **शिक्षण-असुविधा**—इस प्रणाली में एक ही शिक्षक को कई विषय पढ़ाने पड़ते हैं। सभी में वह स्पष्ट ही पारंगत नहीं होता। जिस विषय में वह पिछड़ा होता है, उसके विशेष अध्ययन के लिए कार्याधिक्य के कारण समय भी नहीं दे पाता। परिणामस्वरूप या तो गलत पढ़ाता है अथवा निम्नस्तर पर अध्यापन करता हैं शिक्षण-असुविधा भयानक रूप में सामने उपस्थित रहती है।

. **2. विषयाध्यापक प्रणाली**—इस प्रणाली के अनुरूप हर कक्षा के भिन्न-भिन्न विषय भिन्न-भिन्न अध्यापकों द्वारा पढ़ाए जाते हैं। ये अध्यापक अपने विषयों के विशेषज्ञ होते हैं। यह प्रणाली उच्चे कक्षा के लिए भी उपयुक्त होता है। उच्च कक्षाओं में कई विषयों की पढ़ाई होती है। सभी विषय अगल-अलग प्रकृति के होते हैं। यह जरूरी नहीं है कि हर शिक्षक सभी दिषयों का सही ज्ञाता हो।

विषयाध्यापक प्रणाली के गुण

विषयाध्यापक प्रणाली के प्रमुख गुण अग्रलिखित हैं—

(क) शिक्षक में अपने विषय के प्रति उत्साह—विषयाध्यापक प्रणाली में शिक्षक अपने विषय का अधिकारी होता है और उसे उसके अध्यापन में आनंद और

उत्साह प्राप्त होता है। उसका स्वाध्याय तथा अनुभव जितना बढ़ता जाता है, उतना ही उस विषय के अध्यापन में उत्साह मिलता है। इस तरह छात्र भी उस विषय में रुचि एवं उत्साह रखने लगते हैं।

(ख) छात्र-योग्यता का ज्ञान एवं शिक्षण-विधि-निर्धारण—इस प्रणाली में शिक्षक छात्रों के लम्बे समय तक संपर्क में होता है जिससे उसे छात्रों की योग्यता जानने का पूरा मौका मिलता है। इससे उसे उपयुक्त शिक्षण-विधि के निर्धारण एवं व्यवहार में सुविधा होती है। छात्रों की योग्यता के अनुसार अपने अध्यापन स्तर में भी सुधार करने में पूरी सहूलियत होती है।

(ग) छात्रों का घनिष्ठ एवं लम्बे समय तक संपर्क—विषय-शिक्षक कई वर्षों तक एक वर्ग के छात्रों के संपर्क में रहते हैं। जैसे—हिन्दी विषय का शिक्षक आठवें से 11 वें वर्ग तक सभी में हिन्दी पढ़ाता है। जिन छात्रों को वह आठवें में पढ़ाता है उन्हें ही वह 9वें, 10वें और 11वें वर्ग में पढ़ाता है। कहने का आशय यह है कि वह एक ही छात्रों के संपर्क में चार वर्षों तक होता है। इस तरह का संपर्क न केवल दीर्घ है, बल्कि वह घनिष्ठ भी होता है। इससे शिक्षक को छात्रों के संबंध में जानने का पूरा मौका प्राप्त होता है और शिक्षक का प्रभाव भी उन पर पड़ता है।

(घ) नई अध्यापन विधियों का प्रयोग—इस प्रणाली में शिक्षक नई अध्यापक विधियों का व्यवहार कर सकता है। क्योंकि प्रशिक्षण महाविद्यालय में शिक्षक सामान्य रूप से दो विषयों की अध्यापन-विधियों की विशेष जानकारी प्राप्त करते हैं। ये जानकारी व्यावहारिक तथा सैद्धांतिक होते है। ये विधि-विषय निश्चित रूप से वे ही होते हैं जिनमें शिक्षक को विशेष योग्यता प्राप्त है। इसलिए विषय-शिक्षक अपने विषय की नवीन अध्यापन-विधियों का व्यवहार सुगमता तथा दक्षतापूर्वक कर सकता है। उसे अपने विषय में रुचि होती है और अंतर्दृष्टि प्राप्त होती है। कक्षाध्यापक को सभी विषयों का अध्यापन करना होता है, अतः वह सभी में नवीन विधियों का व्यवहार न तो कर सकता और न ही सबों की पूर्ण जानकारी ही संभव है।

(ङ) विषय-विशेष का संपूर्ण अध्ययन—इस प्रणाली में विषय विशेष के लिए निश्चित शिक्षक होता है, जो अपने विषय के विशेषज्ञ तथा पूर्ण ज्ञाता होते हैं। वह विषय को नीचे से ऊपर तक सभी कक्षाओं में पढ़ाता है। परिणामस्वरूप उस विषय का वह निरंतर अध्ययन करता रहता है और उस विषय में अपने ज्ञान की वृद्धि करता रहता है। इस तरह अपने विषय में वह निपुण हो जाता है।

(च) ज्ञान की संपूर्णता में मददगार—सदैव देखा जाता है कि किसी-किसी वर्ग में विषयों का अध्यापन पूरा नहीं होता और सत्र भी समाप्त हो जाता है। ऐसी

अवस्था में विषय-शिक्षक अपने विषय की बची हुई प्रगति को अगले वर्ग में पूरा कर देता है। इस तरह यह प्रणाली ज्ञान की पूर्णता में निश्चित रूप से मददगार है।

(छ) सहायक सामग्री का उचित प्रयोग—वर्तमान समय में शिक्षा-प्रणाली में कई व्यवहारिक विषयों का समावेश हुआ है। इससे विद्यालयों में विभिन्न व्यावहारिक विषय के लिए पृथक कक्षा या प्रयोगशाला का निर्माण किया गया है। भूगोल, इतिहास आदि विषयों के लिए अलग कमरे होते हैं। इनमें विषय से संबंधीत सभी तरह की शिक्षण-सामग्रियां होती हैं। इन कक्षाओं में उन विषयों के वर्ग लिये जाते हैं तथा वहाँ प्रस्तुत सामग्रियों का उचित उपयोग शिक्षक सुगमतापूर्वक करता है। इसी तरह विज्ञान प्रयोगशाला की बात भी की जा सकती है। वहाँ भी विज्ञान के अध्यापन में सहायक सामग्रियों का प्रयोग सुगम होता है। इस तरह का प्रयोग सिर्फ विषयाध्यापक प्रणाली में ही सुगम है।

(ज) उच्च कक्षाओं के लिए फायदेमंद—निम्न कक्षाओं में तो कक्षाध्यापक प्रणाली उपयोगी हो भी सकती है, लेकिन उच्च कक्षाओं के लिए वह अनुपयोगी है। इन कक्षाओं में उच्चस्तर की पढ़ाई होती है और सभी अध्यापक सभी विषयों के विशेषज्ञ नहीं होते। इसलिए उच्च कक्षाओं के लिए विषयाध्यापक-प्रणाली ही उपयोगी है।

(झ) रोचक—कक्षाध्यापन-प्रणाली में एक ही शिक्षक वर्ग विशेष में सभी विषयों को पढ़ाता हैं। इससे छात्रों की रुचि विषयों में नहीं रह जाती। विषयाध्यापक-प्रणाली में पृथक् विषयों के भिन्न-भिन्न शिक्षक वर्ग में आते हैं। इस तरह के बदलाव से पढ़ाई के प्रति रुचि बनी रहती है और अध्यापन रोचक बना रहता है।

विषयाध्यापक-प्रणाली के दोष

विशेषताओं के साथ-साथ विषयाध्यापक-प्रणाली में कई दोष भी व्याप्त हैं जो अग्रलिखित हैं—

(क) विषय-समन्वय में अवरोध—इस प्रणाली में विषय-शिक्षक अपने विषयों का अध्यापन करते हैं। उन्हें अन्य विषयों से संबंध नहीं रह जाता है। उनका वे अध्ययन भी करना जरूरी नहीं समझते। इसलिए विषयों का समन्वय ऐसी अवस्था में होना असंभव ही है। अगर ऐसी अवस्था में विषयों का समन्वय करने का प्रयत्न नहीं किया जाए तो नाना तरह की कठिनाइयां पैदा हो जाती है।

(ख) मात्र अध्यापन-विषय की जानकारी—इस प्रणाली में अध्यापक का संबंध सिर्फ अपने विषय की जानकारी से रहता है। उसे अपने विषय के अलावा दूसरे विषयों का कम ज्ञान होता है। इसलिए अन्य विषयों के अध्यापन में आत्मविश्वास की कमी स्पष्ट रूप से दृष्टिगोचार होता है।

(ग) अन्य विषयों की उपेक्षा—विषय-शिक्षक अपने विषय से बहुत अधिक लगाव रखता है और उससे कभी-कभी अनावश्यक रूप से चिपका रहता है। वह अपने विषय को श्रेष्ठ और दूसरे शिक्षकों के विषय को हेय दृष्टि से देखने लग जाता है। यह अस्वस्थ दृष्टि यहाँ तक विकसित होती है कि वह अन्य विषयों के शिक्षक को भी हेय समझने लग जाता है। इससे विद्यालय में अनावश्यक कटुता एवं दुर्भावना का जन्म होता है तथा शिक्षण कार्य में स्पष्ट ही बाधा पड़ती है।

(घ) योग्य शिक्षकों की कमी—वर्तमान समय में हालात यह है कि विद्यालयों में सभी विषयों के योग्य एवं प्रशिक्षित शिक्षक अपेक्षित संख्या में नहीं प्राप्त हो रहे हैं। ऐसी दशा में विषयाध्यापक-प्रणाली को सभी विद्यालयों में लागू करना सर्वथा असंभव है। अगर शिक्षक कागजी योग्यता वाले मिल भी जाते हैं तो वे वास्तविक रूप में अयोग्य एवं अध्यापन में असमर्थ होते हैं। ऐसे शिक्षकों से शिक्षण का स्तर गिरता है तथा छात्रों की बड़ी हानि होती है।

(ङ) छात्रों पर गृह-कार्य का अत्यधिक बोझ—इस प्रणाली का सबसे बड़ा दोष यह है कि विषय-शिक्षक अपने ही विषय की प्रगति और गृह-कार्य की मात्रा की जानकारी रखता है। उसे अन्य विषयों में गृह-कार्य की जानकारी नहीं रहती। परिणामस्वरूप सभी विषय-शिक्षक अपने-अपने विषय में अधिक से अधिक गृह-कार्य दे देते हैं। इसका फल यह होता है कि छात्र पर गृह-कार्यों का बहुत बड़ा बोझ हो जाता है। यह बोझ बच्चों के लिए साध्य नहीं होता और फायदा के बजाय नुकसान हो जाता है। छात्रों मे गृहकार्य की अधिकता के कारण अध्ययन से अरूचि हो जाती है।

(च) छात्रों की रुचि एवं क्षमता का सही मूल्यांकन का अभाव—इस प्रणाली में सामान्य रूप से शिक्षक अपने-अपने विषयों से संबंधित रहते हैं। वे छात्रों से अधिक अपने विषय में ही रुचि लेते हैं। प्रतिफल के रूप में छात्रों की रुचि एवं मनःस्थिति गौण हो जाती है और विषय ही प्रधान होकर सामने आ जाता है। इसी तरह विषय-शिक्षक कभी-कभी अपना संपूर्ण ज्ञान छात्रों के सम्मुख ही प्रदर्शित कर देना चाहता है। ऐसी स्थिति में छात्रों के पल्ले स्पष्ट ही कुछ नहीं पड़ता। इस स्थिति बेचारे बच्चों की सीमित मानसिक क्षमता की उपेक्षा हो जाती है।

उपरोक्त विवेचनाओं के आलोक में यह कहा जा सकता है कि शिक्षक विद्यालय की गाड़ी को आगे खिंचने वाला बैल होता है। विद्यालय रूपी गाड़ी कहाँ तक खिंची जाएगी यह शिक्षक की प्रकृति, योग्यता आदि पर निर्भर करता है। यहाँ एक यह भी तथ्य स्पष्ट है कि शिक्षक में यदि सद्गुणों का समावेश होगा, वे कर्त्तव्य परायण होंगे, उद्यमी होंगे तो विद्यालय का विकास निश्चित रूप से होगा। अभिप्राय यह है कि अध्यापक स्कूल के विकास एवं सफलता की महत्त्वपूर्ण कड़ी है।

8

अनुशासन

अनुशासन से अभिप्राय शिक्षा, चारित्रिक विकास, स्वास्थ्य विकास करके एवं कु-संस्कारों को समाप्त कर व्यक्ति के अंदर उत्तम संस्कार का विकास करना है। अनुशासन वह चारित्रिक परिष्कार है जिसको प्राप्त कर आचरण तो सुंदर होते ही हैं, जीवन में निपुणता, दक्षता और विकास का भी प्रार्दुभाव होता है। अनुशासन की मथनी से मथित होकर जीवन नवनीत के समान सुचिक्कन, कोमल, लाभकारी तथा मुलायम बन जाता है। सच तो यह है कि आत्मनियंत्रण तथा आत्मसंयम को ही अनुशासन कहते हैं। अनुशासन मानव की वह विशिष्टता है, जो उसे पशु एवं मानवेतर प्राणियों से ऊंचा स्थान प्रदान करती है। अनुशासन समग्र जीवन की वह शिक्षा है जो मानव के आचरण, मन तथा आत्मा का परिष्कार करती है। यहाँ हम 'अनुशासन' के अर्थ को स्पष्ट करने के लिए कुछ विद्वानों के कथन को प्रस्तुत कर रहे हैं–

Accorind to Dewey—"Discipline means power of command mastery of resources available for carrying through the action undertaken."

Accorind to Muller— "In its modern and inclusive sense discipline means preparing boys girls for life in a democratic society. The purpose of discipline is to help the individual to acquire knowl-edge, powers, habits, interests and ideals which are designed for the well-being of himself, his fellows and society as a whole."

Accorind to Edu. Policy Commu. (U.S.A)—"Discipline means the putting of loyalties and knowledge to efficient use, the ordering of life in the of understanding and toward attainment of purpose."

Accorind to T. P. Nunn—"Discipline consists in the submission of one's impulses and powers."

Accorind to Welton—"The aim of all true discipline is the training of conscience which consists in cultivation of the goodwill and development of moral insight."

Accorind to Bary—"Discipline is the regulation of conduct in the individual by the operayion of will power."

उपरोक्त विवेचनाओं से अनुशासन का अर्थ स्पष्ट हो जाता है। अनुशासन को साधारण रूप से नियम-पालन की संज्ञा दी जाती है। लेकिन अनुशासन का यह अर्थ अत्यंत संकुचित है। इस विचारधारा के पृष्ठ-पोषक विद्यालय अथवा संस्था का नियम-पालन को ही अनुशासन कहते हैं। पुराने जमाने में अगर कुछ अंशों में यह अर्थ चल भी जाता, लेकिन आज के प्रगतिशील और उन्नत समाज इसे कभी नहीं मानेगा। इसका प्रमुख कारण है कि अब विद्यालय या संस्था कार्य-क्षेत्र सीमित नहीं है। अब तो उसके कार्य-क्षेत्र की परिधि में शरीर, मन और आत्मा का शिक्षण भी शामिल माना जाता है। थोड़े में अनुशासन जीवन के कार्य-क्षेत्र में नियम-पालन से लेकर आचरण तथा व्यक्तित्व-निर्माण का कार्य है। यह एक ऐसा गुण है जो मानव में स्वयं पैदा होता है। लेकिन विद्यालयों में नैतिकता का पाठ न पढ़ाकर आजकल शासन है क्योंकि अनुशासन वह है जो स्वयं पैदा हो तथा जो दूसरों के द्वारा जबरदस्ती लादा जाय वह शासन है।

अनुशासन की प्राचीन मान्यता

प्राचीन काल में अनुशासन का अर्थ बहुत ही संकुचित था। विद्यालयों में अनुशासन शब्द के उच्चारण से ही डर और अत्याचार के वातावरण का गान होता था। सही मायने में प्राचीनकाल में विद्यालय के बाहर और भीतर सभी जगह निरंकुशता का बोलबाला था। समाज में निरंकुश शासक का राज्य था तो विद्यालय में भी निर्दय प्रधानाध्यापक और शिक्षक का दंडयुक्त अनुशासन था। उस समय छात्रों को डर तथा शरीरिक दंड के जोर पर नियंत्रण में रखना ही अनुशासन समझा जाता था। कड़े नियम का पालन करना छात्रों का कर्त्तव्य था। गुरु-आज्ञा का उल्लंघन अक्षम्य अनुशासनहीनता समझी जाती थी। इस अनुशासनहीनता के लिए कोमल बच्चों को कठोर शारीरिक दंड झेलने पड़ते थे। राजा सोलोमन का कथन आज भी प्रसिद्ध है—Spare the rod and spoil the child. उस समय विद्यालय-अनुशासन की विधायिका सिर्फ छड़ी थी। ऐसे उदाहरण भी कम नहीं हैं जब शिक्षकों ने छोटी-छोटी गलतियों के कारण छात्रों की चमड़ी उधेड़ दी। शिक्षक छात्रों के आत्मसमर्पण पर ही संतुष्ट होते थे। प्रधानाध्यापक तो निरंकुश, हृदयहीन तथा कठोर होता ही था। प्राचीन समय में अनुशासन का यही स्वरूप था। हाँ, इतना जरूर था कि इस अनुशासन का न तो स्थायी प्रभाव था और न आंतरिक ही। प्यार और आदर के द्वारा आंतरिक रूप से आचरण में विकास होता है। यह कार्य दंड एवं डर के द्वारा तो सर्वथा असंभव ही था।

अनुशासन की आधुनिक मान्यता

वर्तमान समय में मनोविज्ञान के विकास के साथ ही अनुशासन की पुरातन विचारधारा सूख-सी गई। अब दंड तथा कठोर नियंत्रण का स्थान प्यार, स्व-शासन एवं स्वतंत्रता ने ले लिया। देखा जाए तो आज शिक्षक के हाथ से डंडा गायब हो चुका है। पहले के जैसा शिक्षक अब सैनिक या पुलिस अधिकारी के सदृश आचरण नहीं करता। सही मायने में शिक्षक आज अभियंता है—उसे मानवीय अभियंता की संज्ञा दी जा सकती है। प्यार, सहानुभूति और कल्पनाशीलता के लेप से वह पूर्ण विकसित एवं उपयोगी मानव का निर्माण करता है। अतः अनुशासन की आधुनिक विचारधारा की गंगोत्री स्वतंत्रता है, कठोर नियंत्रण नहीं। आधुनिक विचारधारा के अनुसार अनुशासन स्वीकारात्मक है, सकारात्मक नहीं। सच्चे अर्थों में आत्मानुशासन ही सच्चा अनुशासन है। इस सन्दर्भ में रायबर्न का विचार है— "True discipline should be mainly positive and constructive rather than negative and restrictive." अनुशासन की सार्थकता सृजनात्मक होने में है। सच्चा अनुशासन निर्माण करता है, विध्वंशक नहीं होता। अनुशासन को सही मायने में चरित्र एवं व्यक्तित्व का निर्माता कह सकते हैं। यही अनुशासन का मूल लक्ष्य है।

धनात्मक साधन द्वारा सृजनात्मक अनुशासन विकसित होता है। इसलिए सृजनात्मक अनुशासन के लिए विधाय अभिवृत्ति अनिवार्य है। यहां यह ध्यान देने की बात है कि दंड कभी भी सृजनात्मक नहीं हो सकता। वह तो मूलतः ऋणात्मक ही है। दंड से किसी क्रिया को नियंत्रित नहीं किया जा सकता है, और न ही किसी गुण का सृजन ही किया जा सकता है। इसे एक उदाहरण द्वारा और भी स्पष्ट किया जा सकता है। एक छात्र अपने शिक्षक से झूठ बोलता है। इसके लिए शिक्षक उसे दंड देता है ये सोचकर की भविष्य में यह बालक झूठ नहीं बोलगा। लेकिन उसका यह प्रयास स्थायी प्रभाव नहीं डाल पाता है क्योंकि शिक्षक की प्रतिक्रिया का बालक के अंदर सत्य के प्रति प्रेम नहीं पैदा कर पाता। माध्यमिक शिक्षा आयोग ने तो कहा है कि वही अनुशासन सार्थक है जो शिक्षा के उद्देश्य की पूर्ति में मददगार हो। वह बच्चों को गणतंत्रात्मक समाज के योग्य नागरिक बनाने में सहायक हो।

संक्षेप में कहा जा सकता है कि आधुनिक विचारधारा के अनुसार सच्चा अनुशासन सृजनात्मक, धनात्मक और स्नेह तथा सहानुभूति पर आधारित होता है। उसका विकास आत्मनियंत्रण और आत्मसंयम के रूप में होता है। आगे कुछ शिक्षाशास्त्रियों द्वारा दी गई अनुशासन की आधुनिक परिभाषाएं प्रस्तुत की जा रही हैं—

According to Muller—"In its most modern and inclusive sense discipline means preparing boys and girls for life in a democratic society.

The purpose of discipline is to help the individul to acquire knowl-edge, poweres, habits interests and ideals which are designed for the well being of himself, his fellows and society as a whole."

According to S. N. Mukherjee—"The newer concept of school as contrasted with the traditional one emphasise freedom, self discepline and self direction, based upon an understaneing and practice of the ideals of democratic citizenship. It develops in the child an inner control and an earnest desire to do the right thing."

According to Ryburn—"True discipline sould be mainly and constructive rather than negative and restrictive. It must creative. It should build up rather than tear down."

According to Pestalozzy—"Discipline must be based on and controlled by love "

अनुशासन और गणतंत्र

अंग्रेजों के शासन काल में अनुशासन का एक पृथक ही स्परूप था। उस काल में कठोर दंड और हृदयहीन नियंत्रण को ही अनुशासन कहा जाता था। लेकिन गणतंत्रात्मक विचारधारा के प्रचार-प्रसार के साथ अनुशासन के अर्थ में भी मौलिक बदलाव आया। अब आत्मनियंत्रण और आत्मसंयम को अनुशासन का सच्चा स्वरूप माना जाने लगा है। अनुशासन के धनात्मक साधन को ऋणात्मक साधन से अधिक महत्त्व दिया गया। सही मायने में अनुशासन अब सृजनात्मक है, विध्वंसक नहीं। सच तो यह है के गणतंत्र में अनुशासन का अर्थ है स्वतंत्रता एवं सुअवसर। सहानुभूति तथा सहयोग के आधार पर ही गणतंत्रात्मक अनुशासन का महल खड़ा होता है। इस प्रकार बच्चों में स्वतः ही अनुशासन के गुणों का विकास होता है। वे स्वतंत्र एवं सहानुभूतिपूर्ण वातावरण में स्वेच्छा से सहयोग तथा कर्त्तव्य-पालन जैसे सामाजिक गुणों का अपने में विकास करते हैं। मनोवैज्ञानिकों के मतानुसार यदि बालकों को किसी कार्य को संपन्न करने को स्वतंत्र छोड़ दिया जाए तो वे प्रत्येक बात का उत्तरदायित्व स्वयं अनुभव करने लगते हैं तथा स्वाभाविक रूप से अनुशासनप्रिय हो जाते हैं।

आज जरूरत है गणतंत्र भारत में गणतंत्रात्मक अनुशासन के विकास के लिए छात्रों को स्वस्थ एवं स्वतंत्र वातावरण प्रदान किया जाए। इतना ही नहीं सहानुभूति, सहयोग, कर्त्तव्यनिष्ठा, प्रेम और त्याग जैसे मानवीय गुणों का विकास किया जाए। गणतांत्रिक नागरिकता के गुणों का विकास भी जरूरी है। इस तरह गणतंत्रात्मक अनुशासन का स्वरूप निखरता है।

आज विश्व-गणतंत्र को इसी तरह के अनुशासन की जरूरत है।

विद्यालय और अनुशासन

विद्यालय समाज का एक छोटा रूप है। जिस प्रकार समाज के लोगों के अनियंत्रित तथा अनुशासनहीनता होने से समाज में अराजकता फैल जाती है, उसी तरह विद्यालय में अनुशासन के कमी से कोई कार्य संचालित नहीं हो सकता। विद्यालय के समुचित संचालन तथा कार्य प्रगति के लिए अनुशासन का होना बहुत ही जरूरी है। निर्दिष्ट दिशा और अपेक्षित मात्रा में कार्य विकास अनुशासन के दम पर ही होना संभव है। छात्र-अध्यापक संबंध को सुंदर और मधुर बनाने में अनुशासन का बहुत बड़ा हाथ होता है। इतना ही नहीं, अनुशासन के दम पर विद्यालय में उद्दंडता को रोका जा सकता है। अनुशासन के दम पर ही विद्यालयों में छोटे-कोमल बच्चों में सुंदर आदतों का विकास किया जा सकता है। अनुशासन द्वारा छात्र अपने अंदर छिपी शक्तियों को पहचानकर उनको उचित रास्ते में लगा सकते हैं। आजकल छात्रों के बीच उद्दंडता को देखते हुए विद्यालयों में अनुशासन का महत्त्व और भी बढ़ जाता है। विद्यालयों में अनुशासन के महत्त्व को और भी स्पष्ट करने के लिए उसकी उपयोगिता को संक्षेप में व्यक्त किया जाता है—

1. विद्यालय के वातावरण को दूषित तथा अनैतिक होने से बचाने में मददगार है।

2. छात्रों को पूर्ण नागरिक के रूप में विकसित करने में मददगार है।

3. छात्रों की छिपी शक्ति के उन्मुखीकरण एवं विकास में मददगार है।

4. छात्रों के मध्य व्याप्त उद्दंडता, उद्वेग आदि प्रवृत्तियों को दबाने एवं मार्गदर्शन में मददगार।

5. मानवीय और सामाजिकता के विकास में मददगार।

6. विद्यालय-प्रबंध को सुचारु रूप से चलाने में मददगार।

7. विद्यालय की उन्नति एवं प्रगति में मददगार।

8. छात्रों के हृदय में शिक्षक के प्रति सम्मान का भाव पैदा करने में मददगार।

4. शिक्षक-छात्र संबंध को सुंदर तथा मधुर बनाने में मददगार।

5. विद्यालय-कार्य को सुचारु रूप से संचालित करने में सहायक।

छात्रों के मध्य अनुशासनहीनता के विभिन्न स्वरूप

छात्रों में वर्ग तथा वर्ग के बाहर हम अनुशासनहीनता को कई रूपों में देखते हैं। ध्यानपूर्वक विचार करने से यह स्पष्ट होता है कि अनुशासनहीनता के मुख्यतः दो

प्रकार हैं—

(अ) व्यक्तिगत अनुशासनहीनता;

(ब) सामूहिक अनुशासनहीनता।

सही मायने में सामूहिक अनुशासनहीनता ही अधिक घातक और असामाजिक होती है। यह भी स्पष्ट ही है कि इस कोटि की अनुशासनहीनता लगभग 80 प्रतिशत है। इस तरह इस कोटि की अनुशासनहीनता पर ही अधिक ध्यान देने की जरूरत है। इस तरह की अनुशासनहीनता में समूह मनोविज्ञान कार्य करता है। व्यक्तिगत अनुशासनहीनता अपेक्षाकृत बहुत कम है। यहां दोनों तरह की अनुशासनहीनता का उल्लेख किया जा रहा है—

(अ) व्यक्तिगत अनुशासनहीनता—कुछ प्रमुख व्यक्तिगत अनुशासनहीनता का उदाहरण अग्रलिखित हैं—

1. स्वार्थ जनित कार्य तथा घमंड करना,
2. झगड़ा करना,
3. परीक्षा में चोरी करना
4. छात्राओं अथवा अन्य बालिकाओं को छेड़ना या दुर्व्यवहार करना,
5. विद्यालय के उपस्कर को हानि पहुँचाना,
6. दीवार को गंदा करना,
7. चोरी करना,
8. झूठ बोलना,
9. धोखा देना,
10. विद्यालय से अनुपस्थित होना, भाग जाना या देर से आना,
11. विद्यालय के कार्य पर ध्यान न देना,
12. जरूरत से अधिक लजालु या तुनुकमिजाज होना,
13. बिना टिकट यात्रा करना।

(ब) सामूहिक अनुशासनहीनता—सामूहिक अनुशासनहीनता के प्रमुख उदाहरण अग्रलिखित हैं—

1\. परीक्षा का बायकाट करना,

2\. धार्मिक दलबंदी में पड़कर धर्मांधता के कार्य करना,

3\. सामूहिक प्रदर्शनों एवं हिंसात्मक कार्यों में हाथ बटाना,

7\. हड़ताल करना,

8\. समूह में बिना टिकट यात्रा करना,

4\. फुटबॉल अथवा इसी प्रकार के मैचों में दो विरोधी दलों का मार-पीट करना,

5. अफवाहों का शिकार होकर उत्तेजना में आना तथा राष्ट्रीय संपत्ति की हानि करना,

6. जातीय समूह अथवा दल का निर्माण करना तथा विरोधी जाति के छात्रों तथा अध्यापकों के विरुद्ध कार्य करना।

अध्यापक द्वारा अनुशासन स्थापित करने के उपाय

अनुशासन स्थापित करने के दो प्रमुख उपाय हैं--(अ) सकारात्मक तथा (ब) नाकारात्मक। आगे दोनों ही उपायों पर प्रकाश निक्षेप किया जा रहा है।

(अ) सकारात्मक उपाय--सकारात्मक उपाय तभी कारगर होता है जब उपयुक्त वातावरण हो। कहने का तात्पर्य यह है कि सकारात्मक उपाय के लिए उपयुक्त वातावरण का सृजन आवश्यक है। उपयुक्त वातावरण और सोद्देश्य शैक्षणिक क्रियाशीलन के द्वारा छात्रों में स्वअनुशासन का गुण स्वाभाविक रूप से विकसित होता है। इसलिए यह सकारात्मक उपाय कहलाता है। नीचे हम इन उपायों का उल्लेख करते हैं--

1. अध्ययन-अध्यापन की सुविधाएं--विद्यालय में छात्रों के लिए अध्ययन-अध्यापन की सुविधाएं बहुत आवश्यक हैं। इनसे अनुशासन-स्थापना में बड़ी सहायता प्राप्त होती है। अवकाश के समय छात्र पुस्तकालय तथा वाचनालय का उपयोग करते हैं। अतः पुस्तकालय में छात्रोपयोगी पुस्तकें तथा वाचनालय में छात्रोपयोगी पत्रिकाओं का होना जरूरी है इतना ही नहीं, विद्यालय का भवन तथा उसके कमरे भी काफी बड़े तथा साफ-सुथरे हों। हवा के आने-जाने का भी उत्तम प्रबंध हो। विद्यालय का प्रांगण भी साफ-सुथरा तथा फल-पत्तियों से भरा हो। खेल का मैदान भी काफी बड़ा तथा खुला हो। वातावरण भी साफ और स्वास्थ्यवर्द्धक हो। इससे छात्रों में प्रफुल्लता, उत्साह, तथा प्रगति की भावना विकसित होती है तथा वे स्वतः ही अनुशासित होते हैं।

2. अध्यापक का व्यक्तित्व--शिक्षक की मुद्रा, वाणी, सौम्यता, सहृदयता, सहानुभूति और ममता न केवल उसे लोकप्रिय बनाती है, बल्कि छात्रों को भी आकर्षित और प्रभावित करती है। छात्रों में ये गुण स्वतः ही प्रविष्ट हो जाते हैं। इन गुणों के कारण छात्रा शिक्षक के निकट संपर्क में आता है और अपने दोषों को त्यागता हैं। अध्यापन-कार्य में भी शिक्षक का प्रवीण एवं प्रभावशाली होना जरूरी होता है। इसलिए छात्रों में अनुशासन स्थापित करने में अध्यापक का आकर्षक तथा प्रभावशाली व्यक्तित्व बहुत ही कारगर होता है।

3. अभिभावक-अध्यापक सहयोग--अभिभावक के सहयोग से छात्रों के विषय में अधिक जानकारी अध्यापक को प्राप्त होती है। इससे छात्रों के साथ उचित

व्यवहार का मार्ग प्रशस्त होता है। साथ ही अभिभावक को भी बच्चे की प्रगति-अप्रगति तथा दुर्गुणों का ज्ञान प्राप्त होता है। इस प्रकार दोनों के सहयोग से अनुशासन के गुणों का विकास छात्रों में निश्चित रूप से हो पाता है।

4. पुरस्कार—पुरस्कार द्वारा छात्रों में प्रतियोगिता की भावना को बल प्राप्त होता है तथा विषय में रुचि की वृद्धि होती है। जिस विषय में पुरस्कार प्राप्त होता है, उसके प्रति छात्रों का उत्साह भी बढ़ता है। पुरस्कार द्वारा छात्रों में सद्व्यवहार एवं स्वाध्याय में रुचि की अभिवृद्धि होती है।

5. अनुशासनहीन छात्रों के साथ सहानूभूति एवं धैर्य का व्यवहार—अनुशासनहीनता के पीछे अशांत परिवार, माता-पिता का कठोर व्यवहार तथा किसी शिक्षक की कठोरता का भी कम हाथ नहीं होता। अतः ऐसे अनहुशासनहीन बच्चे सहानुभूति, ममता एवं अपनापन के भूखे होते हैं। यदि ऐसे छात्रों के साथ सहानुभूति तथा धैर्य से बर्ताव किया जाए तो निश्चय ही उनमें अनुशासन के स्वर्णिम गुणों का विकास हो जाएगा।

5. अध्यापन-विधि सुंदर, आकर्षक तथा मनोवैज्ञानिक—ऐसा देखा जाता है कि जो शिक्षक आकर्षक, सुंदर तथा मनोवैज्ञानिक ढंग से अध्यापन करता है उसके वर्ग में छात्र पूर्ण मनोयोग एवं उत्साह से बैठते तथा पढ़ते हैं, और इसके विपरीत अनाकर्षक, अमनोवैज्ञानिक तथा अप्रभावकारी-विधि से अध्यापन करने वाले शिक्षक के वर्ग में वे अनिच्छा से जाते हैं तथा अनुशासनहीनता के कार्य भी कर बैठते हैं। अतः यह स्पष्ट है कि सुंदर एवं आकर्षक अध्यापन-विधि द्वारा अध्यापन का भी अनुशासन-स्थापना में बहुत बड़ा हाथ है।

7. विद्यालयीय स्वस्थ परंपरा का निर्माण—विद्यालयों में स्वस्थ परंपराओं तथा नियमों का निर्माण अनुशासन-स्थापना में बड़ा सहायक होता है। जिन विद्यालयों में स्वस्थ परंपराओं एवं नियमों का निर्माण हो चुका है वहां के छात्र स्वतः ही उनका पालन करने लगते हैं तथा इस प्रकार अनुशासन के मार्ग पर अग्रसर होते हैं। उदाहरणतः यदि किसी विद्यालय में वर्ग से छात्र कतार में निकला करते हैं, थूक निश्चित बर्तन अथवा स्थान में फेंका करते हैं तथा विद्यालय प्रांगण की नित्य सफाई करते हैं, तो नए छात्र भी इसे देखकर अनुकरण करते हैं। अतः अनुशासन-स्थापना के लिए विद्यालयों में स्वस्थ परंपराओं तथा नियमों का निर्माण परम आवश्यक है।

8. नैतिक शिक्षा—विद्यालयों में नैतिक शिक्षा की व्यवस्था हो। महापुरुषों के जीवन-चरित्र तथा उपदेशात्मक कथा से छात्रों को परिचित कराया जाए। इससे वे सत्कार्य की ओर प्रेरित होंगे तथा स्वतः ही अनुशासित होंगे।

9. छात्रों को उत्तरदायित्व प्रदान करना—छात्रों को उत्तरदायित्व प्रदान कर देने पर स्वतः ही उनमें अनुशासन के गुण पनप जाते हैं। अतः विद्यालय-प्रबंध में छात्रों

का सक्रिय सहयोग लेना जरूरी है। इसके लिए छात्र-संसद, छात्र-मंत्रिमंडल आदि की स्थापना की जा सकती है। इससे छात्रों में उत्तरदायित्व की भावना तो आती ही है, उनमें नियम-पालन, अधिकारों का सदुपयोग तथा पारस्परिक सहयोग की भावना की वृद्धि होती है।

10. सह-शैक्षणिक क्रियाशीलन—छात्रों में अनुशासन के गुण विकसित करने के लिए सह-शैक्षणिक क्रियाशीलनों का बहुत महत्त्व है। वाद-विवाद, खेल-कूद, अभिनय, कवि-गोष्ठी, साहित्य-परिषद्, समाज-सेवा, बालचर-संगठन, सैनिक-शिक्षा आदि मुख्य सह-शैक्षणिक क्रियाशीलन हैं। इनके द्वारा छात्रों में स्वतः ही अनहुशासन के गुण विकसित होते जाते हैं। अतः इनका आयोजन महत्त्वपूर्ण है।

11. संगठित सामूहिक खेल-कूद—संगठित सामूहिक खेल-कूद छात्रों में कई रूपों में अनुशासन के गुणों का विकास करते हैं। संगठित सामूहिक खेल-कूद में फुटबॉल, क्रिकेट, हॉकी, बॉकीबॉल, बास्केट बॉल, कबड्डी आदि प्रमुख हैं। इनमें शिक्षक भी उपस्थित रहते हैं। इन खेलों के द्वारा छात्रों के अवकाश का सद्पयोग होता है, उनकी अतिरिक्त शक्ति का उपयोग होता है, उनके स्वास्थ्य में वृद्धि होती है, उनमें सामाजिकता का विकास होता है तथा उनमें भ्रातृत्व एवं सहयोग-भावना की वृद्धि होती है। अतः विद्यालयों में संगठित सामूहिक खेल-कूद आवश्यक और लाभकारी हैं।

(ब) नाकारात्मक उपाय—प्रमुख नाकारात्मक उपाय दंड हैं। उपाय के तहत छात्रों को अनुशासनहीनता के कार्यों को करने के लिए दंडित किया जाता है तथा भविष्य में ऐसा करने से उन्हें रोका जाता है। दंड भी कई तरह के होते हैं—शारीरिक, आर्थिक, सामाजिक, नैतिक आदि।

नकारात्मक उपाय, जैसा कि नाम से ही स्पष्ट है, आधुनिक युग में उपयुक्त तथा प्रभावकारी नहीं माने जाते। आज तो सृजनात्मक और सकारात्मक उपायों को ही अनुशासन के गुणों के विकास के लिए उपयुक्त एवं मनोवैज्ञानिक माना जाता है।

अनुशासनहीनता बढ़ने के प्रमुख कारण

हमारा देश 26 जनवरी 1950 ई. को गणतंत्र घोषित किया गया। उसके बाद वर्षों बीत गए, लेकिन हमारे विद्यालयों एवं महाविद्यालयों का प्रांगण कभी शान्त और अनुशासित न हो सका। छात्रों में अनुशासनहीनता की भावना तीव्र गति से बढ़ती गई और अब तो यहां तक नौबत आ गई कि छात्रों द्वारा तोड़-फोड़, हिंसा और अनैतिक कार्यों की कड़ी-सी लग गई। विद्यालयों के भीतर और बाहर सभी स्थानों में छात्रों की अनुशासनहीनता से आतंक-सा व्याप्त हो गया है। समाज इस अनुशासनहीनता से त्रस्त और डरा हुआ है तथा सामाजिक नेतृत्व के भविष्य पर एक बड़ा-सा प्रश्न-चिह्न

लग गया है। सामाजिक, राजनीतिक, शैक्षणिक तथा आर्थिक सभी क्षेत्र छात्रों की अनुशासनहीनता से आतंकित हो उठे हैं। वस्तुतः यह अनुशासनहीनता जहां राष्ट्र के भावी नेतृत्व के निर्माण-मार्ग की बाधा है, वहीं हमारे महान् गणतंत्र के लिए बहुत घातक भी। अतः हमारे लिए इस बढ़ती हुई अनुशासनहीनता के मूल कारणों पर विचार करना आवश्यक प्रतीत होता है।

अनुशासनहीनता के बढ़ने के प्रमुख कारण अग्रलिखित हैं—

1. सामाजिक मूल्यों में कमी—अगर आँख खोलकर देखा जाए तो यह स्पष्ट हो जाता है कि आज हमारे देश का सामाजिक स्तर पतन के गर्त में जा पड़ा है। स्वार्थ, घृणा, वैमनस्य, असहयोग, दृष्टता, भ्रष्टाचार तथा भौतिक लाभ का बाजार गर्म है। हमारे छात्र इसी समाज से आते हैं, इसी में जन्मे हैं, इसी में पलते हैं और इसी हवा में सांस लेते हैं। इसलिए उनमें भी अगर उक्त दुर्गुणों का समावेश आज हो रहा है, तो इसमें कोई आश्चर्य नहीं।

2. शिक्षा-प्रणाली का दोषयुक्त होना—आज की शिक्षा-प्रणाली सभी दृष्टिकोणों से दोषपूर्ण है। यह विशेष रूप से बौद्धिक विकास पर बल प्रदान करती है। अतएव एकांगी तथा जीवन से दूर है। शिक्षा समाप्त करने के पश्चात मात्र नौकरी के सिवा और कोई जीविकोपार्जन का साधन छात्रों को नजर नहीं आता। अतः वे जीवन की वास्तविक समस्याओं का समाधान करने में पूर्णतः असफल रहते हैं। अंधकारमय भविष्य प्रदान करने वाली शिक्षा में उनका विश्वास नहीं रह जाता और अवसर आने पर वे विद्रोह कर उठते हैं।

इसके अलावा आज की शिक्षा परीक्षाक्रांत है। अतः उसमें भी अनैतिक उपायों द्वारा पास करने का प्रयास किया कराया जाता है। इस तरह अनुशासनहीनता का बढ़ना सहज है।

3. आर्थिक समस्याएं—सभी को अपने देश की विपन्नता का भान है। इस कारण हमारे देश के विद्यालय की आर्थिक दशा अच्छी नहीं है। सरकार भी इसके लिए पर्याप्त धन की व्यवस्था करने में पूर्ण रूप से असमर्थ है। इसलिए विद्यालयों में मकान, भूमि, उपस्कर, सहायक शिक्षण-उपादान तथा योग्य शिक्षक का स्पष्ट अभाव है। इस हालत में शिक्षक तथा छात्र दोनों में असंतोष को पैदा होना सहज है। इतना ही नहीं, समाज में शोषण का बाजार अभी भी गर्म है। फलस्वरूप विद्यालय में शोषित तथा शोषक दोनों वर्गों के छात्र पढ़ते हैं और एक दूसरे के प्रति घृणा तथा विद्रोह की भावना पालते हैं। इस प्रकार विद्यालयों में अनुशासनहीनता का जन्म होता है।

4. राजनीतिक दलों का प्रभाव—देश में विभिन्न मतवाले अनेक राजनीतिक दल है। इन दलों द्वारा अपनी स्वार्थ-सिद्धि के लिए छात्रों का उपयोग किया जाता है।

चुनाव-प्रचार तथा अन्य प्रचार एवं संगठन के कार्य में भी छात्रों का खुलकर उपयोग करते हैं। इस प्रकार छात्रों के बीच मतभेद, झगड़े तथा मार-पीट होती है। यही नहीं, कभी-कभी तो ये दल छात्रों को हिंसात्मक कार्य के लिए भी प्रोत्साहित करते हैं। आज की अवस्था में अनुशासनहीनता का यह एक बहुत बड़ा कारण हो गया है।

5. किशोरावस्था तथा युवावस्था की भावनाओं की अवहेलना—विद्यालयों में किशोरावस्था के छात्र होते हैं। उनकी भावनाएं एवं शक्तियां अपार तथा कोमल होती है। उनका आदर करना हम नहीं जानते हैं। महाविद्यालयों में छात्र-छात्राओं का मिलना, बात करना भी स्वाभाविक ही है। उसे भी हम सहन नहीं करते। फलतः उनकी भावनाओं को ठेस लगती है और उनमें अनुशासनहीनता की भावना बढ़ती है।

6. अवकाश के सदुपयोग की व्यवस्था नहीं—भारतीय विद्यालयों में अवकाश के क्षणों का सदुपयोग न तो छात्र कर पाते हैं और न शिक्षक। सुंदर वाचनालय, हॉवी-कक्षा अथवा अन्य सृजनात्मक मनोरंजन की व्यवस्था का विद्यालयों में सर्वथा अभाव है। इसका परिणाम होता है कि अवकाश में छात्र निठल्ले, बेकार गिरोहों में घूमते तथा खुरापात सोचा करते हैं।

7. उचित मार्गदर्शन का अभाव—आज मनोविज्ञान ने छात्रों के उचित मार्गदर्शन (Guidance) का मार्ग प्रशस्त कर दिया है। किंतु, इक्के-दुक्के विद्यालयों के छात्रों का ही यह सौभाग्य प्राप्त है। अधिकांश विद्यालयों के छात्रों को न तो विषय-संबंधी और न ही जीविका-संबंधी मार्गदर्शन प्राप्त होते हैं। फलस्वरूप उनमें अनुशासनहीनता और मार्ग भ्रष्टता के बीज वपन हो जाते हैं।

8. छात्रों की समस्या की उपेक्षा—आज छात्रों की समस्या की उपेक्षा की जाती है अथवा उसे छोटी समझकर उसका समाधान नहीं ढूंढ़ा जाता। फलस्वरूप यही समस्या कालांतर मे विशाल हो जाती है तथा इसके विस्फोट से समाज का अस्तित्व ही समाप्त होने लगता है। उदाहरणतः शुल्कवृद्धि, परीक्षा में प्रश्नों का स्तर अथवा छात्र-आवास की समस्या को ही ले सकते हैं। इनकी उपेक्षा की जाती है और ऐसा देखा गया है कि बाद में इन्हीं के आधार पर बहुत हिंसक एवं विनाशक आंदोलन खड़ा हो जाता है।

9. घर का दूषित वातावरण—सामान्यतः भारतीय परिवारों का वातावरण अत्यधिक दूषित होता है। अनपढ़ मां-बाप तथा संबंधी के साथ बच्चे रहते हैं। अधिकांश परिवारों में शराब पीना, गालीगलौज बकना तथा भद्दे आचरण करना सामान्य बात है। ऐसे परिवार से आने वाले छात्रों का अनुशासनहीन होना कोई बड़ी वात नहीं हैं।

10. शिक्षक-छात्र संबंध का अभाव—आज विद्यालयों में छात्रों की संख्या अत्यधिक बढ़ गई है। एक-एक वर्ग में 70-80 छात्र ठूंस दिए जाते हैं तथा उच्च विद्यालयों में तो आज हजार-डेढ़ हजार छात्र संख्या सामान्य बात हो गई है। स्पष्ट है कि इस दशा में छात्र और शिक्षक का वैयक्तिक एवं निकट का संबंध असंभव है। अतः छात्र अभियंत्रित समूह के सदस्य होकर अनुशासनहीनता के कार्यों में लग जाते हैं। इसके अतिरिक्त आज शिक्षक और छात्र का संबंध भी अत्यंत कटु हो गया है। आर्थिक लाभ, जातीयता तथा पक्षपात ही शिक्षक-छात्र संबंध के आज आधार हो गए हैं। इस प्रकार अनुशासनहीनता का उदय होना स्वाभाविक ही है।

11. शक्ति के समुचित उपयोग का अभाव—छात्रों और किशोरों में अपार शारीरिक शक्ति होती है। आज इस शक्ति का सदुपयोग विद्यालयों में नहीं किया जा रहा है। समुचित सह-शैक्षणिक क्रियाशीलनों का विद्यालयों में स्पष्ट अभाव है। अतः छात्रों की अतिरिक्त शक्ति एवं उत्साह का पूर्णरूपेण उपयोग नहीं हो पाता और वे अनुशासनहीनता के कार्यों में अनायास ही लग जाते हैं।

12. शिक्षकों में नेतृत्व के गुणों का अभाव—जैसे समाज में नैतिक गुणों का अभाव है, वैसे ही आज अधिकांश शिक्षकों में नेतृत्व के गुणों का अभाव है। आज वह अगुआ नहीं रह गया है, वह तो अब मात्र पिछलग्गू है। वह तो आज अपने आदर्शों को खोकर मात्र दो-चार प्राइवेट ट्यूशन के पीछे पागल है। यही कारण है कि इस पेशे में बहुत कम कुशाग्रबुद्धि और प्रखर व्यक्ति आते हैं। इसका फल है कि शिक्षक का प्रभाव न तो समाज पर है और न छात्र पर ही। नेतृत्व के गुणों से हीन शिक्षक आज अनुशासन के विकास में असमर्थ हैं।

अनुशासनहीनता को रोकने के उपाय

1. विद्यालय तथा वर्गों में सीमित छात्र-संख्या—वर्गों में छात्रों की निश्चित संख्या निर्धारित हो। इससे वर्ग में भीड़ नहीं हो पाती तथा अध्ययन-अध्यापन अपेक्षित रूप में होता है। इससे एक लाभ यह भी होता है कि विद्यालय की संपूर्ण छात्र-संख्या भी सीमित रहती है तथा हंगामा अथवा नियंत्रण की स्थिति नहीं उत्पन्न होने पाती।

2. छात्र-अध्यापक संपर्क—विद्यालय में छात्र-अध्यापक-संपर्क की दृढ़ता तथा स्निग्धता पर ही अनुशासन निर्भर करता है। इससे छात्रों की असुविधा, कठिनाई अथवा मनोभाव को जानने में अध्यापक सफल होता है। मधुर तथा सहानुभूतिपूर्ण व्यवहार से शिक्षक छात्र के हृदय के अत्यधिक निकट आ जाता है तथा उसका प्रभाव उन पर पड़ता है। यह अनुशासनहीनता को रोकने में बहुत ही सहायक है।

3. परीक्षा-प्रणाली में सुधार—आज परीक्षा-प्रणाली मानसिक स्मरण की वस्तु है। वह मुख्यतः निबंधात्मक (Subjective) बनकर रह गई है। इसमें चोरी और पक्षपात होते हैं तथा मूल्यांकन विश्वस्त नहीं हो पाता। इसके कारण भी अनुशासनहीनता पनपती है। अतः परीक्षा-प्रणाली में सुधार लाना आवश्यक है। परीक्षा का वस्तुनिष्ठ (objective) बनाया जाए। इससे मूल्यांकन विश्वस्त हो सकेगा, रटने को प्रश्रय नहीं मिलेगा तथा पक्षपात की गुंजाइश नहीं रहेगी। इस प्रकार अनुशासन का आधार मजबूत होगा।

4. शैक्षणिक उपादानों की पर्याप्तता—आजकल अधिकांश विद्यालयों में शैक्षणिक उपादानों का बहुत ही अभाव है। खल्ली-पट्ट, उपस्कर, नक्शे, चित्र, प्रयोगशाला आदि देखने को भी नहीं मिलते। इससे शिक्षण मात्र मखौल बनकर रह जाता है। यहां तक देखा गया है कि जिन विद्यालयों में विज्ञान का अध्यापन होता है, वहां भी प्रयोगशाला नदारद है। यह दयनीय अवस्था यदि अनुशासनहीनता को जन्म देती है तो इसमें क्या आश्चर्य हैं अतः विद्यालयों में उक्त शैक्षणिक उपादानों की पर्याप्तता अनुशासन के लिए आवश्यक है।

5. स्वस्थ वातावरण—विद्यालय में अनुशासन स्थापित करने के लिए उसके आंतरिक एवं बाह्य वातावरण का स्वस्थ होना आवश्यक है। शिक्षक-शिक्षक, प्रधानाध्यापक-प्रबंध-समिति, छात्र-शिक्षक तथा छात्र-छात्र में वैमनस्य तथा झगड़े न हों। इससे विद्यालय का आंतरिक वातावरण स्वस्थ होता है। विद्यालय-प्रांगण का सौंदर्य तथा समीपस्थ की सफाई एवं शांति बाह्य स्वस्थता की निशानी है। इससे विद्यायल के छात्रों में अनुशासनप्रियता की भावना स्वतः जागृत होती है।

6. विद्यालयों में राजनीतिक दलों का प्रवेश-निषेध—राजनीतिक दलों द्वारा छात्रों को अपने स्वार्थ के लिए उपयोग निषेध कर दिया जाए। छात्रों का चुनाव-कार्य एवं राजनीतिक स्वार्थ-सिद्धि के लिए उपयोग न किया जाए। इससे अनुशासनहीनता की गति बहुत कुछ धीमी पड़ेगी और वे उच्छृंखल न होने पाएंगे।

7. उत्तरदायित्व की भावना का विकास—छात्रों पर उत्तरदायित्व के कार्य सौंपे जाएं। छात्र-संसद, छात्र-मंत्रिमंडल, सहयोग-भंडार एवं अन्य क्रियाशीलन के संगठन-संचालन के भार छात्रों पर सौंपे जाएं। इससे उनमें जनतांत्रिक परंपराओं एवं उत्तरदायित्व के भाव जागेंगे तथा वे स्वतः अनुशासित रहेंगे।

8. किशोरावस्था की अतिरिक्त शक्ति का सदुपयोग—इस अवस्था में छात्रों की शक्ति अपार होती है। उनमें उत्साह एवं कल्पनाशीलता का ज्वार उठता रहता है। वे कुछ भी कर गुजरने को तत्पर रहते हैं। अतः उनकी शक्ति, उत्साह, कल्पना तथा सुधारवादिता को समाज-सेवा, अभिनय, कवि-गोष्ठी, वाद-विवाद-प्रतियोगिता,

बालचर संगटन, क्रीड़ादि एवं श्रमदान में लगाकर उनको अनुशासित एवं उपयोगी नागरिक बना सकते हैं।

9. व्यावसायिक शिक्षा की व्यवस्था—विद्यालयों में विभिन्न रुचि एवं बुद्धि-लब्धि के छात्र अध्ययन करते हैं। अतः उन्हें उनकी रुचि एवं बौद्धिक तीव्रता के अनुसार विभिन्न दिशा में ले जाना लाभकारी होगा। इसे ध्यान में रखकर पाठ्यक्रम में व्यावसायिक शिक्षा को विषेश महत्त्व प्रदान किया जाए। अपनी-अपनी रुचि के अनुरूप व्यावसायिक शिक्षा में लगे छात्र अनुशासनहीनता के कार्यों में नहीं लगते।

10. अध्यापक एवं अध्यापन का स्तरोन्नयन—अध्यापक का आर्थिक, सामाजिक तथा शैक्षणिक स्तरोन्नयन होना अत्यावश्यक है। उन्हें अच्छा वेतन तथा समाज में प्रतिष्ठा प्रदान की जाए। (अब बहुत अंशों में यह प्राप्त है।) इससे अच्छी योग्यतावाले व्यक्ति इस पेशा मे आएंगे तथा इस प्रकार अध्यापक का शैक्षिक स्तरोन्नयन स्वतः ही हो जाएगा। जो पहले से इस पेशा में कार्य कर रहे हैं उनकी आर्थिक दशा भी अच्छी होने से अच्छा फल मिलेगा। वे भी अपने कार्य में मन लगाएंगे तथा अपना शैक्षिकस्तर ऊंचा करेंगे। अध्यापन की दिशा में इस प्रकार उन्नति होगी।

11. शिक्षा-प्रणाली में सुधार तथा उसके उद्देश्य में स्पष्टता—आज शिक्षा-प्रणाली दोषपूर्ण है तथा उसके उद्देश्य भी पूर्णतः स्पष्ट नहीं है। अतः आज शिक्षा-प्रणाली को बहुमुखी बनाना है। उसका उद्देश्य योग्य नागरिक के व्यक्तित्व को जीवन एवं समाजनिष्ठ बनाना तथा उद्देश्य को स्पष्टतः शिक्षकों के सामने रखना है। इससे अनुशासनहीनता को बहुत बड़ा नियंत्रण मिलेगा।

12. मार्गदर्शन की व्यवस्था—विद्यालयों में छात्रों का मार्गदर्शन (Guidance) करने के लिए प्रशिक्षित एवं योग्य मनोविज्ञान-शिक्षक का होना आज अत्यावश्यक है। इनकी सहायता से छात्र अपना सही अध्ययन-मार्ग चुनने में सफल होंगे तथा इस प्रकार अनुशासित भी रहेंगे।

दंड के प्रयोजन

यों दंड का अर्थ होता है—शारीरिक तथा मानसिक पीड़ा पहुंचाना। सच तो यह है कि दंड देने के पीछे प्रयोजन होता है दंडित व्यक्ति को अनुचित कार्य करने से रोकना तथा अन्य व्यक्तियों को भी उस ओर प्रवृत्त न होने देना। यहां हम दंड प्रदान करने के पीछे प्रयोजनों पर विचार करते हैं—

1. प्रतिरोधक तथा उदाहरणात्मक-दंड देने का यह दूसरा प्रयोजन भी काफी प्रमुख है। इसके अनुसार दंड इसलिए दिए जाएं कि दंडित छात्र भविष्य में पुनः अपराध न करें। इतना ही नहीं, बल्कि दूसरे भी इसे देखकर अपराध करने का साहस

न करें। यही कारण है कि विद्यालय में एक लड़के को सबके सामने छड़ी लगाई जाती है। इससे दूसरे लड़के गलती नहीं करते। इसी सिद्धांत पर अपराध-अधिनियम का निर्माण हुआ है।

2. प्रतिशोधात्मक–इसके अनुसार दंड का प्रयोजन प्रतिशोधात्मक है। दंड द्वारा दोषी से उसके दोषों के लिए प्रतिशोध लिया जाता है। कम-से-कम शिक्षक को तो इस प्रयोजन से अनुप्रेरित नहीं ही होना चाहिए। दंड का यह प्रयोजन अत्यंत ही गर्हित है।

3. जन रक्षात्मक–इस प्रयोजन के अनुसार दंड न केवल अपराधी को भविष्य में अपराध करने से रोकने के लिए है, बल्कि अन्य लोगों को उसके द्वारा हानि पहुंचाने से बचाने के लिए भी। विद्यालय में यदि किसी वर्ग में एक छात्र अत्यधिक शोरगुल करता है तो उसे वर्ग से बाहर करके अन्य छात्रों को उसके खुराफात से बचाया जाता है। इस सिद्धांत के पीछे यह तर्क काम करता है–"If a dog is vicious, it should be chained up to keep it from biting others." किंतु यह भी देखा जाता है कि बंधा हुआ कुत्ता और भी खतरनाक हो जाता है। हां, थोड़े समय के लिए भले ही यह सिद्धांत कारगर हो।

4. सुधारात्मक–दंड का सही प्रयोजन दोषी छात्रों को सुधारना है। दंड के द्वारा उन्हें अपनी गलतियों का अनुभव कराया जाता है तथा उन्हें यह बतलाया जाता है कि ऐसा नहीं करना चाहिए। वे अपनी गलतियों के लिए दुखी हों तथा फिर ऐसा नहीं करने का निर्णय करें। दंड की सार्थकता तो तब है जब वह दोषी छात्रों के अंदर सकारात्मक भावना को जगाए तथा उन्हें सामाजिक लाभ के अनुरूप आचरण करने को प्रेरित करे।

5. न्याय-आधारित–कभी-कभी दंड प्रयोजन यह भी होता है कि दोषी यह अनुभव करे कि नियम अथवा कानून का उल्लंघन नहीं किया जा सकता। नियमों का उल्लंघन करने वालों को दंड दिया जाता है, अतः दूसरे छात्र भी नियम-उल्लंघन नहीं करते हैं। किंतु यह सिद्धांत ही दोषपूर्ण है। कारण, निमय-कानून तो मनुष्य के बनाए होते हैं, अतः उनका त्रुटिपूर्ण होना स्वाभाविक है। इस प्रकार त्रुटिपूर्ण नियम के पालन पर ही बल दिया जाता है।

दंड का स्वरूप

1. विलंबन–यह एक पुराने ढंग का दंड है। इसके अंतर्गत विलंब से आने, कार्य-संपादन में आलस करने तथा अवज्ञा करने के अपराध में छात्रों को विद्यालय की कार्य-समाप्ति के उपरांत कुछ समय तक रोक लिया जाता है। उन्हें अन्य छात्रों के

साथ घर नहीं जाने दिया जाता है। सामान्यतः वे तब तक रुके रहते हैं जब तक अपना निर्धारित कार्य पूरा न कर लें। भविष्य में गलती न करने की प्रतिज्ञा करने पर ही उन्हें छुटकारा मिलता है। यह दंड भी अच्छा नहीं है, क्योंकि इससे शिक्षक एवं विद्यालय दोनों के प्रति छात्रों के मन में घृणा उत्पन्न होती है। हां, काम को सुचारु रूप से नहीं करने वाले छात्रों के लिए यह दंड उपयोगी सिद्ध हो सकता है।

2. अतिरिक्त कार्य–जो छात्र दिए गए कार्य को पूरा नहीं करते उन्हें अतिरिक्त कार्य दंड स्वरूप दिया जाता है। इस दंड का उद्देश्य है छात्रों को अपना निर्धारित कार्य संपन्न करने को तत्पर बनाना। किंतु, इससे खतरा भी स्पष्ट ही है। जिस विषय में अतिरिक्त कार्य दिया जाता है, उस विषय के प्रति छात्रों में अरुचि उत्पन्न होने का भी भय है। इस दंड को देने में पूर्ण सतर्कता रखने की आवश्यकता है।

3. डांट-फटकार–छात्र के आचरण को सुधारने के लिए दंडों मे सबसे सरल डांट-फटकार ही है। इसके द्वारा छात्र के दोष के लिए उसे सार्वजनिक रूप से डांटा-फटकारा जाता है। इससे उसके आत्मसम्मान को ठेस लगती है और फलस्वरूप उस प्रकार का दोष नहीं करता। हां, इसमें सावधानी बरतने की आवश्यकता होती है। इसे कभी-कभी तथा सहृदयता से उपयोग में लाना चाहिए, अन्यथा इसका विपरीत प्रभाव पड़ता है। कुछ लोगों के अनुसार तो वह दंड बहुत बुरा है तथा दोषी छात्र अपने आत्मसम्मान पर ठेस लगते देखकर विद्रोह पर उतर आता है। यह अमनोवैज्ञानिक है।

4. नैतिक दंड–यह दंड सामान्यतः दुराचरण के लिए दिया जाता है। इसे सामाजिक दंड भी कहा जा सकता है। यदि कोई छात्र चोरी करता है, गाली बकता है अथवा अन्य दुष्कर्म करता है तो उसे समस्त कक्षा के सामने माफी मांगने तथा पश्चात्ताप करने को कहा जाए। इससे छात्र भविष्य में वैसे कार्य नहीं करता है। किंतु इसमें खतरा भी कम नहीं है। कभी-कभी दंडित छात्र के मन में निराशा तथा हीनता घर कर जाती है। इससे उसके व्यक्तित्व के समुचित विकास में बहुत बड़ी बाधा उपस्थित हो जाती है। अतः इस दंड को बहुत ही समझ-बूझकर सहृदयतापूर्वक देना चाहिए।

5. सुविधाओं से वंचित करना–छात्रों द्वारा अनुशासन भंग करने तथा अन्य दोष करने पर उनसे विद्यालयीय सुविधा छीन ली जाती है। निःशुल्कता आदि सुविधा से वंचित किया जाता है। खेलने तथा मनोरंजन के कार्यों से दोषी छात्रों को वंचित रखना भी इस दंड में आता है। इससे छात्रों पर अपेक्षित प्रभाव पड़ता है तथा वे भविष्य में वैसी गलती नहीं करते। दूसरे छात्र दूसरे छात्र भी इससे अनुशासित रहते हैं।

6. शारीरिक दंड–शारीरिक दंड सबसे प्राचीन और हानिकारक है। शारीरिक दंड कई प्रकार के हैं–छड़ी लगाना, खड़ा रखना, घुटनों पर झुककर खड़ा होना, छोटे कांटे चुभाना आदि। इनमें खड़ा करना तथा छड़ी लगाना आज भी चल ही रहा है। यह शारीरिक दंड प्रदान करने वाले तथा पाने वाले दोनों को ही पतन की ओर ले जाता है। यही कारण है कि आज इस दंड को पूर्ण रूप से समाप्त करने पर जोर दिया जा रहा है। यह दंड सुधारात्मक नहीं है। यह मात्र प्रतिरोधात्मक है। यह भय के मनोविज्ञान पर आधारित है। इस दंड में सामान्यतः आक्रोश उत्पन्न होता है, लज्जा तथा पश्चात्ताप नहीं। अतः यह दंड जितना ही कम दिया जाए उतना ही अच्छा है। श्रेयस्कर तो यह होगा कि यह दंड नहीं ही दिया जाए।

यदि कोई शिक्षक किसी छात्र को शारीरिक दंड देना आवश्यक ही समझता है तो उसे उसके लिए यथेष्ट कारण प्रस्तुत करना चाहिए तथा प्रधानाध्यापक के पास भेज देना चाहिए। प्रधानाध्यापक भी दंड देने में अपनी बुद्धि एवं निर्णय-शक्ति का उपयोग करें तथा जब कोई अन्य उपाय न दीख पड़े तब शारीरिक दंड हलके रूप में दें। कोई-कोई लड़का तो अत्यधिक भावुक होता है तथा शारीरिक दंड पड़ते ही बेहोश हो जाता है अथवा विक्षिप्त-सा प्रलाप करने लगता है। अतः इस दिशा में सतर्क रहना आवश्यक है।

अंत में यही कहा जा सकता है कि शारीरिक दंड अमनोवैज्ञानिक, घातक एवं अमानवीय है। इससे लाभ नाममात्र का है, हानि-ही-हानि इसके गर्भ में भरा हुआ है।

7. निलंबन तथा निष्कासन–विद्यालय से दोषी छात्रों का निलंबन अथवा निष्कासन अन्य छात्रों में इसकी छूत फैलने से रोकने के उद्देश्य से होता है। अवांछित छात्र इसलिए भी निष्कासित कर दिए जाते हैं कि उनसे अच्छे छात्रों को बचाया जा सके तथा शिक्षण के कार्य को भी निर्बाध बनाया जा सके। इस दंड का सुधारात्मक पहलू भी है। दोषी निष्कासन के उपरांत अपने मित्रों एवं गिरोह के संपर्क में नहीं रह जाता है और फलस्वरूप अपने को कमजोर पाता है तथा अपने कुकृत्य पर पछताता भी है। किंतु कभी-कभी इसका विपरीत प्रभाव भी पड़ता है तथा निष्कासित छात्र और अधिक गति से अपराध की ओर दौड़ता है।

8. त्रुटि अंक तथा अतनति–वर्ष भर छात्रों के त्रुटि-विशेष अथवा दोष-विशेष के लिए अंक अंकित किए जाते हैं तथा अंत में सभी को जोड़कर उसके अनुसार दंड निर्धारित किए जाते हैं। इसके अनुसार उसी वर्ग में छात्र को रोक रखा जाता है। जब त्रुटि अंक दराचरण तथा लगातार अध्ययन-उपेक्षा के लिए दिए जाते हैं तो निम्न वर्ग में अवनति भी होती है। यह दंड भी जहां एक ओर छात्रों को सुंदर आचरण एवं अध्ययनशीलता की ओर प्रेरित करता है, वहीं उन पर अन्याय भी करता है।

9. अर्थ दंड–विद्यालय में विलंब से आने, अनुपस्थित रहने, अनुशासनहीनता के कार्य करने, निर्धारित कार्य संपादन करने अथवा उच्छृंखलता करने के अपराध में छात्रों को अर्थ दंड भी दिया जाता है। इसके द्वारा उनको सतर्क एवं अनुशासित बनाना ही ध्येय है। किंतु, देखा जाता है कि इसका प्रभाव भी अपेक्षित नहीं पड़ता और बेचारे अभिभावकों पर ही इस दंड का भार पड़ता है। अतः अर्थ दंड हलका हो तथा साथ ही उसकी सूचना अभिभावक को अवश्य दी जाए।

9

स्वशासन का स्वरूप, सिद्धांत और उपयोगिता

स्वशासन

स्वतंत्रता प्राप्ति के उपरान्त भारत ने गणतंत्रात्मक पद्धति की शासन प्रणाली को अपनाया। साथ ही, 26 जनवरी, 1950 को भारत को एक पूर्ण रूप से प्रमुख सम्पन्न गणराज्य घोषित किया गया। इस व्यवस्था का व्यापक प्रमाण समाज, शिक्षा, राजनीति, अर्थव्यवस्था एवं प्रशासन पर परिलिक्षित हुआ। इससे भारतीय दृष्टि कोण में व्यापक परिवर्तन आया। इस परिवर्तन के परिणाम स्वरूप ग्राम-पंचायत, नगरपालिका, नगर-निगम, पंचायम-परिषद, राज्य-सरकार आदि संस्थाओं बनी। इससे शक्ति एवं उत्तरदायित्त्व का विभाजन जनता के बीच हुआ। यह व्यवस्था स्थानीय स्वशासन कहलाया।

इसका समावेश शिक्षण-संस्थाओं में जरूरी समझा जाने लगा। यह परिवर्तन देश में गण तंत्रात्मक-प्रणाली के उदय का परिणाम था। आधुनिक शिक्षाविदों ने तथा गणतंत्र के कर्णधारों में विद्यालय में भी स्वशासन का समावेश आवश्यक समझा। गणतंत्रात्मक शिक्षा के लिए उत्तरदायित्त्स ग्रहण करने तथा व्यावहारिक नागरिकता में निष्णात होने के लिए छात्र-जीवन ले ही प्रशिक्षित होने की आवश्यकता समझी गई। इसलिए विद्यालय में स्वशासन एवं छात्रों द्वारा उत्तरदायित्त्व ग्रहण के सिद्धांत को क्रियात्मक रूप प्रदान किया गया।

स्वतंत्र नागरिकों का निर्माण। ऐसे नागरिकों के व्यक्तित्व में व्यावहारिकता, सद्‌भावना, सहयोग, उत्तरदायित्व, गणतंत्रात्मकता आदि गुणों का सम्यक विकास होना चाहिए। यहां यह स्पष्ट समझ लेना चाहिए कि गणतंत्र की परंपराओं का प्रशिक्षण नागरिकों को प्रारंभिक अवस्था से ही मिलना आवश्यक है। उन्हें गणतांत्रिक उत्तरदायित्व के निर्वाह का प्रशिक्षण भी मिलना चाहिए। ऐसा हुए बिना गणतंत्र की सफलता संदेहास्पद बनी रहेगी। विद्यालयों में स्वशासन इसी दिशा में एक व्यावहारिक एवं प्रभावकारी कदम है।

स्वशासन के अंतर्गत छात्रों को विद्यालय के क्रियाशीलनों तथा आंतरिक व्यवस्था में सक्रिय सहयोग का अवसर प्रदान करना आता है। विद्यालय-संसद् छात्र-सरकार, भवन-निर्माण तथा अन्य विद्यालयों की सहयोगी संस्थाओं के निर्माण एवं संचालन के पर्याप्त उन्हें प्रदान किए जाएं। इनके द्वारा छात्रों में उत्तरदायित्व के गुणों का विकास होगा तथा वे अपने व्यक्तित्व में गणतंत्रात्मक् गुणों का समुचित गुंफन कर सकेंगे।

छात्रों को स्वशासन प्रदान कर देने से विद्यालय में अनुशासन का स्वयं पालन होने लगता है तथा व्यवस्था भी सहयोग एवं सद्भावना के आधार पर सुंदर और प्रभावकारी होती है। स्वशासन द्वारा छात्रों में आत्मनियंत्रण एवं सहयोग के गुणों का सम्यक रूप से विकास होता है जो गणतंत्र की सफलता के लिए परमावश्यक है। आज विद्यालय में प्रचलित संसद्, मंत्रिमंडल, सहयोग-समिति, समाज-सेवा-समिति आदि स्वशासन के ही तो विभिन्न रूप हैं।

स्वशासन के स्वरूप

1. विद्यालय-परिषद्—विद्यालय के समस्त छात्रों द्वारा निर्वाचित यह संस्था है। विभिन्न वर्ग के निर्वाचित प्रतिनिधियों द्वारा इस परिषद् का गठन होता है। इसे हम विद्यालय-मंत्रिमंडल अथवा मंत्रिपरिषद् भी कह सकते हैं। जिस प्रकार राज्य अथवा केंद्रीय सरकार में विभिन्न मंत्रियों में कार्य अलग-अलग बंटे होते हैं, उसी प्रकार विद्यालय-परिषद् के सदस्यों अथवा मंत्रियों के बीच विद्यालय के विभिन्न कार्य विभाजित होते हैं। निश्चय ही यह परिषद् विद्यालय के प्रधान एवं अन्य अध्यापकों के मार्गदर्शन में गठित होती हैं कार्यों में प्रमुख हो सकते हैं—खेल-कूद, संस्कृति, पत्रिका-संपादन, अनुशासन, स्वास्थ्य एवं सफाई, समाज-सेवा, साहित्य, यात्रा आदि।

2. कक्षा-समिति—प्रत्येक कक्षा में वर्ग-शिक्षक के मार्गदर्शन में एक समिति का गठन होता है। इस समिति का प्रधान अन्य सदस्यों की सहायता से अपने वर्ग में अनुशासन, शांति एवं सद्भावना कायम रखता हैं यह समिति वर्ग-पुस्तकालय का प्रबंध भी करती है। पहले मॉनीटर-प्रणाली चलती थी। इस समिति द्वारा माह में एक बार अपने वर्ग के कार्यों का प्रतिवेदन उपस्थित करना सुंदर होगा। सम्मिलित उत्तर्दायित्व के आधार पर समिति को सक्रिय बनाया जा सकता है।

3. अन्य परिषदें—उक्त परिषद् एवं समिति के अतिरिक्त अलग-अलग विषयों का सम्यक अध्ययन करने तथा उसके महत्त्व को प्रकाशित करने हेतु उनसे संवंधित परिषदों का निर्माण भी अत्यधिक लाभकारी होता है। उदाहरणस्वरूप कुछ परिपदों के नाम इस प्रकार हो सकते हैं—

(अ) इतिहास-परिषद्

(ब) साहित्य-परिषद्

(स) नागरिकशास्त्र-परिषद्

(द) भूगोल-परिषद्

(य) विज्ञान-परिषद्

(र) गणित-परिषद्

(ल) अर्थशास्त्र-परिषद् आदि।

स्वशासन समावेश की बाधाएं

1. पक्षपात—स्वशासन को विद्यालय में समावेश करते समय सबसे बड़ी बाधा उपस्थित होंती है, छात्रों के पारस्परिक पक्षपात के रूप में। वे संबंधी, मित्र, जाति अथवा पड़ोसी के प्रति अनावश्यक रूप से पक्षपाती हो उठते हैं और निष्पक्ष निर्वाचन नहीं हो पाता। फलस्वरूप दक्ष एवं योग्य प्रत्याशी छंट जाते हैं।

2. समय का अपव्यय—स्वशासन को लागू करने तथा उसे संचालित करने में बहुत समय लगता है। कहना तो यह होगा कि स्वशासन ही प्रधान होने लगता है।

3. प्रधान तथा अध्यापक के सम्मान पर ठेस लगने की संभावना—कई बार ऐसा देखा जाता है कि स्वशासन में छात्र कभी-कभी ऐसी उच्छृंखलता कर बैठते हैं कि प्रधानाध्यापक एवं अन्य अध्यापक अपने को अपमानित अनुभव करते हैं। ऐसा भी होता है कि छात्र कभी-कभी अनधिकार कार्य भी कर बैठते हैं।

4. उद्दंड एवं अनुशासनहीन छात्र का चुनाव—कभी-कभी ऐसे असामाजिक तत्त्व भी निर्वाचित हो जाते हैं कि प्रधानाध्यापक तथा अध्यापक सभी असमंजस में पड़ जाते हैं।

5. निर्वाचन-क्रम में दूषित वातावरण का सृजन—निर्वाचन के क्रम में अधिकांश विद्यालयों में छात्र विरोधी दलों में विभक्त होकर प्रचार-कार्य में व्यस्त हो जाते हैं। इससे विद्यालय का वातावरण अत्यधिक दूषित हो जाता है।

6. गैर जवाबदेही--परिषद् के सदस्य चुनाव के बाद अपने कार्य को बेगार समझकर टालने का प्रयत्न करते हैं। वे अपने उत्तरदायित्व को नहीं समझते और यह विद्यालय के लिए अत्यंत अहितकर होता है।

7. अधिकार का दुरुपयोग—परिषद् के सदस्य अपने को प्रधानाध्यापक तथा अध्यापक से भी ऊपर मानने लगते हैं और फलस्वरूप उच्छृंखलता एवं उद्दंडता भी कर बैठते हैं।

8. अधिकार-चिंता—प्रधानाध्यापक एवं अध्यापक को अधिकार-चिंता सताती है और वह अपने अधिकार छात्रों को देना नहीं चाहते।

9. अध्ययन से विरक्ति—परिषद् के सदस्य-छात्र अध्ययन से सामान्यतः विरक्त हो जाते हैं। वे अपने पद को भुनाते हैं।

बाधाओं को दूर करने के उपाय

1. क्रमशः लागू करना—विद्यालय में स्वशासन क्रम-क्रम से लागू किया जाए।

2. नवीन भावनाओं का स्वागत—शिक्षक तथा छात्र सभी पुरातन विचारों को तिलांजलि देकर स्वशासन एवं गणतंत्र के नवीन विचारों का स्वागत करें।

3. आवश्यक योग्यता का पूर्व उल्लेख—विद्यालय-परिषद् के लिए आवश्यक योग्यता का उल्लेख निर्वाचन से पूर्व अध्यापक द्वारा किया जाए।

4. अध्यापक द्वारा हस्तक्षेप का निवारण—परिषद् के कार्यों में अध्यापक अनावश्यक रूप से हस्तक्षेप नहीं करें। सामान्य त्रुटियों को छात्रों को स्वयं सुधारने का अवसर दिया जाए।

5. सुधार-वृत्ति—यदि परिषद् का प्रधान कोई उद्दंड अथवा उच्छृंखल छात्र चुन लिया गया हो तो उसे तुरंत हटाने का कार्य न किया जाए, बल्कि उसे उत्तरदायित्व निबाहने तथा सुधरने का अवसर प्रदान किया जाए।

6. उचित कार्य-विभाजन—समिति अथवा परिषद् के सदस्यों के बीच उचित ढंग से कार्य-विभाजन हो।

7. कार्य-निरीक्षण—समितियों एवं परिषद् के कार्यों का समय-समय पर निरीक्षण किया जाए।

8. उचित सलाह देना—परिषद् एवं समितियों के समुचित कार्य-संचालन के हित उचित सलाह अध्यापकों द्वारा दिए जाएं।

9. विधान का निर्माण एवं अनुपालन—परिषद् एवं समितियों के गठन एवं संचालन के निश्चित नियम बना लिए जाएं तथा उनका पालन ईमानदारी पूर्वक किया जाए।

स्वशासन से लाभ

1. उत्तरदायित्व ग्रहण करने की शिक्षा—स्वशासन के द्वारा छात्रों को उत्तरदायित्व ग्रहण करने की शिक्षा प्राप्त होती है। वे इसके अंतर्गत अपने ऊपर विभिन्न कार्यों के संचालन का भार लेते हैं तथा वे स्वयं ही उन्हें संपन्न करने के लिए iz;Ru'khy Hkh gksrs gSA bl idkj Lor% gh Nk=ksa esa mÙkjnkf;Ro dh Hkkouk dk fodkl gksrk gSA

2. आत्मनियंत्रण की भावना का विकास—स्वशासन के अंतर्गत छात्र स्वतंत्रता पूर्वक कार्य तो करते हैं, किंतु उन्हें अपने कर्त्तव्य, सीमाओं का भी ज्ञान होता है। अतः वे विद्यालय-अनुशासन का पूर्ण ज्ञान महत्त्व समझते हैं और इस प्रकार उनमें आत्मनियंत्रण एवं आत्मानुशासन की भावना का स्वाभाविक विकास होता है।

3. नेतृत्व के गुणों का विकास—स्वशासन में छात्र अनेक क्रियाशीलनों का संचालन करते हैं, समारोहों का आयोजन करते हैं अथवा सभापतित्व करते हैं। इस प्रकार उनमें आत्मविश्वास एवं व्यावहारिकता का उदय होता है जो उनके अंदर नेतृत्व के गुणों के विकास में सहायक होता है।

4. सहयोग की भावना का विकास—स्वशासन की संस्थाओं में छात्र मिल-जुलकर सहयोग करते हैं। सभी सामूहिक रूप से अपना उत्तरदायित्व समझते हैं। अतः उनमें सहयोग-भावना का प्रभावकारी ढंग से विकास होता है।

5. उचित निर्वाचन की शिक्षा—स्वशासन में सभी परिषदों अथवा समितियों का संगठन निर्वाचन द्वारा होता है। अतः छात्रों को उचित निर्वाचन की व्यावहारिक शिक्षा आप से आप प्राप्त हो जाती है।

6. संगठनात्मक क्षमता का विकास—स्वशासन में विभिन्न परिषदों एवं समितियों का संगठन गणतंत्रात्मक पद्धतियों द्वारा होता है और इनके संगठन में प्रमुख रूप से छात्रों का ही हाथ रहता है। अतः छात्रों में संगठनात्मक क्षमता का विकास स्वाभाविक ही है।

7. विद्यालय का स्तरोन्नयन—स्वशासन के फलस्वरूप विद्यालय में अनुशासन, शांति, सद्भावना तथा सहयोग स्पष्ट परिलक्षित होते हैं। अतः विद्यालय का स्तरोन्नयन स्पष्ट ही है।

8. सुदृढ़ अध्यापक-छात्र संबंध—स्वशासन में छात्र विद्यालय की आंतरिक व्यवस्था में भाग अवश्य लेते हैं, किंतु अध्यापक का मार्गदर्शन उन्हें निश्चित रूप से प्राप्त होता रहता है। शिक्षक छात्र के और भी निकट संपर्क में आ जाते हैं। वे छात्रों की समस्याओं के समाधान निकालने में भी योग देते हैं। इस प्रकार छात्र-अध्यापक संबंध भी सुदृढ़ होता है।

9. गणतांत्रिक परंपराओं का व्यावहारिक प्रशिक्षण—स्वशासन सहयोग, सामूहिक उत्तरदायित्व, अधिकार-विभाजन तथा बहुमत निर्णय को प्रमुख स्थान प्राप्त है। छात्र इनको व्यावहारिक रूप से काम में लाते हैं। ये निश्चित रूप से गणतांत्रिक परंपराएं हैं। इससे छात्र स्वयंमेव ही गणतांत्रिक प्रणाली के बारे में जानकारी प्राप्त कर लेते हैं।

10

विद्यालय भवन

वर्तमान युग में विज्ञापन तथा तकनीक के विकास के साथ-साथ, हर क्षेत्र में नये प्रयोग होने शुरू हुए। शिक्षा क्षेत्र भी इससे अछूता नहीं रहा। अब शिक्षा का प्रधान उद्देश्य बाल को मात्र अक्षर ज्ञान प्रदान करना ही नहीं रह गया है, बल्कि शिक्षा का प्रधान उद्देश्य बालक का सर्वांगीण विकास करना हो गया है। विकास की यह धारा बालक को एक ऐसा रूप प्रदान करता है जो बड़ा होकर अपनी जीविकोपार्जन तो करता ही है साथ ही साथ राष्ट्र व विश्व कल्याण के लिए तत्पर रहता है। वह पूर्ण रूप से सामाजिक होता है। शिक्षा के इस स्वरूप के पृष्ठपोषक महात्मा गाँधी भी थे। D;kfd bl lanHkZ esa mudk dguk Fkk Education is to draw out the best in the child and man-body mind and spirit। इस तरह स्पष्ट है कि अब विद्यालय का कार्य केवल छात्रों को भाषा पढ़ना-लिखना- सिखाना अथवा अंकगणित सिखाना नहीं है, बल्कि उसके मानसिक, नैतिक एवं शारीरिक शक्तियों का सम्यक विकास कराना है। इसे हम दूसरे शब्दों में इस तरह कह सकते हैं कि अब विद्यालय का कार्य छात्र को शिक्षा के उत्तम एवं आदर्श दर्शन को व्यवहारिक रूप प्रदान करना। इसलिए विद्यालय का महत्त्व स्वाभाविक रूप से बड़ा है।

विद्यालय सिर्फ छात्रों के शारीरिक, बौद्धिक और नैतिक विकास पर ही जोर नहीं देता बल्कि वह सभी तरह के विकास पर जोर देता है। यथार्थ तो यह है कि सभी तरह का विकास शारीरिक विकास पर ही आश्रित होता है। कहा भी गया है कि एक स्वस्थ शरीर में ही एक स्वस्थ्य मस्तिष्क होता है। वस्तुतः विद्यालय-भवन का इसमें बड़ा महत्त्वपूर्ण स्थान होता है। विद्यालय-भवन अगर सुंदर है, उसमें काफी खिड़कियां तथा दरवाजें हैं वह ऊँचे स्वस्थ स्थान में है, वहाँ का वातावरण स्वच्छ एवं शांतिपूर्ण है तो बच्चों का शारीरिक, मानसिक और नैतिक विकास स्वयं ही होता है। इसके विपरीत अगर भवन का वातावरण गंदा, स्थान-नीचा तथा दलदली तथा भवन में हवा के आने-जाने का सुंदर प्रबंध नहीं है तो बच्चों का विकास तो दूर रहा, वह शारीरिक

रूप से अस्वस्त हो जाता है। इसलिए स्वच्छ, आकर्षक एवं सुव्यवस्थित विद्यालय भवन का महत्त्व स्पष्ट है।

इस हालत में अभी और भी शोध कार्य हो रहे हैं एवं आगे आने वाले दिनों में विद्यालय भवन का नया स्वरूप सामने आने वाला है। वर्तमान समय में यह विषय सार्वजनिक रूप से ध्यानाकर्षण का केंद्र बनता जा रहा है।

विद्यालय भवन के आवश्यक घटक

विद्यालय भवन की आवश्यकता कई दृष्टिकोण से महत्त्वपूर्ण है। लेकिन विद्यालय भवन का एक निश्चित मानक होता है जो उस मानक को पूर्ण करता है वह आदर्श विद्यालय भवन है। आइये विद्यालय भवन के प्रमुख घटकों पर एक नजर डालें।

1. विद्यालय का क्षेत्रफल—विद्यालय का क्षेत्रफल गत्यात्मक विषय है। यह छात्रों की संख्या आदि के अनुसार तय किया जाता है। यहाँ कुछ प्रमुख बिन्दु चिह्नीत किये गये जिन पर विद्यालय भवन का क्षेत्रफल निर्भर करता है।

(क) छात्रों की संख्या,
(ख) शौचालय,
(ग) तरणताल
(घ) शिक्षक-आवास,
(ङ) कृषि-कार्य,
(च) धर्मशाला,
(छ) विद्यालय-फुलवारी,
(ज) क्रीड़ा-स्थलों की संख्या,
(झ) छात्रावास,
(ञ) गोशाला,
(ट) मनोरंजन-भवन, आदि।

उपरोक्त बातों पर विद्यालय का विस्तार निश्चित रूप से आश्रित करता है। जहाँ छात्रों की संख्या अधिक होती है, स्पष्ट ही वहाँ बड़े भवन, बड़े क्रीड़ा-स्थल, बड़े छात्रावास आदि की जरूरत होगी। इसलिए विद्यालय परिसर के लिए भूमि क्षेत्रफल तय करना ठीक नहीं होगा। आवश्यकतानुसार हर विद्यालय अपने लिए भूमि का क्षेत्रफल निर्धारित करेगा।

यहाँ हम सामान्य रूप पर भूमि का क्षेत्रफल प्रस्तुत कर रहे हैं। इसमें अपनी क्षमता के अनुसार पृथक् क्षेत्रफल निर्धारित किये जा सकते हैं। यथा—माध्यमिक

विद्यालय में सामान्य रूप से 10 एकड़ भूमि होनी चाहिए। मध्य तथा प्राथमिक विद्यालय में यह क्षेत्रफल क्रमशः 5 एकड़ एवं एक एकड़ होनी चाहिए।

2. स्थान की स्थिति–यह बहुत ही महत्त्वपूण घटक है। निश्चित रूप से विद्यालय गंदे तथा भद्दे भवन में नहीं चलाया जाना चाहिए। इसके साथ ही यह भी ध्यान देने योग्य बात है कि विद्यालय की स्थिति स्वास्थ्यकर एवं साफ-सुथरे भाग में हो। अस्वास्थ्यकर एवं गंदे विद्यालय-भवन में अध्यापन करने से तो कहीं श्रेयस्कर है कि खुले आकाश के नीचे बच्चों को शिक्षा प्रदान की जाए। यह सभी लोग मानते है कि गंदा और अस्वास्थ्यकर वातावरण व्यक्ति के शरीर और मन दोनों पर ही अज्ञात रूप से हानिकारक प्रभाव डालते है। गंदा और भद्दा विद्यालय भवन बच्चों के अर्धचेतन मन पर व्यापक कुप्रभाव डालता है तथा अंततोगत्वा उनके चरित्र-निर्माण में भी अपनी बुरी छाप छोड़ जाता है। ऐसा देखा गया है कि सुंदर, स्वच्छ तथा स्वास्थ्यकर वातावरण में पलने वाले व्यक्ति तथा गंदे, अस्वास्थ्यकर वातावरण में पलने वाले व्यक्ति के दृष्टिकोण एवं चरित्र में आसमान का पाताल अंतर हो जाता है। गंदा एवं अस्वास्थ्यकर स्थान एवं वातावरण शरीर तथा मन पर तो बुरा प्रभाव डालता ही है, व्यक्तित्व के विकास में भी रूकावट डालता है।

इस तरह विद्यालय-भवन को स्वास्थ्यकर स्थान पर बनाना चाहिए। विद्यालय के पास-पड़ोस के साफ-सुथरा होने के अलावा उस स्थान का सुंदर तथा आकर्षक होना भी जरूरी है। इसलिए विद्यालय-भवन को शहर और गांव के जन-संकुल-स्थान एवं हो-हल्ला से दूर होना ज्यादा उपयोगी है। यही कारण था कि हमारे प्राचीन विद्यालय हरे-भरे तथा पुष्पित जंगलों में स्थापित थे। इसका उदाहरण नालन्दा का विश्वविद्यालय है। नालन्दा विश्व विद्यालय तो प्राचीन काल की बात है आधुनिक कालका ही उदाहरण ते लिजिए शांतिनिकेतन। यह अपनी अद्बितीय प्राकृतिक शोभा के लिए विश्वप्रसिद्ध है।

अन्ततः यह कहा जा सकता है कि विद्यालय का स्थान ऊंचा हो। उसके आस-पास बरसाती पानी नहीं जमा होता हो तथा सड़ता हो। आवागमन की सुविधा हो। पास-पड़ौस सुदर, शांत और स्वास्थ्यकर हो। विद्यालय-भवन काफी ऊंचा और हवादार हो। इन सभी के होने से विद्यालय-भवन आदर्श माना जा सकता है।

3. भवन बनावट–सुन्दर और आकर्षक स्थापत्य कला के नमूने चित को प्रसन्न करने वाले होते हैं। इसलिए भवन का निर्माण और उसकी बनावट भी बहुत ही महत्त्व का है। सभी विद्यालय-भवन की दीवार की जुड़ाई पक्की हो। उसकी ऊंचाई 14 फीट से कम न हो। बड़ी-बड़ी खिड़कियां हों और ऊपर प्रकाश के लिए 'स्काई लाइट' हो। पक्की छत का होना श्रेयस्कर है। नीचे फर्श का पक्का होना अत्यावश्यक

है। कक्ष के सामने काफी चौड़ा बरामदा हो। एक बड़ा सभा-भवन हो जिसमें एक हजार व्यक्ति तक बैठ सकें। इस सभा-भवन में एक रंगमंच तथा ग्रीन-रूम भी हो। इससे समय-समय पर नाटक आदि खेलने में सुविधा होगी। दीवार पर प्लास्टर और चूना होना भी आवश्यक है। इस बनावट का भवन काफी आकर्षक एवं उपयोगी होता है।

4. भवन-योजना—भवन-योजना में भी समय के साथ से बदलाव होता रहा है। सर्वप्रथम एक बड़ा कक्ष वाला विद्यालय भवन होता था। उसमें शिक्षक एक ओर बैठा रहता था और बारी-बारी से एक-एक छात्र को अपने पास बुलाकर उसकी कठिनाइयों का निराकरण करता था। इस क्रम में वह दो-तीन छात्रों को एक साथ भी बुलाता था। बाद में मॉनीटर प्रथा ने इसका स्थान ले लिया। इसमें शिक्षक के अलावा वर्ग का सर्वाधिक प्रभावशाली और शारीरिक क्षमतावाला छात्र मॉनीटर बनाया जाने लगा था। वह अनुशासन स्थापित करने तथा पाठ उन्नयन में शिक्षक की मदद करता था। इसमें भी भवन एक ही बड़े कक्ष का होता था। शिक्षा के क्षेत्र में हाने वाले बदलाव ने स्तर के अनुसार छात्रों का वर्गीकरण अनिवार्य कर दिया। परिणामस्वरूप अलग-अलग वर्गों के लिए अलग-अलग कमरों वाले विद्यालय भवन की योजना आई। इस योजना के तहत कई कमरों वाले भवन का निर्माण हुआ। अब कई ऐच्छिक विषयों का पाठ्यक्रम में समावेश किया गया है। जिससे वर्गों के अलावा भी कुछ कक्ष की अवश्यकता महसूस की गई। भूगोल, विज्ञान, प्रयोगशाला, पुस्तकालय, कार्यालय, सभा-भवन आदि के लिए भी पृथक कक्ष चाहिए। आगे प्रस्तुत है कुछ विद्यालय भवन निमार्ण योजना।

'H' विद्यालय भवन—विद्यालय-भवन में 'H' ढंग के भवन का निर्माण बहुत प्रचलित तथा लोकप्रिय है। यह भवन अच्छे विद्यालय का सूचक है। इसके बीच के भाग में सभा-भवन और कार्यालय का प्रबंध रहता है तथा दोनों बगल की पंक्तियों में विभिन्न वर्गों के लिए कक्ष बने होते हैं। इस तरह के भवन में विस्तार बड़ी सुगमता से हो सकता है।

'E' विद्यालय भवन—अंगरेजी के 'E' अक्षर के ढंग के भवन भी काफी प्रचलित हुए। इसमें भी उक्त भवन की सभी सुविधाएं होती हैं।

'U' विद्यालय भवन—अंगरेजी के 'U' अक्षर के ढंग के भवन बनाये जाने लगे। यह भी अच्छी विद्यालय भवन योजना है।

ये सभी भवन-योजनाएं अपने-आप में बहुत अच्छी हैं। इनमें हवा, धूप तथा निरीक्षण की सुविधा उच्चकोटि की है। यह स्वास्थ्यकर और उपयोगी भी है। लेकिन, आधुनिक दृष्टिकोण से विद्यालय-भवन की योजना सर्वथा बदल चुकी है। अव तो

अलग-अलग विभाग के लिए अलग-अलग भवन खंड बनाने पर बल दिया जाता है। विज्ञान-विभाग, वाणिज्य-विभाग, कृषि-विभाग, सामान्य कला-विभाग, उद्योग-विभाग आदि के लिए अलग-अलग भवन बनाए जाते हैं। इससे लाभ भी बहुत है। एक भवन में भीड़ और शोर-गुल होता तथा कार्य-संचालन एवं अध्यापन भी बड़ी दक्षता से होता है। हां, इतना तो भवन-योजना में ध्यान रखना ही चाहिए कि भवन सुंदर, ऊँचा,, हवादार तथा बड़ा हो। हर कक्ष में बाईं ओर से प्रकाश की व्यवस्था भी होना जरूरी है। थोड़े में अच्छे विद्यालय-भवन की योजना में निम्नलिखित बातें को होना बहुत ही जरूरी है–

1. स्वास्थ्य-नियम के अनुकूल हो।
2. हवा और प्रकाश की पर्याप्त व्यवस्था हो।
3. शौचालय और पेयजल की व्यवस्था हो।
4. विद्यालय-भवन पूर्ण आकर्षक हो।
5. यथासंभव विद्यालय-भवन एक ही मंजिल का हो।
6. हर कमरे में 50 से 60 छात्रों के बैठने का स्थान हो।
7. विज्ञान, वाणिज्य, कृषि-उद्योग और अन्य विशेष विषयों के लिए कक्ष की व्यवस्था है।
8. हर कक्ष में दो दरवाजे हों और एक कक्ष दूसरे से जुड़ा हो।
9. कक्ष में बाईं ओर से प्रकाश की व्यवस्था हो।

विद्यालय-भवन के लिए उपयुक्त स्थान का चुनाव

विद्यालय-भवन के निर्माण के लिए उपयुक्त स्थान का चयन किया जाना आवश्यक है। अगर विद्यालय-भवन ऐसे स्थान में अवस्थित हैं जहां चारों ओर दलदल तथा सड़ांध है तो छात्रों एवं शिक्षकों के स्वास्थ्य पर इसका बहुत ही घातक असर पड़ेगा। अगर विद्यालय-भवन घनी बस्ती के मध्य हों तो वहाँ निरंतर हो-हल्ला होता रहता है एवं गाड़ियां चलती रहती हैं तो फिर अध्ययन-अध्यापन में समस्या उत्पन्न होती है। अगर कहीं पड़ोस में सिनेमा-भवन और बाजार है तो ध्वनि-विस्तारक यंत्र पर फिल्मी अथवा अन्य गाने के बजने से भी शैक्षिक वातावरण में काफी व्यवधान पैदा होता है। इस तरह विद्यालय भवन का उपयुक्त स्थान न होने के कारण मनोवैज्ञानिक दृष्टि से भी शैक्षणिक वातावरण और मनःस्थिति का ह्रास होता है।

इस तरह यह स्पष्ट है कि विद्यालय-भवन का स्थान शैक्षणिक-कार्यों में अपना महत्त्वपूर्ण स्थान रखता है। इसलिए जरूर ही विद्यालय-भवन घनी बस्तियों, सिनेमा घरों, व्यस्त सड़कों तथा गंदी बस्तियों से दूर हो। भवन ऊंचे स्थान पर

अवस्थित हो तथा पास-पड़ोस में गंदे पानी के जमा होने के लिए गड्ढे न हों। वहां की जमीन दलदली और सीलन भरी न हो। साथ ही वहाँ का प्राकृतिक वातावरण भी आकर्षक हो।

इस तरह विद्यालय शुरू करने और उसका भवन निर्माण करने के पूर्व उसके लिए उपयुक्त स्थान का चुनाव अत्यधिक महत्त्वपूर्ण जान पड़ता है। विद्यालय-भवन स्थान के चुनाव में अग्र बातों को महत्त्व दिया जाना चाहिए–

1. भूतल,
2. परिवेश,
3. स्थल की दशा,
4. क्षेत्रफल।

1. भूतल–विद्यालय को आदर्श एवं उपयोगी बनाने में भू-तल का बहुत ही महत्वपूर्ण स्थान होता है। यह एक ऐसा घटक है जो विद्यालय के वातावरण को स्वच्छता प्रदान करता है। यह आवश्यक है कि विद्यालय-भवन के लिए चुना गया धरातल निश्चित रूप से ऊंचा हो। वहां की मिट्टी सीलन भरी हुई न हो। बल्कि वह सूखी और कड़ी हो। साथ ही वहां पानी का ठहराव न हो पाए और वह स्वयं ही बहकर दूर चला जाए। यह स्थान नई भरावट का न हो।

2. परिवेश–विद्यालय भवन के लिए परिवेश का चुनाव एक बहुत ही महत्व का विषय होता है। सभी परिवेश विद्यालय की स्थापना के लिए उपयुक्त नहीं होते हैं। इसलिए परिवेश का चुनाव करते समय अग्रलिखित बातों को ध्यान में रखना चाहिए–

(क) विद्यालय में भविष्य के नागरिकों का समग्र विकास होता है इसलिए यह आवश्यक है कि वह स्वस्थ, सुंदर एवं प्रफुल्ल वातावरण में स्थित हो। उसका वातावरण ऐसा हो जो आंखों को अच्छा लगे और मन-प्राणों में प्रसन्नता का संचार करे। सड़े और गंदे पानी के तालाब, मल-मूत्र की नाली, दुर्गंध-पूर्ण सड़ी-गली चीजें तथा रोगों के कीटाणु के पैदा होने के स्थान कदापि विद्यालय के आसपास न हों।

(ख) विद्यालय-भवन हमेशा शहर या वास-भूमि से कुछ दूरी पर स्थित हो। इस तरह के स्थान से कई फायदे हैं। जैसे स्वच्छ हवा और सस्ती भूमि का लाभ तो स्पष्ट ही है, साथ ही संक्रामक रोगों के फलने का भी डर नहीं के बराबर होता है।

(ग) आज देश में काफी उद्योग-धंधे बढ़ रहे हैं। परिणामस्वरूप औद्योगिक क्षेत्रों में आबादी भी बढ़ रही है। इन औद्योगिक क्षेत्रों में कारखानों का धुंआ, मशीनों का कर्कश स्वर तथा लोगों का हल्ला-गुल्ला सभी मिलकर वातावरण को अशांत एवं अस्वस्थ बनाए रखते हैं। अतः इनसे थोड़ी दूरी पर ही विद्यालय का स्थान होना ज्यादा उपयोगी है।

(घ) विद्यालय का स्थान ऐसा हो जहां पर्याप्त मात्रा में जल का प्रबंध हो। बगीचा तथा सौंदर्य स्थल का समीप होना विद्यालय की सुंदरता तथा प्रभावकारिता में चार चाँद लगाता है।

(ङ) विद्यालय-भवन का स्थान पूर्ण रूप से खुला हुआ हो। जिससे कि विद्यालय भवन में सूर्य प्रकाश तथा स्वच्छ हवा प्रवेश कर सके।

(च) विद्यालय का स्थान चुनने में आवागमन की सुविधा पर विशेश ध्यान देना भी जरूरी है। इस दृष्टि से विद्यालय का सड़क के पास होना आवश्यक है, लेकिन वह एकदम सड़क के किनारे भी न हो। सड़क से थोड़ा हटकर होना ज्यादा फायदेमंद है।

(छ) विद्यालय-भवन का स्थान श्मशान-घाट या मल-मूत्र को डालने के स्थल से दूर होना चाहिए। इससे बुरी और अस्वास्थ्यकर गंध से बचाव होता है।

(ज) विद्यालय का स्थान ऐसा हो कि उसका भावी विस्तार आसानी से हो सके। हां, पास के नगर के विस्तार की दिशा में विद्यालय का स्थान न हो।

3. स्थल की दशा—विद्यालय-स्थल ऐसा हो कि उस पर दक्षिण रुख के विद्यालय भवन का निर्माण सुगमतापूर्वक हो सके। विद्यालय के रुख की ओर ही बरामदा रहे पीछे की ओर नहीं। 'E' तथा 'U' आकार के भवन विद्यालय के लिए अनुकूल एवं उपयोगी होते हैं। H आकार के भवन भी उपयोगी हो सकते हैं। गर्म क्षेत्रों में आसपास पेड़ों का होना बड़ा उपयोगी होता है। इनकी छाया के कारण सूर्य की तीव्र गर्मी सीधे छत पर अथवा बरामदे में नहीं पड़ती। इस प्रकार विद्यालय-भवन का वातावरण अपेक्षाकृत ठंडा बना रहता है।

4. क्षेत्रफल—विद्यालय-भवन के लिए चुने गये स्थान का पर्याप्त क्षेत्रफल भी हो। क्योंकि संकुचित क्षेत्रफल में विद्यालय का विकास एवं विभिन्न क्रियाशीलनों का संचालन संभव नहीं होता है।

उपरोक्त विवरणों से यह स्पष्ट है कि विद्यालय-भवन के लिए स्थान का चुनाव करते वक्त उक्त बातों पर निश्चित रूप से ध्यान दिया जाना जरूरी है। इस तरह चुना गया स्थान विद्यालय को आदर्श तो बनाते ही हैं, छात्रों और शिक्षकों को शारीरिक और मानसिक रूप से स्वस्थ और प्रसन्न रखते हैं।

11

विद्यालय पुस्तकालय

पुस्तक ही मानव का सच्चा मित्र होता है। पुस्तक का संग्रहागार यानी पुस्तकालय ज्ञान का अनुपम भंडार है। हम इसे दोस्त, गुरु तथा मार्गदर्शक की संज्ञा से विभूषित कर सकते हैं। इस नाते विद्यालयों में तो इसका महत्त्व और भी बढ़ जाता है। छात्र जिनका मन कोरा कागज के समान होता है इन पुस्तकालयों से अपनी बौद्धिक एवं विचार-शक्ति का विकास करते हैं। वे अपकी भाषा, अपने साहित्य, अपने इतिहास, अपनी सामाजिक समस्याओं आदि से रू-ब-रू होते है। पुस्तकालय छात्रों को अपने जीवन का मार्ग निर्वाचर में भी सहायक होते हैं। वे छात्रों को अपनी सभ्यता-संस्कृति के स्वरूप और विकास से भी भली-भाँति परिचित कराते हैं।

विद्यालय-पुस्तकालय का महत्त्व अग्रलिखित पहलूओं के संदर्भ में स्पष्ट होता है—

1. बौद्धिक ज्ञान का विकास—विद्यालय-पुस्तकालय में विद्यालयीय विषयों तथा अन्य विविध विषयों पर अनेक पुस्तकें होती हैं। छात्र इन पुस्तकों को पढ़कर अपने बौद्धिक ज्ञान की अभिवृद्धि करते हैं। इसमें उनमें आत्मविश्वास एवं ज्ञान के भंडार का विकास होता हैं।

2. स्वाध्याय की आदत—विद्यालय-पुस्तकालय से पुस्तक लेकर छात्र स्वयं पढ़ते हैं। इस प्रकार पुस्तक अध्ययन में उनकी रुचि तो बढ़ती ही है, उनमें स्वाध्याय की आदत भी पड़ती है। यह स्वाध्याय की आदत उनके जीवन में सदा बनी रह जाती है।

3. विशेष रुचियों का विकास—पुस्तकालय में विभिन्न विषयों की पुस्तकें होती हैं तथा उनके विभिन्न स्तर भी होते हैं। छात्रों में विभिन्न रुचि के व्यक्ति होते हैं। ये अपनी-अपनी रुचियों के अनुरूप पुस्तकों का चुनाव करते हैं तथा उनका अध्ययन कर अपनी विशेष रुचियों का विकास करते हैं।

4. सहशैक्षणिक क्रियाशीलन में सहायक—विद्यालय में कई प्रकार के सहशैक्षणिक क्रियाशीलन चलाए जाते हैं। वाद-विवाद, साहित्य परिषद्-कार्य, कविगोष्ठी,

लेख-प्रतियोगिता, विज्ञान-गोष्ठी आदि प्रमुख शैक्षणिक क्रियाशीलन है। स्पष्ट है कि इन क्रियाशीलनों में पुस्तकालय बड़े सहायक हैं। छात्र उक्त क्रियाशीलन-संबंधी विषयों पर स्वाध्याय कर अपनी तैयारी करते हैं और प्रभावशाली ढंग से भाग लेते हैं।

5. अवकाश का सदुपयोग—विद्यालय के खाली घंटों में छात्र विद्यालय-पुस्तकालयों में जाकर अपनी रुचि की पुस्तकों का स्वाध्याय करते हैं। इससे उनके अवकाश का सदुपयोग होता है तथा उनके ज्ञान में भी वृद्धि होती है।

6. अध्यापकों के लिए उपयोग—विद्यालय के अध्यापकों के लिए पुस्तकालय दो प्रकार से उपयोगी होता है—(1) सामान्य ज्ञान एवं विषयगत ज्ञान की वृद्धि में तथा (2) व्यावसायिक क्षमता के विकास में। साहित्य, विज्ञान, गणित अथवा अन्य विषयों का स्वाध्याय कर शिक्षक अपने अध्यापन-विषयों में ज्ञान और योग्यता की वृद्धि करते हैं। साथ ही अपने शिक्षण-व्यवसाय संबंधी ज्ञान की भी स्वाध्याय द्वारा अभिवृद्धि करते हैं। इस प्रकार विद्यालय-पुस्तकालय अध्यापकों के लिए लाभकारी तथा उपयोगी है।

7. मौन-पाठ का अभ्यास—पुस्तकालय के वाचनालय में एक ही साथ कई छात्र बैठकर पुस्तकों का अध्ययन करते हैं। ऐसी अवस्था में यह स्वाभाविक ही है कि वे जोर-जोर से आवाज करके नहीं पढ़ सकते। अतः उन्हें मौन-पाठ करना पड़ता है। इस प्रकार उन्हें मौन-पाठ का अभ्यास हो जाता है। यह पुस्तकालय का बहुत बड़ा महत्त्व है।

8. कक्षा-अध्यापन की क्षति पूर्ति—कक्षा-अध्यापन में शिक्षक के सामने छात्रों का एक बहुत बड़ा समूह होता है। इस बड़े समूह के प्रत्येक व्यक्ति के साथ शिक्षक पूर्ण न्याय नहीं कर सकता। ऐसी अवस्था में शिक्षक छात्रों का उपयुक्त पुस्तकों के नाम बता देते हैं और छात्र पुस्तकालय से उन पुस्तकों को लेकर अपने ज्ञान की तथा विषय-विशेष में प्रगति करते हैं। इससे पुस्तकालय और महत्त्वपूर्ण हो जाता है।

9. ज्ञान-पिपासा की शांति—विद्यालय की शिक्षा समाप्त करने के उपरांत पुस्तकालय से पुस्तकें लेकर ज्ञान में बढ़ोतरी की जा सकती है।

10. अभावग्रस्त छात्रों की सहायता—अभावग्रस्त छात्रों को आवश्यक पुस्तकें प्राप्त नहीं हो पातीं। ऐसी अवस्था में विद्यालय-पुस्तकालयों सै पाठ्य-पुस्तकें वैसे छात्रों को दिलाई जा सकती हैं।

11. सांस्कृतिक केंद्र—वस्तुतः पुस्तकालय सांस्कृतिक केंद्र का ही कार्य करते हैं। इनमें विभिन्न भाषा, विश्वास, राष्ट्र एवं विचार की पुस्तकें संग्रहीत रहती हैं। अतः इनसे सच्ची संस्कृति का विकास होता है।

पुस्तकालय संगठन की खामियां

1. उपयुक्त कक्ष का अभाव—सामान्यतः पुस्तकालयों के लिए विद्यालयों में उपयुक्त कक्ष का प्रबंध नहीं होता और यदि होता भी है तो वह सबसे उपेक्षित एवं छोटा। ऐसी अवस्था में पुस्तकालयों का संचालन, प्रबंध एवं कार्य असंभव-सा ही है।

2. आलमारी आदि का अभाव—विद्यालय-पुस्तकालयों ने अपेक्षित आलमारी की कमी है जिससे पुस्तकें दीमक द्वारा बरबाद की जाती है।

3. दोषपूर्ण पुस्तक-चयन—विद्यालय-पुस्तकालयों में पुस्तक-चयन की पद्धति उपयोग नहीं कर पाते।

4. दोषपूर्ण पुस्तक-सूची—विद्यालयों में अधिकांशतः पुस्तक-सूची दोषपूर्ण है तथा उनको देखकर छात्र इच्छित विषय अथवा स्तर की पुस्तक चुनने में सर्वथा असमर्थ रहते हैं।

5. प्रशिक्षित पुस्तकालमाध्यक्ष का अभाव—विद्यालयों में सामान्यतः प्रशिक्षित पुस्तकालय का अभाव है। अप्रशिक्षित शिक्षक पुस्तकालयाध्यक्ष बनाए जाते हैं। वे अपने कार्य को पूर्ण रूप से नहीं जानते और पुस्तकालय को उपयोगी नहीं बना पाते।

6. पुस्तकालयाध्यक्ष-भत्ता का नहीं होना—विद्यालयों में पुस्तकालयाध्यक्ष का काम करने वाले शिक्षकों को भत्ता नहीं दिया जाता और यदि दिया भी जाता है तो वह बहुत कम होता है। फलस्वरूप इस कार्य में कोई भी शिक्षक अपना मन नहीं लगाता।

7. अर्थाभाव—विद्यालय-पुस्तकालय के लिए पुस्तकों के क्रय के लिए बहुत कम पैसे दिए जाते हैं। इससे नवीनतम प्रकाशन की पुस्तकें प्राप्त नहीं हो पातीं और परिणाम स्वरूप पाठकों का आकर्षण समाप्त हो जाता है

8. वाचनालय का अभाव—विद्यालय-पुस्तकालयों के साथ वाचनालय का लगा होना अत्यावश्यक है। इसके बिना पुस्तकालय अधूरा रहता है किंतु हम पाते हैं कि अधिकांश विद्यालयों में वाचनालय का सर्वथा अभाव ही है।

9. जन-विभाग का अभाव—आज जरूरत है कि विद्यालय पुस्तकालय अपने अगल-बगल के लोगों की सेवा के लिए भी अपना एक विभाग चलाये। इससे समाज सेवा एवं समाज संपर्क दोनों ही कार्य संभव होंगे। परन्तु ऐसा देखा जाता है कि विद्यालय-पुस्तकालय इस ओर ध्यान ही नहीं देती है।

विद्यालय-पुस्तकालय को प्रभावोत्पादक बनाने के प्रयास

1. विशाल एवं हवादार कक्ष—पुस्तकालय का कक्ष विशाल तथा हवादार हो तो ज्यादा उपयुक्त है। इसमें पर्याप्त उपस्कर भी होना आवश्यक है।

2. पुस्तकालय की स्थिति—पुस्तकालय विद्यालय-भवन का ऐसे भाग चुना जाना चाहिए जहाँ शोरगुल कम हो जिससे छात्र शांतिपूर्वक बैठकर स्वध्याय कर सकें।

3. आदर्श पुस्तक-सूची—पुस्तकालय की पुस्तकों की वैज्ञानिक ढंग से सूची तैयार की जाए। यह सूची विषयानुसार तथा स्तरानुसार तैयार की जाय जिससे छात्र और शिक्षक सरलतापूर्वक अपनी चाह की पुस्तकों को ढूंढ़कर प्राप्त कर सकें। ऐसी आदर्श सूची का निर्माण होना आवश्यक है।

4. प्रशिक्षित पुस्तकाध्यक्ष की सेवा—विद्यालय पुस्तकालयों को उपयोगी तथा सुंदर बनाने के लिए पुस्तकालय-कला मे निष्णात प्रशिक्षित पुस्तकाध्यक्ष की नियुक्ति परमावश्यक है। वह पुस्तकों की सूची बनाने, श्रेणी-विभाजन करने, पुस्तक प्रदान करने तथा पुस्तकालय को सजाने, आकर्षक बनाने की कला का पूर्ण जानकार होता है। अतः ऐसे पुस्तकाध्यक्ष की नियुक्त द्वारा सही अर्थों में हम पुस्तकालय को उपयोगी बना पाते हैं।

5. पर्याप्त आलमारी का प्रबंध—पुस्तकों रख-रखाव के लिए पर्याप्त शीशादार आलमारी का प्रबंध होना आवश्यक है इसके द्वारा पुस्तकों की सुरक्षा एवं क्रम बने रहते हैं।

6. स्तर के अनुरूप पुस्तकों का चुनाव—ऐसा देखा जाता है कि विद्यालय-पुस्तकालयों में अधिक कमीशनवाली धटिया पुस्तकों की भरमार होती है। उनका छात्रों अथवा शिक्षकों के लिए कोई उपयोग नहीं होता। अतः पुस्तकालयों के लिए पुस्तकों के उपयुक्त चुनाव के लिए प्राचार्य की अध्यक्षता में विभिन्न विषयों के योग्य शिक्षकों की एक समिति बना दी जाए। इससे विभिन्न स्तरों एवं रुचियों के लिए चुनाव हो सकेगा तथा पुस्तकालय उपयोगी एवं प्रभावोत्पादक बन सकेंगे।

7. पत्रिकाओं तथा समाचारपत्र का प्रबंध—पुस्तकालय के वाचनालय विभाग में सभी रुचियों की प्रतिनिधि पत्रिकाएं रखी जाएं तथा अंग्रेजी-हिंदी के ताजे समाचारपत्र भी रखे जाएँ इससे प्रकार पुस्तकालय और वाचनालय की ओर छात्रों एवं शिक्षकों का आकर्षण बढ़ेगा।

8. पर्याप्त उपस्कर का प्रबंध—पुस्तकालय को उपयोगी बनाने के लिए उसमें पर्याप्त उपस्कर का प्रबंध होना जरूरी है क्योंकि इनके अभाव में छात्रों को बैठने तथा अध्ययन करने में असुविधा होती है। अतः पर्याप्त संख्या में टेबल तथा कुर्सियां वहाँ रखे जाएं अथवा पूरे कमरे में साफ-सुथरी दरी बिछा दी जाय इससे भी कार्य सुव्यवस्थित रूप से संचालित हो सकता है।

9. कक्षा-पुस्कालय—विद्यालय-पुस्तकालय को और भी प्रभावोत्पादक एवं उपयोगी बनाने के लिए प्रत्येक कक्षा में पुस्तकालय उसकी शाखा के रूप में खुले।

इससे केंद्रीय पुस्तकालय का बोझा घटेगा तथा छात्र अपनी रुचि एवं स्तर की पुस्तकें सहज रूप में प्राप्त कर सकेंगे। इन पुस्तकालयों में प्रत्येक माह में नई पुस्तकें दी जानी चाहिए। इससे छात्रों को पुस्तकालय-संचालन का प्रारंभिक प्रशिक्षण भी प्राप्त हो सकेगा।

10. विद्यालय-समय-सारिणी में पुस्तकालय के लिए निश्चित समय–विद्यालय-समय-सारिणी में पुस्तकालय में अध्ययन एवं पुस्तक निष्कासन के लिए निश्चित तथा पर्याप्त समय निर्धारित होना चाहिए। इससे पुस्तकालय-कार्य एवं स्वाध्याय का महत्त्व बढ़ता है।

11. पुस्तकालयाध्यक्ष का मिष्तभाषी तथा पुस्तक-प्रेमी होना–सभी साधन के होते हुए भी यदि पुस्तकालयाध्यक्ष मिष्तभाषी तथा पुस्तक-प्रेमी न हुआ तो पुस्तकालय की ओर कोई झांकेगा भी नहीं। अतः पुस्तकालयाध्यक्ष मिष्त-भाषा एवं पुस्तक-प्रेमी व्यक्ति को नियुक्त किया जाए।

12. पुस्तक-प्राप्ति के लिए धन–विद्यालय-प्रबंध समिति तथा सरकार पुस्तकालयों को संपन्न बनाने के लिए पर्याप्त धन की व्यवस्था करें।

13. पुस्तकालयाध्यक्ष पूर्ण समय देने वाला–पूर्ण समय के लिए पुस्तकालयाध्यक्ष की नियुक्ति होनी चाहिए। इससे वह अपने कार्य को मनोयोगपूर्वक कर सकेगा।

12

छात्रावास का महत्त्व

छात्रावास का महत्त्व

विद्यालय प्रशासन में छात्रावास का महत्वपूर्ण स्थान है। छात्रावास का ऐसा स्थान है जहाँ विद्योपार्जन के समय छात्र आदर्श जीवन व्यतीत करते हैं। जैसा कि हम सभी जानते है छात्रावास प्रायः उच्च तथा उच्चतर विद्यालयों से संलग्न होते हैं। नगर में छात्रावास निश्चित रूप से होता है लेकिन ग्रामीण क्षेत्रों में बहुत कम ही विद्यालयों के साथ यह संलग्न होता है। इसका प्रमुख कारण है कि विद्यालय थोड़ी-थोड़ी दूरी पर ही स्थित होते हैं।

छात्रावास के प्रमुख महत्त्व अग्रलिखित हैं–

1. अध्ययन के लिए स्वस्थ वातावरण प्रदान करना–साधारणतः देखा जाता है कि नगरों का वातावरण बहुत ही दूषित एवं कोलाहलपूर्ण होता है। वहां छात्र मनोयोगपूर्वक अध्ययन करने में समर्थ नहीं होते हैं। अतः छात्रावास में नगर से अलग शांत, स्वस्थ वातावरण में छात्र निश्चिंततापूर्वक अध्ययन करते हैं। इसके अतिरिक्त अधिकांश लड़कों को अपने घर पर अलग अध्ययन-कक्ष भी नहीं होता। छात्रावास इस असुविधा को भी दूर करता है।

2. दूर से आने वाले छात्रों के लिए आवास का प्रबन्ध–छात्रावासों का सबसे बड़ा महत्त्व है कि उनमें सुदूर क्षेत्रों से आने वाले छात्रों के आवास का प्रबंध हो जाता है। वे आने-जाने की दिक्कतों से बचकर पूर्ण मनोयोग से अध्ययन दूरवर्ती छात्रों के लिए आवास का प्रबंध करना विद्यालय का आवश्यक कर्त्तव्य भी है। विद्यालय के इस कर्त्तव्य को छात्रावास पूरा करता है

3. अनुशासन की भावना का विकास–छात्रावास में छात्र वहां के निर्धारित नियमों का पालन करते हैं तथा छात्रावास-अधीक्षक की देख-रेख में संयमित तथा नियमित जीवन-यापन करते हैं। इससे उनमें स्व-अनुशासन की भावना का विकास होता है जो उनके जीवन में स्थायी रूप घर कर जाता है।

4. स्वावलंबन की भावना का विकास—छात्रावास में छात्र सामान्यतः सभी कार्य स्वयं करते हैं। जैसे—सफाई, भोजन, क्रय-विक्रय आदि। इससे उनमें स्वावलंबन की भावना का विकास होता है।

5. सहयोग तथा सामुदायिक भावना का विकास—छात्रावासों में बहुत से छात्र एक साथ रहते, खाते, खेलते और पढ़ते हैं इससे उनमें सामुदायिक भावना का विकास होता है। इतना ही नहीं, छात्र भोजन आदि की व्यवस्था में तथा अन्य सहशैक्षणिक कार्यक्रम में परस्पर सहयोग करते हैं।इससे स्पष्टतः उनमें सहयोग की भावना का विकास होता है।

6. अशांत तथा निर्धन परिवार के छात्रों के लिए लाभदायक—अधिकांश छात्र निर्धन होते हैं, उनके घर पर पर्याप्त पुस्तक तथा साधन नहीं होते। अतः प्राचार्य यदि उन्हें सहायता प्रदान कर छात्रावास में स्थान दे देता है तो उनकी बड़ी समस्या हल हो जाती है। इसी प्रकार कई परिवार अशांत होते हैं। वहां बच्चों का पढ़ना-लिखना असंभव है। उन बच्चों के लिए छात्रावास उपयुक्त स्थान है।

7. विद्यालय का दर्पण—छात्रावास वस्तुतः विद्यालय का दर्पण होता है। विद्यालय जैसा होता है, उसका छात्रावास वैसा रूप ले लेता है। विद्यालय का अनुशासन, उसकी नैतिकता, गत्यात्मकता, उसकी सक्षमता तथा उसका व्यक्तित्व उसके छात्रावास में स्पष्ट झलकता है। अतः छात्रावास विद्यालय का दर्पण है।

छात्रावास-अधीक्षक के गुण

1. दृढ़-चरित्र—छात्रावास-अधीक्षक का चरित्र दृढ़ एवं संदेहों से परे होना चाहिए। उसका सुंदर चरित्र छात्रों को प्रेरित करेगा। यदि दोषपूर्ण चरित्रवाला व्यक्ति छात्रावास का अधीक्षक हो गया तो उसकी नौका ही डूब जाएगी।

2. सादगी तथा विचारों की उच्चता—छात्रावास-अधीक्षक के जीवन में सादगी तथा विचारों में उच्चता का होना बहुत जरूरी है। इनके अभाव में वह छात्रों का विश्वासपात्र एवं आदरपात्र नहीं हो सकता।

3. दुर्व्यसनों से रहित—छात्रावास के अधीक्षक को दुर्व्यसनों का शिकार कदापि नहीं होना चाहिए। धूम्रपान, मदिरापान, ताश-जुआ खेलना आदि दुर्व्यसन छात्रावास-अधीक्षक को छात्रौं की नजर में हीन बना देते हैं। इसलिए उसमें में गुण नहीं होने चाहिए।

4. स्नेहशीलता तथा संवेदनशीलता—छात्रावास-अधीक्षक के संरक्षण में बहुत से छात्र रहते हैं। वे अपने मां-बाप से दूर महीनों तक उनके संपर्क में रहते हैं। ऐसी अवस्था में मां-वाप से बिछुड़े हुए बच्चे संवेदना एवं स्नेह के भूखे होते हैं। अतः

छात्रावास-अधीक्षक में ये गुण होने चाहिए। इनसे छात्र का स्वाभाविक एवं इच्छित विकास होता है।

5. निष्पक्षता एवं उदारता—छात्रावास-अधीक्षक में उदारता एवं निष्पक्षता का गुण होना बहुत जरूरी है। इससे सभी छात्रों का प्रिय वह बना रहता है तथा उनमें वह अपेक्षित आदतों का निर्माण करने में सफल होता है। भेद-भाव, जातीयता अथवा अन्य पक्षपात से छात्रावास-अधीक्षक को दूर रहना चाहिए।

6. प्रबंध कुशलता—छात्रावास-अधीक्षक में प्रबंध कुशलता का गुण होना अनिवार्य है क्योंकि इसी गुण की बदौलत वह छात्रावास के क्रियाशीलनों, भोजनालय तथा कार्यक्रम का प्रबंध सफलतापूर्वक सकता है।

7. शैक्षणिक योग्यता एवं अनुभव—छात्रावास-अधीक्षक की नियुक्ति के समय उसकी शैक्षणिक योग्यता तथा प्रशासन अनुभव पर भी ध्यान देना जरूरी है। ऐसे अधीक्षक छात्रों के आदर के पात्र तो होते ही है, वे प्रबंध को सुंदर बनाने में भी सफल होते हैं तथा छात्रों में ज्ञान का संचार भी करते हैं।

छात्रावास का आदर्श समय-सारिणी

कार्य	*समय*	
बिछावन-त्याग	5:30	प्रातः
नित्य-क्रिया से निवृत्ति	5:35-6:00	प्रातः
व्यायाम	6:00-6:30	प्रातः
स्नान-नास्ता	6:30-7:30	प्रातः
स्वाध्याय	7:30-9:30	प्रातः
अल्प विप्राम तथा विद्यालय गमन की तैयारी	9:30-10:00	प्रातः
क्रीड़ा	5:00-6:00	संध्या
स्वाध्याय	6:30-9:00	संध्या
भोजन	9:00-9:30	संध्या
विप्राम	संध्या-9:30 से	

छात्रावास-अधीक्षक के कर्त्तव्य

छात्रावास अधीक्षक के कर्त्तव्य अग्रलिखित हैं—

1. छात्रों की शैक्षणिक, प्रबंधात्मक तथा व्यक्तिगत कठिनाइंयों को दूर करना—छात्रावास-अधीक्षक का सबसे बड़ा कर्त्तव्य है कि वह छात्रों के दिनानुदिन

उत्पन्न होनेवाले व्यक्तिगत, शैक्षणिक तथा प्रबंधात्मक कठिनाइयों को स्नेह एवं ममतापूर्वक दूर करे। इससे आपस का संबंध स्निग्ध होता है तथा शिक्षा के उद्देश्य की प्राप्ति होती है।

2. समुचित निरीक्षण—छात्रावास में रहनेवाले छात्र, उनकी समस्याओं तथा उनकी गतिविधियों का स्पष्ट ज्ञान छात्रावास-अधीक्षक के बिना समुचित निरीक्षण के नहीं हो सकता। ऐसी अवस्था में उनका समाधान भी असंभव ही है। अतः छात्रावास अधीक्षक का परमकर्त्तव्य है कि वह छात्रावास के विभिन्न विभागों का समुचित एवं नियमित निरीक्षण करे। निरीक्षण के प्रमुख विभाग होंगे—

(क) छात्रों का रहन-सहन।
(ख) स्वाध्याय-घंटों का कार्य।
(ग) भोजनालय तथा भोजन।
(घ) भोजनालय संबंधी आय-व्यय-लेखा।
(च) छात्रों का स्वास्थ्य।
(छ) व्यक्तिगत तथा सामूहिक सफाई।
(ज) सांस्कृतिक कार्यक्रम।
(झ) सहशैक्षणिक क्रियाशीलन का संचालन।
(प) पाखाना तथा पेशाबखाना की सफाई।
(फ) विभिन्न कार्य लेखा-जोखा पुस्तिकाएं।
(ब) छात्रावास समय-सारिणी का अनुपालन।

3. गणतंत्रात्मक-प्रणाली द्वारा प्रबंध—छात्रावास में भोजन, क्रय-विक्रय, सहशैक्षणिक क्रियाशीलन, क्रीड़ा, पर्यटन आदि अनेक महत्त्वपूर्ण कार्य-विभाग हैं। इन सभी कार्यों के लिए छात्रों के बीच गणतांत्रिक ढंग से निर्वाचन द्वारा समितियां अथवा मंत्रिमंडल का निर्माण करा दें। इससे छात्रों को गणतंत्रात्मक परंपराओं का प्रशिक्षण भी मिलेगा और प्रबंध भी गणतंत्रात्मक हो सकेगा। अनेक समस्याओं का अंत भी इसके द्वारा निश्चित ही है।

4. निश्चित एवं उपयोगी नियमों का निर्माण—छात्रावास के छात्रों के जीवन को नियमित बनाने तथा उन्हें बाह्य दूषित परिवेश से अलग रखने के लिए कतिपय नियमों का निर्माण करें जो उपयोगी तो हों ही, निश्चित भी हों। ये नियम अधिक न हों तथा निश्चित उद्देश्यों को सामने रखकर बनाए जाएं। इन नियमों का उल्लंघन करने वाले को छात्र-परिषद् की ओर से रचनात्मक दंड प्रदान करने की व्यवस्था हो। नियमों में मुख्य रूप से हों—(क) विद्यालय-समय में छात्रावास में न रहना, (ख) धूम्रपान निषेध, (ग) आज्ञा के बिना छात्रावास से बाहर नहीं जाना,

(घ) अतिथि-नियंत्रण, (च) गाली-गलौज निषेध; (छ) छात्रावास-संपत्ति को हानि पहुंचाने पर रोक, (ज) व्यक्तिगत अथवा सामूहिक गंदगी निषेध, (झ) बिछावन छोड़ने स्वाध्याय करने, भोजन करने तथा सोने का निश्चित समय-निर्धारण तथा, (प) सांस्कृतिक कार्यक्रम संचालन का निश्चित समय।

5. अभिभावकों से संपर्क—छात्रों को समझने, उनके साथ निकट का संपर्क स्थापित करने तथा उनकी व्यक्तिगत कठिनाइयों के लिए छात्रावास-अधीक्षक को समय-समय पर उनके अभिभावकों को छात्रावास में निमंत्रित करना चाहिए तथा छात्र की प्रगति एवं समस्याओं पर विचार-विनिमय करना चाहिए। इससे बहुत-सी बुराइयों तथा गलतफहमियों का अन्त हो जाता है।

6. समानता की भावना को उत्पन्न करना—छात्रावास में अनेक आर्थिक स्तर के परिवारों के तथा अनेक धार्मिक-जातीय वर्गों के छात्र निवास करते हैं। छात्रावास-अधीक्षक ऐसा व्यवहार करे एवं कार्य करे जिससे सभी प्रकार के छात्रों में मानवीय एकता की भावना का विकास हो।

7. छात्रों की समस्याओं का समाधान—छात्रों की शिक्षण-संबंधी, व्यवहार-संबंधी, स्वास्थ्य-संबंधी और इसी प्रकार की अन्य समस्याएं हुआ करती हैं। सच्चे छात्रावास अधीक्षक का कर्त्तव्य हो जाता है कि वह छात्रों की समस्याओं को पूर्ण संवेदनशीलता से हल कर दे।

13

समय-सारिणी का मूल्यांकन

समय-सारिणी और उसका महत्त्व

एक निश्चित कार्य-क्रम एवं समय-विभाजन विद्यालय प्रबंधन का एक आवश्यक अंग है क्योंकि विद्यालय में अनेक वर्ग तथा विषम होते हैं। विषयों को पढ़ाने के लिए अलग-अलग शिक्षक भी होते है। समय-सारणी के अभाव में कार्य-संचालक असंभव हो जाएगा। वहाँ अराजकता की स्थिति उत्पन्न हो जाएगी। अतः विद्यायल को सुचारक रूप से संचालित करने के लिए समय-सारिणी विद्यालय जीवन का अत्यंत ही महत्त्वपूर्ण है।

समय-सारिणी का महत्त्व अग्रलिखित है–

(1) निर्धारित समय में अपना कार्य पूरा करना सीखते हैं।

(2) इससे छात्र नियमों का पालन करना सीखते हैं।

(3) अपने कार्यों को सुचारु रूप से करना सीखते हैं।

(4) छात्रों की कुशलता में इसके द्वारा वृद्धि होती है।

(5) सभी विषयों को आवश्यक महत्त्व प्राप्त होता है।

(6) विद्यालय के अंदर अराजकता के प्रवेश को अवरुद्ध करती है।

(7) विद्यालय में अनुशासन स्थापित करने में पूर्ण रूप से सहायक है।

(8) कार्यक्रम में एकरूपता नहीं रहती है, अतः विषयों के अध्ययन में रुचि उत्पन्न होती है।

(9) अध्यापकों और छात्रों को निश्चित रूप से अपने-अपने कार्य का ज्ञान होता है।

(10) समय का पूर्ण सदुपयोग होता है।

(11) लगातार कार्य करने की आदत पड़ती है।

समय-सारिणी के उद्देश्य

1. सभी अध्यापकों को कार्य में व्यस्त रखना।

2. छात्रों के शारीरिक तथा मानसिक स्तर को ध्यान में रखकर विषयों का विभाजन करना।

3. विद्यालय के समस्त छात्रों को कार्य में संलग्न रखना।

4. विषय-गत योग्यता एवं अध्यापन-क्षमता को ध्यान में रखकर कार्य-विभाजन करना।

5. निश्चित समय अंदर निर्धारित कार्य-प्रगति करना।

6. सह-शैक्षणिक क्रियाशीलनों को उचित स्थान प्रदान करना।

7. छात्रों में कार्य के प्रति सजगता उत्पन्न करना।

8. निरीक्षण-कार्य को सफल बनाना।

9. विद्यालय-प्रशासन को प्रभावकारी बनाना।

समय-सारिणी-निर्माण के सिद्धांत

(1) विषयों की भिन्नता का क्रम—विद्यालय में ऐसा प्रबंध रहे कि एक कठिन विषय के उपरांत एक सरल विषय की घंटी हो। हां, विज्ञान अथवा कृषि के व्यावहारिक पाठ का कार्य लगातार दो घंटियों तक चलना आवश्यक होगा। इससे एक रूपता तथा नीरसता उत्पन्न होती ।

(2) घंटी की अवधि—विद्यालय की घंटियों की अवधि का ध्यान रखना परमावश्यक है। मध्य-विश्राम के पूर्व की घंटिया सामान्यतः 45 मिनट की हों तथा विश्राम के उपरांत 40 मिनट की हों।

(3) घंटियों का क्रम—थकाने वाले तथा दुरूह विषयों की घंटियों को दिन के ऐसे समय में रखना चाहिए जब छात्रों के मस्तिष्क में ताजगी रहे। यह ताजगी दिन के प्रारम्भ में नहीं रहती, बल्कि प्रातःकाल के मध्य या पूर्वाह्न के मध्या में तथा अपराह्न के मध्य में रहती है। अतः ऐसे विषयों के लिए सबसे अच्छी घंटी प्रातःकाल की दूसरी और तीसरी घंटी रहती है और अपराह्न की दूसरी घंटी भी। थकान को दूर करने के लिए संपूर्ण दिवसीय कार्य-काल के मध्य के बाद होनी चाहिए। अधिक थकान उत्पन्न करने वाले विषय हैं—गणित, अंगरेजी भाषा, विज्ञान, प्रकृति अध्ययन, इतिहास, भूगोल आदि। थकान की दृष्टि से विषयों का क्रम यही रहना चाहिए।

(4) दिनों का मनोवैज्ञानिक क्रम—मनोवैज्ञानिक दृष्टि से समय-सारिणी में दिनों का भी विषेश महत्त्व है; रविवार की छुट्टी के उपरांत सोमवार आता है तथा रविवार की छुट्टी के पूर्व शनिवार आता है। इस प्रकार इन दोनों में बच्चों के मस्तिष्क

में छुट्टी भरी रहती है। अतः समय-सारिणी में सोमवार तथा शनिवार को गणित जैसे कठिन विषयों को स्थान नहीं देना श्रेयस्कर होता है। स्पष्ट है कि दुरूह विषयों को पढ़ाने के लिए मंगलवार, बुधवार तथा शुक्रवार उपयुक्त होते हैं। अन्य हलके विषयों को सोमवार तथा शनिवार को रखा जा सकता है। अतः समय-सारिणी का निर्माण करते समय दिनों के क्रम का ध्यान रखना मनोवैज्ञानिक दृष्टि से आवश्यक है।

(5) **लचीलापन**—समय-सारिणी का निर्माण करते समय आवश्यकतानुसार एवं परिस्थिति के अनुसार परिवर्तन का भी ध्यान रखा जाए। कठोरता हानिकारक है। हां, यह परिवर्तन विद्यालय के उद्देश्यों की पूर्ति के लिए ही हो। अतः समय-सारिणी में लचीलापन का गुण आवश्यक है।

(6) **मौसम का ध्यान**—समय-सारिणी बनाते समय मौसम का ध्यान रखना भी अत्यावश्यक है। जाड़े के दिनों में 10 बजे से 4 बजे दिन तक बिद्यालय का कार्यक्रम अच्छा रहेगा। घंटियां भी अपेक्षाकृत लंबी होंगी। किंतु, गर्मी के दिनों में विद्यालय का कार्य प्रातःकाल में होना चाहिए। इस समय घंटियां कम अवधि की होंगी। गर्मी की छुट्टियों कीभी व्यवस्था रहनी चाहिए।

(7) **रुचिकर तथा आकर्षक**—समय-सारिणी विषयों के अध्यापनमात्र तक सीमित न हो। इससे उसमें नीरसता तथा बोझिलता आ जाती है। विद्यालय-समय-सारिणी में मनोरंजन, क्रीड़ा, कविता-पाठ, सांस्कृतिक कार्यक्रम आदि क्रियाशीलन को भी समुचित स्थान प्राप्त हो। इससे बच्चे विद्यालय की ओर आकृष्ट होते हैं।

(8) **वर्गानुसार एवं शिक्षकानुसार सारिणी-निर्माण**—समय-सारिणी का निर्माण शिक्षक की योग्यता एवं विषय-विशेष में उसकी क्षमता के आधार पर किया जाना चाहिए। इससे विषयों का अध्ययन सुंदर, प्रभावकारी तथा इच्छित रूप में हो पाता है। वर्गानुसार सारिणी के निर्माण से प्रत्येक वर्ग में निर्धारित विषयों की घंटियां और शिक्षण सम्यक् हो पाते हैं। इसमें वर्ष भर में किस अध्यापक को कौन विषय किस वर्ग में कितना पढ़ाना है, उसका ज्ञान सहज ही हो सकता है।

(9) **शिक्षकों के अवकाश का समावेश**—विद्यालय समय-सारिणी में सभी शिक्षकों को प्रतिदिन कुछ घंटियां अवकाश की मिलें। ऐसा न हो कि किसी दिन तो 4-5 घंटियां अवकाश ही हों तथा किसी दिन एक भी नहीं। अतः अवकाश की घंटियों का सम्यक् वितरण होना आवश्यक है।

समय-सारिणी-निर्माण तथा उसके निर्माण में अपने वाली कठिनाइयां

1. सभी अध्यापकों को उनकी योग्यता के अनुसार विषय नहीं प्रदान किए जा सकते हैं।

2. अलग-अलग शिक्षकों की कार्यक्षमता भिन्न होती है। अतः सभी को समान कार्य देना भी ठीक नहीं होता।

3. बाल-मनोविज्ञान के ज्ञाता तथा प्रशिक्षित शिक्षकों का अभाव है।

4. धनाभाव के कारण योग्य एवं उपयुक्त शिक्षक की नियुक्ति नहीं हो पाती और यदि होती है तो वे तुरंत ही स्थान छोड़कर अन्यत्र चले जाते हैं।

5. कुछ विषयों के अध्यापकों की कमी रहती है।

निश्चित समय-सारिणी के गुण

1. यह विद्यालय के कार्यक्रम को रुचिकर बनाती है।

2. विद्यालय के कार्यों को व्यवस्थित रूप प्रदान करती है।

3. यह विद्यालय के कार्य की रूपरेखा प्रस्तुत करती है।

4. यह योग्यता एवं रुचि के अनुसार शिक्षक को विषय-अध्यापन का सदुपयोग प्रदान करती है।

5. शिक्षक तथा छात्रों के आपसी संबंध को सबल करती है।

6. इसकी सहायता से प्रधानाध्यापक (प्राचार्य), अध्यापक तथा छात्र के समय का सदुपयोग होता है।

7. इसके द्वारा कम समय में विभिन्न विषयों के उचित अध्यापन की व्यवस्था संभव है।

8. इसके द्वारा समय का समुचित ढंग से विभाजन किया जाता है।

9. समय-सारिणी विद्यालय के कार्य-संचालन के लिए एक आवश्यक और उत्तम साधन है।

10. इसके द्वारा समय की बचत होती है।

समय-सारिणी के दोष

1. समय-सारिणी के अनुसार प्रधानाध्यापक ऐसे बंध जाते हैं कि वे पीछे उस घंटी में किसी भी शिक्षक को भेजकर वर्ग शांत रखना अपना कर्त्तव्य समझते हैं।

2. किसी-किसी शिक्षक के साथ प्रधानाध्यापक पक्षपात कर देते हैं तथा उन्हें अधिक अवकाश आदि प्रदान कर दिया जाता है।

3. शिक्षक मशीन के पुर्जेमात्र रह जाते हैं तथा घंटियों के साथ उनकी आदत भी बंध जाती है।

4. किसी-किसी शिक्षक को इसके द्वारा अधिक कार्य करना पड़ता है।

5. कालांतर में समय-सारिणी अलोचदार बन जाती है।

14

शैक्षिक महत्त्व और सह-शैक्षणिक क्रियाशीलन

सह-शैक्षणिक क्रियाशीलन की आवश्यकता तथा शैक्षिक महत्त्व

(1) **सामाजिक उद्देश्य की पूर्ति**—इन क्रियाओं का संगठन करने के लिए छात्र एक-दूसरे के संपर्क में आते हैं इस प्रकार उनमें सहयोग तथा मिलकर कार्य करने की भावना का विकास होता है। विद्यालय में सांस्कृतिक समारोहों का आयोजन करके वे समाज क निकट आते हैं और विनम्रता का पाठ स्वतः सीख जाते हैं। विद्यालय की सामूहिक सफलता के लिए अपने व्यक्तिगत लाभों को त्यागने के लिए सदा तत्पर रहते हैं। इस प्रकार इन क्रियाओं द्वारा छात्रों में सामाजिक भावना तथा त्याग, सहयोग आदि गुणों को सरलता के साथ विकसित किया जा सकता है।

(2) **किशोर-अवस्था**—सह-शैक्षणिक क्रियाएं किशोर-अवस्था के लिए अत्यधिक लाभदायक हैं। हम देखते हैं कि किशोरवस्था जीवन का सबसे कोमल काल होता है। छात्र की मानसिक दशा अत्यंत भावुक हो उठती है। अनेक प्रकार के मानसिक विकार उसे घेरलेते हैं। यदि इस अवस्था में छात्र को उचित प्रकार से अपनी मानसिक भावना को प्रकट करने का अवसर नहीं दिया गया तो भविष्य में उनके बिगड़ने की संभावना होती है। सह-शैक्षणिक क्रियाओं द्वारा हम किशोर छात्र के भावुक मन को उचित मार्ग पर ला सकते हैं। कल्पना जगत् में विचार करने की आदत, 'कहानी प्रतियोगिता' तथा 'निबंध प्रतियोगिता' आदि का आयोजन करके सहज में ही छुड़ाई जा सकती है। आत्मप्रदर्शन की प्रवृत्ति का उपयोग 'वाद-विवाद' तथा 'अतिरिक्त-शक्ति' का प्रयोग सामूहिक खेलों को संगठित करके किया जा सकता है।

(3) **पाठ्य-विषयों में सहायक**—अतिरिक्त क्रियाओं द्वारा पाठ्य-विषयों को पढ़ाने से विषय अत्यंत रुचिपूर्ण तथा आकर्षक हो जाता है। बालक खेल-खेल में विषय को समझ जाते हैं। निबंध तथा वाद-विवाद प्रतियोगिता द्वारा नीरस विषयों को भी सरस बनाया जा सकता है।

(4) चरित्र निर्माण में सहायक—सह-शैक्षणिक क्रियाओं द्वारा सामाजिक कुशलता के साथ-साथ छात्रों के चरित्र का भी विकास होता है। छात्र अपने व्यक्तिगत स्वार्थों को त्यागकर समूह क लिए त्याग करना सीखते हैं। सामूहिक खेल-कूदों में भाग लेने से उनकी सत्यप्रियता, ईमानदारी, न्यायप्रियता की परीक्षा हो जाती है। वे अच्छी-बुरी बातों में से उचित बात चुनना सीखते हैं। अपने नेता द्वारा जो आज्ञाएं दी जाती हैं, उनका वे सहर्ष पालन करते हैं। इस प्रकार आत्म-अनुशासन की भावना उनमें स्वतः उत्पन्न हो जाती है।

(5) नागरिकता की भावना का विकास—सह-शैक्षणिक क्रियाएं छात्रों को नागरिकता की शिक्षा प्रदान करती है। स्व-शासन द्वारा छात्र प्रजातन्त्र की शिक्षा प्राप्त करते हैं। चुनाव में किस प्रकार खड़ा हुआ जाता है, किस व्यक्ति को मत देना उचित है आदि की शिक्षा वे विद्यालयों में इन क्रियाओं के द्वारा सहज में प्राप्त कर लेते हैं। विभिन्न समितियों द्वारा छात्र विद्यालय में अनुशासन स्थापित करने में योग देते हैं। इस प्रकार सह-शैक्षणिक क्रियाओं द्वारा छात्र प्रजातन्त्र तथा नागरिकता का व्यावहारिक पाठ पढ़ाते हैं। वे शासन में भाग लेना तथा शामिल होने की कला सीखते हैं।

(6) अवकाश का सदुपयोग—वर्त्तमान मशीन युग में अवकाश के क्षणों का सदुपयोग करने की कला सीखना आवश्यक है। मानव के बहुत-से कार्य मशीनों द्वारा होने लगे हैं, परिणाम स्वरूप प्रत्येक व्यक्ति को पर्याप्त मात्रा में अवकाश मिलता है। यदि छात्रों को अवकाश के क्षणों का सदुपयोग करना नहीं सिखाया गया तो वे अतिरिक्त समय में गंदी और बेकार की बातों में अपने को उलझा सकते हैं। सह-शैक्षणिक क्रियाओं द्वारा उनकी रुचियों में कलात्मकता आ जाती है। वे अतिक्ति समय में वाद-विवाद, खेल-कूद आदि करते हैं। सद्साहित्य पढ़कर तथा निबंध प्रतियोगिता में भाग लेकर वे बचपन से ही अध्ययन की ओर प्रवृत्त होते हैं। भविष्य में भी अपने अवकाश के क्षणों को वे अच्छी बातों में ही व्यतीत करते हैं।

(7) मूल-प्रवृत्तियों का शोधन—प्रत्येक छात्र जन्म से ही मूल-प्रवृत्तियां लेकर आता है। यदि मूल-प्रवृत्तियों का शोधन नहीं किया गया तो वे छात्र को गलत मार्ग पर ले जा सकती हैं। सह-शैक्षणिक क्रियाओं द्वारा छात्रों की मूल-प्रवृत्तियों का शोधन सरलता के साथ किया जा सकता है। काम-वासना की प्रवृत्ति का शोधन करने के लिए कविता पाठ, कहानी प्रतियोगिता आदि को आयोजित किया जा सकता है। आत्म-प्रदर्शन की प्रवृत्ति के लिए वाद-विवाद, लेख, नाटक आदि का संगठन किया जाना चाहिए।

(8) नेतृत्व की शिक्षा—सह-शैक्षणिक क्रियाएं छात्रों को नेतृत्व की शिक्षा प्रदान करती हैं। अधिकांशतः छात्र ही इन क्रियाओं का संचालन करते हैं। इस कारण

उन्हें अपने साथियों के सहयोग की आवश्यकता पड़ती है। परंतु सहयोग हृदय की विशालता तथा स्वार्थ-त्याग बिना नहीं मिलता, इसलिए वे अपने अंदर इन गुणों का विकास करते हैं। उनके सामने अनेक ऐसी परिस्थितियां आती हैं, जबकि उन्हें धैर्यशील, सहनशील तथा न्यायप्रिय होना पड़ता है। ये समस्त गुण नेतृत्व के लिए परम आवश्यक हैं, जिन्हें वे छात्र-जीवन में ही सह-शैक्षणिक क्रियाओं द्वारा अनायास सीख लेते हैं। ये क्रियाएं उन्हें आत्मविश्वासी, निस्वार्थ तथा विचारशील बनाती हैं। अध्यापक का कार्य तो केवल मार्गदर्शक का रहता है।

(9) शारीरिक विकास—खेल-कूद में भाग लेने से छात्रों का शारीरिक विकास होता है। दौड़ने-भागने से उनके अंग-प्रत्यंग पुष्ट होते हैं। वे मुक्त वायु का सेवन करते हैं। जिससे उनका चित्त प्रसन्न रहता है। प्रसन्नता स्वास्थ्य की जननी है।

सह-शैक्षणिक क्रियाशीलन के प्रकार

(1) शरीर-संबंधी खेल-कूद तथा शारीरिक व्यायाम।
(2) छात्र-समिति।
(3) परिभ्रमण या सरस्वती यात्राएं।
(4) स्काउटिंग।
(5) गर्ल-गाइड।
(6) साहित्यिक क्रियाएं।
(7) संगीत तथा नाट्य-क्रियाएं।
(8) श्रमदान तथा समाज-सेवा।
(9) रेडक्रॉस तथा प्राथमिक चिकित्सा।

क्रियाशीलनों का विवरण

(1) संगीत एवं नाट्य-क्रियाएं—संगीत हमारे देश की सबसे प्राचीनतम तथा लोकप्रिय कला है। वर्त्तमान पाठ्यक्रम में संगीत को एक विषय के रूप में स्वीकार कर लिया गया है। अधिकांश विद्यालयों में संगीत की शिक्षा का प्रबंध भी कर दिया गया है। इस कला को प्रोत्साहन देने के लिए कभी-कभी विद्यालय में संगीत-प्रतियोगिताओं का आयोजन भी करना चाहिए। जहां तक हो सके सिनेमा के अश्लील गानों को निरुत्साहित किया जाए। वाद-विवाद की भांति नाटक भी आत्मभिव्यक्ति का एक सुन्दर साधन है।

(2) साहित्यिक क्रियाएं—साहित्यिक क्रियाओं के आयोजन करने का मूल-उद्देश्य छात्रों को आत्म-प्रकाशन का अवसर प्रदान करना है। साहित्यिक क्रियाओं के द्वारा

छात्र अपने मन के विचार प्रकट करना सीखते हैं। किशोरवस्था में छात्रों के अंदर आत्म-प्रदर्शन की भावना तीव्र होती है, इस कारण इन क्रियाओं का महत्त्व और भी अधिक बढ़ जाता है। साहित्यिक क्रियाओं के निम्न रूप हैं—

(i) विद्यालय-पत्रिका—जो छात्र बोलकर अपने भाव प्रकट नहीं करते वे लेखनी के द्वारा आत्म-प्रकाशन कर सकते हैं। उनके लिए विद्यालय पत्रिका एक साधन स्वरूप है। विद्यालय-पत्रिका द्वारा छात्र लेखन-कला सीखते हैं। जब उनकी कोई रचना पत्रिका में छपती है तब वे अत्यंत प्रसन्न होते हैं। छपी रचना देखकर अन्य छात्र भी लिखने का प्रयत्न करते हैं। देश के लिए भावी लेखक तथा कवियों को उत्पन्न करने में विद्यालय-पत्रिका अत्यंत सहायक सिद्ध होती है। विद्यालय-पत्रिकाएं वर्ष में दो बार निकाली जा सकती हैं। प्रथम वर्ष के मध्य में तथा दूसरी वर्ष के अंत में। पत्रिका में जहां तक हो सके श्रेष्ठ रचनाओं को महत्त्व दिया जाए, परंतु साथ ही छात्रों की रचनाओं को वापस करके उन्हें निरुत्साहित न किया जाएं। संपादक-मंडल में शिक्षकों के अतिरिक्त छात्र-संपादकों को भी महत्त्व देना चाहिए तथा उनके ऊपर सुविधानुसार कार्यभार डालना भी उचित है। इससे वे संपादन-कला की शिक्षा प्राप्त करते हैं। अध्यापक-संपादक का कर्त्तव्य है कि वह नवीन लेखकों तथा कवियों की रचना में आवश्यकतानुसार परिवर्तन तथा सुधार करके उन्हें सुझाव देता रहे। विद्यालय-पत्रिका में छोटे बालकों की रचनाओं को उपेक्षा की दृष्टि से न देखा जाए, वरन् सुविधानुसार बाल-रचनाओं के लिए एक अलग से वर्ग स्थापित कर दिया जाए। अध्यापक भी छात्रों को प्रेरणा प्रदान करने वाले लेख प्रकाशित करें जिससे छात्रों में सामूहिक चैतन्य का उद्भव हो।

(ii) वाद-विवाद तथा भाषण कला—मौखिक रूप से आत्मप्रदर्शन का सबसे सुंदर ढंग वाद-विवाद है। इसमें किसी विषय को तय करके छात्रों को पर्याप्त मात्रा में विचार करने का अवसर प्रदान किया जाता है। जहां तक हो सके छात्रों को विचार करने का पर्याप्त अवसर देना चाहिए। आवश्यकता पड़ने पर अध्यापक छात्रों के लिए विषय-सामग्री जुटाने में सहायता प्रदान कर सकता है। विषय के पक्ष तथा विपक्ष पर बोलने वालों को प्रोत्साहित करनाचाहिए। अधिकांशतः अध्यापक विषय के पक्ष पर बोलने वाले को अधिक उत्साहित करते हैं। यह अनुचित है। विपक्ष में बोलने वाले छात्र को भी उतना ही महत्त्व देना चाहिए जितना कि पक्ष में बोलने वाले को। पुरस्कार प्रदान करते समय भी दोनों पर बोलने को एक-सा महत्त्व दिया जाए।

वाद-विवाद द्वारा अपने अंदर भाषण कला का विकास करते हैं। किस प्रकार किस शैली में अपने भावों को प्रकट किया जा सकता है, वे वाद-विवाद द्वारा सरलता से सीख जाते हैं। रायबर्न के मतानुसार वाद-विवाद का अत्यधिक उन्नत रूप

तर्क-वितर्क है। इसके अन्दर तर्क-वितर्क में भाग लेने वाले सदस्यों को अर्द्धगोलाकार बैठा लिया जाता है। इसका एक सभापति होता है जो अध्यक्ष का काम करता है। प्रत्येक सदस्य को मनचाही बात बोलने का अधिकार रहता है। वाद-विवाद तथा तर्क-वितर्क गोष्ठी आदि का आयोजन जहां तक हो सके मातृभाषा में ही कराया जाए। समय-समय पर अंग्रेजी भाषा में बोलने का अवसर दिया जा सकता है।

(3) छात्र-समिति—विद्यालय संचालित करने में छात्रों का सहयोग प्राप्त किया जा सकता है। यदि छात्रों की कुछ समितियां बना दी जाएं तथा प्रत्येक समिति को विभिन्न कार्य-वाद-विवाद, खेल-कूद, अंत्याक्षरी तथा अनुशासन-स्थापन आदि—सौंप दिए जाएं तथा समिति में एक अध्यापक सहायक के रूप में हो तो अनुशासन का कार्य अत्यंत सरल हो जाता है। इससे छात्रों में आत्मनिर्भरता की भावना का भी विकास होता है। छात्र-समिति के लाभों के विषय पर हम स्वशासन वाले अध्याय में प्रकाश डालेंगे।

(4) परिभ्रमण यात्राएं—छात्रों में घूमने-फिरने की प्रवृत्ति स्वभाव से ही होती है। अवकाश के क्षणों में छात्र प्रायः बिना उद्देश्य के घूमते-फिरते रहते हैं। परिभ्रमण तथा सरस्वती यात्राओं के द्वारा उनकी घूमने-फिरने की इच्छाओं को संतुष्ट कर उचित मार्ग पर लाया जा सकता है। अध्यापकों का कर्त्तव्य है कि वे समय-समय पर परिभ्रमण की योजना बनाएं तथा छात्रों को बाहर ले जाकर बाह्य वातावरण से परिचित कराएं। छात्रों के लिए परिभ्रमण कराने के अनेक लाभ हैं। प्रथम, जैसा कि हम ऊपर लिख चुके हैं इसके द्वारा छात्र की घूमने-फिरने की इच्छा संतुष्ट हो जाती हैं। दूसरे, परिभ्रमण द्वारा वह अपने आस-पास के वातावरण से भली प्रकार परिचित हो जाता है। नगर-जीवन के अतिरिक्त वह आस-पास के गांवों के जीवन को देखता है। और उसे वहां की समस्याओं पर विचार करने का अवसर प्राप्त होता है। वह पुस्तकों द्वारा जो नहीं समझ पाता, उसे आंखों से देखकर भलीभांति समझ लेता है। नगर मुख्य-मुख्य उद्योग धंधे तथा विशाल कल-कारखाने, रेलवे स्टेशन पर आने-जाने वाली वस्तुएं आदि को, ले जाकर, दिखाने से छात्रों को अपने नगर के विषय में वास्तविक जानकारी कराई जा सकती है। इस प्रकार परिभ्रमण द्वारा विद्यालय का जीवन की यथार्थता से संबंध स्थापित किया जा सकता है।

तीसरे, परिभ्रमण पाठ्य-विषयों को रुचिकर बनाने में भी सहायक होता है। इतिहास और भूगोल—जैसे नीरस विषय परिभ्रमण द्वारा अत्यंत रोचक हो जाते हैं। ताज के सौंदर्य का ज्ञान छात्रों को कक्षा में इतनी सरलता से नहीं कराया जा सकता है जितना कि प्रत्यक्ष ताज को दिखाकर। इसी प्रकार किसी युद्ध का वर्णन, यदि युद्धस्थल पर छात्रों को ले जाकर किया जाए तो वह और भी अधिक रोचक हो जाता

है। जैसे तराइन के युद्ध के लिए तराइन का मैदान महाभारत के युद्ध के लिए कुरूक्षेत्र आदि भूगोल-शिक्षण में भी परिभ्रमण अत्यंत सहायक तथा उपयोगी है। मानचित्र में पर्वत, नदियां दिखाकर छात्रों को भूगोल के प्रति इतना उत्साहित नहीं किया जा सकता जितना कि छात्रों को पर्वत और नदियां प्रत्यक्ष दिखाकर। पाताल-तोड़ कुएं, वनों से ढकी पर्वतश्रेणियां, नदियों के उद्‌गम तथा झरने आदि को दिखाकर छात्रों के मन में उनके के प्रति जिज्ञासा उत्पन्न की जा सकती है।

परिभ्रमण पर जाने से पहले योजना बना लेनी चाहिए। बिना उद्देश्य परिभ्रमण व्यर्थ है। किन-किन स्थलों पर जाना है तथा वहां जाकर क्या-क्या बताना है आदि का निश्चय अध्यापक को पहले से कर लेना चाहिए। बाहर जाकर छात्रों को प्रत्येक वस्तु के निरीक्षण की पूर्ण स्वतंत्रता प्रदान की जाए तथा उनकी जिज्ञासा को भी शांत किया जाए। बिना योजना के परिभ्रमण के लिए चल देना समय तथा धन की बरबादी है। परिभ्रमण तभी सफल समझा जाएगा जबकि छात्र घर लौटने पर नये ज्ञान के प्रति संतोष प्रकट करें।

(5) खेल-कूद एवं शारीरिक व्यायाम—खेल-कूदों के महत्त्व पर हम अनुशासन वाले अध्याय में पर्याप्त प्रकाश डाल चुके हैं। यहां पर हम केवल इतना कह देना चाहते हैं कि विद्यालय में खेल-कूद के अतिरिक्त शारीरिक व्यायाम को भी महत्त्व प्रदान करना चाहिए। अधिकांश विद्यालय अपने यहां फुटबॉल, हॉकी आदि का ही संगठन करते हैं, सामूहिक रूप से व्यायाम करने को अधिक महत्त्व नहीं दिया जाता।

(6) स्काउटिंग—इस संस्था का जन्म दक्षिण अफ्रीका में सर रॉबर्ट वेडेन पॉवेल ने किया था। दक्षिणी अफ्रीका में उस समय बोअर युद्ध चल रहा था। वेडेन पॉवेल ने छोटे-छोटे बालकों द्वारा शत्रु पक्ष की सूचना प्राप्त करने के लिए इस संस्था का निर्माण किया। इसमें बच्चों को कोड के द्वारा अपने विचारों को व्यक्त करना बतलाया गया था। आज संसार के प्रत्येक देश ने इस संगठन को अपना लिया है। वर्त्तमान स्काउटिंग का अर्थ दूसरे रूप में लिया जाता हैं स्काउटिंग का संगठन आजकल जन-सेवा तथा अच्छे गुणों को विकसित करने के लिए किया जाता है। अवकाश के समय बड़े भाई छोटे भाइयों के साथ सम्मिलित होते हैं और उन्हें सत्संग का अवसर देते हैं। स्काउटिंग के अनेक लाभ हैं। खेल-खेल में छात्र अपने अंदर अनेक सद्‌गुण विकसित करते हैं। वे समय-समय पर वनभ्रमण तथा प्राकृतिक सौंदर्य को देखने जाते हैं, जिससे बाह्य वातावरण को समझने का अवसर प्राप्त होता है। प्रत्येक छात्र को प्रतिज्ञा करनी पड़ती है कि वह सत्य बोलेगा, देशभक्त तथा ईश्वरभक्त रहेगा। इस संस्था द्वारा यह प्रयत्न किया जाता है कि प्रत्येक बालक विश्वसनीय, समाजसेवी, विनम्र, धैर्यवान तथा दूसरे के प्रति दयालु बने।

(7) गर्ल-गाइड–स्काउटिंग जिस प्रकार लड़कों की संस्था है उसी प्रकार लड़कियों की संस्था गर्ल-गाइड है। इस संस्था के द्वारा किशोरवस्था की छात्राओं को खेल द्वारा अनेक अच्छी बातें सिखाई जाती हैं। उनको खाना पकाना, नृत्य, संगीत, गृहविज्ञान आदि की शिक्षा खेल-खेल में प्रदान की जाती है। स्काउटिंग के समान इसमें भी छात्राओं में सद्गुणों का विकास करने का प्रयत्न किया जाता है। इस संगठन के द्वारा छात्राओं के चरित्र का निर्माण सरलता के साथ किया जा सकता है तथा उन्हें समाजसेवी बनाया जा सकता है।

(8) विशेष रुचियाँ–अवकाश के क्षणों का उपयोग करने के लिए छात्रों में अच्छे शौक या रुचियां उत्पन्न करना आवश्यक है। हमारे देश में छात्र प्रत्येक शौक की पूर्ति घरपर आर्थिक कठिनाइयों के कारण नहीं कर सकते, इस कारण पाठशाला में कुछ मुख्य-मुख्य रुचियों की पूर्ति का प्रबंध आवश्यक है। अध्यापकों को चाहिए कि वे पहले इस बात का निर्णय करें कि किन उपयोगी रुचियों को प्रोत्साहन दिया जाए। प्रमुख रुचियों में टिकट तथा सिक्के संग्रह करना, बागवानी तथा फोटोग्राफी आते हैं। टिकट तथा सिक्के संग्रह करने से ऐतिहासिक ज्ञाने की वृद्धि होती है। छात्रों को विभिन्न सिक्के तथा टिकट संग्रह करने के लिए प्रोत्साहित किया जाए तथा उनसे संबंधित ऐतिहासिक ज्ञान का परिचय कराया जाए। बागवानी सबसे सुंदर तथा लाभदायक रुचि है। इससे छात्र प्रकृति से अपना सीधा संबंध जोड़ लेते हैं, वे स्वयं अपने हाथों से बीज बोते हैं तथा उनका उगना अपनी आंखों से देखते हैं और बड़े होने पर उनके फल प्राप्त कर हर्षित होते हैं। बागवानी के लिए विद्यालय में कुछ भूमि अवश्य सुरक्षित रखी जानी चाहिए। छात्रों द्वारा जहां तक हो सके सारे कार्य करवाए जाएं। फोटोग्राफी एक मंहगी कला है। इस कारण इसके लिए एक क्लब स्थापित कर दिया जाए तो अच्छा है। कैमरे का उपयोग ऐतिहासिक स्थलों के चित्र लेने में जहां तक हो सके, किया जाए।

(9) रेडक्रॉस तथा प्राथमिक सहायता–अन्य क्रियाओं के साथ-साथ प्राथमिक सहायता तथा रेडक्रॉस-संस्थाओं का विद्यालय में अत्यधिक महत्त्व है। इन संस्थाओं के संगठन का प्रमुख उद्देश्य छात्रों को नित्यप्रति दुर्धटना में चोट-फोट लग जाती है उनके सामान्य इलाज की शिक्षा प्रदान करना है। इस प्रकार की शिक्षा प्राप्त करके छात्र अपने को ही लाभ नहीं पहुंचाएंगे, वरन् आवश्यकता पड़ने पर वे समाज की सेवा कर सकते हैं। प्राथमिक सहायता में छात्र को सामान्य चोटों से लेकर हड्डी टूटना, सांप काटने के इलाज आदि सबकी सामान्य शिक्षा प्रदान की जाती है। किसी योग्य अध्यापक की देखरेख में प्राथमिक सहायता तथा रेडक्रॉस सोसाइटी का संगठन किया जा सकता है। छात्रावास में इसका संगठन और भी अधिक उपयोगी सिद्ध हो सकता

है। संगठन को उपयोगी बनाने के लिए सदस्यों से चंदा एकत्र करके पट्टियों, दवाइयों आदि का प्रबंध किया जा सकता है। सदस्यों का कर्त्तव्य है कि वे बाढ़, भूकंप तथा मेला आदि के अवसर पर सेवा निःस्वार्थ भाव से करें। समय-समय पर पास के गांव में जाकर, स्वास्थ्य के सामान्य सिद्धांत से ग्रामीण निवासियों को परिचित कराएं तथा साधारण चोट और बीमारियों के उपचारों से भी अवगत कराएं। अपने इस कार्य के लिए वे 'Magic lanterm' का प्रयोग कर सकते हैं। अवसर पड़ने पर रोग तथा खाने-पीने में असावधानी के परिणाम आदि पर नाटक खेले जा सकते हैं। संस्था के सदस्य अपने ज्ञान की वृद्धि के लिए आसपास के डॉक्टर की सहायता ले सकते हैं।

सह-शैक्षणिक क्रियाशीलन के संगठन के सिद्धांत

सह-शैक्षणिक क्रियाशीलन के संगठन के प्रमुख सिद्धांत अग्रलिखित हैं–

(1) **उद्‌बोधक क्रियाशीलन**–क्रियाएं जहां तक हो सके, बौद्धिक तथा नैतिक स्तर को ऊपर उठाने वाली हों।

(2) **वैयक्तिक भिन्नता के सिद्धांत का अनुपालन**–सह-शैक्षणिक क्रियाशीलन के संगठन में विभिन्नता के सिद्धांत को अवश्य अपनाना चाहिए। उनका संगठन इस प्रकार से हो कि प्रत्येक रुचिवाले तथा विभिन्न आयुवाले छात्र भाग ले सकें।

(3) **क्रियाशीलन शैक्षिक उद्देश्यपूर्ति का साधनमात्र**–क्रियाएं साधन हो, न कि साध्य।

(4) **छात्रों की मानसिक तथा शारीरिक क्षमता का ध्यान**–संगठन करते समय छात्रों की आयु तथा मानसिक अवस्था की अवश्य ध्यान में रखा जाए।

(5) **अधिक-से-अधिक छात्रों का सहयोग**–इन क्रियाओं में जहां तक हो सके अधिक छात्र भाग लें।

(6) **कार्यावयन क्रम से**–सह-शैक्षणिक क्रियाशीलन धीरे-धीरे लागू किया जाए। विद्यालय में एकदम उनकी भीड़ लगाना पूर्णतया अनुचित है।

(7) **समय-सारिणी में स्थान**–सह-शैक्षणिक क्रियाशीलन की भी समय-सारिणी बनाई जाए, केवल खानापूर्ति न हो।

(8) **शिक्षक का पूर्ण निरीक्षण**–प्रत्येक क्रिया का उत्तरदायी एक शिक्षक हो, जो सब प्रकार से निरीक्षण का कार्य आदि करे।

(9) **छात्रों का स्वतंत्र प्रबंध**–अध्यापक इन क्रियाओं में छात्र को स्वशासन प्रदान करें। जहां तक हो सके छात्र ही इन क्रियाओं का संचालन करें। अध्यापक केवल मार्गदर्शक ही रहें।

(10) रुचि लेने वाले योग्य शिक्षक की देखरेख—शिक्षकों को इन क्रियाओं का भार योग्यता तथा रुचि को ध्यान में रखते हुए दिया जाए।

(11) अध्यापकों की कार्यकुशलता क्रियाशीलन में क्षमता भी—अध्यापकों की कार्य कुशलता का आकलन मात्र अध्यापन के कार्य से ही न हो, उपरोक्त क्रियाओं की सफलता को दृष्टिगत रखते हुए ही उनकी प्रोन्नति की जाए।

15

नेतृत्व का महत्त्व

सामान्यतः नेतृत्व का नाम लेते ही जेहन में राजनीतिक नेतृत्व उभर कर आ जाता है। किंतु यह नेतुत्व का सीमित अर्थ है। वस्तुतः नेतृत्व का क्षेत्र अत्यंत ही व्यापक है। नेतृत्व तो मनुष्य का वह परिस्थितियों में भी अपने लक्ष्य की प्राप्ति का मार्ग ढूंढ़ने में सफल होता है। तथा अन्य सहजीवियों को भी प्रगति के मार्ग पर ले चलने में कृतकार्य होता है। यह गुण जीवन के सभी क्षेत्रों में आवश्यक और उपयोगी है। शिक्षा, व्यापार, श्रम, उद्योग, राजनीति, राष्ट्रनिर्माण अथवा सामाजिक कार्यों के क्षेत्र में नेतृत्व के गुणों से संपन्न व्यक्ति ही जनसाधारण का मार्गदर्शन कर पाता है। वह निराश सामाजिक जीवन में आशा का संचार करता है तथा पथभ्रष्ट जन-जीवन के मार्ग को प्रकाशित करता है।

वस्तुतः समाज में दो प्रकार के व्यक्ति होते हैं। कुछ लोगों का कार्य समूह के लिए नीति-निर्धारण, मार्ग-निर्माण करना तथा अधिकांश लोगों का कार्य उन नीति अथवा मार्ग का अनुसरण करना होता है। स्पष्ट ही पहला कार्य नेतृत्व का है।

नेतृत्व का महत्त्व

नेतृत्व का महत्त्व समाज, राष्ट्र तथा विश्व के लिए बहुत बड़ा है। नेता अगर उच्च कोटि का होगा तो वह साधारण कोटि के अनुयायी को भी अपने स्तर पर ले आएगा। अगर वह उच्च आदर्श को अपने समक्ष रखेगा तो उसके अनुयायी भी इस आदर्श से अनुप्राणित होकर आगे बढ़ने की चेष्टा करेंगे। अगर नेता साधारण कोटि का होगा, अपने समक्ष निम्नस्तर का उद्देश्य रखेगा तो उसके अनुयायी भी ऐसा ही कार्य करेंगे जिससे सभी के सिर झुक जाएंगे। अतः सामुदायिक-सामाजिक जीवन में नेतृत्व का बहुत अधिक महत्त्व है। विद्यालय के छोटे समुदाय से लेकर राष्ट्र अथवा विश्व के बड़े समुदाय तक नेतृत्व का बहुत ही महत्त्वपूर्ण कार्य है। अगर किसी राष्ट्र का सुयोग्य नेता मिल जाए तो उसकी प्रगति निश्चित है। यदि विश्व को उच्च कोटि

तथा मानवीय भावों से ओत-प्रोत नेता मिले तो विश्वबंधुत्व हमारे सामने साकार हो उठे तथा मानवता के माथे का कलंक 'युद्ध' समाप्त ही हो जाए। इस प्रकार नेतृत्व का महत्त्व स्पष्ट है।

अतः आवश्यकता इस बात की है कि विद्यालय में ही छात्रों में नेतृत्व के गुणों को विकसित करने पर ध्यान दिया जाए, ताकि बड़े होकर वे अपने समाज और देश का सबल तथा सही नेतृत्व कर सकें।

नेतृत्व के गुणों के विकास के उपाय

1. आदर्श चरित्र एवं सूझ-बूझ का प्रभाव—शिक्षक का चरित्र आदर्श और प्रभावशाली हो। वह विचारवान, कल्पनाशील तथा सूझ-बूझवाला हो। ऐसे शिक्षक का प्रभाव छात्रों के चरित्र पर स्पष्ट रूप से पड़ता है। छात्र उनका सम्मान तो करते ही हैं उनसे जीवन में नेतृत्व के गुण भी प्राप्त करते हैं।

2. छात्रों को उत्तरदायित्व के कार्य सौंपना—विद्यालय अब प्रजातंत्र के अंतर्गत हैं। अतः विद्यालयों में प्रजातंत्रात्मक प्रशिक्षण का अवसर प्रदान करना चाहिए। इसके लिए विद्यालय-संसद् का निर्वाचन, संगठन तथा विद्यालीय-मंत्रिमंडल का गठन बहुत ही महत्त्व के कार्य हैं। इन संस्थाओं के संगठन-संचालन का भार छात्रों पर सौंपा जाए। उन्हें संगठन, संचालन तथा नेतृत्व-कार्य का प्रशिक्षण स्वतः ही प्राप्त हो जाएगा। वस्तुतः उत्तरदायित्व निभाने का प्रशिक्षण नेतृत्व के विकास के लिए अत्यावश्यक है।

3. क्षमतावान छात्रों का चयन—कुछ लोगों में नेतृत्व करने की क्षमता जन्मजात होती है। ऐसे क्षमतावान छात्रों का चयन अत्यावश्यक है। शिक्षक छात्रों के निकट संपर्क में आकर उनकी क्षमता तथा योग्यता को परख सकते हैं। इस प्रकार के चुने हुए छात्रों में नेतृत्व के गुणों को विकसित करने का कार्य किया जाए।

4. स्वच्छंद वातावरण की सृजन—छात्रों को आत्म-प्रकाशन एवं आत्मभिव्यक्ति के लिए स्वछंद वातावरण प्रदान करना अत्यावश्यक है। ऐसे वातावरण में छात्र अपने आंतरिक व्यक्तित्व को पूर्ण प्रकाशित कर पाते हैं तथा उन्हें नेतृत्व के अवसर प्रदान किए जाते हैं।

5. सह-शैक्षणिक क्रियाशीलनों का आयोजन—विद्यालय में स्काउटिंग खेल, अभिनय, वाद-विवाद, समाज-सेवा, विद्यालय-मंत्रिमंडल आदि का आयोजन एवं संचालन छात्रों के द्वारा होना चाहिए। इन क्रियाशीलनों में अलग-अलग दिशा में अलग-अलग छात्रों की क्षमता, योग्यता तथा तीव्रता का परिचय मिलता है। इन क्रियाशीलनों द्वारा निश्चित रूप से नेतृत्व की शिक्षा प्राप्त होती है।

6. आदर्श शिक्षक का क्रियाशीलनों में सक्रिय भाग लेना—योग्य एवं नेतृत्व गुणवाला शिक्षक यदि किसी क्रियाशीलन में भाग लेता है तो तुरंत ही अपने गुणों द्वारा वह सबके आकर्षण का केंद्र बन जाता है। छात्र उससे प्रेरित एवं प्रभावित होते हैं तथा वह अपने में नेतृत्व के गुणों को उत्साहपूर्वक विकसित करता है। छात्र शिक्षक का अनुसरण कर स्वयं नेता हो जाएंगे।

7. विशेष प्रशिक्षण—आधुनिक जमाने में यह सोचा जाता है कि नेतृत्व का गुण वातावरण के द्वारा ही विकसित होता है। वस्तुतः वह आवश्यक रूप से जन्मजात नहीं है। अतः आज नेतृत्व के प्रशिक्षण के लिए वर्ष में कुछ समय निकालकर उसका कहन उपयोग किया जाना चाहिए। इन गहनवर्गों को संचालित करने के लिए योग्य, नेतृत्व से संपन्न तथा अनुभवी एवं चरित्रवान शिक्षकों की आवश्यकता है। इस प्रकार भी नेतृत्व के गुणों का स्पष्ट विकास किया जा सकता है।

16

शिक्षक-अभिभावक संघ

महत्त्व

बालक के मानसिक एवं शारीरिक विकास में परिवार का मुख्य योगदान रहता है। बालक के प्राथमिक शिक्षक उसके माँ-बाप ही हैं जो खेल-खेल में उसे शिक्षा का प्रारंभिक ज्ञान देते हैं। बालक विद्यालय में जब प्रवेश करता है तो वह मां-बाप द्वारा प्रदान किए गए संस्कारों तथा परंपराओं को साथ लाता है। अतः हम देखते हैं कि बालक की शिक्षा का उत्तरदायित्व जितना अध्यापक पर है, उससे अधिक उसके अभिभावक पर है। छात्र का अधिकांश समय घर पर बीतता है, जबकि वह मुश्किल से चार या पांच घंटे विद्यालय में व्यतीत करता है। यदि हम छात्रों का सम्यक् विकास चाहते हैं तो हमें उनके अभिभावकों से सहयोग प्राप्त करना होगा। बालक के व्यक्तित्व निर्माण 'घर' तथा 'विद्यालय' दोनों जगह होता है तथा दोनों का एक ही उद्देश्य है—बालक का सम्यक् विकास। अतः शिक्षक-अभिभावक सहयोग अत्यावश्यक है।

(1) **छात्रों के व्यक्तित्व तथा बौद्धिक ज्ञान प्राप्त करने में उपयोगी**—शिक्षक-अभिभावक सहयोग का सबसे बड़ा लाभ यह है कि अध्यापक अभिभावकों की सहायता से बालक को भली प्रकार समझ सकता है तथा उनके घर के वातावरण को समझकर उसके व्यक्तित्व के विकास में अपना योग प्रदान कर सकता है। छात्रों के ऊपर घर के वातावरण का अत्यधिक प्रभाव पड़ता है, वे जिस वातावरण में पलते हैं वैसे ही भाव उनके मस्तिष्क में दृढ़ हो जाते हैं। अतः अध्यापकों के लिए यह आवश्यक हो जाता है कि वे छात्रों के वातावरण को समझें तथा स्कूल और घर के वातावरण में समन्वय स्थापित करें। इसी प्रकार अभिभावकों का भी कर्त्तव्य है कि विद्यालय तथा शिक्षकों से संपर्क बनाए रखें।

(2) **विद्यालय एवं समाज का घनिष्ठ संपर्क स्थापन**—शिक्षक-अभिभावक सहयोग जितना मधुर होता जाएगा, उतना ही समाज के निकट आता जाएगा। दोनों मिलकर बालक को समाज का सच्चा तथा जागरूक नागरिक बना सकते हैं।

(3) अनुशासन स्थापना में सहायक—शिक्षक-अभिभावक सहयोग विद्यालय में अनुशासन स्थापित करने में भी सहायक होता है। जब बालकों के मां-बाप अध्यापकों के साथ सद्व्यवहार करेंगे तथा उनसे समय-समय पर रहेंगे तो उसका प्रभाव बालकों पर भी पड़ता है। वे अध्यापकों को आदर की दृष्टि से देखने लगते हैं तथा उनकी आज्ञा मानने के लिए सदा तत्पर रहते हैं। उन्हें भय रहता है कि कहीं अध्यापक उनके मां-बापों से शिकायत न कर दें।

(4) पारस्परिक विश्वास—शिक्षक-अभिभावक संपर्क में मधुरता आ जाने से, दोनों में एक-दूसरे के प्रति विश्वास हो जाता है। बालकों के मां-बाप विद्यालय के प्रत्येक कार्य में उत्साह दिखाते हैं। वे अध्यापक से संपर्क द्वारा अपने बच्चों की कमजोरियां ज्ञात करके उन्हें दूर करने का प्रयत्न करते हैं।

(5) विद्यालय के कार्यों को सफल बनाने में सहायक—कुछ भी हो, छात्र के सर्वांगीण विकासा के लिए तथा विद्यालय के कार्य को सफल बनाने के लिए शिक्षक-अभिभावक सहयोग की परम आवश्यकता पड़ती है। गृह-कार्य, स्वास्थ्य-रक्षा अनुशासन की समस्या तथा अन्य क्रियाओं को सफल बनाने के लिए अभिभावक का सहयोग लेना अनिवार्य हो जाता है।

शिक्षक-अभिभावक संपर्क को दृढ़ करने के उपाए

(1) बालकों के साथ अच्छा व्यवहार—अभिभावक का सहयोग प्राप्त करने के लिए सबसे प्रमुख बात ध्यान रखने की है—बालकों के साथ व्यवहार। यदि अध्यापक अपने छात्रों के साथ अच्छा व्यवहार करता है तथा उन्हें स्नेह दृष्टि से देखता है तो छात्र भी उसे प्यार और स्नेह की दृष्टि से देखेंगे तथा अपने घर पर अपने मां-वापों से अध्यापक की प्रशंसा करेंगे। अभिभावक अपने बच्चों द्वारा अध्यापक की प्रशंसा सुनकर, उनसे मिलने को उत्सुक होंगे। अतः अध्यापकों को अपने कार्यों के साथ सदा प्रेम और उदारता का व्यवहार करना चाहिए।

(2) व्यक्तिगत संपर्क—जहां तक संभव हो सके शिक्षकों को व्यक्तिगत रूप से अभिभावकों से संबंध स्थापित करना चाहिए। समय मिलने पर छात्रों के अभिभावकों से मिला जाए।

(3) गृह-कार्य की शिकायत—जो छात्र गृह-कार्य नहीं करके लाते हों उनकी शिकायत अभिभावकों से अवश्य की जाए। अभिभावकों से अनुरोध किया जाए कि वे बालक को कार्य करने के लिए समय प्रदान करें।

(4) समारोहों में अमंत्रण—विद्यालय में होनेवाले प्रत्येक समारोह तथा सामयिक सम्मेलन में छात्रों के अभिभावकों को अवश्य आमंत्रित किया जाए।

विद्यालय में समय-समय पर नाटक, संगीत-सम्मेलन आदि का आयोजन किया जाए, जिसमें छात्रों के अभिभावक भी बुलाए जाएं।

(5) प्रबंधक-मंडल में अभिभावकों को स्थान देना—विद्यालय के प्रबंधक-मंडल में अभिभावकों का प्रतिनिधित्व सर्वथा उचित है। इस प्रकार की व्यवस्था से अभिभावक विद्यालय में अधिक दिलचस्पी लेने लगते हैं। विद्यालय के प्रबंध में अध्यापकों का सहयोग किस सीमा तक लिया जाए यह विद्यालय की परिस्थिति पर निर्भर करता है।

(6) छात्रों की प्रगति से अवगत कराना—विद्यालय की ओर से छात्रों की शिक्षा सूचना तथा अन्य बातों का विवरण (reports) अभिभावकों के पास प्रतिमास या तिमाही अवश्य भेजा जाए। विवरण के अंदर जहां तक हो सके अधिक-से-अधिक जितनी भी बातें आ सकती हों, भर देनी चाहिए। विवरण को विस्तार के साथ तैयार किया जाए, उसमें केवल शिक्षा संबंधी तथा मानसिक प्रगति संबंधी सूचनाएं ही न हों, वरन् शारीरिक, सामाजिक तथा नैतिक विकास का विवरण भी होना चाहिए। विद्यालय का प्रभाव जो बालक के जीवन के प्रत्येक अंग पर पड़ता है, उन सबका विवरण मां-बापों के पास भेजा जाना आवश्यक है। इस प्रकार का विवरण अभिभावकों को बालकों की प्रगति व अवनति का पूरा परिचय दे देगा।

विवरण को प्रभावशाली बनाने के लिए प्रत्येक छात्र के लिए एक कार्ड का होना आवश्यक है। इस कार्ड के अंदर कक्षा अध्यापक को छात्र के विषय में ठीक-ठीक समस्त सूचानाएं भर देनी चाहिए। जहां तक हो सके कार्ड डाक द्वारा भेजा जाए। यदि कार्ड के साथ एक फार्म और भेज दिया जाए तो और भी उत्तम होगा। इस फार्म को अभिभावक हर शिक्षक के पास भेजेंगे। इसके द्वारा छात्रों के विषय में विद्यालय को पूर्ण सूचना प्राप्त हो जाएगी तथा अध्यापक भी छात्रों की समस्याओं को ठीक प्रकार से समझ सकेंगे। वार्षिक डॉक्टरी जांच की रिपोर्ट भी अभिभावकों के पास भेजी जाए तथा डॉक्टरों द्वारा की गई सिफारिशों को पूर्ण करने के लिए छात्र अभिभावकों से आग्रह करे।

(7) नामांकण के समय सहानुभूतिपूर्ण व्यवहार—किसी बालक के अभिभावक का संपर्क विद्यालय से प्रथम बार तब होता है जबकि वह अपने बच्चों को लेकर विद्यालय में प्रवेश के लिए जाता है। प्रधान अध्यापक का कर्त्तव्य है कि इस अवसर का लाभ उठाए तथा प्रत्येक बालक के अभिभावकों के साथ सहानुभूति तथा स्नेह का व्यवहार करे। प्रधान अध्यापक को बिना ऊंच-नीच की भावना रखे सबसे मानवता के आधार पर मिलना चाहिए। यदि प्रथम बार ही अभिभावकों के साथ दुर्व्यवहार किया जाएगा तो उसके मन में विद्यालय के प्रति घृणा घर कर जाएगी। अतः प्रधान

अध्यापक तथा अध्यापकों को छात्रों के अभिभावकों के साथ अत्यंत नम्रता तथा उदारता का व्यवहार करना चाहिए।

(8) विद्यालय को सामुदायिक योजनाओं का केन्द्र रूप प्रदान करना—यदि विद्यालय को समाज की विभिन्न क्रियाओं का केन्द्र बनाया जाए तो उचित है। विद्यालय में प्रौढ़ पाठशालाएं खोली जाएं। सुविधानुसार प्रौढ़ पुस्तकालय की स्थापना की जा सकती है। समय-समय पर सामाजिक गोष्ठियों तथा व्याख्यानों का भी आयोजन किया जा सकता है। साथ-ही-साथ विद्यालय के छात्रों को समाज-सेवा आदि के कार्य के लिए गांव आदि में भेजना चाहिए।

(9) अभिभावक-दिवस का आयोजन—वर्ष में एक बार अभिभावक-दिवस मनाया जाए। इस दिन अभिभावकों को दिखाया जा सकता है कि विद्यालय ने वर्ष भर में क्या-क्या प्रगति की है। नाटक, कवि-सम्मेलन, संगीत-प्रतियोगिता आदि कार्यक्रमों का आयोजन इस दिन अवश्य किया जाए। अभिभावकों को आकर्षित करने के लिए एक प्रदर्शनी का आयोजन किया जा सकता है जिसमें छात्रों द्वारा बनाए गए चार्ट, नक्शे, हस्तलेख तथा पत्रिकाओं का सजाकर रखा जाए।

अभिभावक-दिवस पर छात्रों के मां-बापों को विद्यालय का निरीक्षण करने की पूर्ण स्वतंत्रता प्रदान की जाए। छात्रों को अवसर प्रदान किया जाए कि वे अपने माता-पिता को विद्यालय की समस्त योजनाओं से परिचित करा सकें। अभिभावक को विद्यालय, पुस्तकालय, छात्रावास तथा खेल का मैदान आदि सभी का निरीक्षण करने की छूट दी जाए, स्काउटिंग, गर्ल गाइड्स, रेडक्रॉस, खेल-कूद आदि क्रियाओं का प्रदर्शन भी इस दिन किया जाए। वार्षिक पारितोषिक-वितरण भी इस दिन हो, जिससे कि माता-पिता अपने बच्चों को पुरस्कार पाते देख प्रसन्न हों।

(10) अभिभावक-शिक्षक समिति का निर्माण—शिक्षक-अभिभावक सहयोग को सुदृढ़ बनाने के लिए 'अभिभावक-शिक्षक समिति' का निर्माण परम आवश्यक है। इस समिति के सदस्य शिक्षक तथा अभिभावक होते हैं। वर्ष में दो या तीन बार इसकी बैठकें होना आवश्यक है। समिति का अध्यक्ष अभिभावकों में से चुना जाए तो उत्तम रहेगा। प्रत्येक बैठक का अपना कोई विशेष कार्यक्रम हो, जो किसी-न-किसी रूप में विद्यालय से संबंधित होना चाहिए। शिक्षकों के पास विद्यालय की उन्नति से संबंधित यदि कुछ विचार हों तो उन्हें अभिभावकों के समक्ष रखा जाए, नहीं तो छात्रों की समस्या, विद्यालय की आर्थिक समस्या, अनुशासन आदि पर विचार-विमर्श किया जाए। प्रधानाध्यापक को चाहिए कि यह स्वयं विद्यालय द्वारा की गई प्रगति तथा आवश्यकताओं पर अपना विचार स्पष्ट करे।

(11) अभिभावकों की समस्याओं का सहानुभूति पूर्वक निपटारा– अभिभावकों की भी अनेक व्यक्तिगत समस्याएं होती हैं। उन समस्याओं की जानकारी शिक्षकों के लिए लाभकारी होती है। इस जानकारी के आधार पर शिक्षक अभिभावकों के प्रति पूरी सहानुभूति दिखाकर उनकी समस्याओं को हल करने में सहायक हो सकते हैं। इस तरह वे उनके अत्यंत निकट आ जाते हैं।

17

विद्यालय और समाज

मनुष्य एक सामाजिक प्राणी है। अतः जन्मकाल से ही उसका समाज से संबंध जुड़ जाता है। बालक जिस समाज में रहता है, उसका प्रभाव समाज पर पड़ना लाजिमी है। अतएव जिस प्रकार का समाज होगा, उसी तरह का ही वहाँ का बालक समुदाय होगा। यदि समाज में दूषित तत्त्व घर कर गए हैं तो उसके सदस्य भी दूषित मनोवृत्ति के होंगे। अतः समाज की उन्नति के लिए आवश्यक है कि बालकों या समाज के सदस्यों के लिए उचित शिक्षा का प्रबंध किया जाए। समाज के सदस्यों की शैक्षिक आवश्यकता की पूर्ति के लिए ही विद्यालय का निर्माण किया गया है जो कि एक महत्त्वपूर्ण संस्था है दोनों में पारस्परिक संबंध है तथा दोनों का उत्थान-पतन एक-दूसरे पर आधारित है। परंतु समाज के शिक्षा-संबंधी प्रयत्न तभी सफल हो सकते हैं जबकि समाज की समस्त इकाइयां या संस्थाएं सहयोग से कार्य करें। अतः पाठशाला तथा समाज दोनों को एक-दूसरे के प्रति सहयोगपूर्ण भाव रखना चाहिए। दूसरे शब्दों में, समाज को विद्यालय की आवश्यकताओं की पूर्ति करनी चाहिए और विद्यालयों को समाज की। यही विद्यालय और समाज के बीच पारस्परिक अंतक्रिया है।

वस्तुतः शिक्षा और जीवन का अभिन्न संबंध है और सामाजिक जीवन ही वास्तविक जीवन है। अतः शिक्षा को जीवननिष्ठ एवं वास्तविक बनाने के लिए विद्यालय को समाज के एकदम निकट संपर्क में लाना अत्यावश्यक है।

इसके लिए अग्रलिखित कार्य करने होंगे—

(1) **विद्यालय के कार्यक्रम में समाज के लोगों की सहभागिता**—विद्यालय के कार्यक्रम में समाज के व्यक्तियों को भी भाग लेने का अवसर मिले। विद्यालय में होनेवाले समारोह, नाटक आदि कार्यक्रमों में समाज के सदस्य भी भाग लें तथा उन्हें देखने की सुविधाएं प्रदान की जाएं। विद्यालय में कुछ ऐसे भी कार्यक्रम रखे जाएं जो स्थानीय प्रौढ़ों की रुचि के अनुकूल हों। दूसरे शब्दों में विद्यालय को समाज का केंद्र बनाया जाए जिससे समाज क सदस्य उसे अपना समझें।

(2) सामाजिक आवश्कतानुसार पाठ्यक्रम का निर्माण—विद्यालय और समाज के संपर्क मधुर बनाने के लिए विद्यालय के पाठ्यक्रम को सामाजिक आवश्यकताओं की पूर्ति के आधार पर बनाया जाए। पाठ्यक्रम केवल पुस्तकीय ज्ञान से ही संबंधित न हो, वरन् उसमें उन विषयों का भी समावेश किया जाए, जिनसे छात्रों में सामाजिक कुशलता का विकास हो। विद्यालय छोड़ने के उपरांत वे सामाजिक क्रियाओं में कुशलता के साथ भाग ले सकें। दूसरे शब्दों में समाज की क्रियाओं को पाठ्यक्रम में स्थान दिया जाए, जिससे छात्र सामाजिक क्षमता प्राप्त कर सकें।

(3) वयस्क-शिक्षा का प्रबंध—हमारे देश मे अशिक्षितों की संख्या अपार है। अतः अशिक्षा के अंधकार को दूर करने केलिए विद्यालयों में वयस्कों की शिक्षा का प्रबंध कियाजाए। शाम के समय वयस्क-शिक्षा का प्रबंध करने से समाज और विद्यालय के संबंधों में मधुरता आएगी, वे एक-दूसरे को अपना समझेंगे।

(4) पाठ्यक्रम में जीविकोपार्जन के उद्देश्य का मिश्रण— पाठ्यक्रम-निर्माण में जीविकोपार्जन के उद्देश्य को भी न भूला जाए। वर्त्तमान विद्यालयों के प्रति जनता में असंतोष का प्रमुख कारण यह है कि विद्यालयों में कोई भी ऐसा विषय नहीं पढ़ाया जाता जो कि शिक्षा समाप्त करने के पश्चात् उन्हें जीविका कमाने में सहायता प्रदान करता हो। अतः यह आवश्यक हो जाता है। कि पाठ्यक्रम के अंदर ऐसे विषय रखे जाएं जो छात्रों में जीविकोपार्जन की क्षमता उत्पन्न कर सकें। छात्रों को व्यावसायिक शिक्षा प्रदान करना परम आवश्यक है।

(5) लोचदार पाठ्यक्रम—पाठ्यक्रम को समाज की गति के अनुसार परिवर्तनशील या लचकदार बनाया जाए। समाज में परिवर्तन तीव्रता के साथ हो रहे हैं।, अतः परंपरागत रूप से चले आ रहे पाठ्यक्रम से कार्य नहीं चला सकता। पाठ्यक्रम इस प्रकार का हो कि समाज की बदलती आवश्यकताओं की पूर्ति कर सके। अतः पाठ्यक्रम को जटिल न बनाया जाए। उसमें परिस्थिति तथा आवश्यकतानुसार परिवर्तन करना आवश्यक है।

(6) क्रिया प्रधान शिक्षण—शिक्षण-प्रणाली में भी परिवर्तन किया जाए। कक्षा में छात्रों को भाषण-प्रणाली से शिक्षा प्रदान न करके क्रिया द्वारा शिक्षा प्रदान की जाए। छात्र जो कुछ भी सीखें, करके सीखें। उन्हें सामाजिक क्रियाओं का भी अनुभव करने दिया जाए। कर्म द्वारा प्राप्त की गई शिक्षा छात्रों को व्यावहारिक बनाती है।

(7) विद्यालय को समाज के निकट लाने के प्रयास—केवल समाज को ही पाठशाला के निकट नहीं लाना है, वरनृ विद्यालय को भी समाज के निकट पहुंचाना है। इसके लिए विद्यालय के अध्यापक, छात्र आदि को सामाजिक क्षेत्र में प्रवेश करना होगा। शिक्षकों को अपने छात्रों में यह भावना भरनी होगी कि विद्यालय समाज का एक अभिन्न

अंग है। परंतु यह तभी संभव हो सकता है, जबकि अध्यापक अपने समाज की दशा से पूर्णतया परिचित हो तथा सामाजिक जीवन में सक्रिय भाग लेता हो।

(8) छात्रों को सामाजिक जीवन की शिक्षा—बालकों को सामाजिक जीवन का ज्ञान कराने के लिए समय-समय पर भ्रमण द्वारा समस्याओं से परिचित कराए जाएं। कभी-कभी समाज सेवा का संगठन कर श्रमदान, प्रौढ़-शिक्षा प्रचार आदि कार्यक्रम, ग्रामीण क्षेत्र में आयोजित किए जा सकते हैं। इस प्रकार के आयोजनों से छात्र समाज के निकट आएंगे तथा उसकी आवश्यकताओं को भली प्रकार समझ सकेंगे।

(9) शिक्षक-अभिभावक सहयोग की स्थापना—विद्यालय के शिक्षकों अभिभावकों से मधुर संपर्क बनाने का प्रयत्न करना चाहिए। समय पर उन्हें अभिभावकों के निवास स्थान पर जाकर बालकों के पढ़ने-लिखने के संबंध में सूचना देनी चाहिए। विद्यालय के समारोह आदि के अवसर पर अभिभावकों को बुलाना न भूला जाए।

(10) सामाजिक समस्याओं का रचनात्मक हल खोजना—स्थानीय समाज में अनेक समस्याएं उपस्थित होती रहती हैं। शिक्षक सक्रिय रूप से उन समस्याओं का रचनात्मक समाधान ढूंढ़ने में लोगों की सहायता करे। इससे समाज का विश्वास एवं स्नेह विद्यालय को सहज ही प्राप्त हो जाता है।

(11) समाज-सेवा का कार्य—विद्यालय के शिक्षक तथा छात्र समय उपस्थित होने पर समाज की सेवा करने को तत्पर रहें।

18

समाज-सेवा की भावना का विकास

उद्देश्य

हमारा देश अब स्वतंत्र है। इसने अपने लिए गणतांत्रिक समाजवादी समाज-व्यवस्था स्वीकार कर ली है। इस प्रकार समाज तथा समाज के बहुमत की प्रमुखता स्पष्ट रूप से यहां स्थापित हो चुकी है। अतः हमारी शिक्षा का आज के संदर्भ में प्रमुख उद्देश्य हो गया है, छात्रों में गणतांत्रिक नागरिकता के गुणों का विकास। यदि ऐसा नहीं हुआ तो हमारी स्वीकृत समाज-व्यवस्था की रीढ़ ही टूट जाएगी। अतः इस उद्देश्य की पूर्ति के लिए गणतांत्रिक क्रियाशीलनों का विद्यालयों के कार्यक्रम में समाघेश अत्यावश्यक हो गया है। गणतांत्रिक नागरिकता का विकास समुचित एवं वास्तविक प्रशिक्षण, उपयुक्त अभ्यास एवं व्यवहार के द्वारा ही संभव है। गणतांत्रिक नागरिकता के गुणों का प्रस्फुटन तथा विकास वास्तविक भी तो जीवन के अनुभवों के द्वारा ही होता है। कहा भी है कि गणतांत्रिक गुण जीवन के क्रम में विकसित होता है। जो व्यक्ति बचपन से गणतांत्रिक वातावरण में सांस लेता है, वह वास्तविक गणतांत्रिक नागरिक बन पाता है। अतः छात्रों के लिए समाज की सेवा करना, सामाजिक क्रियाकलापों में भाग लेना तथा समाज की इज्जत करना अत्यावश्यक है। छात्रावास में किए गए ये अभ्यास निश्चित रूप से भावी गणतांत्रिक नागरिकता के विकास को पुष्ट करते हैं। इस प्रकार ये छात्र अपनेभावी जीवन में गणतांत्रिक नागरिकता के दायित्वों का सफलतापूर्वक विकास करने में सफल होते हैं।

यहां हम छात्रों में समाज-सेवा के प्रति उचित विचार और दृष्टिकोण के विकास के लिए आवश्यक कदम का उल्लेख कर रहे हैं—

(क) सामाजिक त्योहारों और दिवसों के आयोजन के द्वारा भी विभिन्न प्रकार से सामाजिकता के भाव भरे जा सकते हैं। सरस्वती-पूजा, पारितोषिक-वितरण, तुलसी-कार्यक्रम के द्वारा उनमें सामाजिक एवं सहयोगी दृष्टिकोण का विकास कर

सकते हैं। ऐसे अवसरों पर उत्पन्न समूह-भावना का सही मार्गांतीकरण किया जा सकता है।

(ख) छात्रों में समाज-सेवा के संबंध में उचित विचार पल्लवित करने के लिए समाज-अध्ययन का शिक्षण आवश्यक है। माध्यमिक शिक्षा-आयोग ने भी समाज-अध्ययन को एक अनिवार्य विषय के रूप में स्वीकार किया है तथा उसके महत्त्व पर प्रकाश डाला है। समाज-अध्ययन के शिक्षण से छात्र समाज की आवश्यकता, उपयोगिता आदि का ज्ञान ग्रहण करेंगे और तब उनमें सामाजिक भावना का विकास हो सकेगा।

(ग) सामाजिक भावना के विकास के लिए सामुदायिक जीवन और सामूहिक कार्य आवश्यक है। विद्यालयों का कर्त्तव्य है कि वे सामूहिक कार्यों को प्रोत्साहित करें और यथासंभव सामुदायिक जीवन के अभ्यास के लिए छात्रों को अवसर दें। किंतु इसमें कुछ कठिनाइयां उपस्थित होंगी। आजकल अधिकांश विद्यालयों में छात्र 10 बजे से 4 बजे तक ही रहते हैं। विद्यालयों में सभी छात्रों के रहने के समुचित प्रबंध नहीं हैं; अतः सामुदायिक जीवन का पूर्णरूपेण अभ्यास संभव नहीं है। फिर भी जितने समय के लिए छात्र विद्यालय में रहते हैं उतने ही समय में सामूहिक कार्यों के संगठन के द्वारा उनमें सामाजिकता के भाव भरे जा सकते हैं।

(घ) छात्रों में इस प्रकार जब कुछ सामाजिक भाव आ जाते हैं और उनका दृष्टिकोण सामाजिक होने लगता है तब समाज-सेवा के प्रति उनमें उचित विचार और दृष्टिकोण विकसित करने के लिए एक पृष्ठभूमि तैयार की जाती है। अतः शिक्षकों का कर्त्तव्य है कि वे छात्रों के सम्मुख समाज-सेवा का कार्यक्रम रख दें और उन्हें इसकी योजना प्रस्तुत करने के लिए प्रेरित करें।

समाज-सेवा की किसी परियोजना को छात्र स्वयं निर्धारित करें और शिक्षक उनके पथप्रदर्शक और सहायक के रूप में काम करें। छात्र जब समाज-सेवा की योजना बनाएंगे और उसका एक कार्यक्रम तैयार करेंगे तो विद्यालय को उसके कार्यान्वयन का अवसर प्रदान करना चाहिए। इसके लिए उपयुक्त साधनों को एकत्र करने में विद्यालय के अधिकारियों को योगदान देना चाहिए। स्कूल के कार्यक्रम में समावेश को महत्त्वपूर्ण स्थान देना चाहिए। अब सर्वत्र यह कार्य समाज-अध्ययन के पाठ्यक्रम के अंतर्गत आ गया है, इसलिए और भी सुविधा है। अब न अधिकारियों और न अभिभावकों की ओर से ही विरोध हो सकता है।

(च) समाज-सेवा के कार्यक्रम में निम्नलिखित क्रियाशीलनों को सुविधापूर्वक रखा जा सकता है—(1) सफाई, (2) रात्रि-पाठशाला का संगठन, (3) सांस्कृतिक आयोजन। विद्यालय के समीपस्थ किसी एक गांव को चुना जा सकता है, जो उनकी समाज-सेवा का क्षेत्र रहेगा। उपर्युक्त तीनों कार्यों के अतिरिक्त आर्थिक उन्नयन के

कार्यक्रम को भी इसमें सम्मिलित कर सकते हैं और यदा-कदा ग्रामीणों की छात्रों को विभिन्न टोलियों में बांटकर उपर्युक्त कार्यक्रम को कार्यान्वित किया जा सकता है। प्रत्येक टोली के मार्गदर्शन का उत्तरदायित्व एक-एक शिक्षक को दिया जा सकता है। प्रत्येक टोली का एक नायक हो सकता है जो छात्रों मे से चुना जाएगा। सप्ताह में कोई दिन समाज-सेवा के लिए निश्चित किया जा सकता है।

(छ) जिस दिन छात्र समाज-सेवा का कार्य करने के लिए गांव में जाएंगे, उनके एक दिन पहले वे ग्रामवासियों से मिलकर योजना तैयार करेंगे। इस प्रकार उस कार्य में ग्रामवासियों का भी सहयोग मिल सकेगा। शिक्षकों का कार्य होगा कि कार्य पूरा होने तक इसमें भाग लें। अगर झाडू से सफाई करने की जरूरत हो तो स्वयं झाड़ लें। इस प्रकार छात्रों, शिक्षकों और ग्रामवासियों के सहयोग से समाज-सेवा का कार्यक्रम सफलता से चलाया जा सकता है और उपर्युक्त बातों को अगर ध्यान में रखा जाए तो छात्रों में समाज-सेवा के प्रति उचित विचार और दृष्टिकोण पल्लवित हो सकते हैं।

19

शिक्षकों की नियुक्ति

नियुक्ति

किसी उच्च माध्यमिक विद्यालय की सभी नियुक्तियां समाचारपत्र में विज्ञप्ति के बाद होती है, लेकिन यदि नियुक्तियां सिर्फ तीन माह के लिए करनी हो तो वैसी स्थिति में केवल स्थानीय विज्ञप्ति ही पर्याप्त होगी।

प्रधानाध्यापक-पद पर वही उम्मीदवार जो स्नातक प्रशिक्षित हों और जिन्हें पांच वर्षों का शिक्षण अनुभव हो।

प्रबंध-समिति को सभी उम्मीदवारों का साक्षात्कार करने का अधिकार होता है। साक्षात्कार में प्रधानाध्यापक दक्ष सलाहकार के रूप में कार्य करत्ते हैं और उनका मंतव्य सहायक शिक्षकों की नियुक्ति में लिखित रूप में लिया जाता है। प्रबंध-समिति सभी आवेदनपत्रों को विज्ञापन की एक प्रति तथा अपनी सिफारिश के साथ, यदि सहायक शिक्षक की नियुक्ति हो तो अवरप्रमंडल-शिक्षा-पदाधिकारी तथा प्रधानाध्यापक की नियुक्ति हो तो जिला-शिक्षा पदाधिकारी के पास अनुमोदन के लिए भेजेगी। प्रबंध-समिति एक पद के लिए अधिमान के आधार पर तीन नामों की सिफारिश करेगी। संबंधित शिक्षा-पदाधिकारी, प्रबंध-समिति की सिफारिश-प्राप्ति के एक पक्ष के अंदर अपना अनुमोदन भेजेंगे। यदि अवरप्रमंडल-शिक्षा-पदाधिकारी सहायक शिक्षक की नियुक्ति में सहमति नहीं देते हैं तो प्रबंध-समिति, जिला-शिक्षा-पदाधिकारी के पास और जिला शिक्षा पदाधिकारी प्रधानाध्यापक की नियुक्ति में सहमति नहीं देते हैं तो क्षेत्रीय शिक्षा-उपनिदेशक के पास अपील कर सकती है और उनका निर्णय मान्य होगा। विभागीय अनुमोदन के बाद शिक्षक को प्रधानाध्यापक द्वारा नियुक्तिपत्र भेजा जाएगा और उसका कार्यभार ग्रहण-पत्र एक महीने के अंदर, अनुमोदक पदाधिकारी के पास समर्पित किया जाएगा।

संपुष्टि

सभी नियुक्तियां एक वर्ष तक प्रोवेशन के रूप में मानी जाएंगी और प्रोवेशन की अवधि अधिक-से-अधिक दो वर्षों तक बढ़ाई जा सकती है। प्रशिक्षित प्रधानाध्यापक को संपुष्टि के पूर्व विभागीय परीक्षा पास करनी होगी और यदि वे अप्रशिक्षित हैं उन्हें संपुष्टि के पूर्व कम-से-कम छह सप्ताहों के लिए लघु प्रशिक्षण चर्या-प्राप्त करनी होगी। उसी तरह सहायक शिक्षक को संपुष्टि के पूर्व अर्द्ध-वार्षिक परीक्षा या कम-से-कम छह सप्ताहों की लघु प्रशिक्षण-चर्या में शामिल होना होगा।

दंड

प्रबंध-समिति अग्रलिखित रूप में विचार करने के उपरांत सजा दे सकती है—

(क) चेतावनी,

(ख) सेंसर,

(ग) वार्षिक वृद्धि का निलंबन,

(घ) कार्यच्युति,

(च) बरखास्तगी।

सचिव या अध्यक्ष या प्रबंध-समिति किसी शिक्षक के विरूद्ध अभियोग ला सकती है। सामान्य रूप से प्रबंध-समिति किसी शिक्षक को निलंबित कर सकती है। लेकिन, विशेष स्थिति में सविच अध्यक्ष से विचार-विमर्श कर शिक्षक को निलंबित कर सकते हैं। उन्हें 15 दिनों के अंदर ही प्रबंध-समिति से अनुमोदन प्राप्त कर लेना होगा। निलंबित करने के दो दिनों के अंदर ही शिक्षक को अभियोगपत्र दिया जाएगा और वे सात दिनों के अंदर अपनी कैफियत समर्पित करेंगे। सचिव निलंबित आदेश से 15 दिनों के भीतर ही प्रबंध-समिति की बैठक बुलाएंगे। उसके लिए उन्हें प्रत्येक सदस्य को सात दिन पूर्व ही सूचना देनी होगी। ऐसी बैठक की मान्यता के लिए दो-तिहाई सदस्यों को उपस्थित होना चाहिए। अभियुक्त शिक्षक या प्रधानाध्यापक ऐसी बैठक में उपस्थिति नहीं होंगे। निलंबन की अवधि अधिकाधिक 30 दिनों की होगी, लेकिन यदि अभियुक्त ने अपील की है, तो वह अवधि दो मास या जब तक निर्णय नहीं होता है, जारी रहेगी।

कार्यच्युति या बरखास्तगी के आदेश के पूर्व यह आवश्यक है कि अभियुक्त को अभियोग की जानकारी कराई जाए और उन्हें 15 दिनों का उस अभियोग की कैफियत देने का अवसर दिया जाए। कोई भी शिक्षक कार्यच्युत या बरखास्त नहीं किए जाएंगे, जब तक कि उनके विरूद्ध अभियोग प्रमाणित न हो जाएं और वह अभियोग भी ऐसा हो जिसका संबंध उनके चरित्र, कर्त्तव्य या आचरण से हो। ऐसे आदेश के लिए

विभागीय अनुमोदन आवश्यक है। ऐसे आदेश के विरूद्ध शिक्षक 30 दिनों के अंदर अध्यक्ष, माध्यमिक शिक्षा-परिषद् के पास अपील कर सकता है, जब उनकी अपील मंजूर कर ली जाए, ऐसी स्थिति में कार्यच्युत या बरखास्तगी का आदेश जब तक अपील का निर्णय नहीं हो जाता है तब तक लागू नहीं किया जाएगा। आदेश अभियुक्त तथा प्रबंध-समिति द्वारा मान्य नहीं होगा तो माध्यमिक शिक्षा-परिषद् उस विद्यालय की स्वीकृति वापस करने या अनुदान निलंबित करने या किसी दूसरे तरह की कार्रवाई, जो उपयुक्त समझते हों, करने में सक्षम हैं।

सरकारीकरणवाले विद्यालयों में सरकार द्वारा गठित एक बोर्ड द्वारा नियुक्ति होती है।

20

राज्यों में विद्यालय के प्रकार

हमारे देश के राज्यों में विभिन्न स्तर तथा प्रकार के विद्यालय हैं। जैसे—पूर्व प्राथमिक, प्राथमिक, मिडिल, माध्यमिक, 10+2 माध्यमिक, व्यवसायिक तथा शिक्षक-प्रशिक्षण-विद्यालय आदि। इनमें से ज्यादातर राज्य सरकार द्वारा संचालित तथा नियंत्रित होते हैं। केवल पूर्व प्राथमिक स्तर की विद्यालय असरकारी है। इनके संचालन पर या पाठ्य-क्रम पर सरकार का कोई नियंत्रण नहीं है।

प्राथमिक विद्यालय के स्तर पर सामान्यतः सभी विद्यालय सरकार के नियंत्रण éक्हैं। कुछ जो नियंत्रण में नहीं हैं, वहां भी सरकार द्वारा निर्धारित पाठ्क्रम ही चलाए जाते हैं। ये विद्यालय सामान्यतः जिला-शिक्षा-अधिक्षक के नियंत्रण में हैं। उन्हीं के द्वारा इनके शिक्षकों को वेतन प्राप्त होता है। अब सरकारी मध्य विद्यालयों के प्रधान स्वयं अपना तथा सहयोगियों की वेतन-निकासी करते हैं।

मिडिल स्कूल अधिकांश सरकारी नियंत्रण में हैं तथा इनके शिक्षकों के वेतन का भुगतान प्रधानाध्यापक द्वारा ही होता है। इनका स्थानांतरण तथा पदस्थापन भी प्राथमिक विद्यालयों के समान जिला-शिक्षा-अधीक्षक द्वारा ही होता है। जिला-शिक्षा-समिति द्वारा इन विद्यालयों के संचालन के संबंध में नीति का निर्धारण समय-समय पर होता रहता है। इन विद्यालयों के अतिरिक्त बहुत से मिडिल स्कूल प्रबंध-समितियों द्वारा नियंत्रित होते हैं। इनमें शिक्षक की नियुक्ति, उनकी सेवा-सुरक्षा आदि उन समितियों के हाथों में रहती है। इन विद्यालयों को भी सरकार अनुदान देती है। ये अनुदान-प्राप्त मिडिल स्कूल हैं। कुछ मिडिल स्कूल सरकार के कल्याण-विभाग द्वारा चलाए जाते हैं। ये आवासीय हैं तथा इनमें विशेषकर हरिजन तथा आदिवासी छात्र ही निःशुल्क शिक्षा पाते हैं। उन्हें वहां भोजन भी मिलता है। इनके अतिरिक्त गर्ल्स मिडिल तथा सीनियर बेसिक स्कूल भी सरकार द्वारा चलाए जाते हैं।

माध्यमिक तथा दस जमा दो माध्यमिक विद्यालयों की संख्या अब बहुत हो गई है। इनमें जिला स्कूल, प्रत्येक जिला मुख्यालय में गर्ल्स स्कूल बहुद्देशीय हैं और पूर्णरूप

में सरकारी हैं। इनके अतिरिक्त, कुछ बड़े शहरों में इस प्रकार के सरकारी बहुद्देशीय विद्यालय और भी हैं। कुछ सरकारी बहुद्देशीय विद्यालय सर्वोदय विद्यालय के नाम से भी चलते हैं। ये सामान्यतः देहाती क्षेत्र में स्थिति हैं। बाकी सभी विद्यालय असरकारी हैं तथा इन्हें सरकारी सहायता प्राप्त होती है। इनका प्रमुख नियंत्रक प्रबंध समितियां होती हैं। इनमें कुछ धार्मिक संगठनों द्वारा भी चलाए जाते हैं तथा कुछ प्रोप्राइटरी अथवा न्यासों द्वारा नियंत्रित होते हैं। ऐसे बहुद्देशीय विद्यालय कुछ केंद्रीय माध्यमिक शिक्षा-परिषद के द्वारा भी चलाए जाते हैं जिन्हें केंद्रीय विद्यालय कहा जाता है। कुछ विद्यालय इस परिषद से स्वीकृत भी हैं।

इनके अतिरिक्त उद्योग प्रशिक्षण के लिए प्रायः सैकड़ों व्यावसायिक विद्यालय तथा शिक्षक प्रशिक्षण विद्यालय सरकार द्वारा चलाए जाते हैं।

विद्यालयों के प्रकार

1. पूर्व प्राथमिक विद्यालय (नर्सरी, क्रेचों, मोंटेसरी, किंडरगार्टेन आदि जो सामान्यतः असरकारी हैं।)
2. प्राथमिक विद्यालय (सरकारी तथा असरकारी)
3. मध्य विद्यालय (सरकारी तथा असरकारी)
4. माध्यमिक विद्यालय (सरकारी तथा असरकारी)
5. दस जमा दो विद्यालय (सरकारी तथा असरकारी)
6. टेक्निकल स्कूल (सरकारी)

ये सभी प्रकार के विद्यालय राज्य सरकारों के अंदर आते हैं, क्योंकि शिक्षा राज्य सूची में आती है। हाँ, सारे देश में फैले हुए केन्द्रीय विद्यालय केन्द्रीय नियंत्रण में आते हैं। ये केन्द्रीय माध्यमिक शिक्षा परिषद द्वारा संचालित नियंत्रित होते हैं। इनके अतिरिक्त जवाहर नवोदय विद्यालयों की शाखा भी भारत के ग्रामीण क्षेत्रों में फैला हुआ है। इसका नियंत्रण भी केन्द्रीय स्तर पर गठित एक संगठन द्वारा होता है। इन दोनों प्रकार के विद्यालयों में अध्यापन केन्द्रीय माध्यमिक शिक्षा परिषद के पाठ्यक्रम के अनुसार होता है तथा अंतिम परीक्षा का संचालन भी उसी स्तर से होता है। ये विद्यालय दस जमा दो स्तर के होते हैं। इन सारे विद्यालयों में सारे देश के स्तर पर समान पाठ्यक्रम लागू हैं।

21

समाज-शिक्षा

अर्थ

जागरूक, सहयोगनिष्ठ एवं शिक्षित समाज देश के सम्यक् विकास के लिए जरूरी है। गणतंत्र में तो इसका और भी महत्त्व होता है। क्योंकि प्रबुद्ध और शिक्षित नागरिक अपने अधिकारों का सदुपयोग कर सकते हैं। हमारा देश भी संप्रभुता-संपन्न गणतंत्र है। यहाँ व्यस्क मताधिकार भी लोगों को प्राप्त है। वे अपने इस अधिकार का सदुपयोग तभी कर सकते हैं जब उनकी मनोवृत्ति शिक्षित, प्रबुद्ध व सहयोगी नागरिक की हो। उनके इसी मनोवृत्ती पर भारत के विकास की रूप रेखा तय होगी।

अभी भी भारत के चालीस प्रतिशत वयस्क नागरिक निरक्षर एवं सामाजिक शिक्षा से अछूते हैं। इसलिए गणतंत्र को ऐसे नागरिकों से सबसे अधिक खतरा है। प्रबुद्ध, साक्षर, सभ्य तथा सहयोगी नागरिकों के हाथों में ही गणतंत्र सुरक्षित रह सकता है।

विद्यालयों तथा महाविद्यालयों में औपचारिक शिक्षा दी जाती है। इस प्रकार की शिक्षा-व्यवस्था व्यक्ति को इकाई मानकर की जाती है। इस शिक्षा-व्यवस्था में समय तथा आयु की सीमा होती है तथा पाठ्यक्रम का निश्चित रूप से निर्धारण किया जाता है। इसके विपरीत समाज-शिक्षा समस्त समाज को इकाई मानकर चलती है। इस शिक्षा-व्यवस्था में समस्त समाज का उन्नयन तथा विकास अभीष्ट होता है। सारे समाज के सम्यक् एवं सहयोगनिष्ठ विकास के लिए वह शिक्षा उपयुक्त परिस्थिति उत्पन्न करती है तथा इसके लिए आवश्यक साधन भी उपलब्ध कराती है। इसका पाठ्यक्रम सामाजिक जीवन में उपयोगी सारे व्यावहारिक-बौद्धिक-सांस्कृतिक विषयों के सम्मिलन के बनता है। समाज-शिक्षा की प्रक्रिया जीवन-पर्यंत चलती है। इसी में साक्षरता-कार्यक्रम से लेकर प्रौढ़-शिक्षा-योजना सभी आ पाते हैं।

आवश्यकता

आज हमारे देश में चालीस प्रतिशत से अधिक लोग निरक्षर तथा अशिक्षित हैं। उनमें सामाजिक गुणों का अपेक्षित विकास नहीं हुआ है। वे बौद्धिक, राजनीतिक एवं सामाजिक रूप से पूर्णतः जागरूक भी नहीं हैं। फलस्वरूप, समाज में अधिकांश लोगों का आर्थिक, सामाजिक, धार्मिक, सांस्कृतिक एवं राजनीतिक शोषण हो रहा है। राष्ट्र के विकास के मार्ग में बाधा हैं, सो अलग। राजनीतिक अस्थिरता के कारण सरकारों द्वारा भी कोई ठोस तथा प्रगतिशील कदम प्रभावकारी ढंग से उठाना संभव नहीं हो रहा है। अतः समाज-शिक्षा की आज सबसे बड़ी आवश्यकता है।

आज समाज में व्याप्त मूढ़ता की विश्रृंखलता, वैमनस्य, शोषण, असमानता एवं यथास्थितियों की भयानक अवस्था को देखकर समाज-शिक्षा पर ही सभी विचारकों एवं समाजसेवियों का ध्यान केंद्रित हो जाता है। समाज-शिक्षा पर ही सभी सामंजस्य तथा संवेदन की आवश्यकता होगी। इस आवश्यकता की पूर्ति समाज को इकाई मानकर उसके शिक्षण की व्यवस्था द्वारा ही हो सकती है। समाज-शिक्षा के कार्यक्रम द्वारा ही हम गणतंत्र के नागरिकों को साक्षर, समझदार, जागरूक, विवेकपूर्ण, न्यायाप्रिय, सहयोगी आदि बना सकते हैं। यह शिक्षा सामाजिक प्रगति एवं संपन्नता के मार्ग को भी प्रशस्त करती है।

इस प्रकार समाज-शिक्षा की आवश्यकता भारतीय गणतंत्र के विकास एवं स्थायित्व के लिए बहुत आवश्यक है।

क्षेत्र

समाज-शिक्षा का क्षेत्र बहुत ही व्यापक है। कोई भी कार्य या विषय जिसमें मानवकल्याण की संभावना सन्निहित है, समाज-शिक्षा का अंग और आधार हो सकता है। कोई भी व्यक्ति, बिना किसी भेद-भाव के, समाज-शिक्षा का पात्र हो सकता है। इससे स्पष्ट होत है कि समाज-शिक्षा के क्षेत्र को दो भागों में बांटा जा सकता है—(क) विषय-संबंधी क्षेत्र। (ख) पात्र-संबंधी क्षेत्र।

(क) विषय-संबंधी—समाज-शिक्षा का विषय-क्षेत्र बहुत व्यापक है। इसमें सामाजिक, व्यावसायिक, सांस्कृतिक, राजनीतिक तथा वैज्ञानिक सभी विषय आ जाते हैं। व्यक्ति को स्वास्थ्य तथा शरीर विज्ञान के उपयोगी ज्ञान इनके अंदर दिए जाते हैं। निरक्षरों को साक्षर बनाया जाता है। जो जिस पेशे के लोग हैं, उनको उनके पेशे में दक्षता प्रदान की जाती है। संगीत, वाद्य तथा अभिनय के द्वारा उनका सांस्कृतिक पक्ष सबल बनाया जाता है। रेडियो-गोष्ठी, पुस्तकालय, वाचनालय आदि द्वारा उनका मनोरंजन तथा सामाजिक-राजनीतिक उत्थान किया जाता है। इसका क्षेत्र बहुत व्यापक होता जा रहा है।

(ख) पात्र-संबंधी—इस क्षेत्र के अंदर व्यक्ति को प्रधानता दी जाती है। सामान्यतः वैसे किशोर, जिन्हें औपचारिक शिक्षा की सुविधा प्राप्त न हो सकी, 'इस क्षेत्र में आते हैं। समाज-शिक्षा उनके लिए भी है। इस कोटि के युवक भी इस क्षेत्र के अंदर ही आते हैं। प्रौढ़ व्यक्ति, जिन्हें औपचारिक शिक्षा न प्राप्त हो सकी, इस शिक्षा के क्षेत्र में विशेष रूप से आते हैं। इस प्रकार यह स्पष्ट हुआ कि किशोरावस्था से लेकर प्रौढ़ावस्था तक के अशिक्षित, अनपढ़ व्यक्तियों के लिए समाज-शिक्षा का विस्तृत क्षेत्र खुला हुआ है।

उद्देश्य

1. परिवेश का सम्यक् ज्ञान—देश के इतिहास, भूगोल तथा विभिन्न कालों की सामाजिक परिस्थितियों के संबंध में आवश्यक जानकारी कराना।

2. व्यवसायिक प्रवीणता का विकास—प्रौढ़ व्यक्तिों को ऐसी व्यावसायिक शिक्षा प्रदान करना कि उनका आर्थिक स्तर ऊंचा हो सके।

3. सांस्कृतिक उत्थान—साहित्य, संगीत, नृत्य, कला तथा विविध सृजनात्मक क्रियाओं के माध्यम से प्रौढ़ों की भावना एवं विचार को ऊंचा उठाना। दरअसल उसमें समाज का सांस्कृतिक उत्थान ही अभीष्ट है।

4. सहिष्णुता तथा विश्वबंधुत्व—विश्व-नौतिकता, अंतर्राष्ट्रीय सहिष्णुता तथा विश्वबंधुत्व के सिद्धांतों की जानकारी। इससे विश्वशांति का उदय होगा तथा अंतर्राष्ट्रीय शोषण का विनाश होगा, जिससे विश्व-मानवता का विकास हो सके।

5. नागरिकता का विकास—नागरिकता का अर्थ तथा गणतंत्र के सम्यक् रूप से संचालन की विधि का ज्ञान देना।

6. साक्षरता—प्रत्येक अनपढ़ एवं निरक्षर किशोर, युवक तथा प्रौढ़ को साक्षर बनाना जिससे वे अपने कार्य-संवंधी साहित्य को पढ़कर अपने में दक्षता का विकास कर सकें।

7. स्वस्थ जीवन-यापन के नियमों का ज्ञान—स्वास्थ्य एवं शरीर विज्ञान के सिद्धांतों तथा सामूहिक तथा वैयक्तिक स्वच्छता के विषय में उपयेगी ज्ञान प्रदान करना।

स्वरूप

भारत सरकार ने समाज-शिक्षा का स्वरूप निर्धारण करते हुए उसके निम्नांकित कार्यों का निर्देश किया—

(क) समाज में शिक्षित साहित्यिकारों को उत्पन्न करना जिससे साहित्यिक सांस्कृतिक शिक्षा की पूर्ति हो।

(ख) ऐसे पौढ़ व्यक्तियों को पढ़ाना जो निरक्षर हैं।

(ग) प्रौढ़ व्यक्तियों को अपने नागरिक अधिकारों तथा कर्त्तव्यों के संबंध में जानकारी कराना।

(घ) प्रौढ़ों का उनके व्यवसाय का विशेष प्रशिक्षण देकर उनमें व्यावसायिक दक्षता का विकास करना।

1947 के बाद भारत में समाज-शिक्षा की प्रगति

फरवरी, सन् 1949 ई. में भारत के राज्यों के शिक्षा मंत्रियों का एक सम्मेलन केंद्रीय सरकार ने दिल्ली में बुलाया इस सम्मेंलन में समाज-शिक्षा के उक्त कार्यक्रमों को सफलतापूर्वक लागू के लिए महत्त्वपूर्ण निर्णय लिये गए। यह निश्चय हुआ कि 12 से 50 वर्ष के बीच की अवस्थावाले सभी व्यक्तियों को 50 प्रतिशत के औसत से तीन वर्षों के भीतर शिक्षित कर दिया जाए। आर्थिक संकट के कारण इस योजना को कार्यंवित नहीं किया जा सका। पर 1949-50 ई. में भारत-सरकार ने एक-एक लाख रुपए की सहायता इस योजना को कार्यंवित करने के लिए राज्यों को प्रदान की। इसलिए कुछ राज्यों में थोड़ा-बहुत कार्य हो सका।

योजना के प्रथम वर्ष 1951 में न केवल दिल्ली नगर और उसके निकटवर्ती क्षेत्रों में प्रौढ़-शिक्षा-केंद्रों की स्थापना की गई, वरन् दिल्ली राज्य के ग्रामीण-क्षेत्रों में भी 6 केंद्र खोले गए और उनके संचालनार्थ 62 शिक्षकों को प्रौढ़ा-शिक्षा-पद्धति के अनुसार प्रशिक्षण दिया गया।

बंबई प्रांत में, विशेष रूप से श्रमिक-बस्तियों में भी, सामाजिक शिक्षा के क्षेत्र में सराहनीय कार्य हुए। बंबई नगर में भी कार्य सुचारु रुप से हुआ। ग्रामीण-क्षेत्रों में भी प्रौढ़-शिक्षा की प्रयोगात्मक शिक्षा के लिए 80 अधिक आबादी वाले क्षेत्रों को चुना गया। क्षेत्रीय विस्तार के आधार पर ग्रामों और नगरों, दोनों में प्रौढ़-शिक्षा-अधिकारियों की नियुक्ति की गई। प्रत्येक अधिकारी को एक हजार प्रौढ़ों की शिक्षा के लिए उत्तरदायी बनाया गया है।

सरकार से समाज-शिक्षा को प्रोत्साहन देने के लिए तो मध्य प्रदेश में एक नया प्रयोग किया। 451 प्रौढ़-शिक्षा-शिविरों की स्थापना सन् 1948-49 में की और इनमें 20,924 महिलाओं और 41,274 पुरुषों को विभिन्न विषयों में प्रशिक्षित किया गया। प्रांतीय सरकार ने न केवल ग्रामीण अध्यापकों को 20 रुपए वेतन के अतिरिक्त 5 रुपया और भत्ता के रूप में देने की घोषणा की, वरन प्रत्येक स्त्री को 5 रुपए और प्रत्येक पुरुष को 2 रुपए पुरस्कार के रूप में भी देने की व्यवस्था की। एक हजार ग्रामीण स्कूलों के लिए सरकार ने रेडियों का भी प्रवंध किया। सामाजिक शिक्षा के प्रसार में अभिरुचि का यह एक ज्वलंत उदाहरण है।

नागरिकता-शिक्षा-योजना के अंतर्गत सन् 1949-50 में माद्रास प्रांत में सरकार ने प्रौढ़-शिक्षा-प्रसार के लिए 100 नागरिकता-स्कूल और 6 ग्रामीण कॉलेज खोले। तमिल, तेलुगु, मलयालम और कन्नड़ भाषाओं के अध्यापकों के प्रशिक्षणार्थ प्रशिक्षिण-केंन्द्रों की व्यवस्था की गई। स्मरणीय है कि मद्रास प्रांत में लोक पद्धति का अनुसरण किया जा रहा है।

बंगाल, जम्मू तथा कश्मीर, हैदराबाद इत्यदि राज्यों में भी सन् 1940 ई. के बाद से प्रौढ़-शिक्षा का कार्य बड़ती तेजी से आगे बढ़ रहा है।

उत्तरप्रदेश भी सामाजिक शिक्षा-प्रसार के कार्य में अपनी अभिरुचि दिखला रहा है। पंचवर्षीय योजना के अंतर्गत इस कार्य की ओर विशेष ध्यान दिया गया। इस कार्य के लिए एक पृथक विभाग की स्थापना भी की गई। सन् 1948 और 1952 ई. के मध्य में साढ़े तेरह लाख प्रौढ़ों को साक्षर किया गया और प्रदेश भर में पौने दो लाख पुस्तकें बांटी गई।

बिहार में भी प्रौढ़-शिक्षा को बड़ा प्रोत्साहन मिला। इस क्षेत्र में श्री सैयद महमूद के नेतृत्व में 'अपना घर साक्षर बनाओ' जैसे प्रौढ़-शिक्षा काय्रक्रम चलाये गये। इसमें स्वयं सेवकों ने भी बढ़-चढ़ कर भाग लिया। परिणामतः सन् 1941-42 में लगभग 24,289 प्रौढ़-व्यक्ति शिक्षित किए गए। 'प्रांतीय जन-शिक्षा-समिति' की स्थापना इसी कार्य के लिए की गई। सन् 1942-43 ई. में लगभग 1 लाख 11 हजार प्रौढ़ों ने उत्तर-साक्षरता पाठ्य-विषय पास किया। इस कार्य में तब विशेष रूप से प्रगति हुई जबकि सन् 1946 ई. में कांग्रेस-मंत्रिमंडल सत्ताधारी हुआ। बिहार के प्रौढ़-शिक्षा-कार्यक्रम की विशेष रूप से ध्यान देनेवाली बात यह है कि उसने युद्धकाल में भी अपना कार्य जारी रखा। लगभग दो लाख प्रौढ़ों को प्रतिवर्ष शिक्षित किया गया।

यहाँ के जनता कॉलेज, मोदमंडली तथा समाज-शिक्षा-साहित्य- प्रशासन-विभाग काम करते रहे हैं।

देश के बहुमुखी विकास के लिए 1952 ई. में पंचवर्षीय योजना लागू की गई। इसमें सामुदायिक विकास एवं प्रसार-योजनाओं को लागू किया गया और इनमें प्रौढ़-शिक्षा को महत्त्वपूर्ण, राजनीति, स्वास्थ्य-सफाई और मनोरंजन की सुविधाए दी जा रही हैं। भावी योजनाओं में प्रयोगों के आधार पर अर्जित ज्ञान के सहारे इस कार्य संशोधन और परिवर्द्धन किया जाता है। ये योजनाएं पूर्णरूपेण सफलता प्राप्त नहीं कर रही है।

सामाजिक शिक्षा के लिए प्रथम पंचवर्षीय योजना के अंतर्गत देश में समाज-केंदों, शिक्षा-मंडलों का संगठन किया गया और सघन पुस्तकालय-सेवा का कार्य प्रारंभ हुआ। जनता कॉलेजों की स्थापना हुई और प्रौढ़ों के लिए साहित्य का सृजन एवं वितरण किया गया।

22

पाठ्येत्तर-सहगामी क्रियाशील

पाठ्यक्रम-सहगामी क्रियाशीलनों के सम्बन्ध में आधुनिक धारणाएँ

वाद-विवाद, खेल-कूद, संगीत, नाटक आदि को पहले पाठ्यक्रम के अंतर्गत नहीं रखा जाता था। लेकिन आज इनके महत्त्व को पहचाना गया है एवं इन्हें पाठयक्रम के अंतर्गत रखा गया है।

जनतांत्रिक सिद्धान्तों को प्रयोग में लाने के लिए समाज यह चाहता है कि समाज के प्रत्येक युवकों को सामाजिक प्रयोगशाला मिले जिससे वह अपना अनुभव प्रयोग में ला सके।

पाठ्यक्रम-सहगामी क्रियाशीलनों के लक्ष्य

इस प्रकार सामूहिक क्रियाओं, शिक्षक-बालक-सम्पर्क के अवसरों तथा उन क्रियाओं पर जोर दिया जाय, जिसमें बालक भाग लेकर लोकतन्त्रात्मक ज्ञान प्राप्त कर सकें। इन क्रियाशीलनों के अग्रलिखित उद्देश्य हैं—

1. छात्रों को स्वशासन (Self-Government) तथा जनतांत्रिक प्रक्रियाओं के प्रयोग में कीमती अनुभव प्राप्त कराना, जिससे वे कुशल जनतन्त्रीय नागरिकता प्राप्त कर सकें।

2. विद्यालय के समस्त शैक्षिक कार्यक्रम एवं विद्यालय की चारित्रिक गरिमा को उन्नत बनाना।

3. विद्यालय एवं समाज के आपसी सम्बन्धों को उन्नत बनाना तथा समाज को विद्यालय के कार्यक्रम में रुचि लेने के लिए प्रोत्साहित करना।

4. भिन्न-भिन्न वातावरणों से आये बालकों में मदद एवं सह-अस्तित्व की भावना का विकास तथा उनको भावात्मक रूप से एक बनाना, जिससे राष्ट्रीय एकता के मार्ग को प्रशस्त किया जा सके।

5. बालकों को अपने छुट्टी का उपयोग करने के लिए तैयार कराना।

6. बालकों के सर्वांगीण विकास में योगदान देना।

पाठ्यक्रम-सहगामी क्रियाशीलनों का शैक्षिक महत्त्व

माध्यमिक शिक्षा आयोग का यह सोचना है कि क्रियाशीलता अपने आत्मविश्वास, वैचारिक गुणों तथा क्षमताओं को विकसित करने का अवसर बालकों को देती है। इस प्रकार बालकों के जीवन में पाठयक्रम सहगामी क्रियाशीलनों का काफी महत्त्व है इनके साथ ही, वे अनुशासन एवं नेतृत्व के सहयोगी गुणों में बालकों को प्रशिक्षण प्रदान करती हैं। इनके अतिरिक्त इन क्रियाशीलनों के अन्य महत्त्व भी है; उदाहरणार्थ–

1. वैयक्तिक जरूरतों की पूर्ति में सहायक–यह कार्यक्रम बालक को आत्माभिव्यक्ति, स्वयं को तथा दूसरों को समझने की समझदारी, खुद की रुचियों को विस्तृत बनाने, स्वयं के कार्यों को नियन्त्रित करने की शक्ति तथा नवीन परिस्थितियों में व्यवस्थित होने की जरूरतों की पूर्ति करता है।

2. सामाजिक आवश्यकताओं की पूर्ति में मददगार–इन क्रियाशीलनों द्वारा बालक सामाजिकता की भावना, सहयोग, सामाजिक सम्पर्क, एकता, समझदारी आदि गुणों को खीखता है। इसके अतिरिक्त ये क्रियाशीलनें बालक को नेतृत्व करने एवं अनुशासन में रहने की शक्ति तथा भिन्न-भिन्न सामाजिक संघर्षों को दूर करने की योग्यता भी देती हैं।

3. नागरिक-प्रशिक्षण–छात्र-क्रियाशीलनों का कार्यक्रम बालकों को वास्तविक परिस्थितियों का सामना करने तथा समुदाय की सेवा एवं स्वतन्त्र फैसला लेने के लिए बहुत अवसर प्रदान करता है। इसके अतिरिक्त यह उनमें जनतन्त्रीय नागरिकता का भी विकास करता है। इस प्रकार छात्र-क्रियाशीलनों से बालकों में उन गुणों-नेतृत्व, उत्तरदायित्व की क्षमता, दूसरे के अधिकारों को आदर की नजर से देखने की भावना, सामाजिक प्रगति के लिए उत्साह तथा कार्य करने की क्षमता, दूसरों के कल्याण की भावना आदि को विकसित किया जाता है।

4. किशोरावस्था की जरूरतों की पूर्ति–विद्यालय-जीवन में बालकों में अतिरिक्त शक्ति का आधिक्य पाया जाता है। इन क्रियाओं के द्वारा उनका अतिरिक्त एवं शक्तिमूलक प्रवृत्तियों को भिन्न-भिन्न उपयोगी धाराओं में प्रवाहित किया जाता है। इसके द्वारा किशोर बालकों की नैसर्गिक प्रवृत्तियों को उनके सामाजिक व्यक्तित्व के विकास एवं समृद्धि के लिए भिन्न-भिन्न कार्यों में संलग्न किया जाता है और विद्यालयों में क्लबों एवं संगठनों के माध्यम से किशोरावस्था की बौद्धिक व संवेगात्मक जरूरतों की पूर्ति करके उनका सामाजिक एवं नैतिक विकास किया जाता है।

5. शारीरिक विकास—अलग-अलग प्रकार की शारीरिक क्रियाशीलनों द्वारा बालक सक्रिय एवं शक्तिशाली बनता है। ड्रिल, खेल-कूद, व्यायाम आदि से उनका शरीर हृष्ट-पुष्ट होता है।

6. नैतिक गुणों का विकास—इन क्रियाओं में भाग लेने से बालकों में सत्यता, ईमानदारी, आत्म-विश्वास, न्यायप्रियता, विनय, धैर्य, दृढ़ता, आज्ञा-पालन आदि गुणों का विकास होता है, जो अच्छे चरित्र की संरचना करते हैं। बालक इन क्रियाशीलनों में भाग लेकर अपने स्वार्थ को दूसरे के हित के लिए त्यागना सीख जाता है।

7. खास रुचियों का विकास—इन भिन्न-भिन्न प्रकार की क्रियाशीलनें बालकों में विशेष रुचियों को उत्पन्न करने में भी मददगार हैं। विद्यालय में संगठित विविध उद्देश्यीय समितियाँ एवं क्रियाशीलनें बालकों में संभाव्य गुणों; व्यावसायिक कुशलताओं एवं साहित्य-रुचियों इत्यादि का विकास करती है। ये भिन्न-भिन्न रुचियों एवं कुशलताएँ बालक के भावी जीवन को समृद्ध एवं सफल बनाने में काफी मददगार सिद्ध होती हैं। इन क्रियाशीलनों द्वारा बालकों के प्रिय व्यापारों (Hobbies) के विकास के लिए भिन्न-भिन्न अवयव प्रदान किये जाते हैं। ये प्रिय व्यापार (Hobbies) बालकों को अपने छुट्टी का उपयोग करने में मददगार होते हैं।

8. अनुशासन स्थापित करने में सहायक—छात्र-क्रियाशीलनों से विद्यालय में अनुशासन स्थापित करने में काफी मदद मिलती है। इनके माध्यम से बालकों की वैयक्तिक भिन्नताओं व गुणों की अस्वीकृति विद्यालयीय अनुशासन की समस्या का बहुत महत्वपूर्ण समाधान है। कार्य की संलग्नता अलग-अलग बुरी आदतों एवं कुचक्रों में फँसने से बचाती ही नहीं, वरन् उनको अपने वैयक्तिक गुणों एवं क्षतमाओं तथा आत्मविश्वास के लिए अवसर देती है।

पाठ्यक्रम-सहगामी क्रियाशीलनों के प्रकार

एडगर जी. जॉन्सटन तथा रॉलैंड सी. फ्रांस ने इन क्रियाशीलनों को 11 वर्गों में विभाजित किया है, जो अग्रलिखित हैं—

1. सामुदायिक क्रियाशीलनें—इसके अन्तर्गत शिक्षा-सप्ताह, स्वास्थ्य-सप्ताह, साक्षरता-सप्ताह, जूनियर नागरिक क्लब आदि आते हैं।

2. धार्मिक एवं सामाजिक कल्याण-संगठन—धार्मिक शिक्षा-सम्बन्धी संगठन, स्काउटिंग; सामाजिक-सेवा-क्लब आदि।

3. विद्यालय के संगठन, प्रबन्ध यथा नियन्त्रण में भाग लेने से सम्बन्धित क्रियाशीलने—वर्ग के अन्तर्गत छात्र-परिषद्, छात्र-समुदाय, सीनेट, कार्यकारिणी समितियाँ इत्यादि आती हैं।

4. पुस्तक एवं पत्र-प्रकाशन-सम्बन्धी क्रियाशीलनें—विद्यालय-प्रकाशन, विद्यालय-समाचार-पत्र, विद्यालय-पत्रिका, विद्यालय-प्रतिवेदन आदि।

5. सामाजिक क्रियाशीलनें—नृत्य, पिकनिक, स्वागत-समिति आदि।

6. शारीरिक प्रशिक्षण-सम्बन्धी क्रियाशीलनें—सामूहिक खेल, बाह्य एवं आन्तरिक वैयक्तिक खेल, पी.टी. आदि।

7. संगीत-सम्बन्धी क्रियाशीलनें—संगीत क्लब, बैंड क्लब; ऑर्केस्ट्रा आदि।

8. नाटक तथा भाषण-सम्बन्धी क्रियाशीलनें—नाटक, एकांकी नाटक, वाद-विवाद प्रतियोगिता आदि।

9. विषयगत-सम्बन्धी क्रियाशीलनें—सामाजिक विज्ञान, गणित, विज्ञान, वाणिज्यं आदि विषयों के समूह।

10. एसेम्बली—शिक्षक, प्रधानाध्यापक; छात्र या समाज के नेताओं द्वारा भाषण, चलचित्र-शो आदि।

11. विविध क्लब—फोटो-संग्रह, रेडियो क्लब आदि।

हमारे माध्यमिक विद्यालयों में इनके अतिरिक्त बहुत-सी अन्य छात्र-क्रियाशीलनों ने स्थान प्राप्त कर लिया है। जैसे—नाटक, छात्र-परिषद्, वाद-विवाद-प्रतियोगिताएँ, श्रम-दान, स्काउटिंग, सामाजिक सेवा-संगठने, लोकगीत, विद्यालय-प्रकाशन एवं विद्यालय-स्वशासन आदि।

पाठ्यक्रम-सहगामी क्रियाशीलनों के संगठन के प्रमुख सिद्धान्त

1. क्रियाशीलन के संचालित करने के पूर्व इसकी योजना वना लेना।
2. विद्यालय में उद्देश्यों की पूर्ति में मददगार होने वाली क्रियाशीलनों का चयन।
3. क्रियाशीलनों का क्षेत्र व्यापक होना।
4. क्रियाशीलनों के चयन में छात्रों की अभिवृत्तियों, रुचियों एवं क्षमताओं का ध्यान रखना।
5. शिक्षालय के उद्देश्य एवं स्थानीय समाज के उद्देश्यों के अनुसार क्रियाशीलनों का आयोजन करना।
6. शिक्षकों पर उनकी रुचियों के अनुसार क्रियाशीलनों का संचालन-भार सौंपना।
7. समाज-सेवा में प्रशिक्षित करने वाली क्रियाशीलनों का चयन करना।
8. विद्यालय की क्रियाशीलनों को एक साथ शनैः शनैः लागू करना।
9. बालकों के लिए वौद्धिक, शारीरिक एवं नैतिक दृष्टि से लाभदायक क्रियाशीलनों का चयन करना।

10. इन क्रियाशीलनों को सफलतापूर्वक संचालित करने के लिए समय-समय पर प्रधानाध्यापक द्वारा उनका निरीक्षण होता रहेगा।

11. इन क्रियाशीलनों के हिसाब-किताब की देख-रेख ।शेक्षकों की मदद से करना।

12. प्रशासन को सरल बनाने एवं संघर्ष रोकने के लिए इन क्रियाशीलनों को समय-तालिका में स्थान प्रदान करना।

13. इन क्रियाशीलनों के सम्बन्ध में छात्रों को उचित निर्देशन देना।

14. इन क्रियाशीलनों का संगठन एवं चालन छात्रों एवं शिक्षकों के मदद से करना।

15. किसी भी क्रियाशीलन की योजना को कार्यान्वित करने के पूर्व प्रधानाध्यापक से उनकी स्वीकृति प्राप्त करना।

विद्यालय के पाठ्यक्रम-सहगामी क्रियाशीलनों का संगठन

पाठ्यक्रम-सहगामी क्रियाशीलनों के संगठन की विधि विद्यालय में कौन सी विधि से शुरू किया जाये। यह शिक्षक वर्ग सभी स्थितियाँ को ध्यान में रखकर फैसला करता है। पाठ्यक्रम-सहगामी क्रियाशीलनों को विद्यालय में संगठित करने की विभिन्न विधियाँ हैं। इस लिए उसको संगठित करते समय अधोलिखित बातों को ध्यान में हैं—

1. विद्यालय में किसी क्रियाशीलन को संचालित करने के पहले उसकी योजना बना लेनी चाहिए। इस योजना का निर्माण छात्रों तथा शिक्षकों दोनों के ही सहयोग से हो। योजना का निर्माण करते समय विद्यालय के साधनों की उपलब्धि पर ध्यान देना जरूरी है।

2. विद्यालय में जिस क्रियाशीलनों का संगठन किया जाय, वह विद्यालय के उद्देश्य की पूर्ति में मददगार हो, न कि वह केवल आनन्द देने वाली क्रियाशीलन हो।

3. इन क्रियाशीलनों के संचालन में छात्रों को ज्यादा-से-ज्यादा दायित्व प्रदान किया जायें। शिक्षकों की इन क्रियाशीलनों को संरक्षता की जिम्मेवारी अपनी योग्यता और रुचि के अनुसार लेना चाहिए तथा जरूरत पड़ने पर उचित सलाह व सहायता द्वारा बालकों का पथ-प्रदर्शन करना चाहिए।

4. योजना को क्रियान्वित करने के पूर्व प्रधानाध्यापक से स्वीकृति प्राप्त कर लेनी चाहिए; चूँकि प्रधानाध्यापक अपने विद्यायल-प्रशासन के लिए जिम्मेदार होता है। प्रशासन होने के नाते उसे किसी क्रियाशीलन या संगठन से प्रस्ताव पर विशेषाधिकार प्राप्त होना चाहिए।

5. प्रशासन को सरल बनाने तथा भिन्न-भिन्न संघर्षों को दूर करने के लिए इन क्रियार्शीलनों को विद्यालय की समय-तालिका में स्थान प्रदान किया जाना चाहिए।

6. इन क्रियाशीलनों के सम्बन्ध में बालकों को समुचित निर्देशन प्रदान किया जाना चाहिए।

7. किसी क्रियाशीलन के संगठन को सफलतापूर्वक परिचालित करने के लिए उसका समय-समय पर निरीक्षण होना जरूरी है।

एडगर जी. जान्सटन एवं रोलैंड सी. फ्रांस ने अपनी पुस्तक में पाठ्यक्रम-सहयोगी क्रियाशीलनों का ग्यारह वर्गों में बँटवारा किया है—

1. विद्यालय-प्रकाशन—विद्यालय-पत्रिका, विद्यालय-समाचार-पत्र, विद्यालय-वार्षिक प्रतिवेदन इत्यादि।

2. विद्यालय के प्रबंधक, संगठन तथा नियन्त्रण-सम्बन्धी क्रियाशीलनें—इस वर्ग के अन्तर्गत छात्र-समुदाय, छात्र-परिषद्, कैबिनेट-कार्यकारिणी समितियाँ आदि आती हैं।

3. सामुदायिक क्रियाशीलनें—इस वर्ग के तहत शिक्षा-सप्ताह, स्वास्थ्य-सप्ताह, साक्षरता-सप्ताह, जूनियर नागरिक क्लब आदि आते हैं।

4. धार्मिक एवं सामाजिक कल्याण क्लब—इसके तहत् धार्मिक शिक्षा-समूह, धार्मिक क्लब, स्काउटिंग, जूनियर रेडक्रॉस, सामाजिक सेवा क्लब, प्राथमिक शिक्षा-समूह आदि आते हैं।

5. सामाजिक क्रियाशीलनें—नृत्य समिति, पिकनिक, स्वागत, भिन्न-भिन्न पार्टियों का आयोजन इत्यादि।

6. शारीरिक प्रशिक्षण-सम्बन्धी क्रियाशीलनें—सामूहिक खेल, वैयक्तिक खेल, बाह्य एवं आन्तरिक खेल, व्यायाम, पी.टी. इत्यादि।

7. विषयगत क्लब—गणित, विज्ञान, सामाजिक विज्ञान, वाणिज्य आदि विषयों के समुदाय।

8. नाटक एवं भाषण-सम्बन्धी क्रियाशीलनें—एकांकी नाटक, नाटक, वाद-विवाद प्रतियोगिता आदि।

9. संगीत-सम्बन्धी क्रियाशीलनें—बैंड क्लब, संगीत क्लब, ऑरकेस्ट्रा इत्यादि।

10. एसेम्बली—प्रधानाचार्य, शिक्षक, छात्र या समाज के नेताओं द्वारा भाषण, फिल्म-शो इत्यादि।

11. विविध क्लब—रेडियो, विषयगत क्लब, फोटो-संग्रह क्लब आदि।

ई. के फ्रैटबेल के अनुसार पाठ्यक्रम-सहगामी क्रियाशीलनें—फ्रैटबेल ने माध्यमिक विद्यालयों में प्रचलित छात्र-क्रियाशीलनों का अग्रलिखित छः भागों में बँटवारा किया है—

1. प्रकाशन-सम्बन्धी संगठन,

2. संगीत-सम्बन्धी संगठन,
3. भाषण एवं नाटक-सम्बन्धी संगठन,
5. छात्र-परिषद् एवं समाज-सेवा संगठन,
4. विभागीय एवं विशेष रुचि से सम्बन्धित क्लब,
6. खेल-कूद-सम्बन्धी संगठन

भारतीय माध्यमिक विद्यालयों में प्रचलित छात्र-क्रियाशीलनों का विभाजन—

1. सामाजिक कल्याण सम्बन्धी क्रियाशीलनें,
2. छात्र-स्वशासन से सम्बन्धित क्रियाशीलनें या संगठन,
3. शारीरिक क्रियाशीलनें,
4. साहित्यिक एवं शैक्षिक क्रियाशीलनें,
5. सांस्कृतिक क्रियाशीलनें,
6. विद्यालय-प्रकाशन,
7. विषयगत समुदाय,
8. विभिन्न क्रियाशीलनें।

1. सामाजिक कल्याण से संबद्ध क्रियाशीलनें—सामाजिक कल्याण-सम्बन्धी क्रियाशीलनों का अर्थ उन क्रियाशीलनों से है, जो सामाजिक कल्याण की नजर से की जाती है और जिनके करने से छात्रों में सामाजिकता एवं सहयोग की भावना का विकास होता है। सामाजिक कल्याण-सम्बन्धी मुख्य क्रियाशीलनें अग्रलिखित हैं—

2. छात्र स्वशासन से संबद्ध क्रियाशीलनें व संगठन—छात्र स्वशासन की पाठ्यक्रम क्रियाशीलनों का जनतन्त्रीय समाज में सबसे ज्यादा महत्त्व है। चूँकि इसके क्रियान्वयन से विकास का वह सभी गुण छात्रों में विकसित होता है। जो एक लोकतन्त्रीण भावी नागरिक के लिए अनिवार्य हैं। छात्र-परिषद्, विद्यालय-सभा, विद्यालय-संसद आदि से सम्बन्धित क्रियाशीलन इसी के तहत् आते हैं।

(i) सहकारी क्रियाशीलनें—छात्रों को सहयोग का पाठ पढ़ाने के लिए विद्यालय में भिन्न-भिन्न सहयोगी क्रियाशीलनों एवं सहयोगी समितियों का संगठन किया जाता है। विद्यालय में छात्र अपने सहयोग एवं हिस्सों की मदद से सहकारी बैंक, सहकारी दूकान, जलपान-गृह आदि स्थापित करते हैं और बहुत कम फायदा लेने पर जो लाभ बचता है, उसे अपने-अपने हिस्सों के अनुसार बाँट लेते हैं।

(ii) समाज-सेवा क्लब—जनता की सेवा करने के लिए अनेक विद्यालयों में समाज-सेवा का गठन किया जाता है, जो कि विशेष स्थितियों में समाज को अपनी सेवायें अर्पित करते हैं, जैसे—बाढ़-पीड़ितों की सहायता के लिए चन्दा इकट्ठा करना और उनको भोजन एवं वस्त्र पहुँचाना, भिन्न-भिन्न सामुदायिक कार्य करने में मदद

देना, प्रौढों को साक्षर बनाना, किसी मेल या उत्सव में भीड़ को नियनित्रत करना और लोगों की सहायता करना, संक्रामक रोगी की रोकथाम में सहायता, प्रेम, सहनशीलता आदि का विकास होता है, जो कि सामाजिक व्यक्ति का निर्माण करते हैं। प्रधानाध्यापक को चाहिए कि वह इस तरह क्लबों का निर्माण करने के लिए उत्साहित करें।

(iii) स्काउटिंग—सामाजिक कल्याण-सम्बन्धी क्रियाशीलनों में स्काउटिंग महत्त्वपूर्ण है। स्काटटिंग के द्वारा छात्रों को प्रकृति के सम्पर्क में लाकर उन्हें शारीरिक एवं नैतिक प्रशिक्षण दिया जाता है और अनुत्तरदायी एवं स्वकेन्द्रित बालकों को विश्वसनीय एवं सहायक नागरिक में बदला जाता है। माध्यमिक शिक्षा आयोग ने कहा है—"स्काउटिंग चारित्रिक प्रशिक्षण और अच्छी नागरिकता के गुणों के विकास के लिए सबसे महत्त्वपूर्ण साधनों में से एक हैं।" स्काउटिंग द्वारा छात्रों में निम्न गुणों का विकास होता है—

(iv) श्रम-दान—छात्रों एवं नवयुवकों के हृदय में शारीरिक श्रम के प्रति प्रेम उत्पन्न करने के लिए श्रम-दान पर जोर दिया जाता है। इसके तहत छात्रों से विद्यालय में भिन्न-भिन्न तरह के कार्य कराये जाते हैं; जैसे ग्रामों की सड़कों का निर्माण, विद्यालय-परिसर की सफाई, रास्तों की सफाई, खाद के गड्ढ़े खुदवाना इत्यादि। इन कार्यों को करने से श्रम के प्रति अनुराग बढ़ता है, सामुदायिक सम्पर्क बढ़ता है तथा छात्रों का शारीरिक विकास होता है।

(1) मूल प्रवृत्तियों का शोधन,
(2) श्रम के प्रति सम्मान,
(3) व्यावहारिक कुशलता,
(4) आदर्श नागरिकता,
(5) सामाजिक सेवा में प्रशिक्षण,
(6) साहस की भावना,
(7) प्राकृतिक प्रेम।

3. शारीरिक क्रियाशीलनें—शारीरिक क्रियाशीलनों के तहत् भिन्न-भिन्न तरह के खेलों, उदाहरणार्थ—व्यायाम, पी.टी., सामूहिक खेल-कूद का समावेश होता है, जिनका न केवल शारीरिक दृष्टि से महत्त्व है, बल्कि उनका मनोवैज्ञानिक, सामाजिक, नैतिक, नागरिक आदि दृष्टि से भी महत्त्व है।

4. साहित्यिक एवं शैक्षिक क्रियाशीलनें—इन क्रियाशीलनों के तहत् कविता-प्रतियोगिता, वाद-विवाद-प्रतियोगिता, कवि-गोष्ठियाँ, भाषण, निबंध एवं कहानी प्रतियोगिता, विचार-गोष्ठियाँ, अन्त्याक्षरी आदि क्रियाशीलनों का अधिक समावेश होता है। इनके द्वारा बालकों की झिझक दूर होती है। उनकी आत्माभिव्यक्ति की

क्षमता में बढ़ोतरी होती है तथा उनकी मानसिक शक्तियों; जैसे—तर्क, निर्णय, चिन्तन, स्मरण, कल्पना इत्यादि को प्रशिक्षित किया जाता है।

5. सांस्कृतिक क्रियाशीलनें—इन क्रियाशीलनों के अन्तर्गत नाट्य-क्रियाएँ, लोकगीत, भजन, लोक-नृत्य, कीर्तन, संगीत आदि कार्यक्रम आते हैं। हमारे विद्यालयों में संगीत एवं नाट्य-क्रियाओं का ज्यादा प्रचलन है। इन क्रियाओं के द्वारा छात्रों को मनोरंजन तो प्राप्त होता ही है, साथ-ही-साथ उन्हें आत्माभिव्यक्ति एवं सौन्दर्यानुभूति का अच्छा अवसर प्राप्त होता है। इसके अलावा इन क्रियाशीलीनों द्वारा छात्रों में अपनी संस्कृति के मूल्यांकन का विकास होता है। इन क्रियाशीलनों के चयन में उनके सांस्कृतिक एवं शैक्षिक महत्त्व पर विशेष जोर देना चाहिए।

6. विद्यालय-प्रकाशन—आधुनिक युग में विद्यालय-प्रकाशन अधिकांश विद्यालयों के जीवन का एक अंग बन गया है। विद्यालय-प्रकाशन के तहत् विद्यालय-पत्रिका, समाचार-पत्र आदि का समावेश होता है, जो छात्रों को रचनात्मक लेखन के लिए अच्छा अवसर देता है। विद्यालय प्रकाशन के अग्रलिखित उद्देश्य हैं—

(i) विद्यालय की सम्मति को अभिव्यक्त करना,

(ii) विद्यालय के कार्यों से समाज को अवगत कराना,

(iii) विद्यालय की घटनाओं एवं सूचनाओं को प्रकाशित करना,

(iv) अभिभावकों एवं विद्यालयों के मध्य सहयोग स्थापित करना,

(v) विद्यालय के आदर्शों एवं उनकी चारित्रिक भावनाओं को व्यक्त करना,

(vi) सदाचार के स्तर को उच्च बनाने में सहायता देना,

(vii) अन्तर-विद्यालयों में उत्तम सम्बन्धों को विकसित करना।

7. विषयगत समुदाय—विषयगत समुदाय विद्यालयों में पढ़ाये जाने वाले विषयों से सम्बन्धित होते हैं, उदाहरणार्थ—भूगोल समुदाय, नागरिक शास्त्र समुदाय, इतिहास समुदाय, विज्ञान समुदाय, वाणिज्य समुदाय, गणित समुदाय, कृषि समुदाय आदि। इन समुदायों का निर्माण प्रायः कॉलेज-स्तर पर ही होता है। किन्तु ये विद्यालय-स्तर पर भी लाभपूर्ण सिद्ध हो सकते हैं। इन समुदायों की संरचना से सबसे ज्यादा यह लाभ है कि इनका क्रियाओं द्वारा छात्रों में विषय के प्रति रुचि उत्पन्न होती है और इनका संचालन करने से उसमें भिन्न-भिन्न तरह के गुणों एवं अनुभवों का विकास होता है तथा इनके द्वारा विषय से सम्बन्धित मुश्किलों को दूर किया जा सकता है।

8. विभिन्न क्रियाशीलनें—इनके तहत् उन क्रियाशीलनों का समावेश होता है, जो कि शैक्षिक महत्त्व के होने के साथ-साथ छात्रों को मनोरंजन भी प्रदान करती हैं, जैसे—पिकनिक, सरस्वती-यात्राएँ, प्रिया-व्यापार, दैनिक असेम्बली विद्यालय दिवस

आदि। इनमें माध्यमिक विद्यालय में विद्यालय-दिवस का अत्यधिक शैक्षिक महत्त्व है। किन्तु इनके आयोजन एवं संचालन में छात्रों का अधिकाधिक सहयोग अति आवश्यक है। विद्यालय में प्रायः जिन दिवसों को मनाया जाता है, उनमें निम्नांकित प्रमुख हैं—

(i) छात्र-संघ-दिवस,

(ii) अभिभावक-दिवस,

(iii) राष्ट्रीय पर्वों का आयोजन,

(iv) शिक्षक-दिवस,

(v) छात्र-सम्मेलन,

(vi) वार्षिकोत्सव।

इनके आयोजन द्वारा छात्रों में नेतृत्व, सहयोग, सांस्कृतिक रुचियों इत्यादि का विकास होता है।

23

निरीक्षण व पर्यवेक्षण में प्रधानाध्यापक की भूमिका

निरीक्षण में प्रधानाध्यापक की भूमिका

1. आध्यापक कार्य का निरीक्षण—अध्ययन एवं अध्यापन विद्यालय का प्रमुख कार्य है। इस प्रकार प्रधानाध्याक को समय-समय पर उसका निरीक्षण जरूर करना चाहिये। इस सम्बन्ध में नीचे लिखी बातों की ओर प्रधानाध्यापक को ध्यान देना चाहिये—

(i) प्रधानाध्यापक को किसी भी अध्यापक के कार्य की कटु आलोचना नहीं करनी चाहिये। गलतियों को सुझाव के रूप में प्रस्तुत करना चाहिये।

(ii) अध्यापक के अध्यापन कार्य का निरीक्षण उसे और श्रेष्ठ बनाने की दृष्टि से होना चाहिए।

(iii) जरूरत अनुसार प्रधानाध्यापक को आदर्श-पाठ का आयोजन भी करना चाहिये।

(iv) विद्यार्थियों के लिखित कार्य का निरीक्षण भी यदा-कदा करना जरूरी है।

2. वित्तीय निरीक्षण—वित्तीय प्रबंध पर भी प्रधानाध्यापक को दृष्टि डालनी चाहिये। रोकड़-पुस्तक (Cash-book) पर हरेक पद में प्रधानाध्यापक के हस्ताक्षर होते हैं। अतः वह उस धन के सदुपयोग के लिये जिम्मेदार है। प्रत्येक कक्षा में उंपस्थिति रजिस्टर होता है जिसमें शुल्क भरा जाता है। उसमें भी अन्तिम हस्ताक्षर प्रधानाध्यापक को ही करना पड़ता है। इस प्रकार प्रधानाध्यापक को प्रत्येक वित्तीय-कार्य का सूक्ष्म निरीक्षण करना चाहिये।

3. छात्रावास का निरीक्षण—छात्रावास की जरूरत व महत्त्व पर प्रकाश इन शब्दों में उचित रूप में पड़ता है—

"It must a always be remembered that the Boarding-house is taking the place of the home for a consoderable position of the pupils year and it should therefore be made as attrσctive as possible......and boarders encouraged to make their boarding-house as comfortable and home like as possible".

असल में विद्यालय के जीवन में छात्रावास का काफी ज्यादा महत्त्व है। छात्रावास बालकों को भावी जीवन के सम्बन्ध में प्रशिक्षण और जीवन के भिन्न-भिन्न अंगों का व्यावहारिक ज्ञान देता है। इस प्रकार प्रधानाध्यापक का यह परम कर्त्तव्य है कि वह छात्रावास में बालकों के भोजन, रहन-सहन, अध्ययन, नैतिक स्तर तथा अन्य सुविधाओं के स्तर का समय-समय पर निरीक्षण करे, उचित सुझाव और प्रेरणा दे। इस तरह छात्रावास के अधिकारियों के हृदय में प्रधानाध्यापक के प्रति अधिक अनुराग उत्पन्न होगा। छात्रावास-जीवन विद्यालय अध्ययन से कहीं ज्यादा महत्त्वपूर्ण है। इसलिये प्रधानाध्यापक को उसका निरीक्षण तथा उचित सेवायें उपलब्ध कराना बहुत आवश्यक एवं उपयोगी है।

सामान्य निरीक्षण—अध्यापन क्रियाओं के साथ-साथ बालकों के नैतिक एवं आध्यात्मिक तथा शारीरिक विकास की भी काफी जरूरत है। अतः प्रधानाध्यापक को बालचर, एन.सी.सी. नाटक एवं साहित्सिक सभाएं, खेल, दैनिक प्रार्थना, गीता प्रवचन एवं दैनिक-नैतिक कथाओं को सुनाने का आयोजन करना चाहिये। साथ ही इस बात का निरीक्षण भी करना चाहिये कि लकड़ी के सामान की देखभाल, विद्यालय के भवन की देखभाल, खेल तथा नैतिक शिक्षा, बच्चों को ठीक तरह से दी जाती है अथवा नहीं।

अध्यापन कार्य

प्रथम अध्यापक प्रधानाध्यापक होता है। उसके बाद अन्य अध्यापक प्रधानाध्यापक को विद्यालय की छोटी से बड़ी कक्षाओं में न्यूनतम एक घण्टा प्रतिदिन अवश्य पढ़ना चाहिए। उसकी दिनचर्या कितनी ही व्यवस्त क्यों न हो, उसे अध्यापन कार्य नहीं छोड़ना चाहिए। इसमें अग्रलिखित फायदा होता है:

(ii) प्रधानाध्यापक का विद्यार्थियों के साथ सम्बन्ध बना रहेगा।

(i) विद्यार्थियों की वास्तविक स्थिति का ज्ञान प्रधानाध्यापक को होता रहेगा।

(iv) प्रधानाध्यापक का अध्यापन कार्य अन्य सहयोगी अध्यापकों के लिये मार्गदर्शन करता रहेगा।

(iii) प्रधानाध्यापक को कार्यरत देखकर अन्य लोगों में कर्तव्य भावना जागृत हो सकेगी।

परीक्षा

आज के युग में शिक्षा परीक्षामय हो गई है। हरेक विद्यालय को साल में तीन या उससे अधिक परीक्षाओं की प्रवंध करनी पड़ती है। इस प्रकार प्रधानाध्यापक का

यह कर्तव्य है कि परीक्षाओं के लिए प्रश्न-पत्रों का निर्माण पाठ्यक्रमानुसार हुआ है तथा निश्चित अंक एवं समय का समुचित रूप से विभाजन हुआ है अथवा नहीं आदि बातों पर नजर रखे और परीक्षा संचालन हेतु निर्मित-उपनियमों इत्यादि का पालन करने के लिए उचित निर्देश समय-समय पर दे।

प्रधानाध्यापक की शैक्षिक पर्यवेक्षण में भूमिका

असल में शैक्षिक पर्यवेक्षण अवलोकन की सूक्ष्म दृष्टि है। सूक्ष्म से सूक्ष्म तथ्यों का शिक्षण, शिक्षा, अवलोकन तथा शैक्षिक प्रवृत्तियों का परिमाणात्मक और गुणात्मक विकास ही सूक्ष्म दृष्टि का अर्थ है। जोसेफ एवं जस्टमैन के शब्दों में–'साामान्य पर्यवेक्षण का अर्थ है–शिक्षकों का समेकित विकास जिससे वे छात्रों की प्रतिभा पहचान कर उनको सही दिशा दे सकें, उन्हें सांस्कृतिक परिवेश में विकसित कर सकें। इस नजर से पर्यवेक्षण का मुख्य कार्य इस प्रकार है–

1. नेतृत्व का विकास–चेस्टर टी. मैकनैरने के अनुसार–'प्रभावकारी पर्यवेक्षण के लिये यह आवश्यक है कि जिन व्यक्तियों को कार्य सौंपा जाय, वे अपने अनुभवों से छात्र-छात्राओं को लाभ पहुँचाये।' इसके लिये आवश्यक है नेतृत्व का विकास करना। कैम्पबैल एवं ग्रंग के शब्दों में–'नेतृत्व एक ऐसी सम्पूर्ण प्रक्रिया है जिसके द्वारा मानवीय तथा भौतिक स्त्रोतों को उपलब्ध किया जाता है तथा उन स्त्रोतों को किसी भी कार्य के उद्देश्यों की पूर्ति के लिये प्रभावकारी बनाया जा सकता है।' शैक्षिक पर्यवेक्षण की सफलता, सफल नेतृत्व पर निर्भर करती है। नेता के रूप में पर्यवेक्षक, सम्बन्धित जनों को आवश्यक सूचनायें देता है, कार्यप्रणाली समझाता है और तदनुसार काम सम्पन्न कराता है। हम (We) की भावना विकसित करता है। प्रभावकारी पर्यवेक्षण विश्वसनीय होता है। उद्देश्यों की पूर्ति के लिए जिन पर जिम्मेदारी सौंपी जाती है, वे अन्य व्यक्तियों को उत्साहित करते हैं। यो शैक्षिक प्रक्रिया छात्रों को लाभान्वित करती है। कैम्पवैल एवं ग्रेग ने ठीक ही कहा है–'नेतृत्व ऐसी सम्पूर्ण प्रक्रिया है जिसके द्वारा मानवीय तथा भौतिक स्त्रोतों को उपलब्ध किया जा सकता है तथा उन स्त्रोतों को कार्यसिद्धि के लिये प्रभावशाली बनाया जा सकता है।'

2. नीति निर्धारण तथा नियमन–बार, बर्टन तथा ब्रूकनर के शब्दों में है–'नीति तथा नियमन को समुदाय की आवश्यकताओं के अनुरूप रखा जाता है।' शिक्षा सोद्देश्य क्रिया है, इस प्रकार पर्यवेक्षण का महत्त्वपूर्ण कार्य है–शैक्षिक लक्ष्यों एवं उद्देश्यों की प्राप्ति के लिए नीति निर्धारित करना तथा उसे क्रियान्वित करना। कार्य की योजना, उद्देश्यों के निर्धारण, तथा क्रियान्वयन की पद्धति, सभी नीति निर्धारण के तहत् आती हैं। प्रजातांत्रिक पद्धति द्वारा नीति निर्धारिण में सभी व्यक्तियों की सहभागिता प्राप्त होती है।

3. शैक्षिक परिस्थितियों का अध्ययन–पर्यवेक्षण का उद्देश्य है कि शिक्षण-अधिगम की स्थितियों में सुधार करना जिससे शैक्षिक लक्ष्यों की अधिकतम उपलब्धि हो सके। इसके लिये पर्यवेक्षण में ये काम किये जाते हैं–

(i) शिक्षण-अधिगम परिस्थितियों का अध्ययन, आयोजन, विश्लेषण, संपादन।

(ii) शैक्षिक लक्ष्यों का निर्धारण।

(iii) मूल्यांकन, प्रगति पत्र, प्रतिवेदन, आख्या आदि देना।

(iv) मूल्यांकन, प्रगति पत्र, प्रतिवेदन, आख्या आदि देना।

(v) कौशल, नवीन ज्ञान तथा उपलब्धियों के संदर्भ में पर्यवेक्षण-योजना बनाना।

(vi) शिक्षकों, छात्रों, समुदाय का सर्वेक्षण एवं तदनुसार पाठ्यक्रम निर्माण तथा निर्धारण।

(vii) सामाजिक, भौतिक, शैक्षिक परिवेश का निर्माण करना।

4. शैक्षिक परिस्थितियों में सुधार–पर्यवेक्षण का कार्य शैक्षिक स्थितियों में सुधार करना है। बार, बर्टन एवं ब्रूकनर के अनुसार–'अधिगम की क्रिया के लिये प्रभावशाली मार्गदर्शन, योग्य शिक्षकों के ज्ञान तथा छात्रों की पृष्ठभूमि पर निर्भर करता है। शिक्षक जिस पर्यवेक्षण कार्य में भाग लेते हैं, उनमें उनकी प्रगति ज्यादा नहीं होती। उनकी प्रगति उन कार्यों में होती है जिनमें ये सक्रिय होते हैं। इस नजर से पर्यवेक्षण के कार्य यह हैं–

(i) नवीन तकनीकी एवं विधियों को अपनाने के लिये परामर्श देना।

(ii) शिक्षकों को शिक्षण प्रक्रिया के भिन्न-भिन्न मदों से परिचित कराना।

(iii) शिक्षण की सुविधायें प्रदान करना।

(vi) प्रशिक्षण तथा प्रदर्शन की प्रबन्ध करना।

(v) शिक्षकों के शैक्षिक दायित्वों का विकास करना।

(vi) शैक्षिक वातावरण का निर्माण करना।

(vii) पाठ्यक्रम में सुधार करना।

(viii) शिक्षा को जीवन केन्द्रित बनाना।

5. शिक्षा कर्मियों का विकास–शिक्षा के काम में सिर्फ शिक्षक एवं छात्र तो नहीं होते, अपितु प्रधानाचार्य, सेवा कर्मी, कार्यालय, प्रबन्ध तंत्र, प्रशासनिक तंत्र, नीति निर्धारण आदि अनेक अंग कार्य करते हैं। ये सभी एक दूसरे से जुड़े रहते हैं। इसलिये शैक्षिक पर्यवेक्षण, अलग-अलग स्तरों के कर्मचारियों एवं अधिकारियों के विकास के लिये ये काम कर सकता है–

(i) शिक्षण प्रक्रिया की भिन्न-भिन्न कड़ियों को जोड़ना तथा उन्हें समन्वित रूप से कार्यशील बनाना।

(ii) पर्यवेक्षण एवं नियंत्रण क्षमता विकसित करना।

(iii) पर्यवेक्षण हेतु भिन्न-भिन्न वर्गों से सहयोग प्राप्त करना।

(iv) सेवा कालीन प्रशिक्षण की प्रबंध करना।

(v) शैक्षिक नेतृत्व का निर्माण करना तथा उन्हें शिक्षा के भिन्न-भिन्न कार्यों में लगाना।

(vi) शिक्षकों को शैक्षिक कार्य में सहभागी बनाने का अवसर देना।

शिक्षा की प्रक्रिया की प्रगति शैक्षिक पर्यवेक्षण के बिना असंभव है। शिक्षा प्रक्रिया का शैक्षिक पर्यवेक्षण महत्त्वपूर्ण भंग है। इस दिशा में शिक्षा प्रशासनिक अधिकारियों को विशिष्ट कोशिश करनी चाहिए।

24

पर्यवेक्षण कार्य

अर्थ एवं संकल्पना

शिक्षा पर्यवेक्षण का अर्थ है शिक्षा के क्षेत्र में भावी अपेक्षाओं के समान विकास। पर्यवेक्षण शब्द अंग्रेजी के शब्द सुपरविजन का हिन्दी अनुवाद है। जिसका तात्पर्य है, वह श्रेष्ठ दृष्टि जो अवस्था का सही आकलन कर सम्बन्धित क्षेत्र का भावी विकास करे।

हिन्दी शब्द पर्यवेक्षण, दो शब्दों से मिलकर बना है, परिवीक्षण शनि श्रेष्ठ निरीक्षण। अर्थात शैक्षिक पर्यवेक्षण का अर्थ होगा, शिक्षा के क्षेत्र में श्रेष्ठ सूक्ष्म निरीक्षण। इस तरह सूक्ष्म श्रेष्ठ निरीक्षण के आधार पर प्राप्त तथ्यों के विवेचन से भावी शैक्षिक गुणवत्ता का विकास करना। विद्यालयों को ज्ञान का केन्द्र स्वीकार किया जाता है। इस प्रकार इनसे उचित अध्यापन व अधिगम की अपेक्षा है। यह आश्वस्त होने के लिए कि विद्यालयों में उचित अध्ययन-अध्यापन होता है, शिक्षक अध्यापन के योग्य है, अधिगम के लिए उचित पर्यावरण है, विद्यार्थियों की प्रगति पर समुचित ध्यान दिया जाता है, से पर्यवेक्षण की आवश्यकता स्वतः स्पष्ट हो जाती है। प्रभावी पर्यवेक्षण के बिना शिक्षा के लक्ष्य को पूरा करना सम्भव नहीं है। इस प्रकार प्रभावी पर्यवेक्षण राष्ट्रीय शैक्षिक विकास के लिए अपरिहार्य जरूरत है। निरन्तर बढ़ते हुए विद्यालयों और उनमें विद्यार्थियों की बढ़ती संख्या व वैज्ञानिक एवं तकनीकी विकास ने पर्यवेक्षण कार्य को काफी जटिल बना दिया है। अतः आज के परिप्रेक्ष्य में प्रभावी पर्यवेक्षण व कुशल पर्यवेक्षण दोनों ही शैक्षिक विकास के लिए महत्वपूर्ण है।

यह निर्विवाद स्वीकार किया जाता है कि शिक्षक मानवीय विकास के कार्यक्रमों से सम्बद्ध है। उसे राष्ट्र के भाग्य का निर्माता तथा सामाजिक बदलाव का अभिकर्ता माना जाता है। अतः इतने महत्त्वपूर्ण कार्य के लिए आवश्यक है कि शिक्षण अध्यवसाय में आने से पूर्व तथा बाद में सेवारत रहने पर, कार्यों में नियमित पर्यवेक्षण

द्वारा उत्तरोतर सहयोग किया जाये जिससे एक ओर खुद उसका विकास होगा दूसरी ओर भावी पीढ़ी के शैक्षिक स्तर में सुधार होगा। वर्त्तमान में पर्यवेक्षण की बेहतर तकनीकों व विधियों का विकास हुआ हैः जिनके द्वारा पर्यवेक्षण, शिक्षक को उसके सशक्त गुणों का विकास कर तथा कमजोरियों को दूर कर उसकी प्रभावी भूमिका निष्पादन में योग दे सकते हैं।

वर्त्तमान में अलग-अलग क्षेत्रों, विशेषकर मेडिकल क्षेत्र में जिस प्रकार विकसित निरीक्षण उपकरणों व तकनीकों से रोगी के निरीक्षण व तत्पश्चात् दल द्वारा निरीक्षण से प्राप्त तथ्यों के आधार पर विश्लेषण के बाद रोग का उपचार किया जाता है, ठीक उसी प्रकार शिक्षा के क्षेत्र में भी शिक्षकों के शिक्षण व्यवहार के सूक्ष्म निरीक्षण के पश्चात् प्राप्त कमियों के विश्लेषण के बाद उपचार किया जाता है। तथा शक्त विशेषताओं को दूर और विकसित किया जा सकता है। इस तरह क्लिनिकल पर्यवेक्षण शैक्षिक गुणवत्ता के विकास में महत्त्वपूर्ण भूमिका निर्वाह कर सकता है।

राजस्थान राज्य शिक्षा अनुसंधान व प्रशिक्षण संस्थान, उदयपुर ने शैक्षिक कार्यक्रमों के परिवेक्षण की परिस्थिति जानने के लिए शिक्षा अधिकारियों द्वारा किए गए पर्यवेक्षण की समीक्षा की। अनुसंधान के निष्कर्ष थे कि पर्यवेक्षण संस्थितियों तथा पर्यवेक्षण दोनों ही संतोषप्रद नहीं थे। पर्यवेक्षण व उनके शैक्षिक तकनीकी सुधार की ओर भी इस अनुसंधान ने इशारा किया है। पर्यवेक्षण के संदर्भ में विडंबना यही है कि पर्यवेक्षण को शक की दृष्टि से देखते हैं। इस प्रकार इसका स्वागत नहीं होता है। वस्तुतः वे उनकी शिक्षण व शिक्षणेतर प्रवृत्तियों के परिवेक्षण को वैयक्तिक के कक्षा में आने का विरोध करते हैं। इस विरोध का मूल्य कारण यह माना जाता है कि वर्त्तमान में भी पर्यावरण छिद्रान्वेषी तथा रूढ़िवादी है जो बजाय शिक्षकों में गुणवत्ता विकास में उन्हें हतोत्साहित करता है। पर्यवेक्षण जिसका कार्य शिक्षण में सुधार लाना है, शिक्षकों को मित्रवत मदद करना है, वे प्रशासनिक अधिकारी की तरह व्यवहार करते हैं, तथा इनमें परिवेक्षण कौशल का भी अभाव है। अतः तात्कालिक दिखावे के पर्यवेक्षण का कोई प्रभाव नहीं होता। इस सम्बन्ध में कपूर (1982) ने अपने शोध में पाया कि यद्यपि शिक्षक वर्तमान प्रकार के पर्यवेक्षण का कोई फायदा नहीं देखते हैं, परन्तु वे पर्यवेक्षण की जरूरत महसूस करते हैं।

अवधारणा : विकास

19वीं सदी में शिक्षक के व्यावसायिक उन्नयन के लिए कई प्रयास किये गये। उन्हीं प्रयास के क्रमों में से एक पर्यवेक्षण में सुधार भी है। प्रारम्भ में पर्यवेक्षण के तरीके एक प्रकार से निर्देशन मात्र थे, जो निरीक्षण के तहत् ही आते थे, प्रायः त्रुटियों

की ओर ही इंगित करना इनका उद्देश्य होता था। गत कुछ दशकों में निरीक्षण का स्थान पर्यवेक्षण ने ले लिया है। पर्यवेक्षण को अब एक ऐसी प्रक्रिया माना जाता है जिसमें शिक्षक और अधिकारी के मध्य सहयोग की भावना को ज्यादा महत्व दिया जाता है और छिद्रान्वेषण के दृष्टिकोण को उपयुक्त नहीं समझा जाता। वस्तुतः अब पर्यवेक्षण एक ऐसी प्रक्रिया माना जाता है, जिसमें शिक्षण का सर्वोन्मुखी विकास सन्निहित है। ऐतिहासिक दृष्टिकोण से पर्यवेक्षण का विकास निरीक्षण अनुवीक्षण व प्रवर्तन कार्यों से हुआ है। इसके चिन्तन पर भी प्रभाव पड़ा है। शुरू में जहां पर्यवेक्षण की संकल्पना आधिकारिक दृष्टिकोण पर आधारित थी, वहीं अब जनतंत्रीय उपागम आधारित हो गई है। तदनुसार परस्पर सहचर्य, सहयोग, समता का व्यवहार पर्यवेक्षण में दृष्टिगत होता है। पर्यवेक्षण सम्बन्धित निरीक्षण में तकनीकी विकास का भी प्रभाव देखा जा सकता है। शुरू में पर्यवेक्षण का मुख्य आधार पारम्परिक विश्वनीय व वैध निरीक्षण की अवस्था की बार-बार पुष्टि की जा सकती है। इस क्षेत्र में भी अनेक पर्यवेक्षण कौशलों का विकास हुआ है। पर्यवेक्षण का लक्ष्य जहाँ प्रारम्भ में विद्यार्थी, संसाधन व संगठन था, वहाँ अब शिक्षक व उसका अध्यापन मुख्य केन्द्र बिन्दु है।

पर्यवेक्षण : आधुनिक संकल्पना

वर्त्तमान युग के लगभग सभी शिक्षा शास्त्री यथा-क्रासबी (1957) हैरिस (1963) कुर्टिन (1964) विल्स (1967) हैराल्ड एवं मूर (1968) इस बात को अंगीकार करते हैं कि पर्यवेक्षण का लक्ष्य शिक्षण में सुधार से सम्बन्ध रखता है। नीगेल एवं इवांस इनसे और भी एक कदम आगे चलकर अंगीकार करते हैं। उनके अनुसार पर्यवेक्षण के क्षेत्र के तहत् न केवल शिक्षक एवं विद्यार्थी वरन् प्रशासन एवं अभिभावक के शैषिक विकास को भी शामिल करते हैं। विलियम मैकाइवर भी लगभग इन्हीं के समर्थक है।

विल्स लिखते हैं कि "आधुनिक पर्यवेक्षण, अध्यापन व अधिगम के श्रेष्ठ विकास के सहायक हैं।" लगभग यही राय हैराल्ड एवं मूर की है। वे स्वीकारते हैं कि पर्यवेक्षण में ये प्रवृत्तियां आती हैं। जिनका मुख्य सम्बन्ध उन स्थितियों के अध्ययन व सुधार से होता है जो प्रत्यक्षतः अधिगम छात्र व शिक्षक के विकास से जुड़ी होती है। शैक्षिक अनुसंधान के क्षेत्र में हुए अनुसंधान इस बात के द्योतक हैं कि पर्यवेक्षण प्रमुख रूप से अनुदेशों में सुधार से सम्बन्ध रखता है। बारबर्टन तथा ब्रूकनर ने आधुनिक पर्यवेक्षण की परिभाषा दी है जो ज्यादा विस्तृत है। उन्होंने पर्यवेक्षण में निम्न तथ्यों को शामिल किया है–

1. यह एक विशेष तकनीकी सेवा है जिसका प्रमुख उद्देश्य उन सभी तथ्यों का

सामूहिक रूप से अध्ययन करना है, जिससे बालक की प्रगति व विकास हो सके।

2. पर्यवेक्षण शिक्षा के सामान्य उद्देश्यों के समान होता है।

3. पर्यवेक्षण समय अधिगम-अध्ययन प्रक्रिया को प्रभावी बनाने में योग देता है तथा इसमें समस्त शिक्षक सहयोगी की भांति अधिगम में सुधार के लिए परस्पर सहयोग करते हैं।

उक्त विवेचन से यह स्पष्ट है कि प्रशासन (पर्यवेक्षण) में सभी का विकास सन्निहित है।

अमेरिका के राष्ट्रीय शिक्षा संगठन के प्राचार्यों के संगठन के अनुसार शिक्षा पर्यवेक्षण में अग्रलिखित बातों का समावेश किया जाता है:–

(1) सहायक सामग्री का निर्माण

2. शिक्षकों के शिक्षण में सुधार

3. शिक्षक की कुशलता तथा बालकों की जरूरतों का ज्ञान व सीखने की संस्थितियों का मूल्यांकन।

4. बालकों की जाँच

(5) शिक्षकों का व्यावसायिक नेतृत्व व सहयोग।

(6) पाठ्यक्रम सुधार तथा निर्माण के लिए शोध।

इस प्रकार पर्यवेक्षण, शिक्षा प्रशासन का एक महत्त्वपूर्ण अंग है। जो समग्र अध्यापन व अधिगम प्रक्रिया को प्रभावित करता है। यही वजह है राष्ट्रीय शिक्षा आयोग (1964-66) ने इसे रीढ़ की हड्डी अंगीकार किया है। इसका आशय यह है कि यदि पर्यवेक्षण पर ध्यान दिया जाये तो समग्र शिक्षण स्थितियों में सुधार हो सकता है और इसके प्रतिकूल यदि ध्यान नहीं दिया गया तो समग्र शैक्षिक ढांचा लड़खड़ा सकता है, चूँकि पर्यवेक्षण (प्रकाशक) के स्तर से लेकर बालक के स्तर तक सभी प्रक्रिया में प्रभावित होते हैं।

आधुनिक पर्यवेक्षण : विशेषताएँ तथा प्रकृति

1. यह जनतंत्रीय दर्शन पर आधारित है इस प्रकार जनतंत्रीय मूल्यों यथा-समानता, सहकार, व्यक्ति का सम्मान, तथा सहभागिता का पर्यवेक्षण में ध्यान रखना जरूरी है।

2. पर्यवेक्षण में परस्पर उचित मानवीय सम्बन्ध जरूरी है।

3. यह आधुनिक प्रौद्योगिकी पर आधारित है अतः निरीक्षण आदि में आधुनिक तकनीकों एवं शैक्षिक प्रौद्योगिकी का प्रयोग आवश्यक है तथा पर्यवेक्षण के विभिन्न कौशलों का ज्ञान पर्यवेक्षण के लिए अनिवार्य है। यह समालोचना पर आधारित है।

4. यह वैज्ञानिक है अतः पर्यवेक्षण में वैधता विश्वसनीयता तथा तथ्यों में

क्रमबद्धता आवश्यक है। पर्यवेक्षण निष्कर्ष का संदेह से परे होना आवश्यक है।

5. इसका क्षेत्र मात्र कक्षा कक्ष तक ही नहीं है वरन् विस्तृत है।

6. इसमें परस्पर सहयोग आवश्यक है इस प्रकार प्रत्येक कार्यकर्ता को कोई न कोई पर्यवेक्षण की जिम्मेदारी स्वीकार करना आवश्यक है।

7. प्रभावी परिणाम के लिए उचित प्रशिक्षण व नेतृत्व आवश्यक है।

8. नियमित प्रगति के लिए क्रियात्मक अनुसंधान अनवरत आवश्यक होता है।

9. स्टाफ की नयी शिक्षक तकनीकों में अनुस्थापना आवश्यक है।

विद्यालय पर्यवेक्षण

विद्यालय पर्यवेक्षण के तहत् विद्यालय की प्रवृतियों जैसे– विद्यालय भवन, खेल-कूद, सांस्कृतिक कार्यकलाप आदि इस के साथ विद्यालय के अध्ययन-अधिशम संस्थितियों के पर्यवेक्षण से सम्बन्धि सम्पूर्ण भौतिक और शिक्षिक पर्यवेक्षण विद्यालय पर्यवेक्षण विद्यालय का ही एक अंग है।

विद्यालय पर्यवेक्षण के लक्ष्य

1. शिक्षकों व छात्रों की समस्याओं का नजदीक जाकर परिचय प्राप्त करना।

2. छात्रों की समस्याओं (आधुनिक, बाल-विकास, समायोजना आदि) के निदान व उपकरण के लिए कदम उठाना।

3. वृहत समाज की विद्यालय से अपेक्षाओं के समान विद्यालयों के उद्देश्यों से शिक्षकों को परिचित करना।

4. विद्यालय संसाधनों का प्रभावी अध्यापन व अधिगम प्रवृत्तियों में लगाना।

5. शिक्षकों को विशेष योग्यताओं के विकास का अवसर देना।

6. शिक्षकों की समस्याओं का सहानुभूति पूर्वक समाधान खोजना तथा शैक्षिक विकास में योग देना।

7. मानवीय सम्बन्धों में परस्पर विश्वास उत्पन्न करना व सहयोग को बढ़ावा देना।

8. विद्यालय विकास की योजनाओं में तथा कार्यक्रमों में शिक्षकों का नियमित सहयोग प्राप्त करना।

9. भावी अधिगम संबंधी चुनौतियों के लिए छात्रों को तत्पर करना।

10. शिक्षकों को व्यवसायिक अवसर प्रदान करना।

11. सेवारत प्रशिक्षण का नियमित आयोजन करना।

12. नवीन शिक्षण कौशलों एवं विधियों से परिचित कराना तथा उनमें

अनुस्थापना करना।

13. समुदाय, विद्यालय तथा राष्ट्र के प्रति शिक्षक को खुद की भूमिका के प्रति सचेत करना।

14. विद्यालय व उसके कार्यों के प्रति निष्ठा जगाने के लिए समुचित पर्यावरण सृजित करना।

विद्यालय पर्यवेक्षण का क्षेत्रः—पर्यवेक्षण के क्षेत्र को मुख्य रूप से दो भागों में बाँटा जा सकता हैः—

1. पर्यवेक्षण की मार्ग-दर्शन सम्बन्धी भूमिका 2. पर्यवेक्षण में निदानात्मक भूमिका

पर्यवेक्षण में निदानात्मक भूमिकाः—इस भूमिका के अन्तर्गत मुख्य रूप से तीन बातें आती हैं। (1) प्रधानाध्यापक द्वारा शिक्षकों को प्रदत्त कार्य का पर्यवेक्षण (2) कक्षा शिक्षण का अवलोकन (3) शिक्षकों द्वारा कक्षा में दिए गए कार्य का पर्यवेक्षण।

कक्षा शिक्षक निरीक्षक

कक्षा-शिक्षण का निरीक्षण, अनुवेशन के पर्यवेक्षण में सबसे ज्यादा महत्व रखता है। अधिकांश शिक्षा-शास्त्री तो कक्षा निरीक्षण को पर्यवेक्षण का पर्याय ही समझते हैं। यह कहना अतिशयोक्तिपूर्ण न होगा कि कई वर्षो तक शिक्षण, निरीक्षण, पर्यवेक्षण का मुख्य कार्य रहा है। कक्षा-शिक्षक निरीक्षण के अनेक उद्देश्य हो सकते हैं। किसी शाला प्रधानाध्यापक के लिए इसका उद्देश्य कक्षा मुश्किलों का पता लगाने का साधन हो सकता है यथा शिक्षक द्वारा किस प्रकार पाठ्यक्रम का विकास किया जा रहा है। शिक्षकों को किन कठिनाइयों का सामना करना पड़ रहा है? नीगले तथा इवांस के अनुसार (1) शिक्षक को प्रगति के मूल्यांकन की दृष्टि से। (2) प्राचार्य और शिक्षक के मध्य एक अच्छा सद्भाव बढ़ाने की दृष्टि से। (3) शिक्षक के शिक्षण के अच्छे और कमजोर पक्षों को जानने की दृष्टि से पर्यवेक्षण अत्यन्त ही महत्वपूर्ण है। (4) समग्र सीखने की प्रक्रिया पर दृष्टिपात करने की दृष्टि से इस प्रकार कक्षा शिक्षण से निम्नलिखित उद्देश्य स्पष्ट रूप से पूर्ण होते हैं—(1) कक्षा समस्याओं का ज्ञान होता है। (2) शिक्षक की कक्षा-शिक्षण सम्बन्धीं कठिनाइयों का ज्ञान होता है। (3) शिक्षकों की सहायता करने अथवा उन्हें सुझाव देने का आधार मिलता है। (4) शिक्षक की प्रगति का मूल्यांकन किया जा सकता है। (5) सीखने की समग्र प्रक्रिया पर दृष्टिपात किया जा सकता है। (6) विद्यार्थियों के स्तर का ज्ञान होता है। (7) शिक्षक एवं प्रधान के मध्य परस्पर नजदीक सम्बन्ध बनाने का सुयोग मिलता है। (8) शिक्षक एवं विद्यार्थियों

के परस्पर व्यवहार का ज्ञान होता है। (9) विद्यार्थियों की अधिगम सम्बन्धी कठिनाइयों का ज्ञान होता हैं।

यह तो है ही कि समग्र-शिक्षक के सुधार का आधार ही कक्षा-शिक्षण निरीक्षण है। इस प्रकार जितना अच्छा एवं विस्तृत कक्षा निरीक्षण होगा उतना ही शिक्षण का व्यावसायिक उन्नयन एवं छात्रों के अधिगम प्रक्रिया का विकास किया जा सकता है। शिक्षक प्रक्रिया के उन्नयन के इस मूलभूत पक्ष को ज्यादा वैज्ञानिक, विश्वसनीय तथा वैध बनाने के लिए दो दशकों में कई प्रयत्न किये गये हैं। आजकल दो प्रकार की विधियाँ कक्षा-निरीक्षण के लिए प्रचलित हैं जो आर.सी.एस. तथा ई.टी.सी.एस. के नाम से जानी जाती है। ये दोनों विधियाँ ही शिक्षक और प्रशासक अपने प्रशिक्षण अथवा अध्ययन के पश्चात् अपना सकते हैं। आर.सी.एस. विधि जिसका पूरा रूप आपसी श्रेणी पद्धति के नाम से जाना जाता है, फ्लैण्डर के 10 सूत्र निरीक्षण का ही सुधरा हुआ रूप है। इस विधि में 10 में ये 9 श्रेणियाँ शिक्षक और विद्यार्थी के व्यवहार को देखने के लिए है तथा एक कक्षा में शक्ति अथवा अस्पष्टता की घोतक है। शिक्षक और विद्यार्थियों की व श्रेणियों में से 7 शिक्षक के प्रत्यक्ष एवं अप्रत्यक्ष व्यवहारों के अंकन के लिए है। यह पद्धति शिक्षक और विद्यार्थियों के आपसी मौखिक अन्तर्क्रियात्मक व्यवहार का विश्लेषण करती है। इसके आधार पर शिक्षक के मौखिक व्यवहार का निरीक्षण प्रति 3 सेकण्ड में एक व्यवहार के हिसाब से किया जाता है। इस विधि में सिर्फ सामाजिक एवं भावात्मक पर्यावरण पर खास जोर दिया गया है।

कक्षा निरीक्षण की दूसरी आधुनिक विधि समान व्यवहार श्रेणी विधि के नाम से जानी जाती है, इसका विशेष बल संज्ञानात्मक आदान-प्रदान पर रहता है। इन विधियों के आधार पर जो अध्ययन किये गये हैं उनसे यह बात पूर्ण रूप से सिद्ध होती है कि इन विधियों द्वारा प्रशिक्षक प्रशासक प्राचार्य शिक्षक के उन व्यवहारों को जिनका सीधा संबंध अधिगम प्रक्रिया से है, ज्यादा सक्रिय करता है।

अतः इन विधियों के अच्छे नतीजा हमारे सामने आये हैं। वे शिक्षक जो कि इन विधियों में प्रशिक्षित हैं, अपने शिक्षण व्यवहार को ज्यादा संगत एवं प्रभावी बना सकते हैं।

फ्लैण्डर अन्तर्क्रिया विश्लेषण

अन्तर्क्रिया वर्ग	विवरण
प्रतिक्रिया का जवाब–	1. अनुभूति को अंगीकार करना छात्रों की अनुभूतियों को स्वीकार, पहचानना करना तथा स्पष्टीकरण

करना। यह पहचान सकारात्मक तथा नकारात्मक भी हो सकती है। भवित्योक्ति अथवा प्रत्यास्यरणात्मक भावनाएँ भी इसके तहत् आती है।

प्रशंसा व प्रोत्साहन— 2. छात्रों के कार्यों एवं व्यवहारों की प्रशंसा करना तथा उन्हें प्रोत्साहित करना, तनाव को कम करने के उपाय, सिर हिलाना, हाँ, अच्छा, आगे बोले आदि इसी के अन्तर्गत आते हैं।

3. छात्रों के विचारों को स्वीकार करना एवं प्रयोग में लाना छात्रों के विचारों को स्वीकार करने के लिए दुबारा उन्हें अपने शब्दों में दोहराना। अगर शिक्षक अपने विचारों को ज्यादा व्यक्त करने लगता है तो उक्त व्यवहार वर्ग 5 में आएगा।

शिक्षक कथन— 5. प्रश्न पूछना विषय वस्तु के बारे में प्रश्न करना।

4. व्याख्यान-विषय वस्तु अथवा प्रक्रिया के बारे में तथ्य तथा सम्मति देना खानापूर्ति के लिए कुछ प्रश्न पूछ कर अपने विचार उद्धत करना।

स्वोंपक्रप— 6. निर्देश देनाः—आदेश देना जिनका छात्र पालन करते हैं।

दूनीशियेशन— 7. निन्दा करना तथा प्रभुत्व जमाना :—छात्र के अनुचित व्यवहार को ठीक करने के लिए किये गये कथन जैसे जोर से बोलकर कहना—क्या कर रहे हो।

प्रतिक्रियाः—छात्र कथन :—शिक्षकों द्वारा पूछे गए प्रश्नों के छात्रों द्वारा उत्तर।

छात्र कथन स्वोपक्रमः— 8. छात्र कथन-छात्रों के द्वारा किये गये प्रश्न तथा छात्रों के द्वारा अपने विचारों की अभिव्यक्ति।

मौनः— 10. मौन व संभ्रान्ति-यह परिस्थिति तब होती है जब अवलोकनकर्ता यह तय नहीं कर पाता कि कक्षा में कौन बोल रहा है।

अक्सर कई विद्वानों ने कक्षा-शिक्षण निरीक्षण के प्रपत्र तैयार किये हैं। शिक्षक प्रशिक्षण महाविद्यालय अक्सर अपना एक प्रपत्र काम में लेते हैं ताकि प्रशिक्षणार्थियों की शिक्षण योग्यता का पता लगा सके। एस.एन.मुखर्जी ने कक्षा पर्यवेक्षण के तहत् अग्रलिखित बिन्दुओं को समाहित किया है—

कक्षा अध्यापन का पर्यवेक्षण

पर्यवेक्षणीय बिन्दु	बिन्दुमापनी		
	उत्तम	सामान्य	निम्न
1. क्या पाठ को उचित इकाइयों तथा अध्ययन बिन्दुओं में प्रस्तुत किया गया है।			
2. क्या शिक्षक अपने उद्देश्यों के बारे में स्पष्ट है।			
3. क्या वह प्रत्येक उप इकाइयों को ठीक प्रकार से विकसित कर पाया?			
4. क्या अध्यापक के पास पर्याप्त विषय वस्तु है।			
5. क्या प्रश्नों की भाषा स्पष्ट है? तथा			
6. क्या प्रश्नों का वितरण उचित था?			
7. क्या श्रव्य-दृश्य सामग्री का उपयोग सार्थक रूप से हुआ है?			
8. क्या छात्रों के उत्तरों का अध्यापन हेतु शिक्षक सही प्रकार से उपयोग कर पाया?			
9. क्या गृह कार्य उचित था?			
10. क्या वह बालकों में अभिरुचि जागृत कर पाया?			
11. क्या प्रभावी शिक्षण हेतु कक्षा का वातावरण अनुकूल था?			
12. क्या वह कक्षा में अनुशासन रख पाया?			

छात्रों को शिक्षकों द्वारा कक्ष में दिये गये कार्य का पर्यवेक्षण

यह कार्य भी पर्यवेक्षण की निदानात्मक भूमिका में आता है। इसके तहत् जो कार्य शिक्षक कक्षा में कराता है यथा अध्यापन के समय पाठ का सारांश देना, गृह कार्य देना, प्रायोगिक कार्य करवाना आदि का समावेश होता है। इन कार्यों के रिकार्ड से किसी भी कार्य के प्रति निष्ठा, शिक्षक की योग्यता, विषय के प्रति तैयारी, विद्यार्थियों को दिये गये कार्यों की जाँच इत्यादि का पता लग सकता है।

बड़े विद्यालयों में समयभाव के कारण प्रधानाध्यापक प्रत्येक कक्षा में नहीं जा सकता। परन्तु इन्हीं कार्यों के लेखे-जोखे से वह शिक्षक एवं उसके विद्यार्थियों के कार्य का मूल्यांकन कर सकता है। इस सम्बन्ध में नमूने के तौर पर जाँच ही संभव है।

प्रधानाध्यापक चाहे तो अपने प्रथम सहायता या पारी प्रबन्धक को अधिकार देकर भी यह जाँच का काम करा सकता है।

शिक्षकों को दिये गये प्रदत्त कार्य का पर्यवेक्षण

शिक्षक का कार्य न सिर्फ बालक का मानसिक विकास करना है, वरन उसे भावात्मक, शारीरिक, सामाजिक, संवेगात्मक आदि के विकास का भी ध्यान रखना होता है। ताकि वह बालक का सर्वांगीण विकास कर सके। विकास में इन विभिन्न प्रकार के क्षेत्रों में उसे अनेक पाठ्य सहगामी या पाठ्येचर प्रवृत्तियों का संचालन करना पड़ता है। जैसे खेल-कूद, शैक्षिक, भ्रमण, साहित्यिक, सांस्कृतिक, हॉबी आदि यही नहीं, कक्षा अध्यापन के अतिरिक्त पाठ्य प्रवृत्तियों में भी विषय संगोष्ठियों, स्टडी सर्किल आदि आयोजित करने होते हैं। कभी-कभी ऐसे कार्य भी प्रदत्त किये जाते हैं जैसे—विज्ञान मेला, सामाजिक कैम्प आदि। कक्षोन्नयन के भी अनेक कार्य हो सकते हैं। ये सभी कार्य वस्तुतः शैक्षिक ही हैं। जो बालक की भिन्न-भिन्न योग्यताओं का विकास करते हैं। दक्षता से इन कार्यकलापों को करने वाले शिक्षकों को उत्साहित करने के लिए तथा ठीक प्रकार से इन प्रवृत्तियों का संचालन नहीं करने वाले शिक्षकों का उचित मार्गदर्शन करने के लिए अथवा समुचित कार्यवाही करने के लिए प्रधानाध्यापक इन कार्यों का भी पर्यवेक्षण करता है। सत्य तो यह है कि जहाँ शैक्षिक कार्य कक्षा तक सीमित रहते हैं ये कार्य विद्यालय को समुदाय के साथ जोड़ते हैं। इस प्रकार प्रधानाध्यापक का इन कार्यों में रुचि लेकर आवश्यक मूल्यांकन करना अत्यन्त आवश्यक है। इस सम्बन्ध में प्रायः प्रधानाध्यापक शिक्षकों की रुचि तथा समय कार्यभार वितरण के आधार पर कार्य बँटवारा करते हैं, ये काम बारी-बारी से शिक्षकों में बदलते रहते हैं।

ताकि अधिकाधिक क्षेत्रों में शिक्षक निपुणता प्राप्त कर सकें। अस्तु इन कार्यों का समय-समय पर पर्यवेक्षण तथा जरूरत के अनुसार मार्गदर्शन प्रत्येक प्रधानाध्यापक के लिए अति आवश्यक है।

1. **मार्गदर्शन सम्बन्धी पर्यवेक्षण की भूमिका**—जब प्रधानाध्यापक शिक्षकों की योग्यताओं, शैक्षिक, शिक्षेत्तर संबंधी उनकी विशेषताओं, उनकी त्रुटियों तथा सीमाओं को जान लेता है तो यह जरूरी हो जाता है कि वह उनके नीचे स्तर के कार्यों को ऊपर उठाने के लिए तथा औसत स्तर के कार्य को श्रेष्ठतर बनाने के लिए नियमित रूप से उन्हें मार्गदर्शन प्रदान करे। प्रधानाध्यापक के इन क्रियाकलापों को मुख्य रूप से तीन भागों में विभाजित किया जा सकता है।

1. शिक्षकों के व्यक्तिगत व्यावसायिक समस्याओं के आधार पर उनके समाधान

के योग देना।

2. प्रत्येक शिक्षक की शैक्षिक त्रुटियों एवं विशेषताओं के आधार पर त्रुटियों के परिमार्जन एवं विशेषताओं के उत्तरोत्तर विकास के लिए मार्गदर्शन देश एवं शिक्षकों की अन्य शिक्षेत्तर क्षेत्रों में त्रुटियों को दूर करते हुए उनके सर्वतोमुखी विकास में योग देना।

2. शिक्षकों की व्यवसायिक समस्याएँ तथा पर्यवेक्षण—प्रधानाध्यापक सिर्फ पर्यवेक्षण कला में निपुण होना चाहिये वरन् शिक्षकों को उनके व्यावसायिक विकास में योग देने के लिए एक योग्य सलाहकार भी होना चाहिए। सलाहकार के रूप में वह शिक्षक के विभिन्न प्रकार क्रियाकलापों के विकास में भी लगातार योग देता है। विकास में भी निरन्तर योग देता है। एन.ई.ए. के एक सर्वेक्षण के अनुसार वह शिक्षकों एवं शिक्षकों के सामूहिक प्रोजेक्ट नई विधाएं, विद्यार्थियों द्वारा पैदा की गई कठिनाइयों के हल करने में भी योग देता है।

3. शिक्षकों के गुण-दोष एवं पर्यवेक्षण—असल में आधुनिक पर्यवेक्षण दोनों प्रकार के शिक्षकों की मदद करता है। एक वे शिक्षक जो विषय में काफी कमजोर होते हैं तथा दूसरे वे जो काफी योग्य होते हैं। एक अच्छा पर्यवेक्षक शिक्षक को उनकी त्रुटियों दूर करने में मदद देता है तथा योग्य शिक्षकों को लगातार अपनी कार्यकुशलता एवं योग्यता बढ़ाने के लिए प्रोत्साहित करता है। पर्यवेक्षण की यह भूमिका निभाने के लिए प्रत्येक शिक्षक का कमजोर पक्ष (वीक प्वाइंट्स) तथा सबल पक्ष (स्ट्रांग पोइन्ट्स) जानना परमावश्यक है। इसी आधार पर उसे एक विशद् योजना बनानी चाहिए। चूँकि शिक्षकों के विकास में ही विद्यालय का विकास सन्निहित है। यही वजह है कि नीगले तथा इवान्स ने पर्यवेक्षण की इस भूमिका को उसकी नेतृत्व सम्बन्धी भूमिका का मुख्य अंग माना है। अग्रवाल ने भी इसी कार्य को पर्यवेक्षण का एक अत्यावश्यक कार्य माना है।

3. शिक्षकों की शिक्षेत्तर सम्बन्धित दोषों को दूर करते हुए उनकी क्षमताओं का विकास करना—शिक्षकों की त्रुटियों को दूर करने के पश्चात् त्रुटियों का परिमार्जन करना। पर्यवेक्षण के लिए जरूरी है। त्रुटियां व्यक्तिगत शिक्षक को हतोत्साहित करने के लिए नहीं है। यह ध्यान जरूर रखना चाहिऐ। पर्यवेक्षणकर्ता इस क्षेत्र में काफी सहायता कर सकता है। इसी प्रकार शिक्षकों की क्षमताओं का भी उनके पूर्ण व्यावसायिक शैक्षिक एवं शिक्षेत्तर विकास के लिए योग मिलना चाहिए, ताकि विद्यालयी विकास में वे प्रतिभागी बन सकें। इसके लिए पर्यवेक्षण और स्टाफ सब मिलकर अग्रलिखित आयोजन कर सकते हैं।

(1) सेमीनार आयोजित करना। (2) शैक्षिक उपलब्धि हेतु पत्र-पत्रिकाओं एवं

ग्रन्थों की व्ययस्था करना। (3) अध्ययन समूह व गोष्ठियां चलाना। (4) पाठ्य वस्तु में पुनः दीक्षित करना। (5) प्रदर्शन पाठ आयोजित करना। (6) स्टडी सर्किल चलना। (7) कार्यशालाओं का आयोजन करना। (8) विषय गोष्ठियां आयोजित करना। (9) विस्तार भाषणों का आयोजन। (10) केन्द्रीय पुस्तकालय प्रबन्ध। (11) फिल्म प्रदर्शन। (12) नवीन प्रयोगों को प्रोत्साहन देना। (13) ग्राष्मकालीन उन्नयन पाठ्यक्रमों के लिए शिक्षकों को भेजना। (14) स्थानीय उच्च शिक्षण केन्द्रों का भ्रमण (15) व्यक्तिगत समस्याओं पर व्यक्तिगत विचार। (16) स्थानीय अनुसंधान संस्थाओं के साथ निकट सम्बन्धों द्वारा आवश्यक परामर्श प्राप्त करना।

अतः पर्यवेक्षण काफी उपयोगी हो सकते हैं, यदि ये सुनियोजित (वेल प्लान्ड) नियमित (रेगुलर) तथा विस्तृत (काम्प्रीहेन्सिव) हैं। आवश्यकता नियमित रूप से इस प्रकार के पर्यवेक्षण की है अभी तक व्यवहार में इस तरह पर्यवेक्षण प्रचलित तो है किन्तु नियमित एवं विस्तृत नहीं हो रहे हैं।

पर्यवेक्षण का वर्गीकरण

(अ) पर्यवेक्षण के अनेक प्रकार हैं। यहां कुछ प्रकारों का उल्लेख किया जा रहा है।

1. व्यक्तिगत पर्यवेक्षण—यह पर्यवेक्षण प्राय संगठन के अधिकारी द्वारा होता है। विद्यालयों में यह कार्य प्रधानाध्यापक को खुद करना पड़ता है। प्रधानाध्यापक के अकेले पर्यवेक्षण करने के अनेक कारण हैं। उनमें से मुख्य है कि अक्सर अन्य व्यक्ति के पर्यवेक्षण करने पर शिक्षक आपत्तियां उठाते हैं।

2. विषय विशेषज्ञों द्वारा पर्यवेक्षण—यह पर्यवेक्षण वहीं सम्भव है जहाँ एक विषय के कई शिक्षक हों। यह कार्य केवल उसी को प्रदत्त किया जाता है जो विषय का अध्यक्ष भी है तथा साथ-साथ वह अकादमिक प्रवीणता भी रखता है। इस तरह के पर्यवेक्षण बड़े विद्यालयों में सम्भव हो पाते हैं।

पर्यवेक्षण की समस्याएँ—अक्सर यह देखने में आता है कि पर्यवेक्षण का काम हमारे विद्यालयों में सुचारु और नियमित रूप से नहीं चलता है। कई बार तो पर्यवेक्षण का काम विद्यालयों में औपचारिता मात्र ही रह जाता है। पर्यवेक्षण करने में क्या-क्या कठिनाइयां आती हैं, इस सम्बन्ध में मुखर्जी आयोग के अध्ययन से दो निम्नांकित तथ्य सामने आते हैं—

1. स्वयं प्रधानाध्यापक का पर्यवेक्षण के क्षेत्र में अयोग्य होना। (2) प्रधानाध्यापक के पास अधिक प्रशासनिक कार्यों का होना।

वर्मा के शोध अध्ययन के अनुसार पर्यवेक्षण की मुख्य कठिनाइयां निम्नलिखित

पाई गई–

1. जो सुझाव शिक्षकों को दिये जाते हैं वे अमल में नहीं आते हैं। इसका एक कारण यह भी है कि कार्यभार अधिक हैं। एक शिक्षक को आठ में से 7 क्लास प्रति दिन लेना पड़ता है।

2. प्रशासनिक कार्यों की अधिकता से पर्यवेक्षण की आवृति बहुत कम हो जाती है।

3. प्रधानाध्यापक समस्त विषयों का पर्यवेक्षण करने में अपने आप को योग्य नहीं पाता।

4. प्रधानाध्यापक के अतिरिक्त समिति, पैनल अथवा किसी भी प्रकार के अन्य पर्यवेक्षण का विरोध होता है। अतः प्रगतिशील पर्यवेक्षण की विधियां काम में नहीं आती हैं।

5. शिक्षक गण पर्यवेक्षण का स्वागत नहीं करते। उनका सहयोगात्मक रूख नहीं होता है।

6. पर्यवेक्षण अधिकारियों का रूख बजाय सहयोग के आलोचनात्मक होता है।

वर्मा एवं मुखर्जी दोनों के ही अध्ययन इस तथ्य को साबित करते हैं कि अकेला प्रधानाध्यापक प्रशासनिक कार्यों में उलझे रहने के कारण पर्यवेक्षण प्रभावशाली ढंग से नहीं कर पाता। इसी वजह से गुजरात और महाराष्ट्र सरकारों ने कक्षाओं पर एक पर्यवेक्षक की नियुक्ति का मानदण्ड निर्धारित किया है। वास्तव में यदि हमें प्रभावपूर्ण पर्यवेक्षण करना है तो विद्यालयों में जरूरी सुविधाएं प्रदान करनी होंगी। देश के शेष राज्यों में भी गुजरात और महाराष्ट्र शिक्षा विभाग का अनुसरण करना होगा।

25

निरीक्षण का अर्थ

उत्पादक द्वारा दिये गये कार्य श्रमिकों द्वारा सही-सही किया गया है। या किसी भी क्षेत्र में दूसरों को सौंपे गये कार्य पूर्णतया सही हैं। निरीक्षण किसी भी कार्य की जाँच करना ही निरीक्षण है। या नहीं इसके संबंध में संकल्पना या परिकल्पना करना ही कार्य के अच्छे होने को इंगित नहीं करता अर्थात् मानसिक श्रम करने वाले चिकित्सक, वकील और अध्यापक उन्हें सौंपे गये कार्यों को सही-सही ढ़ंग से पूर्ण निष्ठा व कर्त्तव्य के साथ पूर्ण कर ही लेंगे इस संबंध में अनुमान लगाना मात्र कोरी कल्पना ही होगी। यही नहीं खेत में काम करने वाले श्रमिक द्वारा भी कृषक के मनमाफिक काम ही किया गया है जो एक विश्वास और भरोसे करने वाली ही कल्पना है। यही नहीं हमारे विद्यालयों में विद्यार्थियों को सौंपे गये कार्य पूर्ण और सही ही होंगे। इस विषय में भी अनुमान लगाना एक काल्पनिक सोच के समान ही है। एक नई-नई गृहिणी एक नये परिवार तथा परिवेश में प्रथम बार कदम रखकर पारिवारिक जीवन के कर्त्तव्यों का निर्वाह कर ही लेगी, ऐसा भी सोचना बेकार है। परन्तु जो भी जिस क्षेत्र में कार्य करता है उसकी उसके कार्य के साथ-साथ साधारणतया निगरानी मय जाँच ही की जाये तो हमें दूसरों के द्वारा किये जाने वाले कार्यों की वस्तु परिस्थिति की जानकारी एक आदर्श स्वरूप में मिल सकती है। इन्हीं महत्वपूर्ण बिन्दुओं के मद्दे नजर हम जैसे शिक्षित प्राणियों के लिये निरीक्षण के विषय में अध्ययन करना आवश्यक हो जाता है। निरीक्षण के संबंध में साधारण अध्ययन इस तरह है–

निरीक्षण का अर्थ

सामान्य शब्दों में किसी भी व्यक्ति द्वारा किये गये कार्यों की जाँच करना ही निरीक्षण है। यानि एक विद्यार्थी को जो गृह काम दिया जाता है उसका विषय अध्यापक द्वारा जाँच करना 'निरीक्षण' का कार्य ही कहलाता है। इसी तरह विद्यालय की शैक्षिक गतिविधियों की उच्चाधिकारियों द्वारा जाँच करना भी 'निरीक्षण'

कार्य के तहत् ही शामिल किया जाता है। दूसरे शब्दों में यह भी कहा जा सकता है कि किसी भी क्षेत्र में किसी भी श्रेणी के व्यक्ति द्वारा संपादित किये गये कार्यों का मूल्यांकन करना ही निरीक्षण है। अर्थात उनके द्वारा सम्पादित कार्य कितने विपरीत अथवा अनुकूल हैं, निश्चित लक्ष्यों की पूर्ति में सहायक सिद्ध हुये हैं अथवा नहीं और संपादित कार्यों का भावी परिणाम क्या है, इत्यादि के संबंध में मूल्यांकन करना ही 'निरीक्षण' है।

विभित्र विद्वानों ने भी 'निरीक्षण' के संबंध में अपने-अपने विचार व्यक्त करते हुये इसके अर्थ को स्पष्ट करने का प्रयत्न किया, जिनमें से महत्त्वपूर्ण विद्वानों के विचार अग्रलिखित हैं—

वाइल्स किम्बाल के शब्दों में, निरीक्षण एक ऐसी प्रक्रिया है जिसमें निगरानी रखते हुये कार्य करने के लिये प्रेरित किया जाता है।

बर्टन के शब्दों में, शिक्षा जगत में जब शैक्षिक दृष्टि से उन्नति करना ही हमारा उद्देश्य हो तो यह निरीक्षण की श्रेणी में आता है।

इसी प्रकार वेब्सटर (Webster) शब्द कोष के अन्तर्गत भी 'निरीक्षण' के विषय में लिखा गया है कि किसी व्यक्ति की जाँच करना ही निरीक्षण है। डॉ. मुकर्जी ने भी निरीक्षण के संबंध में अपने मत व्यक्त करते हुये कहा है कि वरिष्ठ अध्यापक अथवा प्राचार्य द्वारा किये गये मूल्यांकन ही 'निरीक्षण' की परिधि में आते हैं।

उक्त परिभाषाओं के विश्लेषणात्मक अध्ययन के आधार पर निरीक्षण के संबंध में निम्नांकित तथ्यात्मक बिन्दु स्पष्ट होते हैं—

(1) किसी भी क्षेत्र में चाहे जो भी कार्य किये गये हों उनका इस तरह देख-रेख करना कि वे निश्चित मापदण्ड के अनुसार सम्पादित किये गये हैं अथवा इत्यादि को भी 'निरीक्षण' कहा जा सकता है।

(2) किसी भी व्यक्ति की जाँच करना निरीक्षण है।

(3) किसी भी व्यक्ति द्वारा संपादित कार्यों की जाँच करना भी निरीक्षण है।

(4) किसी भी व्यक्ति द्वारा किये गये कार्यों का मूल्यांकन करना ही निरीक्षण है, जो यह स्पष्ट करता है कि उस व्यक्ति या संस्था द्वारा संपादित कार्य कितने विपरीत अथवा अनुकूल हैं।

निरीक्षण का एक ऐतिहासिक अध्ययन

भारत में पहले के भाँति आज भी संपादित कार्यों की जाँच किये जाने के संकेत मिलते हैं। जिससे यह पता चलता है कि निरीक्षण का क्या-क्या तरीका है। इस संबंध में अग्रलिखित ऐतिहासिक तथ्यों का अध्ययन किया जा सकता है—

(1) इस सबके पश्चात् भारत में हन्टर कमीशन ने 1882 में शैक्षिक सुधार लाने के लिये और शिक्षा को प्रभावी बनाने के लिये यह स्पष्ट किया कि सरकार द्वारा दिये जा रहे अनुदान का उपयोग भिन्न-भिन्न संस्थाओं, व्यक्तियों द्वारा उचित रूप से किया tkjgkgSvBokuglav k$bl ckr vuqkklu (Dicipline) संबंधी अधिकार भी निरीक्षकों को दिये गये।

(2) बंगाल में राष्ट्रीय आन्दोलनों को समाप्त करने के लिये 1908 में भी इसी संबंध में विशेष अधिकार प्रदान किए गये और 1919 में सेडलर कमीशन ने कटु निन्दा करते हुये निरीक्षण के संबंध में कहा था कि निरीक्षण का ज्यादा कार्य जल्दबाजी में होता है, जिसके अभाव में विद्यालयों में निरीक्षण संबंधी कार्य प्रभावित होते हैं।

(3) वुड घोषणा पत्र 1854 में यह स्पष्ट है कि प्रत्येक राज्य में एक 'Director of Public Instruction' की नियुक्ति हुई थी जिसका कार्य विद्यालयों और महाविद्यालयों का सामयिकी रूप से एक विवरण सरकार को भेजना पड़ता था और यह 'DPI (Director of Public Instruction) ही परीक्षाओं का आयोजन कराता था और परीक्षा संबंधी कार्यों में सहयोग भी देता था। इस तरह इसका कार्य मुख्यतः निरीक्षण जैसा ही था जो निरीक्षक (Inpector) के रूप में कार्य करता था।

(4) वूड घोषणा पत्र के पश्चात् 1858 में निरीक्षकों को स्कूलों का निरीक्षण (Inpection) का कार्य भी सौंपा गया था जिसमें अनुदान की मात्रा निश्चित किये जाने का अधिकार भी शामिल था ये सभी निदेशक की ओर से 1858 में प्रस्तुत अनुदान की शर्त्तें थीं। इस प्रकार शैक्षिक प्रशासन में निरीक्षण के कार्य का उदय हुआ और विद्यालय प्रशासन का एक तरीका सामने आया।

(5) 1928 में भारत में स्थापित साईमन कमीशन ने भी विद्यालयों में निरीक्षण के संबंध में अपना ध्यानाकर्षित किया था। 1652-53 में माध्यमिक शिक्षा आयोग ने भी निरीक्षण के संबंध में अनेक विचार व्यक्त किये थे। फोर्ड फाउण्डेशन के एक दल ने तो भारतीय माध्यमिक विद्यालयों में जो निरीक्षण विधि अपनायी जा रही थी, उसमें कई त्रुटियाँ बताते हुये उन्हें दूर करने की बाबत निम्नांकित उपाय भी सुझाये थे—

(1) निरीक्षक को निरीक्षण कार्य शुरू करने से पूर्व उसे निरीक्षण संबंधी प्रशिक्षण दिया जाना चाहिये।

(2) निरीक्षक को मृदुभाषी होना चाहिये उसमें इस तरह के गुण भी होने चाहिये कि उसके व्यवहार से असन्तोष की भावनायें जन्म नहीं ले सकें।

(3) किसी भी संस्था के कार्य को व्यक्ति द्वारा सम्पादित कार्यों की जाँच से पहले निरीक्षक को निरीक्षण की भिन्न-भिन्न पद्धतियों या तकनीकों की जानकारी भी होनी चाहिए।

(4) यह निरीक्षक को समझना चाहिये कि वह पहले मानव है और बाद में निरीक्षक इसी आधार पर मानवीय संबंध पनप सकते हैं। इस प्रकार मानवीय संबंधों के मध्य नजर रखते हुये ही निरीक्षक को निरीक्षण संबंधी कार्य करने चाहिये।

(5) निरीक्षक को यह समझ कर कार्य करना चाहिये कि उसका कार्य से संबंधित कोई निर्णय लेना आलोचनात्मक नहीं है अपितु उसका कार्य तो सुझात्मक ही है।

निरीक्षण के प्रमुख लक्ष्य

निरीक्षण के उद्देश्यों से आश्य उन सब कार्यों से या कारणों से होता है जो निरीक्षण के कारणों को स्पष्ट करते हैं यानि निरीक्षण क्यों किया जाना चाहिए? निरीक्षण का आधार क्या होता है? निरीक्षणोपरान्त क्या-क्या लाभकारी हित पूर्ण हो सकते हैं इत्यादि। भिन्न-भिन्न कार्यों के संपादन में हालाँकि (Helpfull) होने के कारण ही इसकी आवश्यकता अथवा जरूरत होती है। उसी संबंध में निरीक्षण के निम्नांकित उद्देश्य बताये जा सकते हैं—

(1) अध्यापकों की कार्य क्षमता और कुशलता में वृद्धि करने तथा उचित मार्गदर्शनार्थ भी निरीक्षण किया जाता है।

(2) हालाँकि विद्यालय में प्रशिक्षित और योग्य अध्यापकों की नियुक्ति शैक्षिक प्रशासन द्वारा की जाती है, परन्तु उनके कार्यों की जाँच इसलिये की जाती है कि उनके कार्य और भी अच्छे बनें उनमें गुणवत्ता आये और एक अच्छे शिक्षक और सर्वश्रेष्ठ शिक्षा का विकास हो सके।

(3) सभी क्षेत्रों में किये जाने वाले कार्यों की रूपरेखा और क्रियान्वित विधि अलग-अलग होती है। ऐसी अवस्था में निरीक्षण कार्य से भिन्न-भिन्न क्षेत्रों की जानकारी मिल जाती है जिससे संबंधित व्यक्ति को भी अवगत कराया जाता है।

(4) सभी व्यक्ति कार्य करने में निपुण हों यह आवश्यक नहीं होता है। परन्तु निरीक्षण द्वारा यह परखा जा सकता है कि कौन व्यक्ति कितना प्रवीण है अर्थात् व्यक्ति या संस्था द्वारा संपादित कार्यों के मूल्यांकन की बाबत भी निरीक्षण किया जाता है।

(5) पाठ्यक्रम निश्चित करने के लिए विद्यालयों में निरीक्षण किया जाता है। अर्थात् 10 विद्यालयों में निरीक्षण किया जाए कि वहाँ का आस-पास का वातावरण प्रबन्ध, विद्यार्थियों के स्तर की बाहुल्यता और सामयिकी अभिरुचियों के आधार पर अनुकूल परिणाम वाले पाठ्यक्रम निश्चिते किये जाकर शैक्षिक प्रबन्ध की जा सकती है।

(6) औद्योगिक व व्यावसायिक जगत में भी लाभ प्रदान करने वाली इकाइयाँ क्रियाशील रह सकती हैं और अलाभकारी इकाइयों की खोज कर उन्हें बन्द भी किया जा सकता है।

(7) निरीक्षण से अन्य कर्मिकों में भी क्रियाशीलता आती है।

(8) सीखने और सिखाने की भावना जाग्रत करने के लिये भी निरीक्षण संबंधी कार्य किया जाता है।

(9) निरीक्षण के माध्यम से नियमितता, कर्त्तव्य निष्ठा, ईमानदारी और समानता का सिद्धान्त इत्यादि नैतिक मूल्यों का जन्म होता है।

(10) विद्यार्थियों को अध्यापक की योग्यतानुसार ज्ञान मिलने की संभावनायें बढ़ जाती हैं।

अतः अलग-अलग कामों को विभिन्न तरीके से संपादित करने और उनसे प्राप्त होने वाले प्रतिफलों को आवश्यक रूप से पाने के लिये ही 'निरीक्षण' का कार्य किया जाता है।

निरीक्षण की वर्तमान विचारधारा

निरीक्षण का कार्य आपसी शैक्षिक जगत् में प्रचलित है। शैक्षिक वातावरण को गुणवत्ता की दृष्टि से आज भी सब से उँचा बनाने के लिए जिला स्तरों पर कार्यालयों की स्थापना कर उसमें जिला शिक्षा अधिकारी की नियुक्ति की गई है। खण्ड स्तर पर BEO (Block Education Officer) सर्वोच्च अधिकारी होता है, जो उस प्रखण्ड के प्राथमिक पद्धति द्वारा खुद अथवा शिक्षा प्रसार अधिकारियों (EEO) (Education Extention Officer) की रिपोर्ट के आधार पर की जाती है। वर्तमान निरीक्षण प्रबंध से जहाँ मानवीय संबंधों को जन्म मिलता है तथा शिक्षा संसार में शैक्षिक सुधार तथा नवीनतम शैक्षिक तकनीकों का भी विकास होता है। इसी के साथ वर्तमान निरीक्षण विचारधारा के संबंध में अग्रलिखित महत्वपूर्ण बातें बताई जा सकती हैं:-

(1) वर्त्तमान युग विज्ञान कम्प्यूटरीकृत युग है जिसमें तकनीकी ज्ञान सहित वर्तमान समाज की आवश्यकताओं के समान शिक्षा को बढ़ावा देने वाली निरीक्षण पद्धति लागू होनी चाहिये। प्राचीन ढर्रे पर चलने वाले निरीक्षकों को निरीक्षण कार्यों के लिये नियुक्त नहीं करना चाहिये।

(2) वर्त्तमान में विद्यार्थी का चातुर्य शक्ति बढ़ी है। इस प्रकार निरीक्षक को बहुत ही क्रियाशील (Active) व्यक्तित्व वाला होना चाहिये।

(3) मनोवैज्ञानिक दृष्टि से भी निरीक्षक को पूर्ण होना चाहिये जो निरीक्षण के बाद द्रुतगामी निर्णय ले सके और संरचनात्मक सुझाव देने में सफल हो सके।

(4) समानता के आधार पर निरीक्षक में आदर्श समाज की स्थापना और भारतीय सभ्यता व संस्कृति के विकास की ओर उदीयमान होना चाहिये। इस तरह वर्तमान निरीक्षण प्रबंध के संबंध में कई महत्त्वपूर्ण विचारधारायें बतायी जा सकती है।

26

निरीक्षी पदाधिकारी और विद्यालय-प्रबंध

निरीक्षी पदाधिकारी के गुण

(1) व्यावसायिक प्रशिक्षण प्राप्त—निरीक्षी पदाधिकारी के लिए व्यावसायिक प्रशिक्षण प्राप्त होना न केवल उपयोगी है, बल्कि अनिवार्य भी है। अप्रशिक्षित निरीक्षी पदाधिकारी अध्यापन की नवीन एवं उपयुक्त विधियों के ज्ञान से वंचित रहता है। वह शिक्षकों का अपेक्षित मार्गदर्शन नहीं कर पाता। अतः सफल निरीक्षी पदाधिकारियों के लिए व्यावसायिक प्रशिक्षण का प्राप्त होना आवश्यक गुण है।

(2) पूर्ण शैक्षणिक योग्यता—निरीक्षी पदाधिकारी को पूर्ण शैक्षणिक योग्यता प्राप्त होनी चाहिए। यह शैक्षणिक योग्यता सामान्य शिक्षा की योग्यता है। जैसे उसे किसी भी विषय में एम.ए. एम.एस-सी. अथवा एम.कॉम. होना चाहिए। उसे अपने विषय पर असाधारण रूप से अधिकार प्राप्त हो। इतना ही नहीं, वह सभी विद्यालयीय विषयों की जानकारी रखता हो। अंत में, यह कहना आवश्यक प्रतीत होता है कि उसका मनोभाव शैक्षणिक हो। इस प्रकार के निरीक्षी पदाधिकारी प्रभावकारी तो होते ही हैं, श्रद्धा और प्रेरणा के भी स्रोत होते हैं।

(3) उदारता—निरीक्षी पदाधिकारी में उदारता का गुण पर्याप्त रूप से समाविष्ट होना चाहिए। उसके विचार तथा मनोभाव ऐसे उदार हों कि वह बिना किसी भेद-भाव के सभी शिक्षकों से सद्व्यवहार करे। मिथ्या, दंभ तथा पदजनित घमंड से वह वंचित रहे और विद्यालय में सभी अध्यापकों एवं प्रधानाध्यापक से सहयोग प्राप्त करे। इससे वह आदर का पात्र तो होगा, अपने कार्य में पूर्ण सफल भी होगा।

(4) निष्पक्षता—निरीक्षी पदाधिकारी में निष्पक्षता के गुण का होना बड़ा आवश्यक है। उसे जाति, धर्म, पद, सम्बन्ध आदि भावनाओं से अप्रभावित रहकर सभी के साथ समानता का व्यवहार करना चाहिए। उसे खुले दिमाग का सजग व्यक्ति होना चाहिए। ऐसे पदाधिकारी आदर एवं निष्ठा के पात्र होते हैं।

(5) **शिक्षण-अनुभव**—निरीक्षी पदाधिकारी का सफल शिक्षक होना भी अत्यावश्यक है। उसे शिक्षण-कार्य का पूर्ण एवं पर्याप्त अनुभव हो। इससे वह शिक्षकों की कठिनाइयों एवं समस्याओं को निकट से समझ सकेगा तथा उन्हें सही मार्गदर्शन प्रदान कर सकेगा। छात्रों के बीच स्थायी रह जाएगा।

(6) **संगठनात्मक योग्यता**—निरीक्षी पदाधिकारी में संगठनात्मक योग्यता का होना अनिवार्य है। पाठ्यक्रम को सुचारु रूप से लागू एवं संचालित करने के लिए आवश्यक विचार-गोष्ठियों एवं सम्मेलनों का आयोजन करना निरीक्षी पदाधिकारी का कार्य है। ये कार्य संगठनात्मक योग्यता के आधार पर ही वह कर सकता है। विद्यालयों के सुंदर संचालन में निरीक्षी पदाधिकारी की संगठनात्मक योग्यता बहुत ही उपयोगी है।

(7) **आय-व्यय-लेखन का पूर्ण ज्ञान**—निरीक्षी पदाधिकारी को आय-व्यय-लेखन का भी पूर्ण ज्ञान होना चाहिए। इस ज्ञान के आधार पर ही वह विद्यालयों के आय-व्यय-लेखा की जांच करने, उस दोष निकालने तथा उसका सुधार करने में सफल हो सकता है। इस ज्ञान के आधार पर ही वह विद्यालय के प्रधानाध्यापक का मार्गदर्शन कर सकता है। इसी ज्ञान के आधार पर वह यह जानने में सफल हो सकता है कि विद्यालय को मिले अनुदान तथा अन्य आय का सदुपयोग हो रहा है अथवा नहीं। अतः यह ज्ञान अत्यावश्यक है।

(8) **प्रयोगात्मक दृष्टिकोण**—प्रयोगवादी दृष्टिकोण का निरीक्षी पदाधिकारी अपने कार्य में पूर्ण सफल होता है तथा विद्यालयों को निश्चयपूर्वक विकास के मार्ग पर ले जाने में सफल होता है। वह नवीन योजनाएं बनाता है, विद्यालयों में उन्हें कार्यान्वित करता है तथा विद्यालय को विकास की ओर गतिशील करता है। अन्य स्थानों के सफल प्रयोग तथा सुंदर योजनाएं अपने क्षेत्र में निर्भीक होकर लागू करता है। वह प्रगति एवं विकास के लिए हमेशा प्रयोग करता रहता है।

(9) **सृजनात्मकता**—कुछ निरीक्षी पदाधिकारी विद्यालयों में जाकर व्यवस्था एवं अध्यापन के दोषों की कटु आलोचना तो खूब करते हैं, किंतु अपनी ओर से कोई ठोस सृजनात्मक सुझाव अथवा विचार उपस्थित नहीं कर पाते। इससे विद्यालय की व्यवस्था में कोई विशेष सुधार विकास नहीं होता। सच्चा निरीक्षी पदाधिकारी तो सृजनात्मकता के गुणों से ओत-प्रोत होता है। वह शिक्षकों एवं प्रधानाध्यापक को मित्रवत् सृजनात्मक सुझाव दे तथा उन्हें स्पष्ट एवं व्यावहारिक रूप से बताए कि व्यवस्था के दोषों को किस प्रकार दूर किया जाए तथा विद्यालय को प्रगति के मार्ग पर किस प्रतिष्ठित किया जाए।

(10) सामाजिकता—निरीक्षी पदाधिकारी में सामाजिकता का गुण भी आवश्यक है। स्पष्ट है कि विद्यालय समाज में है तथा वह समाज की ही एक सक्रिय संस्था है। अतः विद्यालय तथा समाज का संबंध गहरा और मधुर बनाना आवश्यक है। यह तभी संभव है जब निरीक्षी पदाधिकारी शिक्षक-अभिभावक संपर्क को मज़बूत बनाने पर जोर दे तथा अपने निरीक्षण के अवसर पर अभिभावकों से मिलने का प्रबंध रखे। ऐसा मिलना अभिभावक-गोष्ठी बुलवाकर तथा आस-पास के अभिभावकों के यहां जाकर भी हो सकता है। इससे विद्यालयों के प्रति समाज के अपनापन एवं ममता की वृद्धि होती है।

(11) आत्मविश्वास—आत्मविश्वास निरीक्षी पदाधिकारी का आवश्यक गुण है। इसके बिना वह कोई भी कार्य सफलतापूर्वक करने तथा निर्णय लेने में सर्वथा असमर्थ हो जाएगा। आवश्यक योजना बनाने, शिक्षकों एवं विद्यालयों का मार्गदर्शन करने तथा किसी जटिल परिस्थिति में निर्णय लेने में आत्मविश्वास ही कार्य करता है।

निरीक्षी पदाधिकारी के दोष

(1) केवल खानापूरी—वर्त्तमान निरीक्षक कोई निरीक्षण केवल कर्त्तव्य निभाने के लिए खानापूरी करते हैं। उन्हें निरीक्षण करना है, अतः शीध्रता से देखभाल करके अपने कर्त्तव्य को समाप्त कर देते हैं। इस प्रकार निरीक्षण केवल खानापूरी (Perfunctory) करना रह जाता है।

(2) निरंकुश नीति—वर्त्तमान निरीक्षण-प्रणाली अत्यंत दोषपूर्ण है। प्रत्येक जिला शिक्षाधिकारी अपने पद की 'निरंकुशतापूर्ण' स्थिति से लाभ उठाता है। वह पग-पग पर अपनी इच्छाओं को कानून की तरह मनवाने का प्रयत्न करता है तथा बात दूसरे की मानना वह अपमान मानता है। प्रत्येक प्रधानाध्यापक को अपने पद की लाज तथा विद्यालय के हित के लिए निरीक्षक की आज्ञा आंख मीचकर माननी पड़ती है।

(3) कुछ विषय निरीक्षण के क्षेत्र से परे—अंत में कुछ विषयों को प्रत्येक निरीक्षक नहीं समझ सकता। उदाहरण के लिए संगीत, काष्ठ-कला, चित्रकला आदि।

अतः इस प्रकार के विषयों के लिए अलग निरीक्षकों की नियुक्ति का कुछ भी प्रबंध नहीं है। सामान्य निरीक्षक इन विषयों को समझ न सकने के कारण निरीक्षण ठीक प्रकार नहीं कर पाते।

(4) समय का दुरुपयोग—निरीक्षण में जिन बातों में समय देना चाहिए उनमें ने देकर व्यर्थ की बातों में अधिक समय बरबाद किया जाता है। अधिकांश निरीक्षक अपना अधिक समय एकाउंट देखने, व्यवस्था का निरीक्षण करने आदि में लगा देते हैं, शिक्षण की और अध्यापकों की दशा की ओर तनिक भी ध्यान नहीं दिया जाता।

जैसे कि सेकेंड्री एजुकेशन कमीशन के वर्त्तमान निरीक्षकों के दोषों का उल्लेख किया है कि–

"The time spent by the Inspector at any particular place was insufficient that the greater part of this time was taken up with routine work like checking accounts and looking into the administrative aspect of the school. was not enough time devoted to the academic side and contacts between the Inspectors and teachers were casual."

निरीक्षक उदार हृदय तथा सहयोगी भावना के होने के बजाय अत्यंत तानाशाह तथा कठोर व्यवहार करने वाले होते हैं। वे अध्यापकों के साथ अपने संबंध को मित्रवत् बनाने का भी प्रयत्न नहीं करते।

(5) अध्यापकों से संपर्क का अभाव–अधिकांश निरीक्षक अध्यापकों से अपने को पूर्णतया अलग रखते हैं। इस प्रकार वे अध्यापकों की समस्या समझने में असमर्थ रहते हैं।

निरीक्षी पदाधिकारी के कर्त्तव्य

(1) कक्षा-निरीक्षण का महत्त्व–विद्यालय का स्तर कहां पर है यह जानने के लिए कक्षा-निरीक्षण अत्यंत आवश्यक है। कक्षा-निरीक्षण अत्यंत सावधानी तथा चतुरता के साथ किया जाए। कक्षा में पढ़ाते हुए अध्यापक को इस बात का आभास भी न हो कि कोई उसके कार्य का निरीक्षण कर रहा है। उसे चाहिए कि वह अध्यापक की शिक्षण-विधियों को ध्यान से देखे तथा भूलों को नोट करता जाए। कुछ अध्यापक निरीक्षक की उपस्थिति में धैर्य खो बैठते हैं। अतः निरीक्षक को अपने चेहरे से स्नेह का भाव प्रदर्शित करते रहना चाहिए। यदि अध्यापक का पढ़ाने का ढंग अमनोवैज्ञानिक तथा शिक्षण-विधियों के प्रतिकूल है, तब ऐसी अवस्था में निरीक्षक को स्वयं उस कक्षा को पढ़ाकर दिखाना चाहिए।

(2) अध्यापक को सलाह दे–अध्यापकों की भूलों और दोषों को कक्षा में छात्रों के सामने न बताया जाए। यदि निरीक्षक किसी अध्यापक के शिक्षण में कुछ दोष पाता है तो अपनी राय लिखकर उस अध्यापक के पास भेज दें कक्षा में समस्त छात्रों के समक्ष अध्यापकों को डांटना पूर्णतया अनुचित है।

(3) सहयोग की भावना–निरीक्षक को सदा इस बात का ध्यान रखना चाहिए कि निरीक्षण का तात्पर्य केवल आलोचना करना ही नहीं है। उसे समस्त अध्यापकों को अपना छोटा भाई मानना चाहिए। वह जब भी निरीक्षण करने निकले तो सहयोग का अवश्य ध्यान रखे।

(4) लिखित कार्य का निरीक्षण—कक्षाओं के लिखित कार्य का निरीक्षण करना आवश्यक है। बहुत-से विद्यालयों में वर्ष भर मौखिक शिक्षण रहता है। अध्यापक छात्रों को कुछ भी लिखाने का कष्ट नहीं करते, अतः निरीक्षक को लिखित कार्य की जांच सावधानी से करनी चाहिए। प्रत्येक कक्षा में जाकर उसे छात्रों की अभ्यास पुस्तिकाएं देखनी चाहिए। क्या उनमें विषय-अध्यापक ठीक प्रकार से हस्ताक्षर करता है, क्या वे ठीक प्रकार से जांची गई हैं, क्या छात्र अध्यापक द्वारा बताए गए सुझावों को व्यवहार में लाते हैं—आदि-आदि बातों को ध्यान में रखकर अभ्यास-पुस्तिकाओं का निरीक्षण किया जाए।

(5) प्रयोगशाला का निरीक्षण—कृषि, चित्रकला तथा विज्ञान आदि व्यावहारिक विषयों का निरीक्षण तब करे, जबकि छात्र स्वयं कक्षाओं या प्रयोगशालाओं में प्रयोग कर रहे हों। विज्ञान की प्रयोगशाला का निरीक्षण सावधानी से करना चाहिए। प्रयोगशाला पर जितना व्यय दिखाता जाता है।? क्या उसमें उतना सामान है? क्या कक्षा के प्रत्येक छात्र को प्रयोग करने का अवसर प्राप्त होता है? आदि-आदि बातों को विशेष ध्यान में रखा जाए।

(6) निरीक्षण विस्तारपूर्वक किया जाए—निरीक्षण अत्यंत विस्तारपूर्वक किया जाए। अध्यापन, पाठ्यक्रम-सहगामी क्रिया, खेल-कूद छात्रावास, पुस्तकालय आदि सब का उचित प्रकार से निरीक्षण किया जाए। दूसरे शब्दों में कह सकते हैं कि निरीक्षण केवल कोष तथा व्यवस्था से संबंधित न होकर विद्यालय के प्रत्येक अंग से संबंधित हो।

(7) रचनात्मक दृष्टिकोण—निरीक्षक को अपना दृष्टिकोण सदा आलोचनात्मक नहीं रखना चाहिए। शिक्षकों के जिस कार्य की वह आलोचना करे उस कार्य को उचित ढंग से करने के लिए उन्हें ठीक सलाह भी दे। उसे अपने विचार रचनात्मक रखने चाहिए, न कि ध्वंसात्मक। उसकी आलोचना प्रधान अध्यापक तथा अध्यापकों को प्रेरणा प्रदान करने वाली हो, न कि निराशा उत्पन्न करने वाली।

(8) निरीक्षक का मूल्यांकन—अंत में निरीक्षक को अपने द्वारा किए गए निरीक्षण के प्रभावों का मूल्यांकन करना चाहिए। उसे देखना है कि निरीक्षण द्वारा उसे अपने कार्य में सफलता प्राप्त हुई अथवा नहीं। शिक्षकों को उसने जो-जो सुझाव दिए हैं, क्या उनका पालन होता है, क्या उसके द्वारा प्रदान किए गए सुझाव रचनात्मक हैं, आदि का उसे स्वयं आत्मनिरीक्षण करना चाहिए। निरीक्षण बिना निश्चित योजना के व्यर्थ है।

(9) अभिभावक-शिक्षक परिषद् से भेंट—निरीक्षक को अपने को केवल विद्यालय की दीवारों तक ही सीमित नहीं रखना है। उसे सदा इस बात का ध्यान

रखना चाहिए कि विद्यालय का अटूट संबंध समाज से है। अतः निरीक्षण करते समय उसे अभिभावक-शिक्षक परिषद् से भी मिलना चाहिए। वह छात्रों के अभिभावकों के समक्ष विद्यालय की कठिनाइयों तथा समस्याओं को स्पष्ट रूप में सकता है तथा अभिभावक उसमें कहां तक योग दे सकते हैं, इस ओर उचित सलाह प्रदान कर सकता है। डॉ. एस. एन. मुखर्जी के मतानुसार—"If education is to improve, the rank and file of citizens must understand what the schools are doing. The Inspector should, therefore, take appropriate steps to keep the community truthfully informed about the schools, the purpose of proposed reforms, and what part the parents should play in modern education."

(10) **अच्छे कार्य की प्रशंसा**—निरीक्षक अच्छे काम की सदा प्रशंसा करे। यदि वह किसी विद्यालय में नवीनतम अच्छाई देखता है तो उसे चाहिए कि उसे विद्यालय के प्रधान अध्यापक से उनके कार्य की प्रशंसा करे तथा अन्य विद्यालयों को भी उसे अपनाने की सलाह दे। वास्तव में निरीक्षक के लिए अच्छे कार्य की प्रशंसा करना उतना ही आवश्यक है जितना कि असंतोषजनक कार्य की निंदा।

(11) **बाह्य आडंबरों से बचें**—निरीक्षक के आगमन से पूर्व विद्यालयों में बड़े जोर-शोर से सजावट की जाती है। कुछ विद्यालयों में अनाप-सनाप धन निरीक्षक के आगमन की तैयारी में व्यय कर दिया जाता है। वास्तव में तो यह कार्य विद्यालय की दुर्बलताओं को छिपाने के लिए किया जाता है। प्रत्येक निरीक्षक को इस प्रकार के बाह्य आडंबरों से बचना चाहिए। विद्यालयों में निरीक्षक के आने पर जो व्ययपूर्ण सजावट की जाती है, उसे निरीक्षक द्वारा सदा निरुत्साहित करना चाहिए। कभी-कभी बिना सूचना दिए भी निरीक्षण किया जाए। इस प्रकार का निरीक्षण विद्यालयों की स्थिति का वास्तविक पता देगा। परंतु उसे सदा ध्यान में रखना चाहिए कि बिना सूचना के जो निरीक्षण किया जाए, वह जासूसी ढंग का संदेहयुक्त न होकर मित्रवत् हो।

27

वित्तीय प्रबन्ध

वित्त की प्रचुर पूर्ति तथा वित्त के प्रभावपूर्ण प्रबन्ध पर किसी व्यापार की सफलता निर्भर है। वास्तव में वित्त व्यापार का आधार है, वित्त पूर्ति की प्रक्रिया कठिन होती है। वित्त के अभाव में अच्छी से अच्छी योजनाएँ सिर्फ कागजों पर रह जाती हैं। वित्त व्यापार का जीवनरक्त है, व्यापार में सफलता के लिए वित्त का उचित प्रबंध बहुत जरूरी है, वर्तमान में बिना वित्त के कोई भी संगठन अपने कार्यों को संचालित नहीं कर सकता क्योंकि संगठन के प्रारम्भ से ही वित्त की जरूरत होती है, वित्त आर्थिक संगठनों का आवश्यक अंग है। व्यापार के शुरू से लेकर अन्त तक सभी स्तरों पर वित्त की भूमिका होती है।

प्रचुर वित्त के बिना कोई योजना कार्यान्वित नहीं हो सकती तथा इसके अभाव में अनेक समस्याएँ आती हैं। सभी संस्थाओं के लिए यह जरूरी है कि वह अपने dkSadklokEe mi;ks djA bl lEcU/kesa हसबण्ड एवं डॉकरी ने कहा कि भिन्न-भिन्न आर्थिक तथा व्यावसायिक गतिविधियों को एक सूत्र में बांधने के लिए किसी ऐसे साधन की अपेक्षा होती है जो व्यावसायिक गतिविधियों को सुचारु तथा नियमित रूप से निर्देशित तथा संचालित होती है कर सकें। वित्त ही वह शक्तिशाली साधन है जो इस काम को पूरा करता है।

वित्त के क्षेत्र

वित्त व्यापार का जीवनरक्त है जिससे आर्थिक व व्यावसायिक क्रियाएँ क्रियान्वित होती हैं। वित्त के अभाव में व्यापार शुरू नहीं किया जा सकता : प्रत्येक क्षेत्र में वित्त प्रबन्धक का महत्वपूर्ण योगदान है। वित्त का क्षेत्र विस्तृत है जिसमें सार्वजनिक वित्त, संस्थागत वित्त, व्यावसायिक वित्त, अन्तर्राष्ट्रीय वित्त तथा वित्तीय प्रबन्धन आते है। इसका विवरण निम्न प्रकार हैं—

1. संस्थागत वित्त—यह आशय वित्तीय संस्थाओं में की जाने वाली वित्त प्रबंध से होता है। उदाहरणार्थ बीमा, बैंक आदि। ये संस्थाएं छोटी-छोटी बचतों को

इकट्ठा कर व्यापार का वित्त की प्रबंध करवाती है तथा देश के अर्थप्रबन्ध में योगदान देती है।

2. व्यावसायिक वित्त—व्यावसायिक वित्त में वह वित्तीय संस्थाएं आती हैं जो लाभार्जन के उद्देश्य से संचालित होती हैं। इसके तहत् सहकारी उपक्रम, साझेदारी, एकांकी व्यापार तथा कम्पनियों को सम्मिलित किया गया है। इसे निगम वित्त भी कहा जाता है। इसमें व्यावसायिक क्रियाओं के लिए जरूरी धन को इकट्ठा करने व प्रबन्ध करने का कार्य होता है। यानि साधनों के नियोजन, संग्रहण, नियंत्रण, प्रशासन सम्बन्धी क्रियाएं इस वित्त में सम्मिलित होती हैं।

3. सार्वजनिक वित्त—यह सार्वजनिक वित्त की संस्थाओं का वित्तीय प्रबंध करता है। इसे राजकीय वित्त भी कहते हैं। इसके अन्तर्गत सरकार, निगम तथा स्थानीय संस्थाएं आती हैं, यह देखा जाता है कि ये संस्थाएं किस प्रकार आय व खर्च करती हैं। सार्वजनिक वित्त में सार्वजनिक व्यय, आय के सिद्धान्तों व कठिनाइयों का विश्लेषण होता है।

4. वित्तिय प्रबन्ध—वर्तमान युग में व्यापार को अपने कोषों का सही उपयोग करना चाहिए ताकि उद्देश्यों की प्राप्ति हो सके। वित्तीय प्रबन्ध में उन प्रबन्ध की क्रियाओं को शामिल किया गया है जो पूंजी नियोजन, बजटिंग, संग्रहण, नियंत्रण तथा निर्देशन से सबसे ज्यादा लाभप्रद उपयोग करें। ये वे निर्णय हैं जो नियोजन, संग्रहण, नियन्त्रण तथा निर्देशन प्रक्रिया से सम्बन्धित होती है।

5. अन्तर्राष्ट्रीय वित्त—अन्तर्राष्ट्रीय वित्त वह वित्त होता है जो अन्तर्राष्ट्रीय भुगतान, विदेशी विनिमय तथा पूंजी आगमन के व्यवहारों के साथ अन्तराष्ट्रीय वित्तीय संस्थाओं का भी अध्ययन करता है। अन्तर्राष्ट्रीय वित्त देश की सीमाओं के बाहर संगठनों में वित्त प्रवाह का कुशल प्रबन्ध करता है। यह भिन्न-भिन्न देशों के लेनदेन को प्रभावित करता है।

वित्त कार्य का अर्थ

वित्त कार्य से अर्थ व्यापार को व्यापार के उद्देश्यों के अनुसार कोषों को उपलब्ध कराना है। दूसरे शब्दों में वित्त कार्य का आशय उन कोशिशों को माना जाता है जो वित्त प्राप्ति के नजरिये से सम्बन्धित हैं यानि कोषों का प्रबन्ध करना वित्त का प्रमुख कार्य है। लेकिन समय के साथ-साथ अन्य कार्य भी इसमें सम्मिलित हो गए हैं। उदाहरण—वित्त की पूर्ति, वित्त का वितरण, उत्पादन, कार्मिक तथा वित्त को प्रभावपूर्ण प्रयोग।

वित्त कार्य की परम्परागत विचारधारा

वित्त कार्य की परम्परागत विचारधारा में वित्त कार्य को सिर्फ कोषों का प्रबंध करने तक समय-समय पर आवश्यकतानुसार कुछ अन्य कार्यों तक सीमित किया गया। यह विचारधारा वित्तीय प्रबन्ध की भूमिकाओं को प्रारम्भिक अवस्था तक सीमित करती है। इसमें पूंजी प्राप्ति के साधन के अध्ययनों पर जोर दिया गया है तथा दैनिक व्यापार संचालन की विशेष समस्याओं को प्रकट नहीं किया गया।

परम्परागत विचारधारा कोषों की प्रबंध तक सीमित है। इसका कार्य विनियोजकों से सम्बन्धित है। इसके मुख्य समर्थक **एडवर्ड, थॉमस, ग्रीन, मीड** तथा **आर्थर डेविंग** हैं।

हन्ट, वियम व डोनाल्डसन के शब्दों में, "वित्त कार्य का मुख्य उत्तरदायित्व उपक्रम के लिए सबसे अधिक स्वीकारात्मक शर्तों पर व्यापार के उद्देश्यों के अनुरूप पूंजी की प्राप्ति व कोषों का प्रबन्ध करना है।"

एफ.डब्ल्यू पेश के शब्दों में, "वित्त कार्य का अभिप्राय है-मुद्रा को इस समय अनुकूल शर्तों पर उपलब्ध कराना जिस समय उसकी आवश्यकता हो।"

इस विचारधारा के तहत् वित्त का प्रमुख कार्य उद्देश्यों की प्राप्ति के लिए कोषों को एकत्रित करना तथा उनका प्रबन्ध करना है। इसका सम्बन्ध दैनिक संचालन से नहीं है। इसमें विनियोजकों के मार्गदर्शन पर ज्यादा ध्यान रहता है। इसमें कार्यशील पूंजी पर विचार नहीं किया गया है।

परम्परागत विचारधारा की आलोचनाएँ

1. संकुचित विचारधारा—यह विचारधारा बहुत संकुचित है, यह सिर्फ कोषों की प्रबन्ध पर ध्यान देती है तथा दैनिक क्रियाओं में वित्त कार्य की अवहेलना करती है। इसमें कार्यशील पूंजी के जैसे महत्वपूर्ण घटक पर ध्यान नहीं दिया गया।

2. दैनिक समस्याओं पर ध्यान नहीं—यह विचारधारा एक व्यापारिक जीवन में घटने वाली दैनिक क्रियाओं पर ध्यान नहीं देती। इसमें सिर्फ प्रवर्तन, एकीकरण व पुनर्संगठन की क्रियाओं को ही महत्व दिया गया है।

3. वित्तीय निर्णय में योगदान नहीं—यह विचारधारा केवल कोषों का प्रबन्ध करती है। इसमें अन्य वित्तीय निर्णयों पर ध्यान नहीं दिया जाता है तथा गैर निगमीय संगठन इसके तहत् नहीं आते।

4. कार्यशील पूंजी की अवहेलना—यह विचारधारा अल्पकालीन पूंजी पर ध्यान नहीं देती। इसमें केवल दीर्घकालीन पूंजी को महत्व दिया गया है। इसमें व्यापार को दीर्घकालीन आधार से ही देखा गया है।

5. आन्तरिक प्रबन्ध की अवहेलना–परम्परागत विचारधारा में आन्तरिक प्रबन्ध की अपेक्षा की गई है, यह केवल कोषों का संग्रहण व प्रशासन है। हम यह भी कह सकते है कि यह बाहरी व्यक्तियों द्वारा वित्त प्राप्त करने का माध्यम है। इसका आन्तरिक प्रबन्ध से सम्बन्ध नहीं है।

वित्त कार्य की आधुनिक विचारधारा

वित्त कार्य का परम्परागत दृष्टिकोण सफल नहीं रहा लेकिन आधुनिक विचारधारा का दृष्टिकोण भिन्न-भिन्न फसलों पर आधारित है। इस विचारधारा में वित्त कार्य का अभिप्राय वित्त सम्बन्धी निर्णय से लिया गया है तथा यह विचारधारा वित्त जुटाना, वित्त के प्रभावशाली उपयोग तथा वित्त की भिन्न-भिन्न समस्याओं पर जोर देती है। अर्थात वित्त कार्य से आशय व्यापार में वित्त का नियंत्रण, प्राप्ति व नियोजन सम्बन्धित क्रियाओं से है। इस प्रतिस्पर्धी युग में अनुकूलतम पूंजी संरचना का निर्माण, वित्त के साधनों का निर्धारण, कोषों का आवंटन व कोषों के कुशलतम उपयोग से लिया गया है। इन सभी कार्य के लिए वित्त प्रबन्धन को विनियोजन, वित्तीय व लाभांश सम्बन्धी फैसलो लेने पड़ते हैं।

इजरा सोलामन के अनुसार–"प्रचीन विचारधारा के अन्तर्गत वित्त के स्त्रोतों पर अधिक बल दिया जाता था जिसका सम्बन्ध मुख्यतः कोषों की प्राप्ति से होता था। किन्तु नवीन व व्यापक विचारधारा के अन्तर्गत वित्त की प्राप्ति तथा आवंटन हेतु एक विवेकपूर्ण नीति के निर्धारण को भी सम्मिलित किया जाता है ताकि वित्त का अधिकतम सदुपयोग ही सके।"

इस विचारधारा के समर्थकों में हावर्ड तथा उपटन, वॉकर, सोलोमन, वॅस्टन व ब्राइम, इजरा तथा जैम्सवॅन हॉर्न प्रमुख हैं।

अन्य शब्दों में हम यह कह सकते हैं कि आधुनिक विचारधारा में वित्त कार्य को काफी विस्तृत बताया गया है जिसमें मितव्ययवापूर्ण पूंजी प्राप्ति, उचित नियोजन, विवेकपूर्ण विनियोग को सम्मिलित किया गया है।

वित्तीय प्रबन्ध का अर्थ

वे प्रबन्ध की क्रियाएँ वित्तीय प्रबन्ध में आती हैं। जो वित्त कार्य के संगठन, नियोजन, नियंत्रण तथा निर्देशन से सम्बन्धित हैं। वित्त प्रबन्ध व्यापार प्रशासन की महत्वपूर्ण शाखा है। वित्तीय प्रभाव के विना कोई भी व्यापार क्रिया असंभव है। वित्त प्रवन्ध का सामान्य अर्थ, वित्त संकलन, वित्तीय आयोजन, सम्मति प्रशासन तथा भिन्न-भिन्न वित्तीय स्त्रोतों का संकलन करने से है। वर्तमान वित्तीय प्रबन्ध में साख

नियंत्रण अति आय के प्रबन्ध, पूंजी नियोजन व प्राप्ति, कार्यशील पूंजी प्रबन्ध, रोकड़ प्रवाह, बजटरी नियंत्रण, लाभांश नीति आदि को सम्मिलित किया है।

इसमें वे सभी प्रबन्धकीय क्रियाएँ आती हैं, जो वित्त कार्य के संगठन, नियोजन, निर्देशन तथा नियंत्रण से सम्बन्धित हैं। वित्तीय विभाग निश्चित उद्देश्यों की पूर्ति के लिए भिन्न-भिन्न विभागों को निर्देश देता है तथा उनकी क्रियाओं पर नियंत्रण करता है।

वित्तीय प्रबन्ध की प्रमुख परिभाषाएँ

हावर्ड तथा उपटन के अनुसार, "वित्तीय प्रबन्ध नियोजन तथा नियंत्रण कार्य को वित्तीय प्रबन्ध नियोजन तथा नियंत्रण कार्य को वित्तीय कार्य पर लागू करना है।"

व्हीलर के अनुसार, "वित्तीय प्रबन्ध का आशय उस क्रिया से होता है, जो उपक्रम के उद्देश्यों व वित्तीयच आवश्यकताओं की पूर्ति हेतु पूंजी कोषों के संग्रहण व उनके प्रशासन से सम्बन्ध रखता है।"

जोसेफ एफ ब्रेडले, "वित्तीय प्रबन्ध व्यावसायिक प्रबन्ध का वह क्षेत्र है जिसका संबंध पूंजी के विवेकपूर्ण उपयोग व वित्तीय स्त्रोतों के सतर्कतापूर्ण चयन से है, ताकि व्यापार को इसके उद्देश्यों की पूर्ति की दिशा में निर्देशित किया जा सके।"

वेस्टन व ब्राइम, "वित्तीय प्रबन्ध वित्तीय निर्णय लेने की वह क्रिया है, जो व्यक्तिगत उद्देश्यों और उपक्रम के लक्ष्यों में समन्वय स्थापित करती है।"

इजरा सोलोमन के अनुसार, "वित्तीय प्रबन्ध का तात्पर्य एक महत्वपूर्ण आर्थिक स्त्रोत अर्थात् पूंजी कोष के कुशलतम उपयोग से होता है।"

फिलिपाटोज के शब्दों में, "वित्तीय प्रबन्ध का सम्बन्ध उन सभी प्रबन्धकीय फैसलों से होता है, जिनके फलस्वरूप उपक्रम की दीर्घकालीन व अल्पकालीन वित्तीय आवश्यकताओं की पूर्ति हेतु कोषों की प्राप्ति होती है। इन फैसलों का विश्लेषण कोषों की प्राप्ति, भुगतान व इनके प्रबन्धकीय उद्देश्यों पर पड़ने वाले प्रभाव पर निर्भर करता है।"

संक्षेप में सम्पूर्ण परिभाषाओं के आधार यह कह सकते हैं कि वित्तीय प्रबंध व्यावसायिक उपक्रम को वित्त प्रबन्धन, वित्त नियंत्रण, वित्तीय नियोजन तथा कोषों के फायदेमंद प्रयोग भावी क्रियाओं के नियोजन के कार्यात्मक क्षेत्र सें है।

वित्तीय प्रबन्ध की प्रकृति अथवा विशेषताएँ

वित्तीय प्रबन्ध की प्रमुख विशेषताएं हैं—

1. व्यावसायिक प्रबन्ध का प्रमुख अंग—वित्त का व्यापार के शुरू से लेकर अन्त तक महत्वपूर्ण स्थान होता है। वित्त के बगैर समस्त व्यावसायिक क्रियाएं बेकार

हैं। उत्पादन से लेकर विक्रय तक वित्त का विचार करना पड़ता है। इसलिए सभी प्रबन्धकीय निर्णय वित्त को ध्यान में रखकर लिए जाते हैं। यह व्यापार का अभिन्न अंग है। व्यावसायिक क्रियाओं में विंत्त का महत्वपूर्ण स्थान है।

2. वित्तीय प्रबन्ध सभी तरह के संगठनों में पाया जाता है—वित्तीय प्रबन्ध आजकल सभी प्रकारों के संगठन में लागू होता है। चाहे ये एकांकी, साझेदारी या निर्गमित संगठन हो, चाहे लाभकारी अथवा गैर लाभकारी संगठन हो अथवा सेवा संगठन या संरचना संगठन हो, सभी में बहुत लोकप्रिय है। चाहे आकार, प्रकृति स्वामित्व व नियंत्रण कैसा भी हो।

3. वित्तीय प्रबन्ध लेखांकन से अलग है —लेखांकन का कार्य समंकों को एकत्रित करना है। लेकिन वित्त का कार्य उसका विश्लेषण करना है। वित्तीय प्रबन्ध और लेखांकन बहुत अलग है। लेखांकन में क्रय-विक्रय, उत्पादन, आय-व्यय का संग्रहण या अभिलेखन होता है। लेकिन वित्तीय प्रबन्ध में वित्तीय उपयोग, नियोजन, नियंत्रण, निर्देशन होता है।

4. विश्लेषणात्मक व वैज्ञानिक प्रकृति —वित्तीय प्रबन्ध फर्म की सभी वित्तीय समस्याओं पर विश्लेषणात्मक रूप से विचार करता है। आज भिन्न-भिन्न वित्तीय निर्णय लेते समय वित्तीय विश्लेषण व भिन्न-भिन्न विकल्पों के मूल्यांकन के लिए आधुनिक अघातीय व संख्यिकीय विधियों का प्रयोग किया जाता है। इसमें ऐसे फैसले लिये जाते हैं जिनसे लागत कम व फैयदा ज्यादा हो।

5. सतत् प्रक्रिया—वित्त की प्रक्रिया कभी खत्म नहीं होती है। यह लगातार व जरूरी प्रक्रिया है। व्यापार के सफल संचालन के लिए कोषों का संग्रहण व विवेकपूर्ण उपयोग जरूरी है। वित्त कार्य एक सतत् प्रशासनिक प्रक्रिया है जो कार्यशील पूंजी के साथ स्थायी पूंजी की जरूरत को पूरा करता है।

6. व्यापक क्षेत्र —वित्त प्रबन्ध का क्षेत्र काफी ज्यादा विस्तृत है। यह पूंजी प्राप्त करने तक ही सीमित नहीं है। बल्कि इसके तहत् कोषों का अनुकूलतम उपयोग व आबंटन सम्मिलित किया गया है। इसके तहत् सभी दैनिक क्रियाएँ शामिल होती है। यह अल्पकालीन वा दीर्घकालीन जरूरतों की पूर्ति करता है।

7. केन्द्रीयकृत प्रकृति —वित्तीय प्रबन्ध का स्वभाव केन्द्रीयकृत है। यह मानव शरीर के ह्दय के अनुरूप है जो सभी पर नियंत्रण करता है। वित्त सम्बन्धी काम सिर्फ वित्त प्रबन्धकों द्वारा ही किया जाता है। सभी व्यक्ति यह कार्य नहीं कर सकते, साधनों का अनुकूलतम उपयोग इसी के द्वारा सम्भव है।

8. वित्तीय नियोजन, नियंत्रण तथा अनुवर्तन —वित्त प्रबन्धन में साधनों की प्राप्ति उनका प्रभावपूर्ण उपयोग, उन पर नियंत्रण, प्रमाप निर्धारित करना, अन्तर के कारणों को ढूंढना तथा सुधारात्मक काम करना भी आता है।

वित्तीय प्रबन्ध के लक्ष्य एवं उद्देश्य

वित्तीय प्रबन्ध का उद्देश्य लाभ कमाना है तथा आगे बढ़ना है। इसके लिए व्यापार में सभी वर्गों से सम्बन्ध अच्छे होने चाहिए। वित्तीय प्रबन्ध के उद्देश्यों को दो प्रकार से देखा जाता है। समष्टि व व्यष्टि। समष्टि स्तर में देश के संसाधनों का सर्वोतम उपयोग आता है तथा व्यष्टि स्तर में व्यावसायिक उपक्रम के लाभ को अधिकतम करना तथा लगातार आर्थिक प्रगति आती है। वित्तीय प्रबन्ध के निम्नलिखित उद्देश्य हो सकते हैं–

1. फर्म के लाभों को अधिकतम करना,
2. उपक्रम के सभी विभागों में समन्वय स्थापित करना,
3. विनियोगकर्ताओं को उचित प्रतिफल दिलाना,
4. वित्त की संसाधनों के लिए पद्धतियां व सिद्धान्त तय करना,
5. कोषों की नियमित आपूर्ति करना,
6. पूंजी का कुशल एवं मितव्ययितापूर्ण उपयोग,
7. पूंजी लागतों को कम करना,

कई विद्वानों ने इसके उद्देश्यों को दो भागों में बांटा है-

1. लाभ को ज्यादातर करना।
2. सम्पदा को ज्यादातर करना।

इनका विवेचन अग्र प्रकार है–

(A) लाभों को ज्यादातर करना–वित्तीय प्रबन्ध लाभ को ज्यादातर करना ही अपना उद्देश्य मानता है। चूँकि इसी में व्यापार के स्वामियों का हित है, अतः ये कहते हैं कि हमें उन परियोजनाओं व फैसलों को अंगीकार करना चाहिए जो लाभ को बढ़ाते हैं। लाभ के इस विचार के सम्बन्ध में अग्रलिखित बातें सामने आती हैं–

1. सामाजिक कल्याण को ज्यादा करना –व्यापारी फायदों को ज्यादा करके उसके लाभ से सामाजिक कल्याण की ओर अग्रसर होते हैं। उदाहरणार्थ–भिन्न-भिन्न संस्थाएं, चिकित्सा, समाज कल्याण, बाल कल्याण, राहत कार्यों आदि सामाजिक कल्याण में मदद करती है। लाभ व मुद्रा के अभाव में ये कार्य नहीं हो सकते।

2. सफलता का माप –ज्यादातर फायदों से ही व्यापार सफल माना जाता है, यदि हानि होती है तो वह अकुशलता का प्रतीक है। इसके प्रतिकूल लाभ प्रबन्ध के कुशल व विवेकशील निर्णयों को दिखाते हैं।

3. व्यापार से आर्थिक कुशलता में वृद्धि –व्यापार में फायदा व्यापार की भौतिक तथा आर्थिक जरूरत पूरी करते हैं। जिससे व्यापार की आर्थिक कुशलता प्रकट होती है। लाभ किसी व्यवस्था के आर्थिक कुशलता का मापदण्ड है।

4. व्यापार की प्रेरणा का आधार—लाभ से ही व्यापारी को यह पता चलता है कि उसकी आर्थिक प्रगति कैसी हो रही है। इसी वजह से व्यापारी अधिक परिश्रम करता है। प्रबन्ध साधनों का कुशलतम उपयोग एवं नए बाजारों की खोज करता है तथा व्यापार का संगठन ग्राहकों से मधुर सम्बन्ध बनाता है।

5. एक विवेकशील उद्देश्य —व्यावसायिक संस्था में लाभ हासिल करना साधारण प्रबन्ध का कार्य नहीं है। इसके लिए कुशल व विवेकशील प्रबन्ध जरूरी है जो लाभ को अधिकतम करके साधनों का उचित व विवेकशील प्रयोग करे।

6. कार्य का मूल्यांकन —किसी भी व्यापार का अन्तिम नतीजा उसका लाभ है। जो पूंजी के कम-से-कम करने पर आता है। कोई भी काम को मापने के लिए उसके अन्तिम नतीजे देखने पड़ते है। लाभ उपक्रम के कार्य की सफल होने की स्थिति को प्रदर्शित करता हैं। अर्थात वित्तीय परिणाम कार्यों के मापदण्ड होते हैं।

वर्तमान परिस्थितियों व इस मापदण्ड को नवीन वातावरण में कई परिवर्तनों के आधार पर देखा गया है क्योंकि लाभ को अधिकतम करने के उद्देश्य से व्यापार असामाजिक अनुचित तथा अव्यावहारिक कार्य करता है जिसमें व्यापार के भिन्न-भिन्न वर्ग असन्तुष्ट हो जाते हैं। इस कारण निम्नलिखित आलोचनाएं की गई हैं—

1. सामाजिक दायित्वों की उपेक्षा —लाभ को अधिकतम करने की विचारधारा व्यापारी के सामाजिक, उपभोक्ता, श्रमिक, सरकार आदि के दायित्वों को भुला देती है। आज के इस आधुनिक युग में केवल लाभ कमाना ही व्यापार का उद्देश्य नहीं हो सकता।

2. वितरण पर लाभांश के प्रभाव —व्यापारी अपने लाभ को अधिकतम करने के कारण लाभ का पुनर्विनियोग कर देता है जिससे लाभांश वितरित नहीं हो पाता। व्यापार के निवेशक इस स्थिति से घबरा जाते हैं और अंश की कीमत कम हो जाती है।

3. जोखिम की उपेक्षा —ज्यादा फायदा पाने के लिए व्यापारी कई प्रकार के जोखिम ले लेता है। जिससे व्यापार पर काफी ज्यादा प्रभाव पड़ता है। लाभ को अधिकतम करने के लिए व्यापार का वर्तमान स्तर गिर जाता है।

4. अस्पष्ट अवधारणा —लाभ को अधिकतम करना यह धारणा भ्रमात्मक है क्योंकि इसमें लाभ के रूप को स्पष्ट नहीं किया गया है। लाभ को भिन्न-भिन्न भागों में बांटा गया है। कर पश्चात लाभ, अल्पकालीन लाभ, सकल लाभ, शुद्ध लाभ, दीर्घकालीन इस प्रकार से विवरण अपने लाभ के प्रकार को स्पष्ट नहीं कर पाए हैं।

उपयुक्त सभी विन्दुओं से स्पष्ट है कि वर्त्तमान में वित्तीय प्रबन्ध का लक्ष्य सिर्फ लाभ को अधिकतम करना नहीं है। अपितु सामाजिक उद्देश्यों को ध्यान में रखकर अपनी सम्पदा को ज्यादा करना है।

(B) सम्पदा को बढ़ाना—वित्तीय प्रबन्ध का उद्देश्य भिन्न-भिन्न विकल्पों में से ऐसे विकल्पों का चुनाव करना होना चाहिए जो अंशों के बाजार कीमतों में बढ़ोतरी तथा फर्म के सही कीमत को बढ़ाये क्योंकि सम्पदा में वृद्धि ऐसा तत्व है जिस पर सभी संउद्देश्य निर्भर हैं। प्रोफेसर इरविन फ्रेण्ड तथा इजरा सोलोमन ने भी व्यापार का उद्देश्य शुद्ध सम्पत्तियों में वृद्धि करना बताया है। वित्तीय प्रबन्ध का मूल्य उद्देश्य अंशों के बाजार कीमत में बढ़ोतरी करना होना चाहिए। सम्पदा को ज्यादा करने के लिए घटक या तत्व निम्न हैं—

1. लागत में कमी सम्पदा के मूल्य में वृद्धि करती है। इसलिए फर्म को पूंजी की लागत को कम करने के लिए प्रयत्न करने चाहिए।

2. व्यापार को अपनी सम्पत्ति के मूल्य में वृद्धि करने के लिए आवश्यक जोखिमों से बचना चाहिए।

3. लाभ को ज्यादा करने के लिए सम्पत्ति की कीमतों में बढ़ोतरी करना बहुत जरूरी है। लाभों में वृद्धि के लिए भिन्न-भिन्न खर्चे नियंत्रण में रहने चाहिए। लाभ अधिक होने की स्थिति में औसत लागत कम-से-कम तथा सीमान्त लागत व सीमान्त आय के बराबर होती है।

4. सम्पत्ति के मूल्यों में दीर्घकालीन वृद्धि होनी चाहिए। जिससे फर्म की स्थायी प्रगति हो अर्थात उत्पादन की मांग बाजार में हमेशा बनी रहे।

5. फर्म को जोखिमपूर्ण कोष के स्त्रोतों का चुनाव करते समय पूर्ण जानकारी करनी चाहिए। सही कोषों के उपयोग से जोखिम कम होती है तथा सम्पदा खुद ही बढ़ जाती है।

वित्तीय प्रबन्ध का कार्य

वित्तीय प्रबन्ध में वित्त कार्य की परम्परागत विचारधारा के अनुसार वित्त प्राप्ति की प्रबंध सम्बन्धित कार्य शामिल किए जाते थे लेकिन आधुनिक विचारधारा के आधार पर प्रबन्ध का क्षेत्र लगातार बदल रहा है। इसमें कोषों का प्रभावपूर्ण उपयोग भी शामिल हो गया है तथा निर्णयन प्रक्रिया को भी महत्व दिया जाने लगा है। व्यापार के प्रत्येक क्रियात्मक निर्णय में वित्तीय प्रबन्ध अनिवार्य है।

इजरा सोलोमन के शब्द में, वित्तीय प्रबन्ध का केन्द्रीय कार्य कोषों का बुद्धिमतापूर्ण उपयोग करना है।

हम्पटन ने अपनी पुस्तक हैण्ड बुक फॉर फाइनेंशियल डिसिजन मेकिंग में वित्तीय प्रबन्ध को निम्न चार भागों में बाँटा है—

(1) सम्पत्तियों का प्रबन्धन, (2) कोषों का प्रबन्धन,

(3) लाभदायकता कार्य। (4) तरलता कार्य,

कुहल ने वित्तीय प्रबन्ध के कार्यों को दो भागों में विभाजित किया है—

1. निर्णयात्मक कार्य। 2. दैनिक कार्य

वित्तीय प्रबन्ध दो महत्वपूर्ण क्रियाओं से सम्बन्धित है—

1. व्यापार कोषों की उत्पादकता पर नियंत्रण करना।

2. व्यापार में कोषों की आवश्यकता का पता लगाकर साधनों की खोज करना।

उपरोक्त आधार पर वित्तीय प्रबन्धन को दो कार्य में विभजित किया गया है—

1. प्रशासनिक कार्य 2. दैनिक कार्य।

इनका विवरण निम्न तरह है—

1. प्रशासनिक कार्य—प्रशासन निर्णयात्मक काम है। इसमें प्रबन्धक के अनुभव, ज्ञान की जरूरत होती है। इनका मुख्य काम फैसला लेना होता है। ये निम्न प्रकार हैं—

1. सम्पत्तियों का प्रभावपूर्ण उपयोग—वित्तीय प्रबन्ध सम्पत्तियों का प्रभावपूर्ण प्रबन्ध करके स्थिर सम्पत्तियों की सुरक्षा, ह्रास व प्रतिस्थापन के लिए वित्त प्रबन्ध करता है। यह सम्पत्तियों की खरीद से सम्बन्धित भिन्न-भिन्न पहलुओं पर विचार करता है व उसकी समयानुकूल पूर्ति करता है। सम्पत्तियों का समुचित प्रबन्ध का महत्वपूर्ण कार्य है।

2. वित्त की प्रबन्ध—वित्तीय प्रबन्ध संस्था के लिए आवश्यकतानुसार वित्त का प्रबंध करता है तथा भिन्न-भिन्न साधनों का विचार करके प्रबन्धक को सलाह देता है। यह पूंजी की लागत तथा जोखिम को नियंत्रित करता है। इससे व्यापार के विकास व विस्तार में मदद मिलती है।

3. वित्तीय क्रियाओं का संगठन—वित्त प्रबन्ध में वित्तीय संगठन के द्वारा भिन्न-भिन्न वित्तीय क्रियाएं की जाती है। इस सुविधा के लिए अनेक उपविभाग होते हैं। वित्तीय संगठन वित्त का प्रबंध करने में तथा उसके उपयोग में महत्वपूर्ण कार्य करता है।

4. लाभ को ज्यादा करना—लाभों को उचित स्तर पर लाने के लिए वित्तीय प्रबन्ध लागत नियंत्रण पूंजी की लागत कीमत निश्चित भविष्य के अनुमान व अन्य आधारों पर कार्य करता है, ताकि ज्यादा-से-ज्यादा लाभ वितरित करके सम्पत्तियों के कीमतों में बढ़ोतरी की जाए।

5. तरलता सम्बन्धित कार्य—हर दिन के कामों की जरूरत के लिए तरलता बनाये रखना अति महत्वपूर्ण कार्य है जिसमें रोकड़ का अनुमान लगाना, नकद

भुगतानों में समन्वय स्थापित करना, कोषों का संग्रह करना, आन्तरिक कोषों पर स्त्रोत का निर्धारण करना तथा आवश्यक कोषों की प्राप्ति इस कार्य में आती है।

6. पूर्वानुमान–व्यापार में वित्तीय पूर्वानुमान की कई तकनीकें होती हैं। गलत पूर्वानुमान व्यापार में कई समस्याऐं उत्पन्न कर सकता है। यह पूर्वानुमान वित्तीय प्रबन्धकों द्वारा किये जाते हैं जो अल्पकालीन व दीर्घकालीन जरूरतों की पूर्ति करते हैं।

7. वित्तीय परिणामों का मूल्यांकन–वित्तीय प्रबन्ध अपने ही किए गए कामों की तुलना पिछले साल से करता है तथा अन्तर के कारणों की जांच करके उनका मूल्यांकन, विश्लेषण, लाभ, मात्रा विश्लेषण, अनुपात विश्लेषण आदि तकनीकों के द्वारा करता है।

8. वित्तीय नियोजन–प्रबन्ध का मुख्य कार्य वित्तीय आवश्यकताओं के लिए मजबूत वित्तीय योजना तैयार करना है। इन योजनाओं का निर्धारण उपयुक्त समय पर किया जाता है ताकि कोषों का समुचित उपयोग हो सके। इसके तहत् उद्देश्यों का निर्धारण, नीतियों का निर्धारण, निर्माण, कार्यविधि, वित्तीय योजना, वित्त मात्रा का अनुमान आदि कार्य आते हैं।

9. अन्य विभागों में सामंजस्य–वित्त कार्य व्यापार की सफलता के लिए सभी विभागों में तालमेल रखता है क्योंकि वित्त विभाग सम्पूर्ण विभागों को प्रभावित करता है। इससे संस्था के उद्देश्यों की पूर्ति होती है, जिससे बाधाओं में कमी आती है।

10. वित्तीय नियंत्रण–वित्तीय प्रबन्ध साधनों को प्रयोग में लाकर उन पर नियंत्रण की कार्यवाही भी करता है। यह उद्देश्यों की प्राप्ति के लिए आवश्यक निर्देश देता है जिससे उद्देश्यों की प्राप्ति हो सके और अन्त में निर्धारित प्रमापों के आधार पर विचलनों की जांच कर सुधार की कार्यवाही करता है।

11. वित्तीय निर्णय–प्रबंध का मुख्य काम फैसला लेना है, चाहे वह प्रबन्ध किसी भी प्रकार का हो निर्णय में वित्त पूर्ति निर्णय, लाभांश निर्णय, तथा कोषों का आबंटन इत्यादि काम आते हैं। वित्त प्रबन्ध में कोषों के आबंटन करते समय सभी कोषों की उपयोगिता समान होनी चाहिए। किसी भी कोष में कमी नहीं होनी चाहिए। साधनों की जरूरतों को ध्यान में रखते हुए उनका आबंटन होना चाहिए। जरूरी कोषों की पूर्ति किस तरह व किन सम्पूर्ण स्त्रोतों से की जाए इसके सम्बन्ध में पूर्ण जानकारी होनी चाहिए। सभी स्त्रोतों पर वित्तीय परिणामों का विचार कर लेना चाहिए ताकि श्रेष्ठ साधन का चुनाव हो सके। काम का फैसला वित्तीय फैसला का मुख्य स्थान है। लाभांश नीति ऐसी होनी चाहिए जिससे अंशों की बाजार कीमत अधिकतम हो सके।

यानि हम यह कह सकते हैं कि वित्तीय निर्णय में–

1. लाभांश निर्णय आते हैं
2. कोषों का आबंटन या विनियोग।
3. वित्त पूर्ति का निर्णय।

2. दैनिक कार्य–प्रतिदिन के काम के तहत् सभी काम आते हैं जो दैनिक प्रकृति के होते हैं। प्रतिदिन के काम के तहत् उच्च अधिकारी वित्तीय निर्णय सरलता से लेते हैं तथा अधीनस्थ कर्मचारियों का काम सरल हो जाता है। प्रशासकीय कार्य में सिर्फ उच्च अधिकारी ही जिम्मेदार होते हैं। लेकिन दैनिक कार्य में मध्यम स्तर के कर्मचारी जिम्मेदार होते हैं। ये कार्य निम्न हैं–

1. राजकीय नियमों का पालन,
2. रोकड़ शेष को सुरक्षित रखना,
3. उधार के व्यवहारों का प्रबन्ध,
4. रोकड़ शेष की प्रबन्ध करना,
5. शीर्ष प्रबन्ध का सूचना भेजना,
6. भिन्न-भिन्न लेखा प्रपत्रों को सुरक्षित रखना,
7. आन्तरिक अंकेक्षण का प्रबन्ध करना,
8. प्रत्येक वित्तीय व्यवहार का लेखा करना,
9. वित्तीय प्रपत्र तैयार करना,
10. रोकड़ का वितरण व पर्यवेक्षण करना,
11. प्रतिभूतियों व प्रलेखों की सुरक्षा करना।

वित्तीय का महत्व

वर्त्तमान में वित्तीय प्रबन्ध का काफी महत्व है, वित्तीय प्रबन्ध का उद्देश्य वित्तीय साधनों का अधिकतम उपयोग करना, लाभों को अधिकतम करना, व्यापार की सम्पदा को बढ़ाना, व्यावसायिक क्रियाओं की सफलता आदि, वित्तीय प्रबन्ध पर आश्रित है। वित्त एक ऐसी धूरी है जिसके चारों ओर व्यावसायिक क्रियाएं चक्कर लगाती हैं। यह सम्पूर्ण क्रियाओं का आधार है तथा व्यावसायिक सफलता का मूल मंत्र है। देश की उन्नति वित्त पर निर्भर हैं। यह व्यापार का जीवन रक्त है। इस सम्बन्ध में अलग-अलग अर्थशास्त्रियों की परिभाषाएँ निम्न प्रकार हैं–

प्रो. इजरा सोलोमन के अनुसार, "वित्तीय प्रबन्ध आज केवल कोषों के संग्रहण की एक विशिष्ट क्रिया मात्र ही नहीं है अपितु सम्पूर्ण प्रबन्धकीय विज्ञान का एक अंग बन गया है..... यह कोषों के संग्रहण के साथ-साथ उत्पादन, विपणन व निर्णयन से प्रत्यक्ष रूप से सम्बन्धित रहता है।"

इरविन फ्रेन्ड ने लिखा, "एक फर्म की सफलता यहाँ तक कि उसका अस्तित्व, उसकी कार्य क्षमता और उत्पादन करने की इच्छा, स्थायी व कार्यशील पूंजी में विनियोग करने की क्षमता पर्याप्त सीमा तक उसकी भूत व वर्तमान वित्तीय नीतियों द्वारा ही निर्धारित होती है।"

एन.जी. राइट के शब्दों में, "वित्तीय प्रबन्ध पूंजी ढ़ांचे के सम्बन्ध में निर्णय लेता है।

जॉन प्रिंगल के शब्दों में, "वित्तीय प्रबन्ध विनियोग निर्णय लेकर फर्म के भविष्य को सुरक्षित करता है।"

हसबण्ड व डॉकरी मतानुसार, "भिन्न-भिन्न आर्थिक व व्यावसायिक गतिविधियों को एक सूत्र में बांधने के लिए किसी ऐसे साधन की जरूरत होती है जो सुचारु रूप से निर्देशित कर सके और वित्त ही यह शक्तिशाली साधन है जो इस कार्य को सम्पन्न करता है।"

1. वित्तीय निर्णय में मददगार–वित्तीय प्रबन्ध धन व विनियोजन सही स्थान पर करने का फैसला लेता है। यह भिन्न-भिन्न आर्थिक गतिविधियों को एक सूत्र में बांधता है तथा उससे जो लाभ इकट्ठा होता है, उसे उचित परियोजना में विनियोग करता है। इससे सभी पक्षों का धन सही स्थान पर विनियोजित होता है।

2. प्रबन्ध प्रक्रिया का प्रमुख अंग है– वित्तीय प्रबन्ध वित्तीय निर्णयों का आधार है। उपक्रम में वित्तीय प्रबन्ध की सक्रिय भूमिका होती है। इसके बिना संस्था का प्रबन्ध अपंग है। प्रत्येक निर्णय सही हो इसकी जांच व मूल्यांकन आवश्यक है। प्रबन्ध प्रक्रिया के तहत् वित्तीय प्रबन्ध का मुख्य स्थान है, क्योंकि वित्त के आधार पर ही व्यापार प्रगति करता है।

3. अनियमितताओं पर प्रतिबन्ध–वित्तीय प्रबन्ध मूल्यांकन के माध्यम से दोषों को दूर करता है। यह प्रतिदिन की क्रियाओं से लेकर दीर्घकालीन क्रियाओं का भी नियंत्रण करता है तथा अनियमितताओं पर प्रतिबन्ध लगाता है। इसमें आन्तरिक जांच तथा भिन्न-भिन्न-नियंत्रण कार्यक्रमों को सम्मिलित किया गया है।

4. साधनों का अधिकतम प्रयोग–वित्तीय प्रबन्ध के द्वारा उपलब्ध कोषों को प्राथमिक कार्य में लगाया जाता है तथा मानवीय शक्ति का अधिकतम प्रयोग होता है। वित्तीय प्रबन्ध किसी भी संगठन में कोषों के अनुकूलतम उपयोग पर जोर प्रदान करता है। यह साधनों का अधिकतम उपयोग करता है। वित्तीय प्रबन्ध के अभाव में लाभकारी कार्य रुक जाते है।

5. मितव्ययतापूर्ण संचालन-वित्तीय प्रबन्ध द्वारा मितव्ययतापूर्ण ढंग से सभी क्रियाओं का संचालन होता है। वित्त प्रबन्ध पूंजी की लागत में कमी करता है। अनावश्यक व्ययों में कटौती करता है जो मितव्ययतापूर्ण संचालन में जरूरी है।

6. jk"Vªh; fodkl esa enxkjµ वित्तीय प्रबन्ध द्वारा साधन सही स्थान पर विनियोजित होते हैं जो राष्ट्रीय विकास को बढ़ाने में मददगार होते हैं। प्रत्येक देश में विनियोग योजना की सफलता तथा विनियोग प्राथमिकताएं वित्तीय प्रबन्ध पर आधारित हैं। वित्तीय प्रबन्ध द्वारा सही दिशा में विनियोग करके राष्ट्रीय विकास को बढ़ावा देता है।

7. उद्देश्य की प्राप्ति में सहायक–वित्तीय प्रबन्ध के द्वारा संस्था की लक्ष्य प्राप्ति की आशा की जा सकती है। यह लाभ को अधिकतम करता है। लाभप्रद विनियोग करता है तथा सम्पत्ति के मूल्यों में वृद्धि करता है। एक व्यापार का लक्ष्य पूरा करने में सहायता करता है।

8. भिन्न-भिन्न वर्गों के हितों की रक्षा–सभी वर्गों के हितों का ध्यान वित्त प्रबन्ध रखता है जैसे कार्य संगठन, उपभोक्ता, विक्रेता, प्रशासन, अंशधारी आदि यह इन सभी में वित्त के वितरण को सम्भव बनाता है तथा इनके हितों की पूर्ति कर व्यापार को सफलता दिलाता है।

9. प्रबन्धकीय उत्तरदायित्व का निर्वाह–प्रबन्धकीय जिम्मेदारियों का निर्वाह कुशलता से करते हुए समस्त पक्षों के हितों की सुरक्षा करता है। प्रबन्ध की जिम्मेदारी के निर्वाह का अर्थ समस्त हितों का ध्यान रखना है।

10. उपक्रम की सफलता का आधार–एक मजबूत वित्त प्रबन्ध व्यापार की सफलता का आधार है। चूँकि वित्त प्रबन्ध के अभाव में उपक्रम ठीक प्रकार कार्य नहीं करता। सोलामन के अनुसार, वित्तीय प्रबन्ध आज केवल कोषों के संग्रहण की क्रिया नहीं है, अपितु सम्पूर्ण उपक्रम की सफलता का एक अंग बन गया है।

11. सम्पत्तियों का समुचित प्रबन्ध–सम्पत्तियों का प्रबन्ध अच्छा उपयोग करके अपव्यय रोकता है। इस कारण संचालन लागत में कमी आती है। प्रबन्ध द्वारा अलग-अलग सम्पत्तियों का श्रेष्ठ प्रबन्ध किया जा सकता हैं। वित्तीय प्रबन्ध द्वारा सम्पत्तियों का समुचित प्रबन्ध तथा कुशलतम उपयोग किया जाता है। यह व्यापार की लाभार्जन क्षमता बढ़ाता है।

12. लागत नियंत्रण तथा मूल्य निर्धारण–प्रबन्ध लागतों व मूल्य निर्धारण में सहायता करता हैं। यह अपनी सम्भावित लाभ के आधार पर कीमत तय करता है तथा लागतों की कमी के लिए प्रयास करता है। प्रबन्ध में लागत नियंत्रण व मूल्य निर्धारण समविच्छेद बिन्दु को ध्यान में रखकर किया जाता है।

13. प्रभावकारी तरलता प्रबन्ध–वित्तीय प्रबन्ध द्वारा तरलता प्रबन्ध को प्रभावपूर्ण बनाया जाता है जिसमें व्यापार के दैनिक खर्चों की आपूर्ति सही प्रकार हो सकें। इससे व्यापार बिना किसी परेशानी के अपने दैनिक कार्यों को सफल बनाता है। दैनिक आवश्यकताओं की पूर्ति करना व्यवस्था में महत्वपूर्ण स्थान रखता है।

14. अन्य विभागों से समन्वय में मददगार—वित्त विभाग का सम्बन्ध दूसरे समस्त विभागों से होता है। वित्त की पूर्ति व उपयोग सभी विभागों में समान रूप से हो तथा आवश्यकता समान हो जिससे कि समन्वय बना रहे, इसका मुख्य रूप से ध्यान रखा जाता है।

वित्तीय प्रबन्ध की सीमाएँ

व्यापार का वित्तीय प्रबन्ध प्रमुख अंग है। वित्तीय प्रबन्ध में समय-समय पर अनेक परिवर्तन हुए हैं। लेकिन वित्तीय व्यवस्था का क्षेत्र लगातार बढ़ रहा है फिर भी इसे अनेक बाधाओं का सामना करना पड़ता है। वित्तीय प्रबन्ध में कुछ कमियां पाई गयी हैं। इसकी सीमाएँ निम्नलिखित हैं—

1. वित्तीय प्रबन्ध खर्चीला प्रबन्ध है—वित्तीय प्रबन्ध एक खर्चीली प्रणाली है इसे लघु उद्योग वहन नहीं कर पाते केवल बड़े उपक्रम ही इसका उपयोग कर पाते हैं इसमें बड़े विनियोग की जरूरत होती है।

2. लेखों पर आश्रित—सूचनाओं के आधार पर वित्तीय प्रबन्ध में निर्णय दिए जाते हैं, यदि सूचनाएँ गलत हों तो ये फैसले भी गलत हो जाते हैं। ये सभी सूचनाएँ लेखों से ही पायी जाती है।

4. अल्पकालीन समस्याओं की उपेक्षा—वित्तीय व्यवस्था दीर्घकालीन समस्याओं पर ही ज्यादा ध्यान देता है। इसमें कार्यशील पूंजी तत्व तथा अल्पकालीन पर कम ध्यान दिया गया है जिसमें वित्तीय प्रभाव प्रभावहीन होने लगते हैं।

4. सभी क्षेत्रों में निर्णय का अभाव-वित्तीय व्यवस्था के तहत् सम्पूर्ण क्षेत्रों में वित्तीय निर्णय तो आते हैं लेकिन यह व्यावहारिक रूप से काफी कठिन है क्योंकि वित्तीय प्रबन्धक के लिए समस्त क्षेत्रों का अनुभव होना काफी कठिन है1 वास्तव में वित्तीय प्रबन्धक सभी क्षेत्रों में निर्णय व समन्वय कर पाने में सफल हो यह काफी मुश्किल काम है।

5. सामयिक परिवर्तन नहीं—वित्तीय प्रबन्ध में समय-समय पर होने वाले व्यापार में परिवर्तन की उपेक्षा की जाती है। इसमें योजना प्रभावी होती है। फैसले दुर्बल होते हैं और वित्तीय व्यवस्थापक कठोर दृष्टिकोण स्वीकार करता है जिससे संगठन के द्वारा उसकी अवहेलना की जाती है।

6. सम्पूर्ण विषयों में ज्ञान का अभाव—व्यापार सम्बन्धित पूरा अनुभव होने के पश्चात ही, वित्तीय व्यवस्था उचित फैसला ले सकता है। किन्तु वित्तीय प्रबन्धक के निर्णय सम्बन्धित विषयों में ज्ञान के अभाव के कारण पूर्णतया सही नहीं हो पाते। वित्तीय प्रबन्धक को लेखांकन, प्रबन्ध लेखांकन, परिव्यांकन, सांख्यिकी तथा प्रबंध लेखांकन की पूर्ण जानकारी नहीं होती है।

वर्त्तमान वित्त प्रबन्धक के कार्य एवं जिम्मेदारी

प्रबन्धक का दायित्व व्यवसाय में बढ़ती प्रतिस्पर्धा के कारण, कठिन और महत्त्वपूर्ण होता जा रहा है। यह एक गतिशील सदस्य है जो वित्त कार्य से सम्बन्धित होता है। यह वित्त कार्य का विकास करता है तथा व्यवस्था की मुश्किलों का समाधान खोजता है। वित्त प्रबन्धक की क्रियाएँ व्यापार के विकास को प्रभावित करती हैं। व्यवस्थापक की जिम्मेदारी निम्नलिखित है।

1. कोषों की प्राप्ति का प्रबन्ध—वित्त प्रबन्धक का मुख्य दायितव कम-से-कम लागत पर आवश्यक वित्त का पूर्वानुमान करना तथा वित्तीय योजना बनाना है। वित्त प्रबन्धक संस्था में नकद कोषों का प्रबन्ध करता है। प्रबन्धक ऐसा प्रबन्ध करता है जिसमें उपलब्ध कोषों का उचित उपयोग कर सके।

2. कोषों पर नियंत्रण—वित्त प्रबन्धक कोषों के उपयोग के साथ उन पर नियंत्रण भी करता है उपलब्ध वह यह देखता है कि योजनाओं में कहीं कोई कमी तो नहीं है। वित्तीय प्रबन्ध अनावश्यक खर्चों पर रोक लगाता है तथा नकदी पर भी नियंत्रण करता है। तथा प्रमाप निर्धारित कर सुधार की कार्यवाही करता है।

3. वित्त का वितरण—वित्त का उचित वितरण प्रबन्धकों का दायित्व है। वित्त प्रबन्धक अंशधारियों व व्यापार की स्थिति को ध्यान में रखकर फैसला लेता है। वित्त प्रबन्धक कोषों का वितरण उद्देश्यों व आवश्यकता के समान करता है ताकि तरलता व लाभदायकता बनी रहे।

4. वित्तीय पूर्वानुमान—वित्त प्रबन्धक का दायित्व वित्तीय योजना तैयार करना है। व्यापार में कोषों का समुचित उपयोग हो, नकद का प्रबन्ध हो, आवश्यकता से अधिक कोष इकट्ठा ना हो इन सभी बातों का ध्यान रखता है। वित्तीय योजना से पहले वह वित्तीय पूर्वानुमान लगाता है। जो वित्तीय योजना बनाने में मददगार होते हैं।

5. समविच्छेद बिन्दु विश्लेषण—वित्तीय प्रबन्ध में वित्तीय प्रबन्धक द्वारा स्थिर लागतें, लाभ तथा अलग-अलग लागतों को शामिल किया जाता है। समविच्छेद बिन्दु वह बिन्दु होता है, जहां कुल आय व कुल खर्च समान हो जाते हैं। फर्म की आय को बढ़ाना, विक्रय को बढ़ाना आदि कार्य का विश्लेषण समविच्छेद विश्लेषण में आता है।

6. तरलता व लाभदायकता बनाये रखना—एक आधुनिक वित्त प्रबन्धक तरलता व लाभदायकता को सफल बनाने के लिए कार्य करता है। इसके फैसले लाभदायकता व तरलता में सामंजस्य स्थापित करते हैं। हर वित्त व्यवस्थापक की जिम्मेवारी है कि वह तरलता व लाभदायकता को बनाये रखे, क्योंकि ये दोनों एक-दूसरे के विपरीत होते हैं।

7. वैधानिक जिम्मेवारी—वित्त प्रबन्धक द्वारा वैधानिक प्रबन्धों, राजकीय नीतियों, अधिनियमों को ध्यान में रखकर वित्तीय योजना तैयार करता है। कुशल व्यवस्थापक एक उत्तम ढांचे की संरचना करता है। वित्त प्रबन्धक इस प्रकार वैधानिक दायित्वों की पूर्ति करता है।

8. कार्यशील पूंजी का प्रबन्ध—कार्यशील पूंजी व्यापार का रक्त है जिस प्रकार से शरीर में रक्त संचालन से मानव जिन्दा रहता है, उसी तरह व्यापार में कार्यशील पूंजी के संचालन से व्यापार आगे बढ़ता रहता है। कार्यशील पूंजी से व्यापार में तरलता आती है। व्यापार की कुल लागत कम-से-कम होती है। लाभ के प्रभाव कार्यशील पूंजी की प्रबन्ध को प्रभावित करते हैं।

9. सभी पक्षकारों के लिये दायित्व—एक व्यापार में अनेक पक्षकार होते हैं। इन पक्षकारों के लिए वित्त प्रबन्धक के अनेक दायित्व हैं उदाहरणर्थ—कर्मचारियों के लिए उचित मजदूरी का प्रबन्ध करना, स्वामियों के लिए उचित मात्रा में प्रत्याय दिलवाना, सरकार के लिए कर सम्बन्धी उचित फैसला आदि।

10. अंशधारियों के सम्बन्ध में कार्य—वित्तीय व्यवस्था अंशधारियों के लिए यह प्रयास करता है कि उनके अंशों की कीमत में वृद्धि हो और यह तभी सम्भव है जब सम्पदा को अधिकतम किया जाए। इसे अधिकतम करने से अंशों की कीमत अपने आप बढ़ जाता है।

विद्यालय का वित्त प्रबन्ध

वित्तीय वर्ष की अवधि से आशय किसी वर्ष विशेष में 1 अप्रैल से अगले साल के 31 मार्च तक की अवधि से होता है अर्थात वित्तीय स्थिति से सुचारु रूप से संपादित करने के लिये बजट एक महत्त्वपूर्ण प्रबन्ध है जिसके आधार पर खर्च और व्यय दोनों एक सर्वोतम प्रक्रिया में संपादित होते रहते हैं। इससे संस्था में एक वित्तीय साल के खर्चे और आय की पूरी जानकारी मिल जाती है। अगले वित्तीय वर्ष में गत वित्तीय वर्ष के आय-व्यय के आंकड़ों के आधार पर ही कार्य संपादित किये जाते हैं। किस क्षेत्र में आने वाले वर्ष में काफी ज्यादा खर्च होने की संभावना और जरूरत है तथा किस क्षेत्र से आय प्राप्ति की संभावना ज्यादा है या कम है, इन सबका निर्धारण बजट में ही किया जाता है। शैक्षिक जगत में भी विद्यालयों में बजट का प्रावधान होता है। शिक्षा पर किस मद पर कितना खर्च किया जाएगा यह बजट में ही निश्चित किया जाता है। शैक्षिक जगत एक कल्याणकारी जगत है जिसमें आय प्राप्ति को साधारणतया गौण माना जाना चाहिये फिर भी छात्रों से शैक्षिक शुल्क और अन्य स्वरूप में प्राप्त राशि शैक्षिक क्षेत्र से प्राप्त आय ही होती है। इन सबके अध्ययन के लिये बजट एक महत्त्वपूर्ण प्रबन्ध है। इसका अध्ययन हम इस तरह कर सकते हैं—

स्कूल बजट का अभिप्राय

शैक्षिक जगत में स्कूल बजट से आशय स्कूलों में किसी वित्तीय साल के आय-व्यय के अनुमानों के अध्ययन से होता है अर्थात् एक वित्तीय वर्ष विशेष में विद्यालय संचालन में कुल कितना व्यय होने का अनुमान है और शैक्षिक गतिविधियों से शैक्षिक स्वरूपों में प्राप्त आय इत्यादि का समग्र अध्ययन ही स्कूल बजट कहलाता है। हालाँकि विद्यालय संचालन पूर्णतया सरकारी नियंत्रण में होता है परन्तु कल्याणकारी प्रबन्ध के तहत् निजी स्तर पर भी शिक्षा के प्रचार-प्रसार एवं शैक्षिक विकास के लिये विद्यालय संचालन किया जाता है। निजी स्तर पर और सार्वजनिक स्तर पर स्कूल बजट में भिन्नता देखने को मिलती है। सार्वजनिक स्तर पर सरकारी स्कूलों में बजट प्रावधान सरकार द्वारा किया जाता है कि शैक्षिक प्रबन्ध पर किस प्रकार खर्च किया जाना है यथा—राजस्थान सरकार ने वित्तीय वर्ष 2004-2005 में छात्राओं को 12वीं तक की शिक्षण पुस्तकें निःशुल्क उपलब्ध कराये जाने का प्रावधान किया था जबकि भारत सरकार ने प्राथमिक स्तर के छात्र-छात्राओं दोनों को ही पाठ्य पुस्तकें निःशुल्क उपलब्ध कराये जाने का प्रबन्ध कर रखा है। ये सभी स्कूल बजट से ही संबंधित व्यय हैं। स्कूलों में खेल-कूद सामग्री, पुस्तकालयों में नवीनतम पत्र-पत्रिकाओं के कोर्स के विषयों की पुस्तकों का प्रबन्ध करना, सांस्कृतिक कार्यक्रमों का आयोजन करना और स्वच्छ वातावरण बनाये रखने के लिए जरूरी व्यय और आय के संबंध में लेखे-जोखे तैयार करना स्कूल बजट ही है।

स्कूल बजट की प्रकृति

विभिन्न स्कूलों में स्कूल बजट की प्रकृति से आशय बजट के विभिन्न रूपों से होता है अर्थात् सभी विद्यालयों की आय और व्यय की प्रक्रिया एक समान नहीं होती है। निजी विद्यालयों में तो शैक्षिक शुल्क ही विद्यालय निदेशक और प्रबंधक संचालक का प्रमुख आय का स्रोत होता है जो वह छात्रों से पाठ्यपुस्तकों के एवज में, स्कूल यूनिफॉर्म के रूप में और क्रीड़ा जगत व कला व संस्कृति से संबंधित गतिविधियों के रूप में वसूल की जाती है। वर्तमान में कम्प्यूटर फीस भी स्कूलों की आय का स्रोत है। स्कूलों में विषयवार अध्यापकों की नियुक्ति और उन्हें दिये जाने वाले वेतन व अन्य यात्रा व चिकित्सा के खर्चे मुख्य रूप से स्कूलों के खर्चे में शामिल हैं। इसी प्रकार फर्नीचर का प्रबन्ध एक अच्छे कार्यालय का प्रबन्ध, पुस्तकालय और साफ-सफाई के प्रबन्ध पर किया जाने वाला व्यय भी स्कूल व्यय में शामिल किया जाता है, परन्तु सभी विद्यालय एक ही प्रकार के खर्च एक ही स्वरूप में करते हैं यह जरूरी नहीं है तथा यह भी आवश्यक नहीं है कि सभी स्कूल एक ही प्रकार से शुल्क वसूल करें। इन्हीं मत

भिन्नता के आधार पर स्कूल बज़ट की प्रकृति का अध्ययन किया जा सकता है। इस संबंध में अग्रलिखित प्रकार से अध्ययन किया जा सकता है–

(1) स्कूल बजट की प्रकृति में यह भी होता है कि एक स्तर तक के बच्चों की शिक्षा निःशुल्क रखी जाती है जैसा कि भारत में प्राथमिक स्तर पर शैक्षिक पाठ्यपुस्तकें निःशुल्क उपलब्ध कराये जाने के संबंध में अलग से व्यय का प्रबन्ध किया जाता है।

(2) स्कूल बजट में शुल्क आय स्रोत का काम करता है अर्थात् निजी स्कूलों में छात्र-छात्राओं से भिन्न-भिन्न स्वरूपों में शुल्क वसूल करना निजी शिक्षण संस्थाओं की आय का प्रमुख स्रोत होता है। अतः ये संस्थायें शुल्क वसूलने का प्रावधान ज्यादा रखती हैं।

(3) सरकारी स्कूलों में सामाजिक कल्याण सर्वोपरी माना जाता है। शैक्षिक कार्य सरकारी नियंत्रण में संपादित होता है। अध्यापकों की नियुक्ति भी सरकार द्वारा ही की जाती है। इस परिस्थिति में पूर्णयता सरकारी नियंत्रण होने से खर्च अधिक होता है और आय की कल्पना शून्य मात्र होती है।

(4) निःशुल्क शिक्षा का प्रबन्ध, छात्र-छात्राओं के स्वास्थ्य के संबंध में कुछ स्तर पर सामान्य चिकित्सा निःशुल्क उपलब्ध कराने के लिये विशेष खर्च का प्रबन्ध करना भी स्कूल बजट की एक पृथक् प्रकृति है।

(5) स्कूल बजट से विज्ञान को संज्ञा भी दी जाती है चूंकि इसके तहत् क्रमबद्ध रूप से निश्चित नियम और सिद्धान्तों के आधार पर आय-व्यय का प्रबन्ध किया जाता है।

(6) शैक्षिक जगत में शैक्षिक कार्यों को सबसे अच्छे तरीके से संपादित करने में स्कूल बजट कला के रूप में सिद्ध होता है क्योंकि स्कूल बजट के अभाव में यह फैसला नहीं लिया जा सकता है कि किस मद पर कितना खर्च किया जाना है और कितना व्यय किया जा सकता है। इससे फिजूल खर्च की बचत होती है और आवश्यक कार्यों पर व्यय की संभावना बढ़ती है।

इस प्रकार स्कूल बज़ट की प्रकृति इसके अलग-अलग स्वरूपों के तहत् पृथक् तरीके से विद्यमान है।

स्कूल बजट : प्रक्रिया

सरकारी स्तर पर स्कूल बजट बनाने की प्रक्रिया में तो यह देखा जाता है कि जनता को किस तरह फैसला मिल रहा है। गरीब छात्र-छात्राओं के शैक्षिक विकास के लिये क्या-क्या प्रावधान रखे जायें। इन सबके संबंध में एक प्रक्रिया निश्चित की जाती है, जो इस तरह होती है–

(1) छात्र-छात्राओं के शिक्षण का प्रबन्ध (सामूहिक)

(2) माध्यमिक स्तर पर छात्र-छात्राओं का शैक्षिक प्रबन्ध करना (सामूहिक)

(3) उच्च माध्यमिक स्तर पर शैक्षिक प्रबन्ध करना।

(4) प्राथमिक स्तर पर शैक्षिक प्रबन्ध करना।

(5) उच्च प्राथमिक स्तर पर शैक्षिक प्रबन्ध करना।

(6) उच्च प्राथमिक स्तर पर छात्राओं के लिये शैक्षिक प्रबन्ध करना।

(7) महाविद्यालय स्तर पर महिला शिक्षण की प्रबन्ध करना।

(8) अनु. जाति तथा अनु. जन जाति के छात्र-छात्राओं के लिये शिक्षा का प्रबन्ध करना।

(9) निःशुल्क शिक्षा का प्रबन्ध करना।

(10) खेल-कूद, कला व सांस्कृतिक गतिविधियों पर व्यय का निर्धारण करना।

(11) विद्यालय भवन और फर्नीचर के लिये व्यय का निर्धारण करना।

(12) स्वच्छता के लिये विद्यालय स्तर पर प्राथमिक चिकित्सा का प्रबन्ध करना।

(13) शैक्षिक सामग्री चॉक, स्कूल भवन की मरम्मत, बोर्ड, नक्शे और अन्य स्टेशनरी का प्रबन्ध पर व्यय अनुमान।

(15) महाविद्यालय स्तर पर छात्र शिक्षा का प्रबन्ध करना।

(14) पुस्तकालय के विकास पर खर्च को निश्चित करना।

अतः अलग-अलग पदों पर किये जाने वाले व्यय में प्रबंध में पूर्व निर्धारित प्रबन्धनुसार व्यय और आय के संबंध में अनुमान लगाना और विद्यालय संचालन को क्रियान्वयन के लिए भी वांछित प्रबन्ध करना स्कूल बजट की प्रक्रिया में शामिल है।

समस्याएं

शैक्षिक जगत में स्कूल बजट की कठिनाइयों से आशय उन सब समस्याओं से होता है जो स्कूल बजट बनाते समय उत्पन्न होती है। स्कूल बजट की समस्याओं में प्रमुख रूप से अग्रलिखित जटिल समस्यायें होती हैं—

1. भारत में स्कूलों के लिये प्रचुर उचित भवन प्रबन्ध नहीं होने के कारण भी शैक्षिक बजट के दौरान विद्यालयों के लिये बजट आबंटन में यह मुश्किल उत्पन्न होती है कि अमुक स्कूल में फर्नीचर के लिये कितने खर्च का प्रावधान रखा जाए। यदि फर्नीचर के लिये बजट का आबंटन हो जाता है तो इसका निर्धारित रूप से दुरुपयोग ही होता है क्योंकि उचित व पर्याप्त भवन के अभाव में ना तो फर्नीचर स्थापित किया जा सकता है और न ही उसकी साफ-सफाई व देखभाल मूल रूप से हो पाती है,

जिससे उसके जल्दी खराब होने की संभावनायें बढ़ जाती हैं। इस प्रकार सही तरीके से बजट नहीं बनाया जा सकता है।

2. भारत में सभी राज्यों में आर्थिक, भौगोलिक, सांस्कृतिक और सामाजिक स्थिति एक जैसी नहीं है, जिसके फलस्वरूप सभी विद्यालयों में शैक्षिक स्तर एक जैसा नहीं होता है। बिहार जैसे राज्य ऐसे हैं जहाँ शैक्षिक विकास के लिये अन्य राज्यों की तुलना में ज्यादा बजट प्रावधान रखना पड़ता है। कभी-कभी अन्य राज्यों के विकास के लिये बनाये जाने वाले बजट भारत सरकार के स्तर पर सही प्रामाणित नहीं होते हैं। यदि उक्त विषमता नहीं हो तो सभी राज्यों के लिये समान बजट प्रावधान किये जा सकते हैं।

3. भारत एक कम विकसित देश है जिसमें शिक्षा का स्तर भी बहुत पिछड़ा हुआ है। आय का निम्न स्तर होना और आर्थिक विषमता के कारण ही शैक्षिक विकास में अन्तर देखने को मिलता है। इन सब विषमताओं के कारण भी शैक्षिक विकास के लिये सही-सही मापदण्ड निश्चित नहीं किये जा सकते हैं। परिणामस्वरूप कभी-कभी उन छात्र-छात्राओं को भी लाभ मिल जाता है जिन्हें असल में शैक्षिक सुविधा की जरूरत नहीं होती है और वे क्षेत्र पिछड़े रह जाते हैं जहां अतिरिक्त खर्च करना शैक्षिक सुधार के लिए आवश्यक होता है।

4. भारतीय स्कूलों में अध्यापक समय बर्बाद करने के अलावा संभवतः कुछ भी नहीं करते हैं। न तो सही समय पर सही सूचनायें प्रेषित करा पाते हैं और ना ही विद्यालय की जरूरत के संबंध में मांग पत्र प्रेषित करा पाते हैं। ऐसे में सामान्य बजट प्रबन्ध तो की जाती है उदाहरण—अध्यापकों का वेतन। परन्तु भवन की मरम्मत, विद्यालय क्रमोन्नत के संबंध में छात्रों की संख्या व शैक्षिक स्तर के आकलन की सूचना में इसका पूर्णयता अभाव रहता है। इस तरह सही-सही सूचनाओं के अभाव में सही-सही बजट भी नहीं बनाया जा सकता है।

इस तरह भारत में बजट बनाने में कई मुश्किल सामने आती है।

□□□